EXPLORATION

SCIENTIFIQUE

DE L'ALGÉRIE

PENDANT LES ANNÉES 1840, 1841, 1842

CHEZ MM.

VICTOR MASSON,

LANGLOIS ET LECLERCQ,

LIBRAIRES,

A PARIS.

EXPLORATION

SCIENTIFIQUE

DE L'ALGÉRIE

PENDANT LES ANNÉES 1840, 1841, 1842

PUBLIÉE

PAR ORDRE DU GOUVERNEMENT

ET AVEC LE CONCOURS D'UNE COMMISSION ACADÉMIQUE

SCIENCES HISTORIQUES ET GÉOGRAPHIQUES

VIII

PARIS

IMPRIMERIE ROYALE

M DCCC XLVI

MODE DE TRANSCRIPTION

DES

MOTS ARABES EN CARACTÈRES FRANÇAIS

ADOPTÉ POUR LA PUBLICATION
DES TRAVAUX DE LA COMMISSION SCIENTIFIQUE D'ALGÉRIE.

On a cherché à représenter les mots arabes de la manière la plus simple et en même temps la plus conforme à la prononciation usuelle.

Il a paru convenable de rejeter les lettres purement conventionnelles, dont l'emploi augmente les difficultés de l'orthographe, sans retracer plus exactement l'expression phonique.

Il a été reconnu que, sauf deux exceptions, tous les caractères arabes rencontrent des caractères ou identiques ou analogues dans l'alphabet français. On a donc rendu par les lettres françaises simples ceux des caractères arabes qui leur sont identiques pour la prononciation, et par les mêmes lettres, accompagnées d'un accent [1], ceux qui leur sont analogues.

Les deux lettres qui n'ont, dans notre langue, ni identiques, ni analogues, sont le ع et le غ. La pre-

---

[1] Cet accent est celui qui, désigné en algèbre sous le nom de *prime*, y est employé comme signe de l'analogie entre les quantités.

mière est partout remplacée par une apostrophe, accompagnée des voyelles que la prononciation rend nécessaires ; la seconde, par la double lettre *kh*, conformément à l'usage.

Trois autres caractères, qui n'ont pas, dans la langue française, d'identiques ou d'analogues simples, ont été rendus par des lettres doubles, savoir : le ج par *dj*, le ش par *ch*, le و par *ou*. La prononciation arabe se trouve ainsi fidèlement reproduite.

Les avantages qu'a paru offrir ce mode de transcription sont surtout :

1° De ne point exiger la fonte de caractères nouveaux, et de pouvoir être ainsi adopté, sans aucune dépense, dans tous les établissements typographiques ;

2° De fournir un moyen facile de rétablir les mots dans leurs caractères primitifs.

Lettres.	Valeur.	
ا	A, È, I, O.	L'emploi de ces divers caractères est déterminé par la prononciation et l'accentuation de la lettre arabe.
ب	B.	
ت ث	T........	Ces deux lettres sont généralement confondues dans la prononciation.
ج	Dj.	
ح	H'.	
خ	Kh.	
د ذ	D........	Généralement confondues.
ر	R.	
ز	Z	

Lettres.	Valeur.	
س	S, C, Ç....	L'emploi de ces trois lettres sera réglé de manière à conserver le son sifflant de l'S.
ش	Ch.	
ص	S', C', Ç'....	Même observation que pour le س.
ض ظ	D'.......	Ces deux lettres sont confondues par tous les Barbaresques dans la prononciation et dans l'écriture.
ط	T'.	
ع	'..........	Apostrophe précédée ou suivie de celle des voyelles dont la prononciation nécessite l'emploi.
غ	R'.	
ف	F.	
ق	K', G, Gu..	Le g et le gu seront employés dans les mots où l'usage attribue au ق la prononciation gutturale du g; ex.: Gafs'a, Guêlma.
ك	K.	
ل	L.	
م	M.	
ن	N.	
ه	H.	
و	Ou, Ô.	
ى	Î, Í.	

OBSERVATIONS.

1° Dans les mots qui, étant précédés de l'article, commencent par une lettre solaire, on se conformera à la prononciation en redoublant la lettre initiale. Ainsi on écrira 'Abd-er-Rah'mân, Nâc'er-ed-Dîn, et non 'Abd-el-Rah'mân, Nâc'er-el-Dîn.

2° Les mots terminés par la lettre ة, qui ne prend alors que le son de l'a sans aspiration, seront terminés, dans la transcription française, par la lettre *a* simple, et non par *ah*. On écrira donc *Miliána, Blída,* et non pas *Miliánah, Blídah.*

3° Les consonnes placées à la fin d'une syllabe ne seront jamais suivies de l'*e* muet. Toutefois il ne faut pas oublier que dans la langue arabe les consonnes se prononcent toutes distinctement, et qu'aucune ne prend le son nasal ni ne s'élide. Ainsi *Bíbán* doit se prononcer *Bíbáne; Mans'our, Manns'our; Tózer* se prononce *Tózere; Koutnín, Koutníne; Zár'ez, Zár'ezz; Gábes, Gábess.*

DESCRIPTION
GÉOGRAPHIQUE
DE
L'EMPIRE DE MAROC

PAR M. ÉMILIEN RENOU
MEMBRE DE LA COMMISSION SCIENTIFIQUE D'ALGÉRIE

SUIVIE

D'ITINÉRAIRES ET RENSEIGNEMENTS
SUR LE PAYS DE SOUS
ET AUTRES PARTIES MÉRIDIONALES DU MAROC

RECUEILLIS

PAR M. ADRIEN BERBRUGGER
MEMBRE DE LA COMMISSION SCIENTIFIQUE D'ALGÉRIE

INTRODUCTION.

Il y a déjà trois années que mes recherches géologiques sur l'Algérie m'ont conduit à m'occuper de la géographie physique de l'empire de Maroc. Dès mes premières recherches, je reconnus sans peine que les meilleures cartes que nous possédions ne s'accordaient ni avec le texte des auteurs qui ont écrit sur le Maroc, ni avec les renseignements modernes que j'avais pu me procurer. Il me fallut donc reprendre par la base toute la géographie de cette contrée; puis ce travail, qui ne devait former qu'un appendice à la description orographique de l'Algérie, fut interrompu jusqu'au mois de juin de l'année 1844, époque à laquelle les circonstances vinrent prêter un intérêt nouveau à tout ce qui concernait l'empire de Maroc.

Par le titre de *Description géographique,* on ne doit pas entendre une description géographique complète ; presque tout l'empire de Maroc ne nous étant connu que par renseignements, la carte de ce pays se composera de parties fort différentes quant à l'exactitude ; lorsque les renseignements sont isolés, on est obligé d'accepter sans contrôle les indications qu'ils renferment ; le plus souvent, il est vrai, on peut se faire une idée de leur plus ou moins grande exactitude en comparant quelques-unes de leurs parties à des éléments déjà connus ; mais quand même ils ne satisfont pas complétement à cet examen, on est encore obligé de les accepter, faute de mieux, jusqu'à nouvel ordre. Léon l'Africain, par exemple, qui, pendant près de trois siècles, a fait à lui seul les frais de la géographie marocaine, et auquel j'ai fait aussi de nombreux emprunts, est loin de répondre toujours, d'une manière bien satisfaisante, à cette comparaison. D'autres fois on rencontre des contradictions, même dans les renseignements recueillis par les voyageurs européens, notamment dans ceux de Davidson et de M. Bouet, sur le pays d'Ouad-Noun.

Dans tout travail sérieux on devra indiquer les sources auxquelles on a puisé et les raisons qui ont motivé l'adoption de tel ou tel tracé ; aussi la plus grande partie de ce travail sera-t-elle consacrée à l'examen critique des matériaux qui lui ont servi de base.

INTRODUCTION.

Cet examen terminé, je tâcherai de donner un aperçu sur la topographie du pays et sur les populations qui l'habitent. Pour les personnes qui ne s'occupent pas spécialement de géographie, cette dernière partie sera seule la description géographique de l'empire de Maroc.

J'ai réuni dans un seul tableau les latitudes et longitudes de tous les points dont la position a été déterminée astronomiquement ou se trouve consignée sur des cartes faites avec soin : la dernière colonne du tableau indique d'ailleurs les sources qui les ont fournies.

J'ai réuni aussi dans une même liste, suivant l'ordre chronologique, les titres de tous les ouvrages que j'ai consultés, et ceux d'un assez grand nombre d'autres que je n'ai pas eu le temps de lire, ou que je n'ai pu me procurer. Beaucoup de ces derniers sont relatifs à l'histoire; mais les livres d'histoire sont toujours, à différents degrés, des livres de géographie. Pressé par le temps, je n'ai pu consulter un certain nombre d'auteurs arabes qui m'auraient sans doute fourni quelques renseignements utiles.

Après la liste des ouvrages viendront trois autres listes : la première consacrée aux cartes générales de l'empire de Maroc, la seconde aux cartes partielles, la troisième aux plans, vues et dessins. La première sera très-incomplète; une nomenclature plus étendue présenterait une infinité de cartes qui ne seraient que des copies les unes des autres.

Quoique je cite, à mesure de leur emploi, tous les matériaux que j'ai utilisés, je dois cependant une mention spéciale aux ouvrages suivants, qui sont la base essentielle de mon travail, les autres ne m'ayant fourni que des renseignements moins importants et moins nombreux :

Les travaux d'Ali-Bey, en 1803-1805;

La notice et la carte dont les matériaux furent recueillis dans un voyage à Maroc, pendant l'hiver de 1829 à 1830, par M. Washington, aujourd'hui capitaine de vaisseau de la marine royale d'Angleterre, et vice-président de la Société de géographie de Londres;

Les cartes de la côte de l'Océan, levées par le lieutenant Arlett, en 1835;

La carte des côtes d'Ouad-Noun, par M. Bouet, carte inédite que M. Daussy a eu l'obligeance de me communiquer;

L'itinéraire de M. de Caraman, de Tanger à Fês;

L'itinéraire de Caillié, d'El-'Arîb à Rbât'.

L'ouvrage de M. d'Avezac, ayant pour titre,

Essai de géographie critique sur une partie de l'Afrique septentrionale;

Bekri et Edrîci;

Léon, Marmol et Diego de Torres.

Je dois des renseignements importants et entièrement nouveaux à la communication qui m'a été faite d'un travail encore inédit, de M. Berbrugger, conservateur de la Bibliothèque et du Musée d'Alger, travail qui sera publié prochainement dans l'ouvrage de la commission scientifique d'Algérie. Ce travail est la traduction de plusieurs itinéraires de pèlerins de la Mecque; il contenait en appendice des renseignements recueillis, en 1843, à Alger, par l'auteur lui-même, de la bouche de deux pèlerins berbères du Maroc; ces renseignements se trouvent joints au présent volume.

M. Delaporte, ancien consul de France à Mogador et à Tanger, a eu l'obligeance de me communiquer un grand nombre de renseignements précieux, puisés dans les notes volumineuses qu'il a recueillies dans ces deux villes. Ces notes ont l'immense avantage d'offrir tous les noms écrits en caractères arabes. M. Delaporte, qui parle avec la plus grande facilité l'arabe et le berbère, a pu m'aider à rectifier une quantité de noms géographiques.

M. Ternaux-Compans, qui possède une bibliothèque si curieuse, toute composée de voyages publiés depuis la découverte de l'imprimerie jusqu'en 1700, a bien voulu la mettre entièrement à ma disposition; un grand nombre de ces livres sont rares ou même ne se retrouvent pas ailleurs. J'aurai plusieurs fois l'occasion de citer la Bibliothèque asiatique et africaine, catalogue publié par M. Ternaux, et qui renferme l'indication de plus de trois mille ouvrages relatifs à l'Asie et à l'Afrique.

J'ai reçu, surtout dans mes études bibliographiques, les plus bienveillants secours de M. Mac-Carthy, que ses longues recherches sur l'Afrique ont initié à tout ce qui regarde ce vaste continent.

Je dois à M. Ferdinand Denis des renseignements puisés principalement dans les ouvrages portugais, et à M. d'Avezac la communication de beaucoup d'ouvrages de sa belle bibliothèque. Je dois aussi à M. le vicomte de Santarem, dont j'aurai souvent l'occasion de citer le curieux atlas, la communication de cartes manuscrites, complétement inconnues jusqu'ici.

DESCRIPTION

GÉOGRAPHIQUE

DE

L'EMPIRE DE MAROC.

PREMIÈRE PARTIE.

CHAPITRE PREMIER.

§ Ier.

L'examen des différents matériaux employés dans le tracé d'une carte par renseignements se soumet difficilement à un classement méthodique et régulier. L'ordre à adopter en pareil cas est à peu près forcé, car on est obligé de procéder à la détermination des différents points dans l'ordre suivant lequel ils s'appuient les uns sur les autres. Ainsi nous commencerons par passer en revue les points déterminés astronomiquement et toutes les données qui devront être adoptées comme exactes. Le bord de la mer, accessible aux nations civilisées, et par conséquent mieux connu que l'intérieur, sera la base essentielle à laquelle viendront se rattacher tous les itinéraires; quelques points même, dans l'intérieur, sont assez bien déterminés pour nous servir aussi de points d'appui, et on peut remarquer que l'empire de Maroc est favorablement préparé à une étude géographique par renseignements.

Avant d'examiner en détail le tracé des côtes, il est nécessaire de dire quelques mots du système de projection employé. J'ai adopté la projection et l'échelle que nous avions choisies, M. Carette et moi, pour les cartes de l'Algérie; indépendamment de l'avantage que présente cette uniformité, l'échelle de $\frac{1}{2\,000\,000}$ répondait tout à fait au plan que je m'étais tracé. J'ai fait usage de la projection de Flamsteed, en remplaçant la portion de sphère par un cône tangent suivant le parallèle de 33° de latitude; les méridiens sont restés rectilignes par une légère altération des degrés de longitude.

§ II.

Presque toute la côte de Maroc, depuis le cap Bojador jusqu'à Azemmour, est empruntée aux travaux de M. Arlett, lieutenant de la marine royale d'Angleterre, qui a levé, en 1835, toute la côte entre les caps Bojador et Spartel. Ce travail, en trois feuilles, dont deux à l'échelle de $\frac{1}{500\,000}$, environ, et la troisième, celle de la partie la plus méridionale, à une échelle moitié moindre, a paru récemment à Londres; mais M. Arlett, dès l'année 1836, a communiqué à la Société de géographie de Londres une notice et une carte au $\frac{1}{3\,000\,000}$ [1]. Une traduction de cette notice a été donnée dans le Bulletin de la Société de géographie de Paris, de janvier 1837 [2].

Le Dépôt de la marine possède une carte manuscrite des environs du cap Noun, levée, en 1841, par M. Bouet. Cette carte diffère beaucoup de celle de M. Arlett, mais je lui ai donné la préférence parce qu'elle est à une plus grande échelle, plus détaillée, et que M. Bouet a fait une étude spéciale de cette côte, notamment du mouillage du cap Noun. Le tracé de Borda tient à peu près le milieu entre les deux [3].

La difficulté des communications entre Européens et indigènes, surtout pendant des expéditions d'exploration, rend fort douteuse l'application des noms géographiques. J'aurai, un peu plus tard, l'occasion de dire comment j'ai changé les noms de la carte de M. Bouet et de celle de M. Arlett, d'après les notes de Davidson, qui a séjourné assez longtemps à Ouad-Noun.

Borda et M. Arlett donnent le nom de Porto Cansado à deux points différents : le premier, à un petit détour de la côte; le second, à un bassin ou lac maritime situé à 12 kilomètres environ, plus à l'Ouest.

[1] *The Journal of the royal geographical Society of London;* volume the sixth. London, John Murray, Albemarle street; 1836.

[2] *Bulletin de la Soc. de géogr.* 2ᵉ série, tome VII. Paris, 1837.

[3] *Carte des îles Canaries et d'une partie des côtes occidentales d'Afrique,* par Borda. Paris, 1780. — *Carte particulière des îles Canaries et des côtes voisines d'Afrique,* par Borda. Paris, 1780.

Le reste de la côte, au Sud-Ouest, est emprunté à la petite carte de M. Arlett.

Fuerteventura, Lanzarote et les îlots voisins ont été pris dans la carte de Borda. N'ayant point à m'occuper de ces îles, je n'ai fait que les indiquer.

Depuis Azemmour jusqu'à Ac'îla, j'ai conservé le tracé de M. Washington, que j'avais d'abord adopté, celui de M. Arlett n'offrant pas de différences bien importantes, et ayant l'inconvénient d'être à une très-petite échelle.

Entre Ac'îla et Tetouan, j'ai suivi la carte gravée, en 1804, au Dépôt de la marine, d'après les plans levés, en 1786, par Tofiño. Les déterminations plus récentes du cap Spartel et de Tanger n'ont fait que confirmer celles de cet habile géographe. J'ai seulement modifié un peu les environs de Tanger, d'après le plan levé, il y a dix ans, par M. Le Saulnier de Vauhello [1].

La côte méridionale d'Espagne est empruntée à la carte déjà citée de Tofiño. La partie des côtes d'Espagne située entre Gibraltar et le cap Palos, ainsi que la côte marocaine, depuis Tetouan jusqu'à la Mlouïa, ont été tracées principalement d'après une carte récente, publiée par le Dépôt de la marine [2].

---

[1] *Plan de la baie de Tanger*, levé en 1835 par M. Le Saulnier de Vauhello, capitaine de corvette; au Dépôt général de la marine. Paris, 1837.

[2] *Carte de la partie de la Méditerranée comprise entre Gibraltar et la Sardaigne;* au Dépôt général de la marine. Paris, 1843. — Cette carte n'est guère elle-même, pour la partie marocaine, que la reproduction d'une carte espagnole que M. Berthelot a eu l'obligeance de me

Cette côte importante a grand besoin d'une exploration nouvelle; nous ne connaissons ni le détail du bord de la mer, ni les montagnes qui l'avoisinent; la plupart des noms portés sur les cartes sont inconnus dans le pays, et usités seulement par les marins espagnols.

§ III.

Nous connaissons, dans l'intérieur de l'empire de Maroc, plusieurs positions bien déterminées, reliées par de bons itinéraires. Ces positions et ces itinéraires nous sont fournis par Ali-Bey, M. Washington et M. de Caraman.

Ali-Bey, qui parcourut l'empire de Maroc en 1803, 1804 et 1805[1], visita Tanger, K's'ar-el-Kebir, Meknês, Fês, Sla, Azemmour, S'oueira et Maroc; puis il revint à Azemmour, Sla, Meknês et Fês, visita Têza, Temeçouîn et Ouchda, regagna Temeçouîn par une route plus méridionale, et se dirigea de là sur Têza, K's'ar-el-Kebir et El-'Araich, où il s'embarqua. Il détermina par des observations astronomiques la position d'un assez grand nombre de points. Plusieurs de ces points ont été déterminés de nouveau en 1829 par M. Washington, et en 1835 par M. Arlett.

communiquer, et qui porte pour titre : *Carta esferica de la costa de España; en la Direccion hidrografica*. Madrid, año de 1833. Cette carte, dont je parlerai plus tard, n'inspire qu'une faible confiance, la partie de la côte algérienne qui y est représentée étant à peine reconnaissable.

[1] *Voyages d'Ali-Bey-el-Abbassi en Afrique et en Asie, pendant les années 1803-1807.* Paris, 1814; tome I.

La position de Maroc, déterminée par Ali-Bey et M. Washington, montre à quelle exactitude on peut atteindre quand on peut multiplier à loisir les observations. Ali-Bey était au centre de la ville, et M. Washington dans les jardins au Sud-Ouest de ce point. La différence des latitudes et longitudes données par les deux observateurs indique assez exactement leur position relative.

Pour les autres observations faites à la hâte, en voyage, la différence entre les longitudes va jusqu'à 10'; de plus, les latitudes données par Ali-Bey sont en général trop fortes, mais cet excès ne dépasse guère 1'.

Ouchda[1], placé par Ali-Bey à 34° 40' 54" de latitude, et à 4° 8' 0" de longitude Ouest de Paris, a été déplacé récemment d'une quantité considérable sur les cartes du Dépôt de la guerre. La plus récente[2] place cette ville à 34° 37' 30" de latitude, et à 4° 15' 24" de longitude, ce qui constitue une différence de 3' 24" en latitude et 7' 24" en longitude, et déplacerait Ouchda de 13 kilomètres environ à l'Ouest-Sud-Ouest. Le croquis indicatif de la frontière de l'Algérie et du Maroc, lithographié vers le mois de juillet dernier, au Dépôt de la guerre, la plaçait encore plus loin. Je m'étais servi de cette position, et je l'ai conservée. Néanmoins je ferai remarquer qu'il n'y a encore aucune triangulation de

---

[1] Le nom de cette ville est toujours prononcé ainsi, mais il s'écrit en arabe *Oudjda*.

[2] *Carte de la province d'Oran*, dressée au Dépôt de la guerre; septembre 1844; deux feuilles au $\frac{1}{400000}$.

faite dans la province d'Oran. Ouchda, et Tlemsên lui-même, n'ont été déterminés qu'à la boussole ; les cartes du Dépôt placent Tlemsên à 107 kilomètres d'Oran, en ligne directe, et la route actuellement tracée en a 122. Tlemsên paraît donc indiqué à quelques kilomètres trop loin d'Oran.

J'ai conservé pour Têza la position qui lui a été assignée par Ali-Bey, et j'ai modifié, par parties proportionnelles, ses deux itinéraires entre cette ville et Ouchda.

Les détails topographiques des environs d'Ouchda sont empruntés à la carte de cette contrée qui a paru dans le Spectateur militaire du 15 septembre 1844.

Tout ce qui appartient au territoire de l'Algérie a été pris dans la carte des divisions de l'Algérie méridionale, par M. Carette.

M. Washington, qui faisait partie d'une ambassade anglaise, envoyée à Maroc à la fin de l'année 1829, a communiqué une relation et une carte de son voyage à la Société de géographie de Londres, qui les a publiées en 1831 [1]. Une traduction abrégée de cette relation, et une réduction de la carte qui l'accompagne, ont paru dans le Bulletin de la Société de géographie de Paris, de mars 1832 [2].

L'ambassade britannique partit de Tanger le 9 no-

---

[1] *The Journal of the royal geographical Society of London;* volume the first, 1831 ; avec une carte du Maroc à l'échelle $\frac{1}{1\,400\,000}$.

[2] *Bulletin de la Société de géographie,* 2ᵉ série, tome II ; Paris, 1832 ; avec une carte du Maroc au $\frac{1}{1\,400\,000}$.

vembre 1829, et traversa successivement K's'ar-el-Kebir, Mehedîa, Sla et Rbât', Azemmour, et entra à Maroc le 10 décembre. De là, un autre chemin conduisit la caravane, au retour, à Fdâla et Rbât', puis, par El-'Araich et Ac'îla, à Tanger, où elle rentra le 6 février 1830.

Toutes les observations astronomiques de M. Washington et celles qu'il a citées d'après d'autres observateurs [1], sont consignées dans le tableau des latitudes et longitudes que j'ai placé à la fin de cet ouvrage.

En décembre 1835 et janvier 1836, Davidson suivit à peu près la même route que M. Washington, de Tanger à Maroc. Son itinéraire n'offre pas beaucoup plus de détails; il cite pourtant plusieurs points dont M. Washington ne parle pas [2].

M. de Caraman fit partie, en 1825, d'une ambassade française, qui se rendit de Tanger à Fês, auprès du sultan Moula 'Abd-er-Rah'mân, et en fit une reconnaissance qui a été publiée dans le Spectateur militaire du 15 août 1844. Cette reconnaissance, bien supérieure à toutes celles qui ont été exécutées dans des circonstances semblables, a en outre l'avantage de n'offrir presque partout que des noms exacts, communiqués à l'auteur par M. Delaporte, qui faisait partie de la même ambassade, et qui a conservé des notes détaillées sur son voyage. Avec son secours, j'ai pu rectifier

---

[1] Voir la carte anglaise de M. Washington.
[2] *Davidson's African Journal, 1835-1836.* London, 1839.

quelques noms et en ajouter quelques autres omis par l'auteur.

Le journal l'Algérie a publié, depuis le mois de septembre 1844, un voyage ayant pour titre : *Souvenirs d'un voyage au Maroc*. L'auteur, M. Rey, a parcouru à cheval la route de Dâr-Beid'a à Tanger, par Sla, Ma'môra, K's'ar-el-Kebir et Ac'îla. Il donne des détails intéressants sur la contrée qu'il a visitée, et cite quelques points inconnus aux autres voyageurs.

M. John Drummond-Hay, qui vient de succéder à son père dans le consulat d'Angleterre à Tanger, a publié récemment un ouvrage dont la forme est bien plus littéraire que scientifique, mais qui contient quelques détails géographiques sur la contrée comprise entre El-'Araich et Tanger[1].

J'ai fait subir une assez grande modification à l'itinéraire d'Ali-Bey, de Têza à K's'ar-el-Kebir, et à celui de M. de Caraman, de cette dernière ville à Fês. Voici les principales raisons de ces changements : construits simultanément, les deux itinéraires se croiseraient entre les rivières Sbou et Ouerr'a, de sorte qu'Ali-Bey, après avoir rejoint la grande route de Fês à Tanger, l'aurait dépassée à l'Ouest pour la reprendre de nouveau près de Ouezzân, ce qui, par la direction des routes et l'état du pays, est tout à fait improbable. De plus, le tracé séparé rend presque impossible le raccordement des

---

[1] *Le Maroc et ses tribus nomades*, etc. par J. Drummond-Hay ; traduit de l'anglais, avec notes et introduction, par Mme Louise Sw. Belloc. Paris, 1844.

rivières; la communauté de direction est, au contraire, rendue très-probable par les descriptions des deux auteurs.

Il est facile de reconnaître, d'ailleurs, que si l'itinéraire d'Ali-Bey est trop courbé au Sud-Ouest, celui de M. de Caraman est trop courbé en sens inverse, car il passerait par la ville de Ouezzân, ou même un peu à l'Est, tandis qu'il a dû la laisser à plusieurs kilomètres à l'Est de sa route.

Cette ville a elle-même subi un petit déplacement à l'Ouest. Ali-Bey l'avait placée à 34° 42′ 29″ de latitude, et à 7° 55′ de longitude; mais il fait remarquer qu'il n'est pas très-sûr de cette longitude.

D'après Borda[1], lorsqu'on entre dans la rivière d'El-'Araich, on aperçoit, au Sud 40° Est, et à cinq ou six lieues, une grande montagne conique, qui sert de point de reconnaissance. Dans sa carte de 1780[2], on voit la même montagne, indiquée sous le nom de Pic de Fès, au Sud 39° Est d'El-'Araich, et à l'Est 1° Sud de la vieille Ma'môra; d'où résulte, pour ce pic, la position suivante: 34° 53′ de latitude, et 8° 7′ de longitude. M. Arlett signale la même montagne de reconnaissance aux marins qui entrent dans la rivière d'El-'Araich; les indigènes l'appellent Fês. Ces indications, réunies à celles de Borda, ne laissent aucun doute sur la position

---

[1] *Voyage fait, par ordre du roi, en 1771 et 1772, etc.* par Verdun, Borda et Pingré. Paris, 1778. Tome II, pages 29 à 49.

[2] *Carte des îles Canaries et d'une partie des côtes occidentales d'Afrique*, par Borda, 1780.

de cette grande montagne conique; c'est nécessairement le S'ers'ar, qui domine Ouezzân au Nord-Nord-Ouest, à 12 kilomètres environ, d'après la carte d'Ali-Bey. Les différentes données que nous possédons ne suffisent pas pour fixer avec une précision parfaite la position de cette montagne; mais elle est nécessairement plus occidentale que ne le croyait Ali-Bey; et, par suite, la ville de Ouezzân éprouve le même déplacement, et sera située plus probablement par 7° 58' de longitude.

§ IV.

Après avoir examiné le tracé des itinéraires qui précèdent, il nous reste à les passer en revue et à rectifier les noms qui y sont mentionnés.

T'andja porte le nom que nous trouvons déjà dans Edrîci et Bekri; le nom défiguré Tanger nous vient des Portugais; les Espagnols l'appellent T'angere; les Italiens Tangeri, les Anglais et les Allemands Tangier, qu'ils prononcent différemment.

'Aïn-Dâlia signifie « la fontaine de la vigne. » Ce point est indiqué pour la première fois dans la carte d'Ali-Bey, sous le nom de Hindalia, mais d'une manière inexacte, puisqu'il y est figuré au bord de la mer. Il est indiqué, de position et de nom, par MM. de Caraman, Washington, Drummond-Hay, etc.

Un quart d'heure après 'Aïn-Dâlia, on rencontre, d'après M. Delaporte, une autre source nommée 'Aïn-el-'Acel, « la fontaine du miel, » et puis on passe l'Ouad-

Mharhar, « la rivière murmurante, » qui coule dans une plaine basse appelée K'a'a-er-remel, « le sol de sable[1]. » M. Washington écrit le nom de cette rivière Marharr; Davidson, Maharah[2], et M. Drummond-Hay, Mhaha.

On franchit ensuite des collines sur lesquelles on voit plusieurs k'oubba; la principale est celle de Sidi-Kasan ou Kasar, d'après M. de Caraman; M. Delaporte pense que c'est Sidi-K'âcem.

Vient ensuite l'Ouad-Bouljoua; c'est probablement Bou-el-djou'a, « le père de la faim. »

Les bois de liége nommés R'âbat-Aklâou occupent des collines du haut desquelles on découvre une grande étendue de côte à l'Ouest. Immédiatement après, on traverse une rivière à deux bras, dont l'un est nommé Mechra'-el-H'achef[3], et l'autre Kholdj. Ce dernier est indiqué, par M. Drummond-Hay, sous le nom de Kholi; c'est sans doute une faute d'impression[4]. Cette rivière, réunie à la Mharhar, forme, d'après M. de Caraman, une autre rivière nommée Gherefa; ce nom est R'erîfa, d'après M. Delaporte[5].

Cette dernière rivière a une embouchure large et profonde, et il paraît qu'autrefois elle servait de port commercial; elle se trouve indiquée pour la première

---

[1] *Le Maroc et ses tribus nomades*, page 32.

[2] *Davidson's African Journal*, page 21.

[3] Mechra' veut dire « un gué » dans l'empire de Maroc; H'acef signifie « des dattes sèches » ou « du pain sec. »

[4] *Le Maroc et ses tribus nomades*, pages 70 et 72.

[5] *R'erîfa* est le diminutif de *r'orfa*, qui désigne, en arabe, une chambre du premier étage.

fois dans la carte d'Andrea Bianco, de 1436[1], sous le nom Alasaèf, où l'on reconnaît sans peine le mot El-H'achef. Ce nom disparaît ensuite et est remplacé par celui de Taguedart, Tahedar, Tahedart; ce dernier est le nom d'un village situé près de l'embouchure de la rivière, d'après Bekri; M. Delaporte écrit Tâheddârt.

Après la carte d'Andrea Bianco, la première qui fasse mention de l'Ouad-Mecha'-el-H'achef est celle d'Ali-Bey, qui porte Mecharalachef. Dans le texte, on trouve Mescharaalaschef[2]. M. Washington écrit Mesra-al-Shef.

Sur la rive gauche de l'ouad Mechra'-el-H'achef s'élève un plateau de cent vingt mètres environ de hauteur[3]; on y arrive par un petit défilé, après lequel on passe aux deux sources 'Aïn-Ouled-Sbeit'a et 'Aïn-Sânia, indiquées par M. de Caraman et M. Delaporte. M. Washington n'en indique qu'une seule sous le nom de Sânia d'Ulad-Sbaida. Près de là se tient un marché tous les dimanches; le lieu s'appelle, à cause de cela, Souk'-el-H'âd ou El-H'âd-R'arbîa. M. Drummond-Hay donne quelques détails sur cette contrée. Le plateau est formé de sable rouge dans lequel on voit un grand nombre de fossiles très-bien conservés. L'auteur cite les Arabes Sebaïta et le défilé de Hâd-el-Garbea[4].

Davidson, qui a parcouru le même chemin, s'est rendu d'Aïn-Dâlia à El-H'âd-R'arbîa en 5 heures 1/2;

---

[1] Atlas du vicomte de Santarem.
[2] Tome Ier, page 92.
[3] 400 pieds anglais, *Itinéraire de M. Washington*.
[4] *Le Maroc et ses tribus nomades*, pages 71, 265, 272.

après une heure de marche, il traverse l'Ouad-Mharhar; puis il passe à Meshra'-el-Howeïd; 3 heures après avoir traversé la Mharhar, il arrive à des ruines romaines considérables, au milieu desquelles est un amphithéâtre très-bien conservé, et 1 heure 1/2 après, il atteint Hadd-el-Charbi-Arbea; ce qui, selon lui, signifie « limite occidentale [1]. » Les heures de marche indiquées par Davidson placeraient ces ruines romaines près du Mechra'-el-H'achef. Comme il paraît difficile qu'il n'ait pas signalé le passage de cette rivière, et que, de plus, ces ruines ne sont désignées par aucun autre voyageur, il est probable qu'il se sera écarté un peu à l'Est du chemin le plus fréquenté, et qu'il aura passé la rivière à un gué signalé, par M. de Caraman, à 1 ou 2 kilomètres en amont de l'autre. Mechra'-el-Howeïd serait le nom de ce passage. M. Delaporte ne le connaît pas.

Avant d'atteindre l'Ouad-el-'Aiâcha, nous remarquons sur la carte de M. de Caraman un ruisseau et deux fontaines dont nous ignorons le nom. 'Aiâcha est le nom de tribus berbères qu'on trouve aux sources du Guîr et à l'embouchure du Chélif.

Sous le nom de bras de l'Aiâcha, M. de Caraman indique un affluent de cette rivière, dont nous ignorons le véritable nom; il est signalé sous le nom de Harouppé par les Pères de la Rédemption, qui l'ont

---

[1] Davidson, page 21, confond des mots différents. *H'add* signifie, en effet, « limite »; *nhar-el-h'âd* signifie « le premier jour, » c'est-à-dire le dimanche.

traversé au mois de novembre 1724 [1]. Après avoir quitté El-K′s′ar pour se diriger sur Tanger, ces religieux couchent, le second jour, à Beni-Golfotte, c'est-à-dire chez les Beni-Gorfot′, tribu qui campe autour d'El-Outed; ensuite ils traversent deux rivières très-enflées par les pluies, et, après quelques heures de chemin, ils sont obligés de revenir à Beni-Gorfot′. La première de ces rivières, qu'ils appellent Harouppé, est nécessairement l'affluent de l'Ouad-el-'Aiâcha. Elle s'appelle peut-être Ouad-Kheroub; car on trouve ce nom appliqué par Bekri à un château de cette contrée. Windus, en 1721, a traversé, entre Tetouan et El-K′s′ar, une rivière Alcharob [2], et Addison cite une tribu d'Alkarobe parmi celles des environs de Tanger soumises à R′eilân en 1666 [3].

El-Outed, « le piquet ou la cheville, » est une espèce de *pierre levée* druidique de cinq mètres de hauteur sur deux mètres de circonférence [4]; elle est entourée de grandes ruines romaines. M. Drummond croit qu'elle appartenait à un temple dédié au soleil [5]. Tout près de

---

[1] *Relation, en forme de journal, du voyage, pour la rédemption des captifs, aux royaumes de Maroc et d'Alger, etc.* Paris, 1726.

[2] *Journey to Mequinez*, etc. London, 1725, page 69.

[3] *West Barbary, or a short Narrative of the revolutions of the kingdoms of Fez and Morocco*, by Lancelot Addison. Oxford, 1671, page 41. — R′eilân est ce fameux chef que la plupart des historiens nomment Gayland.

[4] 16 pieds 1/2 de hauteur sur 6 pieds 1/2 de circonférence, d'après Davidson, page 15.

[5] Page 119.

là, probablement à l'Ouest, est le village d'Emzôra ou Emsorah, signalé par M. Drummond et Davidson. Ce dernier indique vaguement, aux environs, une source nommée 'Aïn-Tayyeb. Si ce mot signifie « la bonne source, » comme il le prétend, ce serait 'Aïn-T'aïba. Ce voyageur décrit cette localité avec assez de détail.

M. Drummond indique, sur le grand chemin, les ruines d'un aqueduc près duquel on avait trouvé des statuettes de bronze; il ne précise pas sa position; mais on reconnaît, d'après son récit, que cet aqueduc ne doit pas être éloigné d'El-Outed [1].

M. de Caraman place ensuite près de la route, à l'Est, plusieurs k'oubba [2] et une fontaine sans indication de noms; puis vient la plaine des myrtes ou Fh'as'-er-Rih'an [3], citée par M. Washington et Davidson. Ce dernier la cite à tort avant l'Ouad-el-'Aiâcha.

Immédiatement après la plaine, la carte de M. de Caraman indique une k'oubba qui doit être celle de Sidi-Iemeni, que M. Drummond place un peu au Nord du défilé dont nous parlerons tout à l'heure [4]. La fon-

[1] Page 249.
[2] Le mot *k'oubba* désigne ces petites chapelles que nous appelons ordinairement marabouts; le nom de *mrâbot'* désigne un saint personnage, et non son tombeau.
[3] *Fh'as'*, qu'on traduit ordinairement par « plaine », se rend mieux par « canton »; souvent il désigne une contrée montueuse; il s'emploie aussi comme « banlieue » dans le Maroc et en Algérie; on dit le fh'as' d'Alger et le fh'as' de Tanger. On voit souvent ce mot écrit fah's', mais c'est à tort.
[4] *Le Maroc et ses tribus nomades*, page 248. On trouve *Siyed-Yamani*, nom facile à rétablir; *Iemeni* signifie « natif de l'Iémen » en Arabie.

taine voisine doit être son Aïn-el-Khâder; si ce nom signifie « la fontaine verte, » ainsi qu'il l'explique, ce serait 'Aïn-el-Khad'ra[1]. Le même auteur appelle Ibdor la tribu qui occupe ce territoire.

A quelques kilomètres de là le chemin passe dans un défilé indiqué par MM. Washington et Drummond[2], qui l'appellent « le cou du chameau, » ou, suivant M. Delaporte, 'Onk'-el-Djemel, nom qui signifie plus exactement « le gosier du chameau, » et se retrouve, en Algérie, appliqué à quelques défilés.

Le marché du mardi, qui se tient au bord de l'Ouad-Riçâna dans un bel emplacement signalé au loin par un palmier, est indiqué par Ali-Bey, qui le place auprès d'un douar nommé Daraizana. M. Washington écrit Drazaina, M. Drummond-Hay, Raisana[3]. Peut-être le village voisin du marché s'appelle-t-il Dâr-Riçâna.

L'Ouad-el-Mkhâzen, « la rivière des Makhzen[4], » inconnue en Europe avant 1578, devint célèbre par la fameuse bataille où don Sébastien perdit la vie. Les histoires contemporaines l'appellent Mocasim, comme Hieronymo de Mendoça, ou Vet Mucazin, comme Sébastian de Messa, ou encore de plusieurs autres noms,

[1] Pag. 237. Ce nom écrit ainsi et le 'Aïn-Tayyeb de Davidson sembleraient indiquer que, dans cette contrée, on emploie le mot 'aïn au masculin.

[2] *Le Maroc et ses tribus nomades*, pag. 237.

[3] Pag. 235.

[4] Le *makhzen* est un corps de cavalerie bien connu depuis que nous avons rétabli en Algérie cette ancienne institution indigène.

tels que Macazem ou Mucassen. Les Pères de la Rédemption, qui l'ont traversée en 1724, l'appellent rivière Mehasem[1]; Windus, en 1721, Elmahassen[2]; Ali-Bey, en 1803, Wad-Emhâzen, et M. Washington, en 1830, El-Ma-Hassan, ce qui signifierait « l'eau de H'acen. »

L'Ouad-el-H'amâr et l'Ouad-el-Mïet sont deux affluents rapprochés de l'Ouad-el-Mkhâzen. M. Delaporte connaît encore une autre rivière voisine, l'Ouad-Garouâl, dont il n'indique pas bien sûrement la position. C'est peut-être un autre affluent de la même rivière.

Le nom de la rivière Loukkos a été transformé à l'infini. Antérieur, sans doute, aux temps historiques, il se trouve dans les auteurs grecs et latins sous la forme *lix*, *lyxos*, ou *lixus*. Bekri l'appelle Ouaouelkous, Edrîci Aoulkos dans un passage, et Nahar-Loukos dans un autre[3]. On trouve, dans Léon l'Africain, Luccus; et dans Marmol, Lisse ou Luque. M. Washington l'appelle L'khos, et M. Arlett, d'après lui sans doute, El-Khos, en indiquant que ce nom, qui signifie « l'arc, » a été donné à la rivière à cause de ses nombreux détours. Cette explication est tout à fait fausse, puisque tel n'est pas le nom de la rivière. D'ailleurs le mot arabe *k'ous*, et non pas *khos*, qui signifie « arc, voûte, » ne s'applique nullement aux replis d'une rivière. On ne peut chercher

---

[1] *Relation du voyage pour la rédemption des captifs*, etc. Paris, 1726.

[2] *Journey to Mequinez*. London, 1725.

[3] *Ouaouelkous* est évidemment une faute du copiste, qui aura mal lu et réuni le mot *ouad* avec le nom de la rivière. Dans *Nahar-Loukos*, il ne manque que le signe du redoublement sur la lettre *k*; cette omission est une des plus fréquentes dans les manuscrits arabes.

l'étymologie de ce nom dans la langue arabe, puisqu'il est bien antérieur à l'invasion de ce peuple dans le Nord de l'Afrique.

La route de K's'ar-el-Kebir à Fês ne donne lieu qu'à peu de remarques. Je reviendrai plus tard sur la relation qui existe entre cette route et celles indiquées par Bekri et Edrîci. 'Aïn-Garouâch est le seul point de la route mentionné par Léon sous le nom d'El-Giumha[1], et par Marmol sous celui de Gemaa-el-Carvax, c'est-à-dire Djâma'-K'arouâch[2]. Ali-bey a indiqué le premier, je crois, l'Ouad-Rdât sous le nom Ardat; l'Ouad-et-Tenîn et le mont Selfât, connu de M. Delaporte, sont indiqués pour la première fois sur la carte de M. Washington. L'Ouad-Boulila m'a été indiqué par M. Delaporte, ainsi que le nom exact de l'Ouad-Tekourt et du marché voisin H'âd-Tekourt.

Le mont Enyquy, de la carte de M. de Caraman, se trouve dans le texte sous le nom Laggay; ce sont là probablement des fautes typographiques pour Zek'k'âk' ou Zeggâg, le seul nom que connaisse M. Delaporte.

La route d'El-K's'ar à Meknês est celle tracée par Ali-Bey; elle vient, selon toute probabilité, rejoindre la route précédente à la k'oubba de Sidi-Mouça-ez-Zerâdi, à l'endroit où M. de Caraman indique la direction du chemin de Meknês.

---

[1] *De l'Afrique,* contenant la description de ce pays, par Léon l'Africain, etc. Paris, 1830; tom. I, pag. 465.

[2] *L'Afrique de Marmol,* traduction de N. P. d'Ablancourt. Paris, 1766; tom. II. pag. 205.

Ali-Bey ne donne que peu de détails sur cette route, qu'il a parcourue en 30 heures, savoir : 13 heures 1/4 d'El-K's'ar à l'Ouad-Sbou, et 16 heures 3/4 de cette rivière à Meknês.

La même route a été parcourue, en 1721, par Windus, qui avait suivi d'abord celle de Tetouan à El-K's'ar[1]. Voici sa route tout entière, qu'il commença le 13 juin :

Tetouan.	
Rivière Bousphera....................	2 heures.
Darzerboh...........................	1 ?
Dans les montagnes..................	4
Rivière Alcharob.....................	3
Rivière Hamgarwel...................	4 ?
Ouad-el-Mkhâzen (El-Mahassen), puis El-K's'ar.	?
El-K's'ar.	
Rivière Behorah.....................	7
Rivière Sbou........................	3 à 4
Sidi-K'âcem........................	5 ½
Canton de Moula-Idrîs...............	4 ½
Meknês.............................	4 ?
	24 à 25

Trois années après, les Pères de la Rédemption suivaient la même route que Windus ; ils quittaient Tetouan le 9 octobre 1724[2]. Leur route est indiquée ainsi qu'il suit :

---

[1] *Journey to Mequinez*, by John Windus. London, 1725.
[2] *Relation du voyage pour la rédemption des captifs*, etc. Paris, 1726.

Tetouan.
Souk'-et-Tenîn.......................... 8 heures.
Souk'-Tlâta............................. 4
Fontaine Angrouy....................... 4
El-K's'ar.............................. 8
                                         ——
                                         24

El-K's'ar.
Foouâra ou Fouârat..................... 5
(Station).............................. 7
Bourra................................. 7
Rivière Sbou........................... 8
Sidi-K'âcem............................ ?
Grand Douar............................ ?
Meknês................................. 6

Retour de Meknês à Tetouan :

Meknês.
Petit Douar............................ 5 heures.
Rivière considérable................... 6
Ruisseau............................... 4
El-K's'ar.............................. 10 ?
                                         ——
                                         25 ?

El-K's'ar.
Rivière Mkhâzen (Mehasem), 2 lieues. On passe
   ensuite deux torrents rapides, et on campe au
   douar de Melec...................... 1 jours.
Beni-Gorfot' (Beni-Golfotte), puis on passe la rivière Harouppé et une autre forte rivière, en
   suivant le chemin de Tanger. On rétrograde
   et on revient à Beni-Gorfot'......... 1
Tetouan, 12 heures..................... 1

J'ai rectifié, dans ces deux itinéraires, tous les noms

géographiques déjà connus : la rivière Alcharob est probablement Ouad-el-Kheroub, ainsi que je l'ai dit, page 15 ; la rivière Hamgarwel est peut-être la même que Angrouy, et peut-être aussi la source ou le cours supérieur de l'Ouad-Garouâl ; son nom serait alors 'Aïn-Garouâl. L'Ouad-el-Mahassen est l'Ouad-el-Mkhâzen. El-K'ṣ'ar est écrit, comme presque partout, Alcassar.

Les noms suivants sont écrits par Windus : rivière Bebu, Sidi-Cassem, Muley-Idris et Mequinez.

La rivière Behorah est évidemment la même que Bourra de l'autre itinéraire.

Les noms de Souk'-et-Tenîn et Souk'-Tlâta ne sont pas dans l'itinéraire des Pères de la Rédemption : ils disent seulement qu'ils couchent le lundi 9 octobre à un *soque* ou marché qui se tenait ce jour-là ; le lendemain, ils passent au milieu de la journée à un autre marché, qui s'y tenait aussi au moment de leur passage. L'indication des jours de la semaine nous donne le moyen de rétablir le nom de ces marchés.

Foouâra cet écrit, dans cet itinéraire, *Fouëra* ; nous y trouvons ensuite la rivière *Sebout* pour Sbou, et *Cedy-Cassum* pour Sidi-K'âcem.

A partir d'El-K'ṣ'ar, l'itinéraire de M. Washington se dirige à l'Ouest, pour regagner le bord de la mer. Tagnaut paraît être une faute pour Tagnânt, nom de village qui se retrouve en Algérie, avec la forme arabe Gnâna, suivant M. Carette.

Ulad-ben-Sbagh est une forme anglaise souvent employée pour Oulâd-ben-Sba'.

Aïn-el-Telfell pourrait bien être une faute pour 'Aïn-el-Filfil, « la fontaine du poivre. »

Dar-el-Krisi n'est indiqué que par M. Washington.

Merdja-Râs-ed-Doura est un grand lac d'eau douce, qui doit son nom à un cap voisin, Râs-ed-Doura, ce qui, suivant M. Delaporte, veut dire « le cap qui tourne. » M. Washington écrit Murja-Ras-e-Dowrah; M. Arlett appelle le cap Ras-el-Doura, et M. Rey Ras-el-Dour[1].

Mehedîa est un nom moderne imposé à Ma'môra, je ne sais dans quelles circonstances, ni à quelle époque précise. Le nom de Ma'môra est évidemment un nom d'origine arabe; on le trouve dans Edrîci. Dans la carte catalane de 1375, on trouve aussi Mamora[2], qui se voit ensuite sur toutes les cartes, jusqu'à nos jours. Le nom de cette ville est même écrit presque toujours exactement, ou peu défiguré, comme Mamore ou la Mamorre. Borda et Chénier ne connaissent que Ma'môra. Lemprière ne connaît aussi que Ma'môra, où il passa en 1789 et 1790[3]. Mais la carte d'Ali-Bey, dont les matériaux furent recueillis de 1803 à 1805, porte Mehedîa ou El-Mamora; seulement la position en est un peu trop méridionale. Quelques années plus tard, Jackson parle de Meheduma ou Mamora, à l'embouchure de la rivière Seboo[4]. Mehedouma veut dire « la ruinée. »

---

[1] *Souvenirs d'un voyage au Maroc*, page 117.

[2] *Atlas catalan* de la Bibliothèque du Roi. — Fac-simile de cet atlas, publié par MM. Tastu et Buchon. Paris, 1839. — Atlas du vicomte de Santarem.

[3] *Voyage dans l'empire de Maroc, en 1790 et 1791*, par Lemprière.

[4] Grey Jackson, *Account of Morocco*. London, 1811.

M. Washington, qui ne parle que de Mehedîa, place Ma'môra ruinée à 38 kilomètres de là, sur la rive gauche de la Sbou. Il est difficile de comprendre d'où provient une semblable erreur, car M. Washington n'a pu ignorer que Mehedîa et Ma'môra sont une seule et même ville.

Davidson, M. Arlett et M. Drummond ne mentionnent que Mehedîa; mais l'auteur des Souvenirs d'un voyage au Maroc ne parle que de Ma'môra, qu'il visitait il y a quelques années[1].

Au retour, M. Washington suivit d'assez près le bord de la mer, entre Mehedîa et El-'Araich. Il donne peu de détails sur cette route.

Davidson suivit tout à fait le bord de la mer, entre El-'Araich et Mehedîa. Son itinéraire n'est pas très-précis; en voici à peu près le résumé[2] :

El-'Araich.	
Plaine d'Aguila, habitée par les Oudaia et traversée par l'Ouad-Sewir, environ.........	5 heures.
Moula-Bou-Selhâm.................	5
Reïyah, grand douar de cent tentes, chez les Oulâd-el-Bergal, environ.................	8
Mehedîa..........................	$4\frac{1}{2}$
	$22\frac{1}{2}$

La rivière Sewir est très-probablement le cours d'eau sans nom indiqué sur la carte de M. Washington; il semblerait seulement placé un peu trop au Nord.

Moula-Bou-Selhâm est nommé par Davidson 'Abd-

---

[1] M. Rey, pag. 98 et suiv.
[2] *Davidson's African Journal*, pag. 23 et 24.

es-Selam; le nom exact se trouve dans la notice de M. Washington, mais sa carte porte Muley-Buselhom. M. Arlett, dans sa notice et dans sa carte, a aussi donné le véritable nom[1]. Davidson parle un peu vaguement du bras de mer de Zirgah, qui paraît être le lac salé, ou espèce de golfe ensablé, dont l'embouchure est désignée sur toutes les cartes modernes sous le nom de Vieille-Mamora. Ce nom, inconnu, je crois, dans le pays, paraît avoir été appliqué par erreur depuis les premières années du XVIIIe siècle. La carte catalane donne un nom différent à Ma'môra et à ce port; elle appelle le premier point Mamora, et le second Moxmar; elle y figure un golfe. Les cartes de Sanson, de 1656, indiquent Mahmora et Moxmara. Il paraît donc à peu près certain que ces deux localités n'ont jamais porté le même nom. Moxmar, avec l'orthographe espagnole ancienne, indiquerait plutôt un nom comme Mechmar.

Quoi qu'il en soit, la pointe de sable sur laquelle sont bâties les quatre k'oubba dont parle Davidson porte à présent le nom du principal saint qui y est enterré, Moula-Bou-Selhâm [2].

La route suivie par M. Washington, d'El-K's'ar à Mehedîa et jusqu'à Dâr-Beid'a, a été suivie en sens inverse par M. Rey. Quoique son itinéraire ne soit pas indiqué très-exactement, j'ai placé, d'après lui, la

---

[1] *Survey of the Canary islands, etc.* dans le Journal de la Société de géographie de Londres, de 1836, pages 285-310.

[2] D'après M. Delaporte, *selhâm* est synonyme du mot *bernous'*; il est employé, à l'exclusion de ce dernier, dans l'empire de Maroc.

k'oubba de Sidi-Bel-Mans'our sur une pointe qui avance dans le grand lac d'eau douce, et le marché du vendredi, Souk'-el-Djema', un peu au Sud-Ouest d'El-K's'ar.

Dour-Zim, petite ruine entre Mehedîa et Sla, est placé d'après le même auteur, qui décrit avec assez de détails la contrée qu'il parcourt.

Les villes jumelles de Sla et Rbât' sont plus connues sous les noms transformés Salé et Rabat. La première est appelée Sala par les auteurs grecs et latins; elle n'a donc pas changé de nom depuis une longue série de siècles; la seconde s'est appelée d'abord Rbât'-el-Ftah', « le camp de la victoire[1]. »

Près des murs de Rbât', au Sud-Est et sur un mamelon, est le bourg de Chella, entouré d'une haute muraille, et dont la principale mosquée renferme le tombeau du fameux Iak'oub-el-Mans'our, fondateur de Rbât'. Edrîci appelle ce bourg Châla; Léon, Salla; Marmol, Mensala; les Pères de la Merci, Chella; ils le décrivent en même temps que les deux villes voisines[2]. Chénier[3] et Ali-Bey en donnent la description[4]; M. Washington en parle aussi; enfin plusieurs plans

---

[1] Rbât', qui signifie proprement « un monastère, » suivant M. Delaporte, désigne aussi, par une association d'idées qui tient à la guerre sainte, une caserne ou un camp.

[2] *Relation de ce qui s'est passé dans les trois voyages que les religieux de l'ordre de Notre-Dame de la Merci ont faits dans les états du roi de Maroc, etc.* Paris, 1724; page 30.

[3] *Recherches historiques sur les Maures*, tom. I, pag. 28; et tom. III, pag. 31.

[4] *Voyage d'Ali-Bey-el-Abbassi*, tom. 1, pag. 226 et 227.

manuscrits du Dépôt de la marine en déterminent la position relativement à Rbât'[1].

Bouragrag ou Grou est, d'après M. Delaporte, le nom de la rivière qui sépare les deux villes de Sla et Rbât'. D'après M. Washington, cette rivière est la réunion du Weroo et du Buregreb. Ce dernier nom est répété par M. Arlett. Léon l'Africain, qui le premier nous a fait connaître cette rivière, en donne le nom exact, qu'il écrit Buragrag; Marmol dit que le Buregreg s'appelle aussi Sala ou Sumir. Le premier de ces noms est celui que les Romains lui donnaient d'après la ville voisine; le second, dans lequel on reconnaît sans peine celui de Asmîr, indiqué par Edrîci, paraît oublié aujourd'hui.

Le Grou paraît être le principal affluent de gauche du Bouragrag. La plupart des cartes, depuis un siècle environ, indiquent cet affluent sous la dénomination de Cuerou ou Guerou.

M. Delaporte connaît la ruine appelée Tamâra ou Tmâra, près de laquelle est 'Aïn-el-'Atîk', qui envoie de l'eau à Rbât'. Il ne paraît pas que ce soit la même source que Râs-el-'Aïn, située bien plus loin, et qui, selon M. Washington, alimente l'aqueduc de cette ville. Râs-el-'Aïn, « la tête de la fontaine, » est d'ailleurs le nom générique de toutes les prises d'eau et des sources de toutes les rivières.

---

[1] On trouve un plan de ces trois villes dans un ouvrage de la bibliothèque de M. Ternaux-Compans, intitulé : *A true Journal of the Sally Fleet, etc.* by John Dunton. London, 1637.

Toutes les rivières suivantes jusqu'à Dâr-Beid'a sont connues de M. Delaporte.

Ouad-Iek'k'em est écrit Yetkem par Ali-Bey, et Ytcum par M. Washington.

Cherrât est le nom de la rivière appelée Sarrât par Ali-Bey, Sherraddi par M. Washington, Sheivra ou Sheraga dans les notes manuscrites de Davidson, Sarrat par Chénier, qui l'a fait connaître, et qui la place à 4 lieues de Rbât'[1].

Bou-Znîk'a est écrit Bustèka par Ali-Bey, Busniacah par M. Washington.

Ouad-el-R'bâr signifie « la rivière du fumier[2]. » M. Washington écrit Gbar.

L'Ouad-en-Nfîfekh signifie « la rivière sujette à s'enfler. » Son nom a été singulièrement défiguré par les différents auteurs : Ali-Bey l'appelle Infiffe ; M. Washington, Pfiffa ; on trouve enfin Ensif sur la carte de M. Gråberg de Hemsö, qui n'a rectifié aucun des noms précédents. M. Rey[3] l'appelle Enfifakh, ce qui ne présente que des différences qui sont presque insignifiantes dans la transcription des noms arabes.

Fd'âla est un bourg qui porte le nom d'une tribu berbère. Il y a tout auprès un port connu d'Edrîci sous le nom de Mersa-Fd'âla, c'est-à-dire « le port des Fd'âla. »

La rivière El-Millah, de M. Washington, est peut-être Ouad-el-Melh', « la rivière du sel, » ou bien Ouad-

---

[1] Chénier, tom. III, pag. 10.
[2] A Alger, ce mot désigne de la poussière, et non du fumier.
[3] *Souvenirs d'un Voyage au Maroc*, pag. 40 et 46.

el-Mellah', « la rivière de la Juiverie[1]. » La rivière Arsa est peut-être Ouad-el-'Ar'sa, « la rivière de la colonne. »

Entre Fd'âla et Dâr-Beid'a, on traverse l'Ouad-Dîr sur un pont, selon M. Delaporte : c'est sans doute la réunion des deux rivières précédentes, ou celle qu'Ali-Bey place à égale distance des deux villages, et que M. Washington n'a pas indiquée.

Une partie de l'espace qui sépare ces deux bourgs est occupé par un grand marais appelé Omm-el-Makhnoudj, nom qu'on peut traduire par « le marais fangeux[2]. » Ali-Bey l'indique sans le nommer.

Dâr-Beid'a, « la maison blanche, » a succédé à l'antique Anfa. Ce nom est encore connu dans le pays, et le nouveau ne date guère que de 1760 ou 1765.

Mediouna est un point indiqué par Ali-Bey; il se trouve aussi, mais sans nom, sur la carte de M. Washington. Chénier l'a placé, sur sa carte, à 16 kilomètres au Sud-Est de Dâr-Beid'a. Il reste donc de l'incertitude sur la position de ce point.

Lella-Rotma d'Ali-Bey et Sanya de Retsman de M. Washington se rétablit facilement en Sânia-mta'-Lella-Retma, ce qui indique un puits à noria, voisin du tombeau d'une sainte femme nommée Lella-Retma. Cette hypothèse s'accorde d'ailleurs avec la carte de

---

[1] El-Mellah', dans tout l'empire de Maroc, désigne le quartier des juifs, dans les villes, ou même les villages juifs isolés, comme il en existe dans l'Atlas. Ce mot se trouve aussi sous la forme berbère Tamellaht'.

[2] Mot à mot : « la mère de la saleté ou de la fange. » *Merdja*, « marais, » est du féminin.

M. Gråberg de Hemsö, qui appelle seulement Sania le point dont nous nous occupons, et qui place à 8 kilomètres de là, au Nord-Nord-Est et au bord de la mer, un autre point nommé Lella-Rotma. Jackson appelle ce point Sanit-Urtemma, c'est-à-dire Sânît-Rtemma, qui ne diffère de l'autre nom que par le redoublement, si habituel aux Berbères, d'une des consonnes qui en font partie. Dans les anciennes cartes [1], on trouve Romea, Rouma et Rotima au bord de la mer, entre Rbât' et Fd'âla. Comme position, ce point se rapporterait à Tmâra; mais, comme nom, il se rapprocherait beaucoup de Retma. Il faudrait admettre alors qu'il est placé d'une manière très-fautive sur ces cartes.

Azemmour, dont le nom primitif était Azemmour-cheikh-Bou-Chouaïb, « les oliviers du cheikh Bou-Choua'ïb, » ainsi qu'il figure dans le journal de Davidson [2], se trouve presque toujours écrit Azamor. M. Delaporte connaît aussi ce nom et sa signification berbère. Azemmour veut dire proprement « une olive. » Ce mot est en usage chez les Berbères de l'Algérie comme chez ceux du Maroc.

Le nom de la rivière qui baigne Azemmour a été défiguré de toutes les manières. Elle s'appelle Ommer-Rbî'a, « la mère des herbages [3], » comme l'explique M. Washington. Edrîci est, je crois, le premier auteur

[1] Atlas du vicomte de Santarem et Cartes de Sanson, dans la traduction française de Marmol.
[2] Pag. 33.
[3] *Rbî'a*, en arabe, désigne aussi le printemps.

qui en fasse mention; il écrit Omm-Rbi'a, en retranchant l'article. Léon l'appelle Ommirabih, Marmol Ommirabi; le plus souvent on trouve les noms Morbeia, Marbea ou Morrovea. Chénier, qui l'appelle Morbeya, prétend que son vrai nom est Om-Arbaym, qui veut dire « quarante mers » ou « quarante sources. » Cette explication lui a été donnée par les gens du pays; car M. Delaporte a entendu raconter l'histoire de quarante personnes, qui, dans les temps fort anciens, auraient péri dans cette rivière, et lui auraient laissé, en souvenir de cette catastrophe, un nom qui rappelle le nombre des victimes, Omm-Arba'ïn, « la mère des quarante [1]. »

Mazagan est le nom européen d'une ancienne place portugaise bâtie sur l'emplacement d'une ville ou d'un port qu'Edrîci nomme Mazîr'en. Ce nom est oublié depuis longtemps dans le pays. Selon M. Delaporte et M. Washington, appelée Castillo-Real par les Portugais en 1506, elle prenait l'année suivante, parmi les indigènes, le nom d'El-Brîdja, « le fortin; » en 1769, celui de Mehedouma, « la détruite; » et, en 1770, celui d'El-Djedîda, « la neuve, » qui lui fut donné par un décret du sultan Moh'ammed [2]. Marmol dit que cette place fut bâtie auprès d'une vieille tour nommée Boreycha. On reconnaît sans peine dans ce mot celui de Brîdja.

[1] Cette explication est tout à fait improbable. Dans tout le Nord de l'Afrique, il n'est pas de ruine ou d'accident du sol quelque peu remarquable auquel un roman ne soit attaché; dans ces récits, les évènements, aussi bien que les étymologies des noms, sont souvent dépourvus de toute vraisemblance.

[2] *Geographical Notice, etc.* pag. 132.

Venture appelle cette ville El-Breza; Jackson, Bureeja, et M. Gråberg de Hemsö, Berigia.

El-Brîdja est le nom le plus communément employé. La plupart des nations de l'Europe ont adopté le nom de Mazagan, qui se trouve, avec quelques variantes, sur toutes les vieilles cartes Les Portugais écrivent Mazagão.

T'it' est une grande ruine connue de M. Delaporte; elle se trouve, sur la carte catalane, sous la forme Tete. Léon l'appelle Tit; Marmol, Tite; et il ajoute que ce nom vient de Tut, fils de Noé. D'après Jackson, ce nom signifie, en arabe, « ville de Titus. » M. Washington, qui écrit Tett, dit que cela signifie Titus. On regrette vraiment que la manie des étymologies ait entraîné des auteurs recommandables à donner une pareille explication de ce nom.

Fas-Dwaib et Fas-Ulad-Hassis paraissent devoir être rétablis en Fh'as'-Douaïb et Fh'as'-Ouled'-'Azîz.

Les rectifications suivantes ne donnent lieu qu'à peu de remarques.

Zowia est sous l'orthographe anglaise *zâouïa*, « l'ermitage, » mais qui doit avoir un autre nom. Dar-Emberk est évidemment Dâr-Mbârek. Soke-Sebt est Souk'-es-Sebt, « le marché du samedi; » Quassum devient K'âcem, ou, plus probablement, Sidi-K'âcem, nom d'un saint personnage qui se retrouve souvent.

R'erando est un lieu signalé par une tour voisine, de quinze mètres environ de hauteur sur six mètres de diamètre; elle a été vue par M. Washington et par Davidson.

Smîra est dans la plaine de Peira, suivant M. Washington. M. Gråberg de Hemsö, selon la même autorité, a placé au même endroit le nom de cette plaine. Ce nom est très-probablement Bh'îra, qui désigne les plaines d'alluvion [1].

Souinia, signalé par M. Washington et Davidson, se trouve aussi dans un itinéraire envoyé d'Oran au Dépôt de la guerre par M. Levret, capitaine au corps royal d'état-major [2].

Djibbelat est un nom qui a sans doute besoin de rectification ; il est appliqué, par M. Washington, aux collines qui s'élèvent à peu de distance de la rive droite de la Tensift, au Nord de Maroc. C'est peut-être la colline de Djelîz qui, suivant Edrîci, fournit à Ioucef-ben-Tachfîn des pierres pour la construction de son palais, et que Diego de Torres place à une demi-lieue de Maroc. Cette distance est trop faible ; mais comme le même auteur dit que la Tensift passe à une demi-lieue de Maroc, cette indication de distance peut s'appliquer au Djibbelat de M. Washington [3].

La ville de Maroc s'appelle en arabe Marrâkech ; ce nom, qui date de sa fondation, a été considérablement

---

[1] *Bh'îra* est le diminutif de *bh'ar*, « mer ; » il ne s'applique qu'aux plaines unies.

[2] *Études de géographie critique*, etc. par M. d'Avezac ; pag. 99 et 171.

[3] *Histoire des chérifs* (à la suite de Marmol), pag. 48 et 121. — Diego de Torres écrit le nom de cette colline *Geliz*, et Edrîci *Adjèlîz* ; l'êlif, au commencement des mots, se retranche presque toujours, à moins qu'il ne se prononce comme un *i*.

altéré par les Européens. Dans la carte catalane et d'anciens manuscrits, on trouve Maroch, puis Maroque et Marocq. Les Portugais l'appellent Marrocos; les Espagnols, Marruecos; les Danois, Marocos; les Italiens, les Suédois, les Hollandais, les Allemands et les Anglais, Marocco; mais dans les ouvrages anglais anciens et modernes, on trouve souvent Morocco.

Le mont Miltsin, mesuré par M. Washington, n'a encore été indiqué que par lui seul.

La montagne d'El-Glâoui est connue de M. Delaporte.

Ourîka, l'ancienne Ar'mât-Ourîka, est au pied du Miltsin.

Le retour de l'ambassade anglaise eut lieu, en 1830, par un chemin différent de celui que nous venons de parcourir.

Mechra'-H'allouf signifie « le gué du sanglier. »

Kaisar se rétablit en K's'ar, « château, » dont le nom demeure inconnu.

K'as'bat-Zet't'ât, « la citadelle de l'escorte, » est un lieu connu de M. Delaporte[1].

Bohofra est sans doute Bou-h'eufra, « le père des fossés, » ce qui paraît indiquer un lieu environné de ravins nombreux ou de fossés artificiels.

Morshana et Soke-Mediona sont rétablis en Merdjâna en Souk'-Mediouna, d'après M. Delaporte.

Davidson se rendit en trois jours d'Azemmour à R'erando par une route différente de celle suivie par

---

[1] On trouve aussi zt'ât'a pour « escorte; » ce serait la forme plurielle du mot zet't'a.

M. Washigton; vers le milieu de la seconde journée, il passa près d'une belle source voisine d'un bois de palmiers, et, à la fin du même jour, il fit halte à la Ms'allà de Bu-Sanawerer[1], où se tient un marché le mardi; ce point est donc très-probablement le même que le Soke-Tladda de M. Washington, et la route suivie par Davidson, celle indiquée comme route directe d'Azemmour, sur la carte du même auteur.

Une autre route est indiquée d'Azemmour à Maroc; c'est celle d'Ali-Bey : elle offre peu de détails.

CHAPITRE II.

§ Ier.

Nous venons de terminer l'examen des matériaux exacts et de ceux que nous n'aurons plus à soumettre à la discussion; nous entrons maintenant dans le domaine de la géographie critique.

Une des positions les plus importantes à déterminer est celle de Tafilêlt, le grand centre commercial de la contrée transatlantique, et le point où viennent se rattacher beaucoup d'itinéraires; mais, pour cette

---

[1] Davidson, page 36, écrit Mesalla'; ce mot signifie « une chapelle, un oratoire. » Bu-Sanawerer est un nom dont l'orthographe reste fort incertaine.

détermination, il nous faut connaître Ouad-Noun et Taroudant. Nous commencerons donc l'étude du Maroc par son extrémité Sud-Ouest.

§ II.

La ville d'Agâder, située, selon M. Arlett, au sommet d'une grande colline de cent quatre-vingt-huit mètres de hauteur, n'était, dans l'origine, qu'un petit château bâti, vers l'an 1500, par un seigneur portugais, pour protéger un établissement de pêche. Ce château fut nommé Santa-Cruz par son fondateur, et la Maison chrétienne par les indigènes, c'est-à-dire Tiguimmi-Roumi par les Berbères, et Dâr-Roumia par les Arabes [1]. Quelques années plus tard, le roi de Portugal l'acheta et fit bâtir, à la place, une petite ville forte qui conserva le nom de Santa-Cruz, ou Sainte-Croix de Barbarie.

Léon l'Africain parle de cette place, qu'il appelle Garguessem. Au temps où il écrivait, les Portugais la possédaient encore; mais elle avait été attaquée déjà vigoureusement par les chérifs. En 1536, elle fut emportée d'assaut par le chérif Moula-Ah'med, et depuis, elle est toujours restée au pouvoir des souverains marocains. En 1572, Moula-'Abd-Allah fit construire une batterie, à moitié chemin de la ville à la mer, pour protéger le port et la source que les indigènes appellent

---

[1] Marmol, tom. I, pag. 449. — *Tigmi* est le mot qu'on trouve dans le vocabulaire berbère d'Aly-Bey, tom. I, pag. 281. Marmol écrit *Tiguimi*, M. Gråberg (pag. 37) *Tagimi*, M. Delaporte *Tiguimmi*.

encore Fonti, du mot portugais *fonte*[1] : ce point est signalé à distance, suivant M. Arlett, par les dômes blancs de quelques k'oubba.

D'après Davidson, Agâder n'est plus qu'un misérable village qui contient quarante-sept musulmans et soixante-deux juifs. Fonti est un village de deux cents habitants, tous musulmans[2].

Par suite d'une erreur de Léon l'Africain, qui place Mêça à l'embouchure de l'Ouad-Sous, erreur sur laquelle je reviendrai tout à l'heure, Garguessem se trouve placé, sur un grand nombre de cartes, à l'embouchure de l'Ouad-Mêça, quoique Santa-Cruz y soit inscrit à sa véritable place. Il n'y a aucun doute cependant sur l'identité de Garguessem et de Santa-Cruz; la plupart des auteurs l'ont reconnu sans peine; M. Gråberg de Hemsö, par exemple, le dit formellement[3]; et pourtant, nous trouvons sur sa carte Guertessen à l'embouchure de l'Ouad-Mêça : ce mot n'est qu'une des nombreuses variantes de Garguessem, qu'on trouve sur les différentes cartes.

Le nom d'Agâder a été sans doute donné à la ville, dès sa fondation, par les tribus berbères voisines. Agâder ou Agadîr[4], dans la langue de ce peuple, est

[1] Les Arabes, qui ne peuvent prononcer un *e* à la fin d'un mot, le remplacent tantôt par un *i*, tantôt par un *a*.

[2] *Davidson's African Journal*, pag. 73 et 176.

[3] *Specchio geografico e statistico dell' impero di Marocco*. Genova, 1834; pag. 62.

[4] Les Arabes et les Berbères paraissent prononcer ce mot différemment.

synonyme de *sour*, mot arabe qui désigne la muraille qui entoure une ville. Le nom indigène de cette ville est resté longtemps inconnu en Europe. Nous voyons cependant, sur une carte de 1625, par Jean Dupont, de Dieppe, le mot *Afader* écrit à côté de Sainte-Croix; ce n'est évidemment qu'une faute de copiste pour *Agâder*[1].

Agâder étant un nom générique, on doit s'attendre à en trouver un autre qui le complète; en effet, la ville dont nous nous occupons s'appelle Agâder-n-Ir'îr, « la place forte du *coude*, » c'est-à-dire du *cap;* tel est, en effet, le nom berbère du cap qu'on appelle ordinairement, Ghir, Gher, Guer ou d'Aguer. Le même cap est appelé Râs-Afourni, d'après M. Delaporte, et Aferni, d'après M. Arlett. On trouve Fernit dans les notes de Davidson[2], Ferni ou Aferni dans l'ouvrage de M. Gråberg de Hemsö[3], et Ras-Aferne sur sa carte. Jackson, l'un des premiers qui donnent ce nom, page 4, dit que le cap Geer s'appelle Afarnie.

§ III.

Marmol et Diego de Torres[4] parlent d'une ville de Tul, voisine d'Agâder, et qui fut emportée d'assaut, par

---

[1] Atlas du vicomte de Santarem.
[2] *Davidson's African Journal*, pag. 72.
[3] *Specchio geografico*, etc. pag. 17.
[4] Marmol, tom. II, pag. 35. — Diego de Torres, *Histoire des chérifs*, pag. 40.

les chérifs, en 1517 ; elle était probablement située à une petite distance à l'Est, mais dans la montagne, car il y avait tout auprès une mine de cuivre considérable[1]. Je ne sais si cette ville est la même que Tildia de la carte de M. Gråberg, à 20 kilomètres à l'Est de Sainte-Croix; Tildee, dont parle vaguement Davidson[2], et Tildie, que Jackson place à 12 kilomètres de cette ville.

Les mêmes auteurs espagnols parlent d'une autre ville voisine de Santa-Cruz, qui fut prise et pillée par les Portugais, peu de temps après que les chérifs eurent pris celle de Tul. Diego de Torres la nomme Turucuco. La carte de Juan de la Cosa, dessinée en 1500[3], et qui ne donne que les villes maritimes, indique Tuenququ un peu au Sud-Est du cap d'Aguer. La carte de Sanson place Traquuchum au bord de la mer, assez loin au Sud-Est du cap d'Aguer; mais elle indique Santa-Cruz à la pointe de ce cap, et elle est d'ailleurs si inexacte, qu'on ne peut rien conclure de cette indication.

Le nom et la position de cette ville, sans doute ruinée aujourd'hui, restent donc assez incertains; on en retrouverait peut-être les vestiges entre Agâder et le cap Ir'îr. C'était un point de quelque importance

[1] Marmol et Diego de Torres disent « une mine de cuivre et de laiton; » mais il est probable qu'ils ont voulu désigner par *laiton* ce cuivre antimonial qu'on fabrique encore aujourd'hui dans cette contrée.

[2] *Davidson's African Journal*, pag. 75.

[3] Atlas du vicomte de Santarem.

au commencement du xvi⁰ siècle, puisque les Portugais, le jour où ils y entrèrent, y trouvèrent un certain nombre de marchands chrétiens de différentes nations.

§ IV.

Pour déterminer la position de Taroudant, nous possédons les données suivantes.

Cette ville est située :

A un peu plus de 4 milles = 7400 mètres de l'Atlas, suivant Léon; à 2 lieues = 11 kilomètres, suivant Marmol; à 20 milles anglais = 32 kilomètres, suivant Lemprière;

A 42 heures = 125 milles de Maroc, suivant Lemprière; à 46 heures, suivant un itinéraire recueilli à Oran, par M. le capitaine d'état-major Levret, et cité par M. d'Avezac[1];

A 44 milles = 71 kilomètres de Santa-Cruz, suivant Lemprière; à deux petites journées, suivant Cochelet; à un jour et demi, suivant les notes de M. Delaporte;

A 30 milles = 48 kilomètres de Santa-Cruz et de l'embouchure de l'Ouad-Sous, d'après Davidson, dans ses réponses aux questions de la Société de géographie de Londres; mais ailleurs, au milieu des notes qu'il recueillit à Ouad-Noun[2], il énonce que Taroudant est à 40 milles = 64 kilom. au Sud-Est de Santa-Cruz.

---

[1] *Études de géographie critique sur une partie de l'Afrique septentrionale*, pag. 99 et 171.
[2] *Davidson's African Journal*.

Enfin, Léon et Marmol, en parlant de Tedsi, la mettent à 30 milles géographiques à l'Est de Taroudant et à 60 milles de la mer, ce qui place Taroudant à 30 milles = 56 kilomètres de la mer.

En s'appuyant sur la position que j'avais adoptée pour Agâder dans ma première carte, on conclurait, des données qui précèdent, que Taroudant est situé par 30° 13′ de latitude et 11° 20′ de longitude. La position d'Agâder, déterminée par M. Arlett, placerait Taroudant un peu plus au Sud-Est. J'ai conservé cependant la première position, parce que le déplacement de ce point aurait amené de trop grands changements dans la carte. Cette position est à peu près celle adoptée par M. d'Avezac[1].

Taroudant est une ville fort ancienne; mais elle avait peu d'importance avant l'année 1516, époque à laquelle les chérifs la rebâtirent et l'agrandirent considérablement. Aujourd'hui elle est comparable à K's'ar-el-Kebir et à Tanger; elle est la résidence d'un gouverneur du sultan de Maroc.

La route de Taroudant à Agâder a été parcourue par Lemprière et Cochelet; c'est un chemin très-facile à travers des landes incultes et des broussailles.

Chénier indique, près de Taroudant, une ville de Climi, dont le nom est probablement le même que celui de la tribu de Glimi, dont parle Saulnier dans la Relation de son naufrage.

---

[1] 30° 16′ et 11° 19′; pag. 172.

Marmol parle[1] d'un château de Faraycha ou Faraixa, bâti à une lieue et demie de Taroudant, par le chérif Moh'ammed, près des ruines d'une ancienne ville des Mas'mouda, nommée Atfartal; mais, comme il n'indique pas la direction, il nous est impossible de placer ces deux points sur la carte.

§ V.

Nous ne connaissons pas de route directe de Taroudant à S'oueira; celle qu'on suit généralement traverse Agâder, et longe ensuite la mer jusqu'au terme du voyage.

Il y a pourtant des communications directes, ou au moins différentes de la route maritime, entre Agâder et S'oueira, quoique ces villes soient séparées par un massif considérable de montagnes.

Voici deux itinéraires, le premier emprunté aux notes géographiques qui se trouvent à la fin du Dictionnaire berbère de Venture; le second, extrait des notes de M. Delaporte. Dans le premier, on remarque, entre parenthèses, les noms tels qu'ils sont écrits par l'auteur:

		heures.
Agâder (Aghadir).		
Mont Ida-ou-Tanân (Ida ou Tanam)	4 ou 5	E.
Ouad Tamrak't (Tamrakht)	1 jour.	N. O.
(Cette rivière se jette dans la mer, à huit lieues au Nord d'Agâder.)		
	1 jour et 4 ou 5 heures.	

---

[1] Marmol, t. II, pag. 33, et tom. Ier, pag. 446.

	1 jour et 4 ou 5 heures.
Ouad-Beni-Tâmer (Temer).......	1 o.
(Rivière de la province de H'ah'a.)	
Aghin-ou-Arâm, qui signifie la Tête du Chameau..........	1 n. o.
Ida-Ougort (Ida-Oughart).........	2 o.
S'oueira....................	2 n. o.
	7 jours et 4 ou 5 heures.

S'oueira.	
Ida-Ougart, près de S'oueira.......	? jours.
Ouad-Beni-Tâmer.................	2
Ida-Guilloul....................	?
Agâder........................	1
	Probablement 5

Ida-ou-Tanân, du premier itinéraire, est un nom bien connu : M. Arlett appelle Idautanan les montagnes voisines d'Agâder; la carte de M. Grâberg de Hemsö indique ces montagnes; M. Delaporte les connaît aussi; leur nom est celui de la tribu berbère qui les habite.

Ouad-Tamrak't est probablement le nom exact de la rivière appelée Tamaract par Jackson, qui l'a indiquée, je crois, le premier; M. Arlett écrit aussi Tamaract; Davidson Tamaraet. C'est évidemment une faute typographique, ou un mot mal lu dans ses notes manuscrites. Enfin Borda[1] place Tamara sur le bord de la mer, à moitié chemin d'Agâder au cap Ir'îr; c'est sans doute l'embouchure de cette rivière.

---

[1] *Carte des îles Canaries et d'une partie des côtes occidentales d'Afrique*, par Borda. Paris, 1780.

Venture place cette embouchure beaucoup trop loin d'Agâder; la distance est de 8500ᵐ, d'après M. Arlett.

Ouad-Beni-Tâmer et Ida-Ougort sont des noms connus de M. Delaporte. Aghin-ou-Arâm est un nom composé, dont le premier mot est évidemment une variante de Ir'îl, qui désigne une colline, en berbère, d'après M. Delaporte. La version régulière serait donc Ar'în-ou-Arâm, ou bien Ir'îl-ou-Arâm, « la colline du chameau. »

Dans l'itinéraire de M. Delaporte, plusieurs indications de distances manquent; mais la comparaison des deux itinéraires, leur tracé simultané, le cours des eaux, rendent très-probable la supposition que chacune des distances non indiquées est d'une journée.

Il est évident que les directions données dans l'itinéraire de Venture manquent de précision, mais elles indiquent passablement la courbe de la route.

Venture dit que la rivière des Beni-Tâmer est de la province de H'ah'a; mais Jackson en fait la limite des provinces de H'ah'a et de Sous, ce qui est plus probable.

§ VI.

Cochelet et Lemprière ne donnent point de détails sur la route du bord de la mer, qui unit Agâder et S'oueira; ils disent seulement qu'on longe de hautes montagnes dont l'extrémité forme le cap Ir'îr.

Davidson a parcouru cette route en 5 jours. J'extrais de son journal les renseignements suivants:

Départ de S'oueira le 23 mars 1836, à 10 heures 1/2 du matin; à 6 heures 1/2, on traverse un ruisseau et on arrive à Edwisan-ou-Smemo, au pied d'une montagne. La contrée est bien cultivée.

Le 24, départ à 8 heures; on n'est qu'à une heure de deux grandes mines de sel; à midi, on arrive à Edujwilil.

Le 25, arrivée à Beni-Tâmer, appelé Aït-Ishak'.

Le 26, à midi on arrive à Fernit, où on tourne la pointe du cap; il y a là une station de pêche et une sécherie; bientôt on remonte rapidement jusqu'à 300^m, puis on arrive à Tamrak't (Tamaraet).

Le 27, départ à 8 heures du matin; on monte pendant 2 heures pour atteindre Agâder; au-dessous, à 800^m, est Fonti, avec une belle source.

Dans cet itinéraire, les distances sont, comme on le voit, très-imparfaitement indiquées; on peut cependant les rétablir assez facilement. La première journée, de 8 à 9 heures, nous conduit un peu au delà d'un ruisseau, qui est sans doute l'Ouad-Tidsi, le seul signalé par M. Arlett, jusqu'à une grande distance au Sud de S'oueira. La montagne au pied de laquelle on campe est alors celle cotée 883^m par M. Arlett. La seconde journée est de 4 heures, et la troisième probablement de 9 ou 10. Cela donne environ 22 heures de marche de S'oueira à l'embouchure de l'Ouad-Beni-Tâmer, pour une distance de 88 kilomètres. Le reste de l'itinéraire n'offre aucun point nouveau.

Smemo, première station de Davidson, est sans doute

le même endroit que Zmima, de la carte de M. Grâberg de Hemsö; et, comme il dit que ce point est à une heure de deux grandes mines de sel, j'ai placé ce village à 5 kilomètres de la mer, regardant comme très-probable que ces mines de sel sont des salines maritimes.

Edwisan est probablement le nom de la tribu berbère Ida-Ouiçar, que M. Delaporte place dans la même contrée.

Edujwilil est aussi un nom de tribu berbère, commençant par Ida-ou..... les gens de.....[1]

Beni-Tâmer est un nom de tribu qui s'applique à une rivière; Aït-Ishak' est le nom de la tribu chez laquelle campait Davidson.

Les cartes et les auteurs anciens contiennent peu de détails sur la côte que nous venons de parcourir.

La carte catalane indique déjà le port et l'île de Mogador; la même indication se retrouve sur toutes les cartes plus récentes. C'était sans doute un point connu et fréquenté par les navires du commerce depuis une époque fort ancienne. Son nom européen vient du tombeau de Sidi-Megdoul, qui existe encore à l'Est du port, à quelque distance du bord de la mer.

---

[1] Aït, chez les Berbères, signifie « tribu, » suivant M. Delaporte. Les mots Ida et Doui (qui s'écrit sans doute *Adoui*) paraissent être des dérivations de ce mot; Adoui paraît être une forme plurielle de Ida; ces deux mots sont employés comme celui de Hêl chez les Arabes : on les trouve dans Léon et Marmol. Léon, dans sa nomenclature des peuples de l'Afrique, cite les Devi-Mansour, les Devi-Hubeidalla, c'est-à-dire Doui-Mans'our, Doui-'Obeid-Allah, etc. Ces mots sont employés en Algérie : Doui-Mnî'a, Doui-Iah'ia, comme Hêl-'Angâd, etc.

La ville de S'oueira, au contraire, est une ville moderne dont les fondements furent jetés, en 1760, par le sultan Moh'ammed; elle était achevée quinze ou vingt ans après [1]. Sur la porte de la Marine, se voit encore une inscription qui fait remonter sa construction à l'année 1184 de l'hégire, 1773 de J. C. Mais, avant d'en faire une place forte, Moh'ammed y avait déjà formé des établissements de commerce, puisque, en 1768, lorsque Chénier quitta Asfi pour aller s'établir à Sla, le sultan voulait qu'il s'installât à S'oueira pour y attirer les négociants [2].

Du reste, la situation avantageuse de ce port naturel avait attiré depuis longtemps l'attention des souverains marocains, et l'idée d'y créer une ville n'était pas neuve, car les pères capucins de Touraine nous apprennent qu'au mois d'août 1628 'Abd-el-Melek, sultan de Maroc, voulait employer les esclaves chrétiens à construire un port fortifié à Mogador. Plus loin, ils disent que Mogador était une île dans laquelle il y avait un fort [3].

[1] Chénier, tome III, page 40. — Suivant M. Delaporte, la ville fut presque entièrement bâtie par les Français pris à la malheureuse attaque d'El-'Araich, en 1765.

[2] *Relations de la France avec l'empire de Maroc*, par M. R. Thomassy; 1re édition, page 181.

[3] *Histoire de la mission des pères capucins de la province de Touraine, au royaume de Maroc en Afrique*. Niort, 1644; pages 222 et 270. (Bibliothèque de M. Ternaux-Compans.)

Le sultan 'Abd-el-Melek ne régnait que depuis une année. Les pères capucins étaient déjà à Maroc lorsque son père, Moula-Zîdân, mourut dans cette ville, le 17 septembre 1627 (page 145).

Le nom de S'oueira paraît avoir été donné à la ville lors de sa fondation. Ce mot, ainsi écrit d'après M. Delaporte, est le diminutif de S'oura, « dessin, peinture. » Les Berbères appellent cette ville Taç'ourt, ce qui, dans leur langue, est aussi une forme diminutive du même mot [1].

A peu de distance au Sud de S'oueira, coule un ruisseau dont l'embouchure varie avec les vents et l'état de la mer, et qui change de nom cinq ou six fois dans l'étendue de son cours; de là les différents noms qu'on lui donne : Ouad-el-R'ored, Ouad-el-K's'ab, Ouad-el-'Aïoun, etc.

Sur la gauche de ce ruisseau, près de la mer, est le village de Diabât [2]. Plus loin, sur la même rive, en remontant la rivière, est le R'arset-es-Solt'ân, ou jardin du sultan. Plus près de la ville, est Dâr-Beid'a, ou le palais de l'empereur. Les montagnes voisines de S'oueira, à l'Est, s'appellent Iknâfa, du nom d'une tribu berbère.

A 15 kilomètres au Sud-Ouest de S'oueira, est un cap nommé Ossem sur la carte catalane de 1375; toutes les autres cartes, jusqu'aux plus modernes, indiquent ce cap avec des variantes dans le nom, telles que Ossim, Sim ou Sem. Jackson, qui l'un des premiers,

---

[1] M. Delaporte connaît ce nom, qui se trouve aussi mentionné dans les itinéraires des pèlerins berbères d'Ouzîoua, recueillis par M. Berbrugger.

[2] D'après M. Delaporte. — M. Drummond-Hay parle de ce village, pag. 116; il le place à 2 milles anglais de S'oueira.

je crois, a indiqué son nom indigène, l'appelle Ras-Tegrewelt; M. Gråberg de Hemsö, Ras-Tegriwelt; M. Arlett, Ras-Tagrivelt, et M. Delaporte, Râs-Tigrioualt.

Tefetna est le nom d'un cap formé par une colline de 238 mètres de hauteur, et l'un des plus saillants de la côte. Il y avait autrefois, tout près de ce cap, une petite place forte dont le port était fréquenté par les marchands portugais. Les navires entraient dans la rivière voisine. Aujourd'hui cette rivière est sans doute très-ensablée et la ville complétement ruinée.

La carte catalane de 1375 mentionne cette ville sous le nom de Táftana, qu'on retrouve, souvent un peu altéré, sur toutes les autres cartes anciennes[1]. Quelques-unes, plus récentes, portent Tafelneh, erreur d'écriture qui a été répétée par MM. Washington et Arlett; la carte de Borda, de 1780, porte Tafelane. De ces deux noms, le premier est appliqué par M. Gråberg de Hemsö au cap, et le second à la ville voisine. L'orthographe de ce mot est fixée par M. Delaporte. En berbère, tefetna signifie « un chaudron. »

La carte catalane place entre Tefetna et le cap Ir'îr un point qu'elle nomme Zebedech. La carte de Guillaume Levasseur, de 1601, place Zebadit à l'embouchure d'une rivière; celle de Jean Dupont, de 1625, indique aussi la rivière Zebedit[2]. Le même nom varie encore de plusieurs manières. La carte de Sanson place Zebedecha à moitié chemin de Tefetna au cap Ir'îr.

---

[1] Atlas du vicomte de Santarem.
[2] *Ibid.*

Je ne connais aucun document écrit, ancien ou moderne, qui fasse mention de ce point. Sa position à l'embouchure d'une rivière, à moitié chemin environ du cap Ir'îr à Tefetna, le placerait peut-être dans ce petit enfoncement de la côte indiqué par M. Arlett, à 21 kilomètres de ce cap. L'embouchure de l'Ouad-Beni-Tâmer paraît trop rapprochée du même cap pour pouvoir lui convenir. On pourrait encore chercher Zebedech à l'embouchure de l'Ouad-Tidsi, car la carte de Guillaume le Testu indique Zebedit tout près de Tafetenne.

La carte d'Andrea Bianco, de 1456, indique, la première, un point nommé Gaxulu, à l'embouchure d'une rivière, un peu au Sud de Obdec, qui est évidemment Zebedech ; mais toutes les autres, qui nomment le même point avec quelques variantes, le placent au Nord de ce dernier. Benincasa écrit Gaççola ; les cartes de Sanson placent Gazola entre Tefetna et Zebedech. Ce nom semblerait, plutôt que le précédent, s'appliquer à l'Ouad-Tidsi. Je ne sais si c'est d'après des renseignements modernes que M. Grâberg a désigné cette dernière rivière sous le nom de Guzul ou Tidsi. Dans ces différents noms on reconnaît le mot berbère Guezzoula, qu'on trouve écrit de diverses manières dans les auteurs arabes : Gzoula, Gdâla, Djeddâla, Djezoula, etc.[1] et qui demeure encore incertain quant

---

[1] Ce nom s'appliquait autrefois, et peut-être encore aujourd'hui, à toute la population berbère qui occupe la contrée comprise entre les provinces de Dra'a et de Sous, ainsi qu'on le verra plus tard.

à son écriture. Le point maritime dont nous nous occupons s'appelait sans doute Mersa-Guezzoula, « le port de la tribu de Guezzoula. »

§ VII.

Presque tous les points de l'intérieur, dans la partie Sud-Ouest du Maroc étant liés à Ouad-Noun, la détermination de ce point devra précéder l'étude de toute cette contrée, que nous connaissons encore très-imparfaitement.

Avant le voyage de Davidson, on ne connaissait, pour placer Ouad-Noun, que l'itinéraire de Cochelet et deux vagues indications de distance à la mer, l'une de 3 jours, donnée par Edrici, l'autre de 2, donnée par Ben-'Ali au major Rennell[1].

Le journal de Davidson fournit des données bien plus précises ; mais ce qui nous manque encore, c'est un tracé suffisamment exact du littoral. J'ai déjà fait remarquer, page 3, que les tracés récents de M. Arlett et de M. Bouet présentaient de grandes différences entre eux et avec celui de Borda.

Un des principaux éléments de la détermination d'Ouad-Noun, la distance du cap de ce nom à l'em-

---

[1] Une semblable indication est toujours vague de la part des indigènes, à moins que le point dont on s'occupe ne soit tout près de la côte. Lorsqu'on leur demande combien une ville est éloignée de la mer, ils indiquent la distance de cette ville au point qui lui sert de port de commerce. La distance indiquée n'est donc qu'un maximum.

bouchure de l'Ouad-Dra'a, est indiquée ainsi qu'il suit par ces différents auteurs :

Suivant Borda...................	50 kilomètres.
M. Arlett...................	65
M. Bouet...................	57
Davidson...................	51,5

Ayant adopté le tracé de M. Bouet, j'ai cru devoir conserver la position qu'il a indiquée à Ouad-Noun, vers 28° 40' de latitude et 13° de longitude Ouest de Paris, quoique cette position ne s'accorde pas tout à fait avec les indications de Davidson.

Suivant ce voyageur, la distance du cap Noun à l'embouchure de l'Ouad-Dra'a est de 32 milles anglais= 51 kil. 5, comme nous l'avons déjà vu tout à l'heure; la direction, Nord-est-Sud-Ouest (pag. 199). La ville d'Ouad-Noun est éloignée de la mer, d'une journée de 5 ou 6 heures; c'est la première indication qu'il donne, page 84; plus loin, page 114, il indique Ouad-Noun à 25 milles à l'Est de la mer; et enfin, page 176, il donne 22 milles pour la même distance. Nous verrons tout à l'heure que son itinéraire ne donne pas de mesure bien précise de cet intervalle. Toutes ces indications placent Ouad-Noun à 34 kilomètres environ, en ligne droite, à l'Est de l'embouchure de la Chlema.

On voit, page 147, une lithographie qui représente l'embouchure de l'Ouad-Dra'a; au bas, on lit : « Vue de l'Ouad-Dra'a, à 48 milles à l'Ouest-Sud-Ouest d'Ouad-Noun. » Comme l'itinéraire de Davidson détaille un chemin beaucoup plus long, il a dû calculer la distance en ligne droite, qui équivaut ainsi à 77 kilomètres.

Selon le tracé qu'on adopte, la position correspondante pour Ouad-Noun est assez différente. Avec celui de M. Arlett, cette ville se placerait par 28° 34' de latitude et 13° 8' de longitude Ouest de Paris.

On pourrait combiner entre eux les différents matériaux, et en conclure un nouveau tracé de la côte; par exemple, on adopterait pour le cap Noun une position moyenne entre celles données par MM. Arlett et Bouet, ce qui le placerait à 28° 46' 20" de latitude et 13° 26' 30" de longitude. On prendrait ensuite, pour l'embouchure de l'Ouad-Dra'a, la latitude de 28° 19', donnée par M. Arlett, et qui paraît être le résultat d'une observation astronomique. Ce nombre est d'ailleurs moyen entre ceux de 28° 17' et 28° 21', déduits des cartes de Borda et de M. Bouet. La longitude du même point est,

D'après la carte de Borda............	13° 51' 45"
Arlett............	13 52 45
Bouet............	13 47 30
Moyenne............	13° 50' 40"

Avec ce nouveau tracé, Ouad-Noun se placerait par 28° 38' de latitude, et 13° 9' de longitude Ouest de Paris.

Les autres renseignements que nous possédons ont des points d'attache trop éloignés pour qu'on en puisse tirer quelque conclusion précise sur la position d'Ouad-Noun; je m'appuierai, au contraire, sur celle que j'ai adoptée pour construire différents itinéraires, dont les principaux sont ceux de Cochelet et de Davidson. Je les cite immédiatement à la suite l'un de l'autre :

ITINÉRAIRE DE COCHELET,
DEPUIS LE LIEU DE SON NAUFRAGE JUSQU'À AGÂDER.

	lieues.
Naufrage par 26° 48', le 30 mai 1819; départ de ce point le 17 juin....................	6 N. E.
Le 18..	11 N. E.
Le 19..	10 N.
Ces trois journées dans le désert de sable.	
Le 20, on commence à gravir une colline, puis un plateau de 80 mètres de hauteur environ; après 3 lieues, on traverse une vallée de 600 mètres de largeur, puis on remonte sur le plateau.................................	6 N. E.
On change de direction, et on campe à 2 lieues de la mer.....................	3 E. S. E.
Le 21, marche sur un sol bas et salé; à la fin de la journée, on gravit pendant 2 heures une falaise; on campe à 3 lieues de la mer tout au plus...........................	8
Le 22, au matin, on voit dans l'Est, à 8 lieues, une chaîne peu élevée parallèle à la côte; marche Nord-Est, et plus souvent Est; les 3 dernières heures, on rétrograde vers le Sud-Est.......	6 E. N. S. E.
Le 23, on voit à l'Est des montagnes d'une couleur sombre; on arrive à un douar.........	2
Le 25..	6 N. E.
Le 26, on campe près d'un ruisseau salé......	13 heures.

Le 27, on passe des coupures au milieu de la journée.................... 13 heures.
Le 1ᵉʳ juillet, à moitié de la journée on commence à gravir de hautes montagnes, on traverse une plaine; après 9 heures de marche, environ, on atteint un grand puits; on campe dans une vallée d'une lieue de largeur, entre deux chaînes de montagnes dirigées Est-Ouest. 16
Le 2, après 6 heures de marche, on traverse une rivière qui coule Est-Ouest; on arrive à Ouad-Noun: environ.................... 9
Le 29 septembre, départ d'Ouad-Noun; on traverse un village arrosé par un ruisseau..... 6
Marche dans une vallée à travers de hautes montagnes; on couche à Tacerît............ 3
Le 30, on passe des montagnes difficiles, puis on descend beaucoup; on atteint en plaine le ravin de Tillin, et on passe dans ce village.... 10
Talent........................ 4
Le 3 octobre, Ilir'.................... 0 $\frac{1}{4}$
Rivière Râs-el-Ouad.................... 9
Tamellah't.................... 1
Le 4, après 14 lieues, on arrive à Taroudant... 12
Les 8 et 9, deux petites journées à l'Ouest, on arrive à Agâder.................... ?

ITINÉRAIRE DE DAVIDSON,

D'AGÂDER À OUAD-NOUN [1].

Le 18 avril 1836, départ d'Agâder à 7 heures du matin; à 8 heures $\frac{1}{2}$, on sort du district, on se dirige au Sud vers Stouka, on traverse l'Ouad-

---

[1] *Davidson's African Journal*, pag. 81-84.

Sous à 20 milles de la mer, et un peu avant 6 heures on arrive à la maison du cheikh Ah'med.................................... 1 jour.

Le 19, départ à 6 heures ; on atteint l'Ouad-Méça, plus belle que l'Ouad-Sous ; on la suit Sud-Sud-Ouest jusqu'à Souk'-Tlâta, dans le district populeux d'Assa, et on couche à Tamasert, du district d'Aglou, à $\frac{1}{2}$ mille de la mer........ 1

Le 20, départ à cinq heures du matin ; on voyage dans le district d'Aït-Ba'mrân, tout cultivé, avec des montagnes calcaires............... 1

Le 21, départ à 4 heures ; journée moins longue que les précédentes ; on couche à Tacerît, fameux par ses mines de cuivre............... 1

Le 22, passage à Ofrân, dernier village des Aït-Ba'mrân ; on traverse des montagnes et on arrive à Ouad-Noun....................... 1

5 jours.

Ces deux itinéraires sont simples à construire ; ils se croisent à Tacerît. On peut remarquer que les journées de Cochelet sont d'une longueur excessive ; elles ont été faites à dos de mule. Celles de Davidson sont des journées de cheval assez longues aussi.

Plusieurs noms ont été changés. Tacerît est écrit ainsi d'après un itinéraire recueilli au Sénégal par le baron Roger[1]. Cochelet écrit Tasserit, et Davidson Tisseret dans son itinéraire, et Tissert ailleurs[2]. Tillîn

[1] *Bulletin de la Soc. de géogr. de Paris*, tom. II, pag. 285.
[2] Davidson, pag. 84 et 176.

est probablement la forme exacte du nom que le premier écrit Tilline, et le second Tilin[1].

Ilir′ est une bourgade très-connue, mais que les cartes n'indiquent que depuis cent cinquante ans environ. Mouette est, je pense, un des premiers qui en fasse mention sous le nom de Illec[2], capitale du pays. Cochelet l'appelle Illekh; c'est le nom qu'on lui a donné le plus souvent. Ce point est connu de M. Delaporte, dont l'un des informateurs a écrit ce nom Hilir′.

Chénier (tome III, page 356) parle d'un marabout très-vénéré, nommé Sidi-'Ali, dont la capitale était Ilir′ (Illec), vers 1670, sous le règne de Moula-er-Rechîd. M. Thomassy, page 241, parle aussi d'un fameux marabout qui résidait, à la fin du siècle dernier, à Hilet, au Sud-Est de Taroudant. Ce marabout s'appelait Sidi-Ah′med-ou-Mouça (Sidi-Hamet-Omoussa). Cette indication nous fait voir que Hilet n'est autre chose que Ilir′, car ce sont les descendants de ce marabout qui règnent aujourd'hui dans cette contrée.

Talent n'a encore été indiqué que par Cochelet; c'est sans doute le même lieu que M. Delaporte connaît dans cette région sous le nom de Tellent.

Tamellah′t est écrit ainsi, d'après M. Delaporte. Comme je l'ai déjà dit (pag. 29), ce mot désigne le quartier des juifs, ou un village juif isolé. Cochelet l'avait écrit Tamaleh.

---

[1] Davidson, page 176.
[2] *Histoire des conquestes de Mouley-Archy*, par Mouette. Paris, 1683; pag. 71 à 74 et 464. Le texte porte Illée, et la table des matières Illec.

Le Râs-el-Ouad, qui passe près de là, doit être le cours supérieur de l'Ouad-Sous; Venture et Davidson en parlent, mais assez vaguement[1]. Jackson lui fait prendre sa source à 30 milles ou 48 kilomètres de Taroudant. Le bassin de cette rivière nous est presque entièrement inconnu; il y a quelques années, son cours inférieur lui-même et son embouchure étaient ignorés. Plusieurs géographes avaient reproduit l'erreur introduite dans les anciennes cartes par Léon l'Africain, qui fait tomber l'Ouad-Sous dans la mer à Mêça. L'erreur n'était cependant pas dans le cours de la rivière, mais bien dans la position de la ville, qu'il plaçait au pied de l'Atlas, et Jackson, en 1811, avait signalé cette erreur. Nous allons voir que beaucoup de cartes anciennes n'avaient pas commis la même faute, tout en défigurant considérablement le nom de la rivière.

La carte de Pizzigani de 1367[2] indique déjà l'embouchure de cette rivière sous le nom de Alvet-Sus, qui est devenu, dans d'autres cartes, Albetsur, Alberful, etc. La carte de Sanson, qui a suivi Léon pour le cours de l'Ouad-Sous, place, en outre, un peu plus au Nord, un point maritime nommé Albetsusa, forme latine du mot Albetsus ou Alvetsus emprunté aux anciennes cartes.

La carte de Borda, de 1780, place l'Ouad-Sous à sa vraie position, sous le nom de rivière de Suz.

Davidson a traversé cette rivière à 20 milles de la mer, très-probablement parce que la rivière n'est pas

---

[1] Davidson, pag. 176.
[2] Atlas du vicomte de Santarem.

guéable au-dessous de ce point. Le district de Stouka vers lequel il se dirige est déjà indiqué par Marmol, qui l'appelle Estuque. Cette contrée, selon lui, contient plus de quarante villes ou châteaux peuplés de Berbères, et le lieu principal s'appelle Targuez, ville dont la position demeure incertaine. Venture et Riley[1] parlent de la même contrée, que connaît aussi M. Delaporte. Les Arabes l'appellent souvent Chtouka.

Riley est le seul auteur qui fasse mention, dans cette contrée, d'une rivière du nom de Wad-e-Sta, et la carte de M. Arlett, la seule qui indique une rivière entre celles de Sous et de Mêça. Ces deux indications se rapportent peut-être au même cours d'eau.

Davidson atteint l'Ouad-Mêça en un point où elle coule au Sud-Sud-Ouest, et la suit jusqu'à Souk'-Tlâta. Ce point est voisin d'Assa, ainsi qu'il le dit ailleurs. Assa ou Assah, comme il l'écrit, est le nom de la ville, peuplée de cent habitants et éloignée de 2 milles du bord de la mer. A un demi-mille du rivage il y a un village de quelques maisons. Mêça est le nom de la rivière, qui s'appelle aussi Wholgrass[2].

Bekri parle déjà de l'Ouad-Mêça et Edrîci du port de Mêcet. Léon l'Africain l'appelle Messa, et dit qu'en dehors de la ville, près de la mer, il y avait, de son temps, un temple dont la charpente était faite d'os de

---

[1] Venture, à la fin de son Dictionnaire berbère; Riley, dans son ouvrage intitulé : *Loss of the American brig Commerce*, by James Riley. London, 1817.

[2] *Davidson's African Journal*, pag. 82, 175, 176.

baleine[1]. Marmol dit que cette ville s'appelait autrefois Temest. Temêst est la forme berbère du mot Mêça.

La rivière de Mêça est indiquée sur presque toutes les cartes anciennes, depuis la carte catalane.

Les cartes de Borda indiquent la rivière Assa et la ville de Macas, évidemment Mêça; c'est donc précisément le contraire de ce qu'indique Davidson.

Le bassin de l'Ouad-Mêça était encore moins connu jusqu'ici que celui de l'Ouad-Sous; il est probable pourtant qu'il doit avoir une grande surface, puisqu'il fournit un grand volume d'eau. L'un de ses principaux affluents est l'Ouad-Ouelr'âs, connu de M. Delaporte: c'est le Wholgrass de Davidson et le Oualghav de Venture, qui dit seulement que cette rivière traverse le pays très-montagneux de Aït-Hamd. Quoique nous ne connaissions pas bien la position de ce pays, sa constitution montagneuse nous le fera placer au Sud ou au Sud-Est de Mêça.

La rivière d'Ilir' se jette dans l'Ouad-Mêça, d'après le même auteur, et celle de Tillin suit la même direction: car Davidson[2], après nous avoir dit que l'Ouad-Mêça traverse le district de Stouka, dit ensuite que Tilin est situé dans les montagnes, vers la source de la rivière, et à un jour de la demeure du cheikh Ah'-med. Ce point est la première station, à partir d'Agâ-

---

[1] Marmol appelle ce temple Rabita de Messa. *Rbît'a* veut dire « une chapelle; » c'est le diminutif de *rbât'*. Nous ne savons pas si cette chapelle existe encore.

[2] Page 176.

der; l'indication de distance paraît donc un peu faible.

Venture indique de la manière suivante le commencement d'un itinéraire de Ouad-Noun à Agâder (Aghadir):

Ouad-Noun.
Ouad-Ghisser, un peu à l'Est............... 3 jours.
Aït-Bamran, à l'Est....:................. 4
Aït-el-Hasan........................ 3

Comme nous le verrons plus tard, les indications de distances et de directions données par Venture ne méritent aucune confiance; je ne cite cet itinéraire qu'à cause de l'indication qu'il ajoute, que l'Ouad-Ghisser se jette dans la mer près de Mêça. Cette rivière, dont le nom demeure un peu incertain [1], est donc probablement encore un affluent méridional de l'Ouad-Mêça.

Après avoir traversé l'Ouad-Mêça, Davidson couche le second jour à Tamasert, à 1 demi-mille ou 800 mètres de la mer. Ce village est du district d'Aglou, ville de six cents habitants environ, à 15 milles de Mêça. J'écris son nom d'après M. Delaporte; les notes de Davidson portent 'Akuli et 'Agulu [2].

Il y a fort longtemps que les navigateurs connaissent ce point, ou au moins le cap du même nom. La carte de la bibliothèque Pinelli, de 1384 à 1400 [3], indique

---

[1] Venture a mis très-souvent un r'aïn à la place d'un g. On ne sait si le nom de cette rivière doit être écrit Guisser, Guicer ou R'îcer.

[2] Pag. 82, 174, 175.

[3] Atlas du vicomte de Santarem.

déjà Aguilon, nom un peu défiguré qui se retrouve, avec quelques variantes, sur toutes les cartes jusqu'à nos jours. Mouette, page 465, dit que Sainte-Croix et Aguilon sont les lieux où les vaisseaux viennent négocier. Nous trouvons sur la carte de M. Gråberg de Hemsö le cap Agulon et le village d'Aguluh.

La carte de Borda de 1780 place le cap Agulon à 26 kilomètres au Sud de l'Ouad-Assa, ce qui diffère très-peu des 15 milles anglais ou 24 kilomètres donnés par Davidson. Nous pouvons donc placer cette ville à 25 kilomètres de l'embouchure de l'Ouad-Mêça. Il paraît qu'elle n'est pas visible de la mer, et cette circonstance a fait tomber M. Arlett dans une erreur fâcheuse. Cet auteur a signalé, sans lui donner de nom, un cap fort arrondi à la même place où Borda place le cap Aglou; mais il a appliqué le nom d'Agouluh à la ville d'Assa, qu'on aperçoit de l'embouchure de la Mêça. Ces erreurs ont disparu dans la dernière carte du même auteur, qui porte la date de novembre 1844.

Les 2 journées suivantes de Davidson se font à travers le pays d'Aït-Ba'mrân, qu'il écrit Bamaram; Venture en parle plusieurs fois [1].

Nous avons déjà parlé de Tacerît, dont Cochelet nous a appris l'existence.

Ofrân est un des principaux bourgs de cette contrée. Léon, qui l'a fait connaître, dit que c'est la réunion

---

[1] Ba'mrân est une contraction pour Bou-Amrân; M. Delaporte connaît cette tribu. Dans les environs de Djidjel en Algérie, l'une des tribus les plus puissantes est celle des Beni-'Amrân.

de quatre châteaux distants de trois milles les uns des autres, sur une rivière qui se dessèche en été. Par quatre châteaux, Léon entendait sans doute quatre villages murés. Il appelle ce lieu Ifran, et Marmol, qui a ajouté quelques détails à son récit, Ufaran. Aux environs, dans la montagne d'Icin, étaient des mines de cuivre considérables. Le métal de qualité supérieure qu'on en extrayait s'appelait cini, du nom de la montagne. Les chérifs y possédaient un château nommé Afensu.

Depuis ces auteurs, ce bourg se trouve, sur toutes les cartes, sous les noms de Ifran, Ifferen, Oufaran, etc. Les informateurs de M. Delaporte ont varié eux-mêmes dans la prononciation de ce mot : les uns ont donné Ifrân, les autres Ofrân. Ce dernier paraît cependant le nom le plus probable.

Ofrân est indiqué quatre fois sur la carte de M. Grâberg de Hemsö, ainsi que l'a fait remarquer M. d'Avezac[1]. Nous voyons un village d'Ifren et une tribu d'Ufaran près du cap Noun : Eufaran, tribu, près de Mêça, et Oferan, village près de Talent. Cette carte offre beaucoup d'erreurs pareilles; on y voit, par exemple, à 17 myriamètres l'un de l'autre, Ilekh et Ilirgh.

J'ai tracé séparément les routes de Davidson et de Cochelet entre Ouad-Noun et Tacerît. Il est cependant bien possible que le village sans nom, placé par ce dernier à 6 heures d'Ouad-Noun et à 3 heures de

[1] *Études de géographie critique sur une partie de l'Afrique septentrionale*, par M. d'Avezac; page 105.

Tacerît, ne soit autre chose qu'Ofrân, quoique la distance de là à Tacerît ne soit que de 6 milles anglais, ou 2 heures environ, suivant Davidson. De pareilles différences se remarquent à chaque instant dans les renseignements fournis de mémoire.

§ VIII.

Nous possédons encore quelques autres renseignements sur la route d'Ouad-Noun à Agâder ou à Taroudant; ils sont peu importants.

La première de ces deux routes est ainsi indiquée par Robert Adams [1] :

Ouad-Noun.	
Akkadia....................................	1 jour. n.
Beled-Sidi-Hechâm......................	2 n. n.
Agâder.....................................	3 ½
	6 ½

Aucun autre document n'indique Akkadia. Beled-Sidi-Hechâm est nécessairement Talent ou Ilir', résidences du chef de ce nom, ainsi que M. d'Avezac l'a reconnu.

Les deux itinéraires de Saint-Louis et de Galam à Maroc, recueillis au Sénégal par le baron Roger, et que j'ai cités dans ma Notice sur l'Afrique septentrionale [2], fournissent deux indications de route de Ouad-

---

[1] *Études de géographie critique, etc.* par M. d'Avezac; page 172.
[2] *Bulletin de la Société de géographie de Paris*, tom. II, pag. 285 et 286.

Noun à Maroc : la première par Tacerît et Sous; la seconde, par Tikna, Sous et Kâreb. Parmi ces trois derniers noms, le premier est connu de M. Delaporte : c'est la tribu des Tekna. Kâreb est un point à rechercher, sans doute au Nord de Taroudant.

La construction de l'itinéraire de Cochelet, depuis le point où il fit naufrage jusqu'à Ouad-Noun, ne présente aucune difficulté. Les données qu'il fournit sont exclusivement topographiques. Après la discussion des notes de Davidson, j'aurai quelques remarques à faire sur les cours d'eau dont il indique la position.

§ IX.

Jusqu'ici j'ai parlé de l'embouchure de l'Ouad-Dra'a sans faire aucune remarque. Le cours de cette rivière, d'un sixième plus long que le Rhin, est une nouveauté géographique. Jusqu'ici on croyait, en s'appuyant sur l'autorité de Marmol, qu'elle allait se perdre dans une sebkha au milieu du désert; mais les notes de M. Delaporte, aussi bien que celles de Davidson, ne nous laissent aucun doute à cet égard. Jackson lui-même a dû recevoir des renseignements sur le cours de cette rivière, car il dit que l'Ouad-Dra'a paraît s'être déchargé autrefois dans la mer, près d'Ouad-Noun, et que son lit a été peu à peu obstrué par les sables : explication par laquelle il a évidemment voulu concilier les renseignements différents qui lui avaient été donnés, les uns lui ayant dit que cette rivière se décharge dans la mer, les autres, qu'elle se perd dans un lac [1].

En disant que le cours de l'Ouad-Dra'a est une nouveauté géographique, je ne prétends pas dire qu'autrefois on n'ait pas pu connaître le cours entier de cette rivière. Je citerai, au contraire, la carte de Delisle, gravée en 1707, qui représente l'Ouad-Dra'a traversant trois lacs, et se jetant à la mer à 45 kilomètres au Sud du cap Noun. Cette carte est meilleure que beaucoup d'autres bien plus récentes; elle est à peu près reproduite dans l'ouvrage de Braithwaite, imprimé en 1731 [2]. Sur toutes les cartes plus modernes, l'ancienne opinion reparaît, et le cours de l'Ouad-Dra'a est supprimé. La carte de Rennell indique comme douteux l'écoulement de l'Ouad-Dra'a dans la rivière qui baigne le bourg d'Ouad-Noun. D'excellents renseignements, recueillis il y a cent quarante ans, ont donc été complétement perdus. On ne saurait trop condamner la déplorable habitude, heureusement à peu près perdue aujourd'hui, de construire des cartes sans publier les matériaux dont on a fait usage. Personne ne peut douter que ce système n'ait beaucoup nui à la géographie [3].

[1] Grey Jackson, *Account of Morocco.*

[2] *Histoire des révolutions de l'empire de Maroc, etc.* par Braithwaite. Amsterdam, 1731.

[3] On peut facilement démontrer combien ce triste système de consigner seulement sur une carte le résultat de renseignements nombreux est contraire aux intérêts de la science géographique. L'inspection seule de la carte de Delisle montre qu'il avait reçu, sur l'intérieur de l'Afrique, des renseignements qu'on reconnaît comme bons aujourd'hui; après lui, on les a supprimés, et on devait le faire, rien n'indiquant le plus ou moins de probabilité de ces déterminations. C'est

Bien longtemps avant le voyage de Davidson, M. Delaporte avait reçu, à Tanger, d'un t'áleb natif de Sous, le renseignement suivant : « Il y a trois jours de Tatta à Ouad-Noun, où s'embouche la rivière de Dra'a. » La distance de 3 journées doit s'entendre des limites des deux districts.

Je déterminerai plus tard le cours entier de l'Ouad-Dra'a, ne voulant m'occuper, dès à présent, que de son cours inférieur.

J'ai d'abord à passer en revue une série d'erreurs, une confusion de noms, qui ont singulièrement embrouillé la géographie de cette partie de l'empire de Maroc.

Ouad-Noun, ou du moins le cap du même nom, et l'embouchure de l'Ouad-Dra'a, sont connus en Europe depuis une époque sans doute fort reculée. Bekri parle déjà de la ville de Noun ; dans Edrîci, on trouve Noul-Lamt'a, Noun de la tribu de Lamt'a. Il y a évidemment là une faute d'écriture. Les Arabes et les Berbères confondent du reste, assez souvent, les *l* et les *n*.

ainsi que la science recule au lieu d'avancer. Conserver toutes les anciennes indications a encore plus d'inconvénients.

Il se présente fréquemment un cas où l'absence de renseignements écrits se fait vivement sentir ; un voyageur obtient, par exemple, une très-bonne distance de Figuîg à Tlemsên, et des renseignements vagues seulement sur les autres routes qui partent de la première de ces villes ; la position qu'il en conclut pour Figuîg est encore très-incertaine. Un autre obtient une distance exacte de Figuîg à Fés ; le même inconvénient a lieu pour la position qu'il en déduit, tandis que s'il avait connu les renseignements recueillis par son prédécesseur, il en aurait conclu une position très-approchée. Une moyenne entre les positions fournies par les deux cartes peut donner un très-mauvais résultat.

La carte catalane indique le cap Noun sous le nom de Cauo de No; sur presque toutes les cartes, jusqu'à celles de Borda, on trouve cap Non. Léon et Marmol connaissent le pays de Nun. Ce dernier, en parlant du cap de ce nom, dit que les Portugais l'appelèrent cap Non parce que, quand cette côte était encore peu connue, presque tous les navires rebroussaient chemin lorsqu'ils avaient atteint ce cap. Cette étymologie doit prendre place à côté de celle du même nom, donnée à Davidson par les indigènes, qui prétendent que Noun vient de Nuna, reine de Portugal [1].

Je n'examinerai pas les différentes cartes anciennes; on peut se convaincre, par les cartes de Sanson, faites en 1656, que, depuis la carte catalane, faite trois siècles auparavant, la géographie de cette côte n'avait fait que reculer.

Borda appelle l'Ouad-Dra'a « rivière de Non, » et ce nom a été appliqué de même sur la plupart des cartes jusqu'à ce que Jackson, en 1811, ait changé son nom en celui d'Akassa. Enfin la carte inédite de M. Bouet

---

[1] J'aurai plusieurs fois l'occasion de faire remarquer un fait qui se présente souvent, et qui a son origine dans la nature même de l'homme; lorsque, dans le Sud-Ouest du Maroc, on rencontre quelque objet qui frappe les regards, surtout une ruine, les habitants du pays ont l'habitude d'y rattacher des souvenirs de l'invasion portugaise. Cette habitude est la même que celle des Espagnols méridionaux, qui rapportent tout aux Arabes (*los Moros*). En Algérie, on rapporte tout aux Romains, et les habitants de nos campagnes ne trouvent pas de fragments de poteries un peu détériorés, de rangées de pierres un peu usées, sans les attribuer aux mêmes conquérants.

appelle la même rivière « Chibika, dite Ouad-Noun ou Akassa[1]. »

Il est possible que l'Ouad-Dra'a porte différents noms dans l'étendue de son cours, et c'est peut-être à cela qu'il faut attribuer ces diverses dénominations; mais ce qui paraît tout à fait certain, c'est que l'embouchure de l'Ouad-Dra'a est bien celle qu'a indiquée Davidson. Voici, du reste, son itinéraire d'aller et retour lorsqu'il visita cette embouchure en compagnie du cheikh d'Ouad-Noun[2].

Le 31 août 1836. Départ d'Ouad-Noun; première heure lentement, Ouest un peu Nord, puis 3 milles droit Nord. Après 1 heure ½, on arrive à la demeure du cheikh, après avoir passé près d'un bourg ruiné, avec des tombes. On tourne au Sud et on continue jusqu'à midi; on rencontre alors un douar de cinquante tentes. A midi et demi, on marche Ouest-Sud-Ouest, puis Sud-Ouest, et à 4 heures on atteint une source amère et salée. La mer n'était qu'à 1 mille, mais on ne pouvait la voir, parce qu'elle est juste au-dessous du cap Noun[3]. On traverse le Bukukman desséché; le Sayyad avec un peu d'eau, et l'Assaka avec un peu de mauvaise eau : ces trois rivières réunies forment un beau cours d'eau qui tombe dans la mer. On tourne ensuite droit Sud, on traverse une chaîne de montagnes, et on campe, à 7 heures du soir, dans une belle plaine.

Le 1er septembre. Départ à 1 heure après midi; on suit

[1] M. Berthelot a déjà signalé ces confusions de noms dans son ouvrage intitulé: *De la pêche sur la côte occidentale d'Afrique*. Paris, 1840; pag. 196-202.

[2] Davidson, pag. 143 et suiv.

[3] Davidson veut dire évidemment par là que les falaises escarpées qui environnent le cap Noun empêchent de voir la mer, qui en baigne le pied.

une vallée Sud-Sud-Ouest pendant une heure, puis Nord-Ouest; on traverse des montagnes nommées Bou-el-'Acel (Abul-'Asel) « le père du miel. » A 6 heures, on arrive au camp d'El-Bacha, composé d'une centaine de tentes : cet endroit s'appelle Fyeshabd...... [1].

Le 3. Départ à 9 heures; on voit la mer à 10 heures ½, puis on tourne à l'Ouest un peu Nord, et on marche une heure sur le lit desséché d'une rivière dont le peuple ne sait pas le nom [2]; on dit que, près de la mer, elle contient un peu d'eau. On marche trois heures Sud-Sud-Ouest, sans que le cheikh paraisse savoir où il va. On campe à trois tentes, après avoir passé des montagnes de sable.

Le 4. Départ à 10 heures du matin, Sud-Sud-Ouest, puis Ouest. A 2 heures ½, on atteint Frou-el-Ouad-Dra'a.

Le 6. Départ pour Ouad-Noun à 9 h. ½. On fait 14 milles Est-Nord-Est, puis Nord; collines de sable, petite source; à 5 heures, halte d'une heure, puis on tourne un peu à l'Ouest et on se dirige sur El-Bechra (El-Bushra).

Le 8. Départ à 6 heures ½, très-vite jusqu'à 1 heure ½, et alors on s'arrête au jardin du cheikh. On a traversé successivement l'Assaka et le Syod. Rentrée à Ouad-Noun à 6 heures du soir.

Tout cet itinéraire est très-mal indiqué; mais les deux extrémités étant données, on peut le construire en entier assez facilement. Le renseignement le plus important qui s'y trouve consigné est l'existence de trois rivières entre la ville de Noun et l'Ouad-Dra'a.

Avant de visiter lui-même l'embouchure de cette

[1] Ce mot est resté non terminé dans les notes du voyageur; c'est sans doute un nom de la forme Feièch-'Abd-Allah.

[2] On ne doit pas oublier que cet itinéraire et ces renseignements sont extraits de notes écrites chaque jour par le voyageur.

dernière rivière, Davidson avait recueilli quelques renseignements dont voici un résumé :

Page 97. J'ai appris enfin, dit-il, le nom de la rivière ; c'est le Bontkonman, ou, suivant d'autres, Buàtkuman; on l'appelle aussi Mulasar. Ouesnouna (Wesnunah) est à 6 milles au Sud d'Ouad-Noun, et Asserir à 4 milles à l'Est [1].

Page 98. Asserir est à 3 heures d'Ouad-Noun.

Page 108. Le Seyyad est derrière les montagnes, et passé le bourg d'Asserir, il prend le nom d'Assaka.

Page 114. Le Bukukman coule au Sud de la ville de Noun; il coule à l'Est-Sud-Est [2], puis au Sud, pour rejoindre le grand Sayâd, qui coule à l'Ouest et se réunit à l'Assaka, dont il prend le nom.

Page 199. Entre l'Assaka et Glamiz, il y a deux autres rivières : le Boukoukmar et le Syad.

Il résulte de là une position bien déterminée pour Ouesnouna et Asserir. Ce dernier village nous fournit un point du Sayad, dont le nom est écrit de cinq manières. C'est peut-être Saiâd. L'itinéraire nous montre clairement que les trois rivières se réunissent près de la mer, pour s'y jeter par une embouchure commune. C'est à cette embouchure que M. Arlett, d'après M. Willshire, donne le nom de Shleema, dont Davidson n'a pas entendu parler ; il est possible, en effet,

---

[1] De Ouesnouna, évidemment, puisqu'il dit à la page suivante que Asserir est à 3 heures d'Ouad-Noun.

[2] Selon toute probabilité, il faut lire, au contraire « vient de l'Est-Sud-Est. »

que la réunion des trois rivières porte un nom différent de chacune d'elles.

M. Arlett a commis une singulière erreur en disant que sa rivière Shleema est l'Ouad-Noun de Borda et l'Assaka de Jackson ; ces deux indications se rapportent très-clairement à l'Ouad-Dra'a. Borda n'a point indiqué la Shleema, et Jackson n'en parle pas non plus. En parlant de la Shleema et de l'Ouad-Noun, M. Arlett dit que, d'après les dernières nouvelles de Davidson, il y a lieu de croire que la ville de Noun se trouve sur la dernière de ces deux rivières. C'est précisément le contraire de ce qui résulte des notes de cet auteur ; mais cette erreur n'a rien d'étonnant, Davidson n'ayant encore, à l'époque de la notice de M. Arlett, envoyé à Londres que quelques indications vagues.

M. Bouet nomme la même rivière Ouad-Dra'a, dite Shleema, Ilehh ou Akassa[1]. Cet officier a pris ses senseignements auprès du cheikh Beirouk lui-même. Il est heureusement fort rare de voir une contradiction aussi formelle entre les dires de deux voyageurs qui ont pris leurs informations sur place et auprès de la même personne. Mais, forcé de choisir, je donne la préférence à Davidson, qui a séjourné plus de six mois dans le pays, et qui indique d'une manière si précise l'embouchure de l'Ouad-Dra'a qu'il a visitée lui-même. Il nous dit, par exemple, page 199, que l'Ouad-Dra'a doit prendre la place de ce que les cartes appellent jusqu'ici rivière Akassa.

[1] Carte manuscrite du Dépôt de la marine.

L'embouchure de la Shleema n'est pas très-visible, à ce qu'il paraît, puisqu'elle a été ignorée jusqu'à ces derniers temps. Jackson est, je crois, le premier qui l'indique sur sa carte, encore n'y porte-t-elle aucun nom et est-elle placée deux fois trop loin du cap Noun. M. Gråberg a répété la même indication.

Cette embouchure se reconnaît, d'après M. Arlett, à deux montagnes coniques qui se présentent au milieu de l'ouverture ; l'une d'elles, de 99 mètres de hauteur, est couronnée par des ruines. Derrière ces pitons, règne un plateau ou table de 275 mètres environ.

L'embouchure de l'Ouad-Dra'a est, au contraire, une coupure très-remarquable, signalée par une montagne conique qu'on voit droit au Sud-Ouest, à 11 kilomètres ; elle a, suivant M. Arlett, 290 mètres de hauteur. Toute cette côte offre des falaises de grès. Une vue, prise en mer, est donnée par Borda dans sa carte des Canaries et d'une partie des côtes occidentales d'Afrique. Davidson en a donné aussi une vue, prise dans l'intérieur des terres, sur le bord d'un des escarpements de la rive droite. Cette excellente lithographie paraît donner une idée très-exacte du paysage.

§ X.

L'embouchure de l'Ouad-Dra'a est aussi celle d'une autre grande rivière du S'ah'ra, qui vient se réunir à elle à peu de distance de la mer : ce fleuve sans eau est le Sâguîet-el-H'amra, dont j'ai parlé déjà dans ma

Notice sur l'Afrique septentrionale[1]. Voici tout ce que nous savons sur le cours de cette rivière.

Marmol, qui nous a fait connaître un lieu de ce nom, en parle malheureusement d'une manière assez vague. Il dit, dans sa préface, qu'il fut emmené « par le chérif Mahamet, à travers les déserts de la Libye, jusqu'à une place qu'on appelle Acequia-el-Hamara, aux confins de la Guinée. » Il dit, tome III, page 7, en parlant de Guaden, c'est-à-dire Ouadân, que c'est un grand village sur la frontière du Sénégal, qu'il a visité avec le chérif Moh'ammed. Plus loin, page 62, il dit encore que le chérif, dans sa plus grande puissance, voulut aller conquérir Timbektou; qu'il prit la route d'Acequia-el-Hamara, mais qu'il fut obligé de retourner à Taroudant[2].

Acequia-el-Hamara représente l'écriture du mot, qui se prononce Sâguîet-el-H'amra, et qui signifie « le canal rouge[3]. »

Il résulte des trois passages cités, qu'il existe sur les confins de la Guinée une ville nommée Sâguîet-el-H'amra, plus éloignée du pays de Maroc que celle de Ouadân, puisque Marmol, qui a visité les deux, dit qu'il est allé jusqu'à Sâguîet-el-H'amra. Il faut sans

---

[1] Tom. II, pag. 283 et 284.

[2] Voir aussi Marmol, tom. I, pag. 484. On y trouve Arequia-el-Hamara et Tequia.

[3] *Sâk'ia*, pluriel *souhâ'i*, prononcés ordinairement *sâguîa* et *souâgui*, se retrouvent plusieurs fois comme noms géographiques en Algérie. Ils désignent les canaux d'irrigation.

doute la chercher entre Ouadân et Tîchet, sur la route de Timbektou.

Dans un itinéraire de Venture[1], qui compte 17 jours de marche de Ouadân à Ouad-Noun, on traverse, après 7 jours, le Boutana ou Boustana, affluent de la rivière Seghi-el-Hamra, et, 3 jours après, cette rivière elle-même. Elle se jette dans l'Océan près de Khaili ou Doukhaile, après avoir reçu les rivières Dra'a et Ouasil.

On reconnaît sans peine, dans Seghi-el-Hamra, le nom si caractérisé de Sâguîet-el-H'amra, ou bien Sâgui-el-H'amra, ainsi que l'ont nommé plusieurs cherfa de l'Algérie, qui, interrogés par M. Carette, lui ont dit qu'ils sont originaires d'une ville de ce nom, très-éloignée dans le Sud-Ouest.

Un itinéraire de Saint-Louis du Sénégal à Maroc, recueilli par le baron Roger, traverse le Sâguîet-el-H'amra à 31 jours de Saint-Louis et à 4 jours d'Ouad-Noun.

Les notes de M. Delaporte contiennent l'itinéraire suivant :

Agâder-Douma.
Mrâbat'.	1 jour.
Okhchân.	2
Araouâs.	2
Zourâta.	2
Djîh'a.	1

[1] A la fin de son Dictionnaire berbère. Je l'ai déjà cité tom. II, pag. 283.

Sâguîet-el-H'amra....................	0 ½ jour.
Ta'aldalt, mines de cuivre............	1
Ouad-Noun.........................	1
Tazerouâlt.........................	2
Ilir'...............................	?

Arâouâs est sur le territoire des Berbères Nfîfa; Djî-h'a, chez les Ouled-Ah'med. A Sâguîet-el-H'amra, il y a des puits et des cultures. Tazerouâlt est une ville des Semlâla.

Agâder-Douma, « la muraille du palmier nain[1], » est une ville que cite Chénier sous le nom d'Aguadir-Toma[2]. Je l'ai placée d'après sa carte[3].

Tazerouâlt est aussi indiqué par Davidson, page 99, à 2 jours d'Ouad-Noun, sous l'orthographe Tazerwelt. Venture nomme une tribu d'Aït-Semlâl qu'il comprend dans le district de Stouka.

Ce qu'il y a de plus important dans cet itinéraire, c'est l'indication d'un point du Sâguîet-el-H'amra, à deux jours d'Ouad-Noun, ce qui nous force à le chercher près de son embouchure, dans l'Ouad-Dra'a, et à la limite des états du cheikh Beirouk. M. Bouet, qui

---

[1] *Douma*, pluriel *doum*, désigne le palmier nain, ou *camerops humilis*.

[2] Chénier, tom. III, pag. 47.

[3] M. d'Avezac a eu la bonté de me communiquer tout récemment un renseignement qu'il avait reçu de M. Delaporte, et d'où il résulte que Agâder-Douma est un port situé au Sud-Ouest d'Ouad-Noun, et non pas au Nord-Est. Ce savant pense, d'après le nom de Sainte-Croix des Palmistes, que lui donne M. Delaporte, que ce point est le même que Santa-Cruz de Mar-Pequeña : cette opinion me semble presque certaine.

indique cette limite, y place une tribu d'El-'Arîb indépendante de ce chef.

Tous ces renseignements s'accordent avec ce que dit Jackson dans une lettre adressée à M. Jomard[1] : « Tous les voyageurs du S'ah'ra, dit-il, connaissent le Sakia-el-Hamra; c'est une rivière; Izîd, empereur de Maroc, l'appelait sa frontière méridionale. »

Résumons tous les renseignements qui se rapportent au Sâguiet-el-H'amra.

Nous connaissons un lieu de ce nom, voisin de Ouadân, près duquel existe sans doute la source de la rivière; un point de cette rivière et un de ses affluents vers le milieu du chemin de Ouadân à Ouad-Noun; un autre point à 4 jours de cette dernière ville, et enfin un autre qui n'en est éloigné que de 2 journées; de plus, Venture indique la réunion de cette rivière à l'Ouad-Dra'a.

Le cours de cette grande rivière, qui ne peut avoir moins de 900 à 1000 kilomètres en ligne droite, et équivaut, à peu près, à celui de l'Ouad-Dra'a, demeure encore incertain dans son tracé. Il reste à déterminer son cours dans la partie qui avoisine Ouad-Noun, le point où elle rejoint l'Ouad-Dra'a, et le cours inférieur de ce dernier fleuve lui-même.

Cochelet ayant nécessairement traversé l'Ouad-Dra'a, et probablement le Sâguiet-el-H'amra, on doit se demander auxquelles des rivières indiquées par lui il faut

---

[1] *Bulletin de la Société de géographie de Paris*, 1re série; tom. II, pag. 135.

les rapporter. L'hypothèse qui me semble la plus probable est de supposer que c'est au bord de l'Ouad-Dra'a qu'il a fait sa dernière station avant Ouad-Noun, et que le Sâguîet-el-H'amra est la grande coupure qu'il a traversée à 106 kilomètres environ de cette ville; la description qu'il donne de ces deux vallées semble convenir très-bien à ces rivières.

On peut cependant faire une objection à cette hypothèse, c'est que Cochelet n'a signalé qu'une seule rivière dans sa dernière journée, qui, en tout cas, doit être le Sayad; il aurait donc oublié l'Assaka. Pour lever l'objection, on supposerait qu'il a bivaqué, la dernière fois, au bord de l'Assaka; alors il faudrait chercher l'Ouad-Dra'a dans la grande coupure dont je viens de parler, et le Sâguîet-el-H'amra dans l'une des précédentes. L'Ouad-Dra'a ferait alors un grand détour, ce qui est peu probable.

On pourrait encore laisser subsister l'Ouad-Dra'a tel que je l'ai tracé, et faire tomber le Sâguîet-el-H'amra dans son lit, à deux petites journées au Sud-Est d'Ouad-Noun. La route de Saint-Louis à cette ville serait alors seulement tangente au fleuve, à 4 jours du point d'arrivée.

Venture, nous l'avons vu, page 75, parle d'un lieu nommé Khaili ou Doukhailé, voisin de l'embouchure de l'Ouad-Dra'a. Je ne connais aucun autre document qui fasse mention de ce point.

§ XI.

Les notes de Davidson fournissent des renseignements sur quelques points de l'Ouad-Noun; je les ai indiqués, quoique la position de plusieurs d'entre eux soit douteuse. Voici le résumé de ces renseignements, dans l'ordre même du journal du voyageur:

Pages 87, 88, 114, 116. Souk'-el-Mouloud, ou Souk'-Assa, est à 22 milles ou 35 kilomètres à l'Est d'Ouad-Noun.

Davidson appelle une fois le même point Sok-Aksa; il écrit aussi Sok-el-Mulid; mais ce nom est facile à rétablir, car il est emprunté à l'époque de l'année. Le mouloud, ou la naissance du prophète, que les musulmans célèbrent le 12 de rebi'-el-oouel, tombait, en 1836, au milieu du mois de juin.

Souk'-Assa a été indiqué, par Rennell, à 100 kilomètres environ au Sud-Sud-Est de Noun, dans sa carte de 1793.

Page 98. Terdjezît (Tergezit) est à 1 jour d'Ouad-Noun; Tinzert, aussi à 1 jour; Ofrân (Oufren), à 2 petites journées; Tazerouâlt (Tazerwelt), à 2 jours; Tinzi, à 3 ou 4 jours. Ailleurs, pages 159 et 160, il parle de son voyage à Tinzerat; c'est sans doute le même point que Tinzert.

Page 126. Davidson cite une tribu d'Assereit-Terjmert; c'est évidemment le même nom que celui de la plaine de Tigrmert de M. Bouet.

Page 195. Tekinecou, dans l'Ouad-Noun, est à deux

jours ou 46 milles=74 kilomètres de la ville des Tadjakânt.

Page 197. Le grand marché d'El-Shig, où se tient une foire annuelle de deux jours à la fin de septembre, est à 10 heures de cheval de Glamiz.

Page 199. Entre l'Assaka et Glamiz coulent le Boukoukmar (ou Boukoukman) et le Sayad.

Cette indication place Glamiz au Nord du Boukoukman, mais à une distance indéterminée d'Ouad-Noun.

Page 201. Deux lettres de Davidson indiquent Yeisst à une longue journée de cheval au Sud d'Ouad-Noun, ou à 3 journées pour des chameaux chargés. Temzirst, par lequel il a passé, en est à 8 heures de cheval.

J'ai placé, d'après cela, Yeisst à 75 kilomètres d'Ouad-Noun, et Temzirst à moitié chemin. Au lieu d'une direction méridionale, j'ai adopté une direction Sud-Est environ, parce que Davidson était alors en route pour Ak'k'a.

§ XII.

La contrée au Sud-Ouest de l'embouchure de l'Ouad-Dra'a a été parcourue, depuis une soixantaine d'années, par plusieurs naufragés, parmi lesquels Brisson, Saugnier, Follie, Paddock, Riley, en ont laissé quelques descriptions vagues[1]. Brisson a pourtant donné quelques détails sur la route qu'il a parcourue. Il fut détenu, pendant une année, dans la tribu de la Roussie,

[1] Voir, pour les titres de ces relations, la liste des ouvrages relatifs au Maroc.

probablement El-Aroucîn, située à 10 journées de la mer et à peu de distance, sans doute, au Nord de Ouadân. Il fit le chemin, de là à Ouad-Noun, en 45 ou 48 jours. Quinze jours environ avant d'y arriver, il traversait déjà des montagnes et des forêts, voisines sans doute du cap Bojador; ce sont ces montagnes qu'on a nommées Montagnes noires, dénomination inconnue à Ouad-Noun, suivant Davidson[1]. Sept jours avant Ouad-Noun, Brisson atteignait le bord de la mer, et, quelques jours après, il traversait le territoire de la tribu de Telkœnnes, qui n'est probablement autre chose que celle de Tekna.

La géographie de cette partie du S'ah'ra est, comme on le voit, encore complétement à faire; le faible nombre de la population qui l'habite et le peu de relations que nous avons avec elle augmentent la difficulté de l'exploration de cette contrée, aussi compliquée, d'ailleurs, que quelque pays cultivé que ce soit.

Sur la côte même, assez bien connue quant à son tracé, nous ne connaissons pas un seul nom; ceux du cap Bojador et du cap de Sable sont des noms européens très-anciens, qui ont peut-être leur origine dans des noms indigènes. Les anciennes cartes[2] nomment le premier Buyetdor, Bugador, etc. et le second Sabiom. Plus récemment, ce dernier a été nommé Saubrun, Sabio, Sabie, Sabi, Jubi, Djoubi, etc. Je lui ai donné, d'après le conseil de M. d'Avezac, le nom de cap de Sable, quoique

---

[1] Pag. 87.
[2] Atlas du vicomte de Santarem.

son origine ne paraisse guère se rapporter à cette signification.

En 1476, Diego de Herrera, seigneur espagnol, héritier des Canaries, avait fondé sur cette côte un établissement nommé Santa-Cruz de Mar-Pequeña ou de Mar-Menor. Cet établissement, qui ne subsista que jusqu'en 1524, est indiqué pour la première fois, que je sache, dans la carte de Juan de la Cosa, dessinée vingt-quatre ans après sa fondation. Les anciennes cartes le placent au tiers ou à la moitié de la distance qui sépare le cap Noun du cap Bojador, tantôt au fond d'un golfe, tantôt à l'embouchure élargie d'une rivière. Il me semble très-probable que ce port n'était autre que le golfe déterminé par M. Arlett, et indiqué, avant lui, par Purdy, dans son mémoire sur l'océan Atlantique [1].

Le nom de cet établissement a de nombreuses variantes : on trouve Mar-Pequeñ, Piquenio, etc. et enfin Mal-Paque sur la carte faite à Dieppe par Jean Guérard en 1631 ; c'est, je crois, la dernière carte qui l'indique; celles de Sanson, de 1656, n'en font déjà plus mention.

Ne connaissant presque aucun nom de lieu sur toute

---

[1] *The Journal of the royal geographical Society of London.* Vol. the sixth, pag. 298.

M. Arlett a pensé que ce golfe était le Porto Cansado des Portugais. Quant à la position même de Mar-Pequeña, je crois qu'elle ne coïncide pas avec Isgueder, comme l'a pensé M. Berthelot ; les anciennes cartes me paraissent tout à fait trancher la question. Voir : *De la pêche sur la côte occidentale d'Afrique,* par M. Berthelot. Paris, 1840 ; pag. 129, 206, 237.

la côte depuis le cap Bojador jusqu'à l'Ouad-Sous, on ne peut chercher la synonymie des noms indiqués dans les anciennes cartes; elles sont d'ailleurs trop inexactes pour qu'on puisse reconnaître, avec quelque certitude, l'emplacement des points qu'elles indiquent. Voici les principaux de ces points maritimes [1] :

Tifin ou Cisini, entre les rivières Sous et Mêça;

Lara, près de l'embouchure de cette dernière, indiqué seulement par Guillaume le Testu, et Aremalles, un peu plus au Sud;

Alganzie, Alganzim, Alganziza de Sanson, un peu au Sud du cap Aglou;

Samotamat, plus au Sud;

Zamain, Samoin, Fumam, ou encore Suana d'après Sanson, à moitié chemin de Mêça au cap Noun. Cela pourrait être le Porto-Reguela des pêcheurs des Canaries, dont le véritable nom est Isgueder, d'après Davidson[2]; c'est un petit port au fond duquel se jette le ruisseau Edaoguma[3], qui a un cours de 40 kilomètres. C'est le port Hillsborough, où un Écossais avait fondé un petit établissement, il y a environ quatre-vingts ans.

Buleza, de Sanson, paraît coïncider avec l'embouchure de la rivière Albueda, de M. Bouet.

L'Ouad-Dra'a est clairement indiqué, sur presque toutes les cartes, avec les noms de Menist, Mertufi,

---

[1] Atlas du vicomte de Santarem.
[2] Pag. 176.
[3] C'est peut-être Idá-ou-Gsîma, tribu que nous retrouverons plus tard au bord de l'Ouad-Sous.

Monsteroa, Monester, qui est devenu enfin Monasterium dans les cartes de Sanson.

Ufin, Offin ou Himiffin, et puis Ansolin, Ansulu, etc. viennent immédiatement après, et paraissent être des embouchures de rivières.

Albetmil, Albermil, Alberni, un peu avant Mar-Pequeña, ne semble être autre chose que El-Ouad-melh', ou, pour mieux dire, Ouad-el-melh', « la rivière salée. » Vetemille, Vtemil, Utemila, près du cap Bojador, paraissent être des variantes du même mot arabe, qui désignerait la rivière dont Borda a placé l'embouchure à 27° de latitude environ.

Il reste encore à placer quelques points dans les contrées de Sous et de Noun; mais nous ne pourrons le faire qu'après avoir déterminé la position de Tafilêlt.

§ XIII.

Le point le plus important de tout le versant Sud-Est de l'Atlas est Tafilêlt, ville qui a succédé à la célèbre Sedjelmâca par son importance, et qui occupe presque le même emplacement, ainsi que l'ont démontré MM. Walckenaer et d'Avezac. Ce fait ne peut plus être mis en doute, et les renseignements nouveaux ne font que confirmer les conclusions de ces savants.

Je donnerai donc ensemble les itinéraires qui conduisent à Sedjelmâça et à Tafilêlt, comme convenant également à l'une et à l'autre, une différence de quelques kilomètres ne pouvant modifier le nombre de journées indiqué.

Le renseignement le plus important que nous possédions sur cette contrée est l'itinéraire de Caillié. Cet itinéraire, qui donne sans interruptions les distances des stations et la direction de la route en tous ses points, peut être construit sans le secours d'aucune donnée étrangère; et, sous cette condition, M. d'Avezac en a tiré tout le parti possible, et en a donné la construction la plus probable. Mais, si l'on réfléchit à l'incertitude que laisse le tracé d'un semblable itinéraire, on reconnaît qu'il est bien préférable, pour placer les différents points de la route, d'utiliser les indications de distances de ces points à d'autres points connus.

L'incertitude de la détermination d'un point au moyen de directions prises à vue n'a pas besoin de se démontrer. On en trouve un exemple frappant dans l'itinéraire de M. de Caraman, de Tanger à Fês[1]. K's'ar-el-Kebir y est placé à 27° trop à l'Ouest de Tanger. Personne cependant ne prétendrait mieux faire avec les mêmes moyens. Les reconnaissances, même les mieux faites, donnent encore lieu à des erreurs assez fortes. Constantine, par exemple, avait été placée d'abord, sur les cartes du Dépôt de la guerre, par une reconnaissance partant de Bône, à 6 kilomètres environ de la position donnée plus tard par la triangulation. Dans ce cas encore, le levé avait été certainement exé-

[1] *Spectateur militaire* du 15 août 1844.

cuté avec autant d'exactitude que le permettait le mode d'opération.

Lorsqu'on connaît les points extrêmes d'un itinéraire, les erreurs intermédiaires diminuent beaucoup; mais, dans l'itinéraire de Caillié, la distance totale est si considérable, les changements de direction si grands, que cet avantage s'efface complétement.

Dans l'absence d'autres renseignements, on placerait Tafilêlt d'après l'itinéraire de Caillié; mais on connaît heureusement un certain nombre d'itinéraires, tant anciens que modernes, qui y conduisent de différents points. Ce sont ces itinéraires que je vais citer, en les réduisant d'abord à leur plus simple expression; le détail et la construction viendront après la détermination de cette ville.

ROUTES DE TAFILÊLT.

1° A l'oasis de Touât.
    Suivant Léon et Marmol, à l'Est[1]........ 685 kil.
           le capitaine Lyon, au Sud-Est[2]..... 10 jours.
           M. Carette................... 12
           l'imâm El-'Aïâchi. (M. Berbrugger.). 18
           le chérif Moh'ammed, par Tebelbelt.
             (M. Delaporte.)[3]............. 14

---

[1] Léon indique 250 milles jusqu'à Teçâbet, et 120 jusqu'à Tegorârin; nous retrouverons tout à l'heure ces deux points. Marmol a remplacé la première distance par 9 journées, et la seconde, comme à l'ordinaire, par 40 lieues de 20 au degré.

[2] *A Narrative of travels in Northern Africa*, by Lyon. London, 1821.

[3] Cet itinéraire part de Fîda, ville voisine de Tafilêlt. Voir pag. 111.

DE L'EMPIRE DE MAROC.

Ces distances ne peuvent pas nous servir à déterminer Tafilêlt, parce qu'elles n'aboutissent pas à des points bien déterminés.

2° A Metlîli, en Algérie.
    Suivant M. Carette, pour les caravanes ordinaires.......................... 15 jours.
        Avec les troupeaux.............. 20
    On passe toujours par Figuîg.
3° A Chellâla du Sud.
    Suivant Moula-Ah'med. (M. Berbrugger.).. 14
4° A Tlemsên.
    Suivant Edrîci, par le désert.......... 14
5° A Ouchda.
    Suivant le chérif Moh'ammed, par Gnadsa. (M. Delaporte.).................. 11
6° A Djerâoua.
    Suivant Bekri..................... 11

Djerâoua est à 6 milles = 9 kilomètres de la mer, près de l'embouchure de la Mlouïa.

7° A Fês.

A. ROUTES FOURNIES PAR LES AUTEURS ARABES, DE SEDJELMÂÇA À FÊS.

    Suivant Ben-H'aouk'âl (cité par M. Walckenaer..................... 13 jours.
    Edrîci, par Tâdla............... 13
    Bekri, par Mat'mât'a-Amkeçour, environ........................ 11 ½
    Bekri, autre route[1]............. 9

---

[1] La première indication de Bekri n'est pas très-précise. Dans la seconde se trouve une journée de 60 milles = 89 kilomètres; je l'ai comptée pour deux. Voir ci-dessous, pag. 105.

B. ROUTES DE TAFILÊLT À FÊS.

Suivant Ah'med-ben-H'acen. (M. Walckenaer.)	11 jours.
le chérif Moh'ammed. (M. Delaporte.)	10
Mouette....................	100 lieues.
Grey Jackson [1], environ...........	7 jours.
Caillié....................	10J ou 89 heures.
M. Carette...................	90 lieues.

8° A Sla et Rbât', par Tâdla.

Suivant Edrîci........................ 14 jours.

Cette distance se décompose en 6 jours de Sla à Tâdla, et 8 de là à Sedjelmâca. Ce dernier chiffre est aussi donné par Cochelet.

9° A Maroc.

Suivant Mouette [2], au moins.............	100 lieues.
les notes de M. Delaporte.........	10 jours.

Les mêmes notes contiennent des itinéraires sinueux qui ne s'accordent pas entre eux; pourtant le chiffre de 10 journées, rapproché de celui de 15 journées, de Tafilêlt à Metlîli, acquiert une grande probabilité [3].

10° A Ar'mât-Ourîka.

Suivant Ben-H'aouk'âl...............	8 jours.
Edrîci...................	8
Bekri [4]...................	11

[1] Jackson, pag. 21, compte 8 journées à partir de K's'ar-Fer'aoun.
[2] Voir ci-dessous, pag. 99.
[3] Nous avons remarqué, M. Carette et moi, que souvent un itinéraire plein d'erreurs est pourtant exact quant au nombre total de journées. Cela se conçoit parfaitement: on retient bien mieux la distance qui sépare des points remarquables que celle des points intermédiaires.
[4] J'expliquerai plus tard, pag. 164, ce nombre de journées, en donnant le détail de la route.

Ben-H'aouk'âl indiquant aussi 8 jours d'Ar'mât à Fês, nous avons, par comparaison, une distance connue pour ces 8 journées. Edrîci indique d'Ar'mât à Fês 7 ou 8 jours, suivant la traduction de Hartmann, et 9, suivant celle de M. Jaubert [1].

11° A Ouad-Noun.
    Suivant Edrîci . . . . 13 jours.
              Chabini [2] 22

Edrîci donne en même temps quelques autres indications qui servent à fixer la valeur de ces 13 journées; il place à la même distance, et à 7 jours de Noun, un point nommé Azki (Azka, Az'kai?), éloigné lui-même de 24 ou 25 jours de « Sala sur le Nil. » Sala est une ville située sur le Dhioliba, à l'Est de Timbektou. Les journées dont il est ici question sont donc de deux au degré, c'est-à-dire de 70 à 75 kilomètres de chemin.

La discussion de ces différents itinéraires et l'évaluation des journées de marche qui en est résultée ont placé Tafilêlt à 31° 1' de latitude et 5° 50' de longitude Ouest de Paris, position qui s'éloigne de 90 kilomètres à l'Ouest de celle donnée par M. d'Avezac; j'ai conservé le tracé et la longueur de la route indiqués sur la carte de ce savant géographe, quoiqu'elle me paraisse un peu longue, eu égard à la difficulté de la contrée qu'elle traverse; il est donc possible que Tafilêlt se trouve de

---

[1] J'indiquerai tout à l'heure à quoi tient cette différence.
[2] *Jackson's Shabeeny*, pag. 3. — D'après Cooley, *The Negroland of the Arabs*, pag. 48.

25 ou 30 kilomètres plus rapproché de Fês, c'est-à-dire à 340 ou 350 kilomètres en ligne droite de cette ville, et à 375 environ de Maroc. La distance de Fês à Maroc étant de 368 kilomètres [1], ces points forment à peu près un triangle équilatéral, et il est remarquable que, sur la plupart des cartes anciennes, la position de Sedjelmâça satisfait à peu près à la même condition, tandis qu'elles ont placé Tafilêlt dans toute sorte de positions. Il est telle carte qui place Tafilêlt à 400 kilomètres de la position qu'on trouve dans telle autre; presque toutes représentent séparément Tafilêlt et Sedjelmâça, souvent fort loin l'une de l'autre. 260 kilomètres séparent ces deux points sur la carte de M. Grâberg de Hemsö, qui présente, surtout dans sa partie méridionale, une réunion vraiment singulière de matériaux indépendants les uns des autres et appartenant à toutes les époques de la science.

La nouvelle position de Tafilêlt est à peu près moyenne entre les positions si nombreuses données à toutes les époques pour cette ville et pour Sedjelmâça, ce qui n'ajoute qu'une bien faible probabilité à sa détermination. Malgré le grand nombre de renseignements que je viens de citer, on ne peut se dissimuler qu'il manque encore de bonnes indications de distance à Ouad-Noun, à Agâder et surtout à Maroc.

[1] Distance obtenue par le calcul, au moyen des positions astronomiques données par Ali-Bey.

§ XIV.

Il est un autre point auquel Tafilêlt n'est encore qu'imparfaitement rattaché, c'est Tâdla, dont l'importance n'est guère moindre pour la géographie du Maroc, mais dont la position demeure encore un peu incertaine. Voici les seules données que nous possédions sur la position de cette ville :

Elle est située
Suivant Edrîci, à.............	4 jours.	N. E. d'Arm'at,
et à...................	6	de Sla.
Suivant le même auteur (traduction de M. Jaubert)........	5	de Fês.
Suivant Cochelet............	4	de Sidi-Rah'al.
et par conséquent.........	5	de Maroc.
Suivant le même auteur.......	8	de Tafilêlt.
Suivant Windus[1]...........	70 milles anglais.	
ou...................	112 kil.	Sud de Meknês.

La route de Sla à Tâdla est ainsi divisée, suivant Edrîci :

Sla.	
Tat'an-ou-K'ora....................	2 journées.
Tâdla.........................	4
	6

Il semble que le mot K'ora, qu'on pourrait lire également K'ri, ne soit autre que Grou; le premier des deux mots serait le nom du lieu et le second celui de la rivière voisine.

---

[1] *Journey to Mequinez*, pag. 191.

La traduction de M. Jaubert indique, ainsi qu'il suit, la route de Fês à Tâdla :

Fês.	
S'oforo..................................	1 journée.
K'la'at-Mahdi...........................	2
Tâdla....................................	2
	5

Celle de Hartmann indique la même route d'une façon différente; nous y lisons, en effet, page 173, que de Fês on se rend à S'oforo en un jour; de là à K'la'at-Mahdi, en un jour aussi; puis de là on gagne Tâdla; mais la dernière distance n'est point indiquée. M. d'Avezac l'avait supposée aussi d'une journée [1].

Si dans K'la'at-Mahdi on reconnaît, avec M. d'Avezac, Mehedia, que Léon place à 10 milles = 19 kil. à l'Ouest de 'Aïn-el-Es'nâm, ce point ne serait qu'à une journée de S'oforo. La distance de K'la'at-Mahdi à Tâdla demeurerait de 2 journées.

La distance de 4 jours, comptée par Edrîci entre Tâdla et Ar'mât, celle de 4 jours comptée par Cochelet entre cette ville et Sidi-Rah'al rendent plus probable le nombre de 4 ou 5 journées de Tâdla à Fês.

Quoi qu'il en soit, la position de Tâdla demeure un peu incertaine; il est donc bien à désirer qu'on recueille des itinéraires qui conduisent de cette ville à différentes autres de position connue; c'est, comme je l'ai dit, une des positions les plus importantes de l'em-

---

[1] *Études de géographie critique*, pag. 156, 157, 175.

pire de Maroc, et, heureusement, elle est située d'une manière très-favorable à la détermination par des itinéraires.

§ XV.

Les routes qui conduisent de Tafilêlt aux villes déterminées de position peuvent être tracées immédiatement. Je commence par celle de Fês, la plus importante et aussi la mieux connue.

J'admettrai que Sedjelmâça est un point voisin de Tafilêlt, préférant remettre à plus tard la discussion des raisons diverses qui le démontrent.

La route suivante, de Tafilêlt à Fês, est celle de Caillié ; tous les noms y sont rétablis d'après M. d'Avezac [1] : les noms primitifs donnés par le voyageur y sont entre parenthèses ; les directions sont relatives au méridien magnétique.

Tafilêlt (Afilé).		
Tanneyara?................	4 heures. $\frac{1}{2}$	N. $\frac{1}{4}$ N. E.
Ma'rka (Marca)............	3	id.
Medr'ara..................	9	N. N. O.
Rahaba?..................	3	N. O. $\frac{1}{4}$ N.
Leyarac?.................	3	N.
Temrâkest (Tamaroc).......	5	id.
Guers-'Alouîn (Kars).......	4	id.
Nezlet-Guirouân (Nzeland)..	8	O. puis N. $\frac{1}{4}$ N.O.
A reporter......	39	

[1] *Études de géographie critique*, pag. 154 et suiv.

Report........	39	heures.
....	5	N.
....	1	O.
K's'âbi-Cherfa (El-Eksebi)..........	5	N. $\frac{1}{4}$ N. E.
....	2	N.
Khîmet-el-'Arbi (L'guim)........	8	$\frac{1}{2}$ O. N. O.
....	2	N. $\frac{1}{4}$ N. O.
....	3	N. N. O.
Guîgo........	5	id.
S'oforo........	11	N.
Fês........	7	N. $\frac{1}{4}$ N. O.
	89	

En 1821, M. Walckenaer a fait connaître un itinéraire détaillé qui est le même que celui de Caillié; il a été écrit, en 1789, par Ah'med-ben-H'acen-el-Mtîoui, qui avait parcouru cette route deux années auparavant. C'est ce document qui avait fait découvrir à ce savant l'identité des vallées de Tafilêlt et de Sedjelmâça [1].

Voici le résumé de cet itinéraire :

Fês.
On passe l'Ouad-Sbou sur un pont (Kantora-Sebou), près d'un lieu nommé Dâr-ed-Debbar' (Daroudabibagh); on arrive à S'oforo (Safrou).   1 jour.

A reporter........ 1

---

[1] *Recherches sur l'intérieur de l'Afrique septentrionale*, pag. 280-286 et 457-464. — M. Walckenaer a extrait cette relation d'un ouvrage intitulé : *Memorabilien*. Leipzig, 1791; in-8°, tom. Ier, pag. 47. Cette relation avait été traduite, par Paulus, de l'arabe en latin.

Report........	1 jour,
Colline de Modd-el-Fer'aoun (Moddou-Fyraoun), au pied d'une montagne, et plaine Azr'âr-el-H'amâr (Zogari-Ahmar); puis Cha'ab-et-teben? (Scheb-ettsoubn); on passe près de la rivière Vaugiel? et on entre à 'Aïoun-el-Es'nâm (Ouyoun-el-Asna)....................	1
On franchit des montagnes arides, on passe plusieurs rivières et on arrive à Nahar-Merdou? (Nehr-Merdou), habité par les Aït-Chagrouch (Aitschagrousch). On descend la montagne Tnîet-el-Bak's' (Tseniets-Elbaks); puis on campe au bord de la rivière Guîgo (Dgigou), près de laquelle est la forteresse de Tsagouts? habitée par les Berbères Aït-Iouci (Eitdjousi).	1
On arrive, par des ravins et des précipices, à K'ebour-et-Touât (Koubour-Etsuats), les tombeaux des Touât, sur le mont Omm-Djenîba (Oummou-Djianiba). Au pied, sont plusieurs villes, dont l'une, nommée K's'our-aït-Iouci (Kousour-Etsiousi), est entourée d'une rivière. On campe en cet endroit......................	1
On traverse la plaine de Zergou (Zerghou). Un peu en dehors du chemin, on voit une source salée nommée El-Mouilah' (El-Mevilah). On passe à deux villages ruinés nommés Didjaroutama? dans le canton de Khîmet-el-'Arbi (Chaimasourray), et on passe des montagnes nommées Cha'abet-Beni-'Obeïd (Sabets-Beni-Oubeïd), au pied desquelles coule la Mlouïa (Mulvia), au bord de cette rivière, sont des villages nommés K's'âbi-Cherfa (Aksabi-Surefa.).....	1
A reporter........	5

DESCRIPTION GÉOGRAPHIQUE

Report........	5 jours.
On franchit le mont Ouaougrous (Ugrès); on passe à Selâm-'alei-koum (Selamoum-Aleikoum) et à la rivière Chrob-ou-herb (Serbouherb); puis la source de Râs-el-ma (Reesulma); on couche à Nezlet-Guirouân (Nuzlet-Tirvan)..........	1
Villages de Guers-'Alouin (Gers), habités par les Aït-Iezdeg (Aistadough) et situés sur la rivière de Zîz, qui est celle de Tafilêlt; on suit ses rives jusqu'à Ta'alîâlîn (Tsalalin) dont les habitants sont Berbères et appelés Aït-H'edîdou (Aïtschedidou)........................	1
Lieu nommé El-Kheneg (Eltching); chemin difficile; village de Za'abel (Zaabl); puis villes de Temrâkest (Tsemrakest), Aït-'Otmân (Aïtsotsman), Jafri et Beni-Iefous...............	1
On entre dans le canton de Medr'ara (El-Medghara); on passe ensuite aux châteaux Souk'-K's'ar-el-djedîd et K's'ar-Moula-Abd-Allad-ben-'Ali (Essouk-Kasrigedid, Kasr-Mouley-Abdallah-ben-Aly.).......................	1
On suit une source nommée tantôt 'Aïn-Ammeski, tantôt 'Aïn-Tidîguelt (Aïn-Miski, Aïn-Tutugelt); de là on rejoint l'Ouad-Zîz; on le suit et on entre dans le district de Reteb (Retseb). Dans cette journée on a vu plusieurs châteaux : K's'ar-Ouled-'Aïça, K's'ar-Ouled-Amira, K's'ar-Ter'iamt, K's'ar-el-Ma'rka, et enfin K's'ar-Moula-Mâmoun (Kasr-Eouladi-Isa, Kasr-Eouladi-Amyra, Kasr-Tsatchlamets, Kasr-Elmouarika, Kasr-Moulay-Mamoun).............	1
On traverse une plaine aride, puis on passe au	
A reporter.......	10

Report........ 10 jours.

village de Tzetzimi, où commence le territoire de Tafilêlt; puis châteaux de Sabbah? On traverse le Zîz; on rencontre plusieurs villes et on entre au palais de Dâr-Beid'a (Daroubbeida), bâti par le sultan Moh'ammed. Près de là est le fort d'Er-Riçâni, appelé aussi Bou-'Amm (Erisani, Ebou-Amm).................. 1
                                                                ——
                                                                11

Les notes de M. Delaporte contiennent une description détaillée de la même route de Fês à Tafilêlt, qui se trouve déjà indiquée par M. d'Avezac [1]. Le résumé qui va suivre donne pourtant quelques détails de plus.

ITINÉRAIRE DU CHÉRIF MOH'AMMED,
DE FÊS À TAFILÊLT.

Fês.

On passe entre les montagnes 'Azâba, à droite, et Behàlîl, à gauche; on couche à S'oforo... 1 jour.

On passe au rocher nommé Modd-el-Fer'aoun, ou boisseau de Pharaon, et dans la plaine Azr'âr-el-H'amâr, ou la plaine des ânes; puis sur la montagne Tnîet-el-Bak's', ou le col du buis. On couche à Guîgo.................... 1

On passe le mont Omm-Djenîba, et on s'arrête à Zerkou, nommé aussi Enzil et K's'our-Aït-Iouci, ou les châteaux des enfants de Joseph...... 1

On traverse la plaine Khîmet-el-'Arbi, puis une

A reporter........ 3

---

[1] *Études de géographie critique sur une partie de l'Afrique septentrionale*, pag. 154 et suiv.

Report........	3 jours.
montagne nommée Cha'abet-beni-'Obeïd, et on couche à K's'âbi-Cherfa, ou les citadelles des chérifs............................	1
Passage à la source Selâm-'alei-koum « salut à vous », appelée aussi Chrob-ou-herb « bois et fuis, » et halte à Nezlet-Guirouân, ou le bivac de la tribu de Guirouân.............	1
Passage au ruisseau de Bou-Gueroucen, puis au village de Guers, placé sur un ruisseau du même nom, qui va, comme le précédent, se jeter dans le Zîz. Ce lieu est habité par les Berbères Aït-Iezdeg et Aït-H'edîdou. On couche à Ta'allâlîn........................	1
On entre dans le Kheneg, et on passe à Za'abel et Temrâkest, et on couche au village des Aït-Iah'ia-ou-'Otmân......................	1
Medr'ara, grande ruine; à un quart d'heure à droite est le village de Tazouk'a. On couche à Taznakht........................	1
On entre dans le canton de Reteb, où l'on rencontre les fontaines 'Aïn-Ammeski et 'Aïn-Tidîguelt; puis on passe près des châteaux Ouled-'Aïça, Ter'iâmt, Ma'rka et Moula-Mâmoun; près de ce dernier est la Zâouïet-Sidi-Ah'med-ben-'Abd-es'-S'âdok. On couche à Tîzimi, où commence le Tafilêlt, après avoir traversé une plaine déserte nommée Irdi, qui sépare le Reteb et le Tafilêlt. Près de Tîzimi est une source chaude appelée Timeddrîn, c'est-à-dire la fontaine du fracas...................	1
Mdînet-el-'Amra ou Tafilêlt, sur le Zîz.......	1
	10

Mouette, en parlant des montagnes de Meluya, c'est-à-dire de la Mlouïa, dit qu'il faut les traverser pour aller de Fês à Tafilêlt; la distance est de 100 lieues (page 446).

Ailleurs, p. 462, il dit qu'il y a au moins 200 lieues de Maroc à Fês par Tafilêlt, ce qui suppose au moins 100 lieues de Maroc à cette dernière ville.

Jackson[1] place Tafilêlt à 8 journées de cheval, de 35 milles chacune, total 450 kilomètres, des ruines de Pharoah ou Ukser-Farawan; on se dirige d'abord à l'Est, on gravit l'Atlas, et, le troisième jour, on atteint une plaine, puis, une rivière qui coule Sud-Ouest-Nord-Est, grande comme l'Omm-er-rbî'a à Azemmour, et longue de 15 journées de cheval.

Jackson place K's'ar-Fer'aoun sur sa carte d'une manière très-inexacte. Ce point étant à 50 kilomètres en ligne droite à l'Ouest de Fês, environ, la route, qui se dirige d'abord à l'Est, doit passer par Fês, ce qui donne pour distance de cette ville à Tafilêlt, environ 400 kilomètres.

Ce chiffre est le même que M. Carette a obtenu, sans autre détail, d'un voyageur qui avait parcouru la route; ce dernier avait indiqué 90 lieues de 25 au degré.

Je n'examinerai pas en détail les itinéraires qui précèdent. M. d'Avezac a montré leur concordance dans une discussion sur laquelle je ne reviendrai pas[2]: quelques éclaircissements sont pourtant encore néces-

---

[1] Jackson, *Account of Marocco*, pag. 21.
[2] *Études de géographie critique*, pag. 154-164.

saires. Je parcourrai la route de Fês à Tafilêlt, et non chaque itinéraire en particulier.

Ah'med-ben-H'acen traverse l'Ouad-Sbou sur un pont, près d'un lieu qu'il nomme Daroudabibagh; on y reconnaît sans peine les mots Dâr-ed-Debbar', « la maison du tanneur; » nous retrouverons plus tard ce nom dans Marmol, en étudiant les environs de Fês.

Le chérif Moh'ammed passe entre les montagnes 'Azâba et Beni-Behâlîl. Ce dernier nom est celui d'une tribu voisine, dont un village est indiqué, par Léon, Marmol et Edrîci, sous la forme Beni-Bahlul, Beni-bu-Halul et Beni-Bhaloul : j'ai conservé le mot tel qu'il est écrit par le chérif, quoique l'autre version me semble plus probable. Il se trouve, entre S'aïda et Tâgdemt, une rivière nommée Ouad-Bhaloul, que j'ai visitée moi-même.

S'oforo est le nom actuel de la ville, qu'on écrivait autrefois S'oforoui; il se prononce presque S'fro.

Modd-el-Fer'aoun est un rocher à peu près cylindrique, et c'est cette forme qui lui a valu son nom.

Azr'âr-el-H'amâr est un mot moitié berbère, moitié arabe; Azr'âr, en berbère, veut dire « plaine, » et se trouve ordinairement changé par les Arabes en Zr'âr; H'amâr signifie « des ânes. »

Scheb-Ettsouben paraît devoir se rétablir en Cha'ab-et-teben, « le ravin de la paille. »

Il est difficile de deviner le nom de la rivière qu'Ah'med appelle Vaugiel.

'Aïn-el-Es'nâm, « la source des idoles, » ou, sous la

forme plurielle, 'Aïoun-el-Es'nâm, s'appelle encore, par abréviation, S'nâm. Suivant une remarque de M. Carette, ce nom, qui se trouve plusieurs fois en Algérie, se confond souvent avec S'nâb, qui signifie des pierres de taille, parce que les débris de statues qu'il désigne sont toujours accompagnées de pierres de taille romaines. Tels sont les noms de S'nâb ou Orléansville, et Moulas'nâb, entre Constantine et Bisk'ra (Omm-el-As'nâb, « la mère des pierres de taille »).

Gaillié ne signale qu'un ruisseau dans cet endroit.

Ah'med est le seul auteur qui cite le Nahar-Merdou et les Aït-Chagrouch.

Tnîet-el-Bak's'signifie « le col du buis. » Tnîa désigne souvent un col, mais il s'applique proprement à tout chemin creux dans les montagnes.

Au bord de la rivière Guîgo, Ah'med place une forteresse de Tsagouts; c'est sans doute un village berbère entouré d'un mur, et situé à quelque distance de la route, puisque Caillié n'en parle pas.

Immédiatement après, on rencontre la montagne d'Omm-Djenîba, sur laquelle est un endroit nommé K'ebour-et-Touât, « le tombeau des Touât, » ainsi nommé parce que vingt-trois hommes de cette oasis périrent dans la neige. De l'autre côté, sont des villages qu'on nomme K's'our-Aït-Iouci, dans la plaine de Zergou. Le lieu nommé K'ebour-et-Touât est toujours très-connu des voyageurs, suivant M. Delaporte.

Léon et Marmol signalent au même point le passage de l'Atlas, passage dangereux et difficile, de part et d'autre duquel les habitants ont deux places murées qui les en rendent maîtres : Tezergha ou Tigaza, et Umen-Guinaibe ou Um-Giunaybe, à 12 milles de là, du côté du Midi. Le premier de ces deux points, placé sur un ruisseau au pied de la montagne, suivant Léon, est sans doute Tsagouts, et le second, l'un des villages des Aït-Iouci, nommés K's'our-Aït-Iouci par les étrangers, mais désignés chacun par un nom particulier par les gens de la localité. Marmol qui donne le nom de Tigaza, t. II, p. 308, donne celui de Tizaga, p. 304; ce village s'appelle peut-être Tezâr'a ou Tezâr'et, nom qui expliquerait assez bien les quatre variantes qui précèdent[1].

Marmol dit que Tigaza est situé sur un ruisseau qui se rend dans l'Ouad-Sbou; elle appartient à la montagne de Cunagel-Gerben, Gunaigel-Gherben de Léon, dont le nom signifie « le passage des corbeaux; » c'est sans doute Kheneg-el-R'erâb, et on y reconnaît sûrement la montagne Djebel-el-R'erâb, indiquée à M. Delaporte comme l'une des principales de l'Atlas.

On voit nettement que ce fameux passage de l'Atlas est compris entre le mont Omm-Djenîba, au Sud-Ouest, et El-R'erâb, au Nord-Est.

Marmol cite encore aux environs de Tigaza une autre place forte nommée Tezergil.

L'histoire des vingt-trois hommes qui ont péri dans la neige, sur le mont Omm-Djenîba, est un renseignement météorologique intéressant, qui confirme ce que

[1] Tsagouts est cependant un mot berbère; il signifie « brouillard. »

dit Léon, t. I, pages 79-83. Cet auteur nous apprend que de pareilles catastrophes ne sont pas rares, et il échappa lui-même deux fois à un semblable danger. Son récit est très-probablement relatif au même passage de l'Atlas.

Après les villages des Aït-Iouci, Ah'med passe à quelque distance d'une source nommée El-Mouîlah'; ce mot, qui signifie « un peu salée, » indique la nature de cette source [1].

Le même voyageur signale ensuite des villages ruinés nommés Didjaroutama, nom qui me paraît bien difficile à rétablir. Ils sont dans le canton de Khîmet-el-'Arbi, « la tente de l'Arabe. »

Viennent ensuite des montagnes de 200 mètres nommés Cha'abet-Beni-'Obeïd, « les ravins des Beni-Obeïd, » dont le nom seul indique les contre-forts pierreux et difficiles d'une des branches de l'Atlas.

K's'âbi-Cherfa, village considérable situé sur la Mlouïa, est appelé indifféremment par ce nom ou par celui d'El-Ak's'âbi, « les citadelles; » c'est le pluriel de k'as'ba.

M. Delaporte place le mont Ouaougrous à la source du Zîz; c'est le même que le mont Ugres d'Ah'med-ben-H'acen. Il est possible que ce nom, indiqué par un Arabe, soit un peu dénaturé par la jonction fautive du *ou* berbère, qui signifie *de,* avec le nom de la montagne, qui serait alors Aougrous.

---

[1] C'est le diminutif de mâleh' « salé. » On connaît en Algérie l'Ouad-Mouîlah', située près de Lella-Mar'nîa.

Plusieurs des noms qui suivent ne donnent lieu à aucune remarque.

Aït-Iah'ia-ou-'Otmân signifie « les enfants de Jean, fils d'Otmân[1]. » Les stations des différents itinéraires étant presque toujours les mêmes, il me semble probable que Leyarac, de Caillié, n'est autre chose que ce village, dont il aura écrit le nom Teyaias. Il est possible encore que ce village porte un autre nom que celui de la tribu qui l'habite.

Medr'ara, qu'il vaudrait peut-être mieux écrire Medar'ara, est un nom de tribu bien connu. Le chérif Moh'ammed place à ce point les ruines de Sedjelmâça, ce qui est évidemment une erreur, ainsi que l'a reconnu sans peine M. d'Avezac[2], et qui prouve seulement que la tradition n'a pas même conservé aux ruines de cette ville le nom qu'elle portait il y a trois siècles. Les hommes lettrés du pays, qui retrouvent dans toutes les histoires le nom de Sedjelmâça, doivent être fort embarrassés pour en retrouver la place.

'Aïn-Ammeski signifie « la fontaine musquée, » et 'Aïn-Tidîguelt, « la fontaine grande comme la paume de la main. »

Tîzimi veut dire « le ravin de la porte ou de la bouche (Tîzi-imi) ; » son nom rappelle que c'est le premier lieu du Tafilêlt lorsqu'on arrive de Fês.

---

[1] Suivant M. Delaporte, *ou*, qui signifie *de*, s'emploie ainsi chez les Berbères. Ainsi, pour dire, 'Ali fils de Moh'ammed, on dira, 'Ali de Moh'ammed ; cela rappelle une forme de nom fréquente en Europe.

[2] *Études de géographie critique*, pag. 163.

DE L'EMPIRE DE MAROC.

Il est déjà question de Tîzimi dans un ouvrage intitulé : *Histoire de l'empire des Chérifs en Afrique,* par l'abbé Boulet. Paris, 1733. L'auteur raconte, page 194, que Moula-Isma'îl envoya son fils Moula-Mimoun, en 1705, au château de Tezami, situé à 3 lieues de Tafilêlt.

Bekri indique, ainsi qu'il suit, la route la plus courte de Fês à Tafilêlt :

Fês.
S'oforo (S'oforoui)	1 jour.
El-Es'nâm	1
El-Meri, sur le territoire de Meklâna	1
Tasmar'rat? sur une rivière	1
Amr'âd? environ 60 milles; c'est là qu'on entre sur le territoire de Sedjelmâça.............	2 [1]
Sedjelmâça, par une route très-arrosée	3
	9

Dans la station Amrâd M. d'Avezac avait cru retrouver le pays des 'Angâd ; mais ce rapprochement est impossible, car la contrée de ce nom, qui n'est point un désert, ne s'étend guère à plus de 75 kilomètres de Tlemsên. Comment retrouver, de là, 3 journées jusqu'à Tafilêlt par une route très-arrosée ?

Dans un pays de montagnes aussi difficile, il est impossible qu'un itinéraire de 8 ou 9 jours ne suive pas la voie la plus directe, qui, selon toute probabilité, est la même depuis les temps les plus reculés, et se

---

[1] Ainsi que je l'ai déjà fait, page 87, je compte pour deux journées cette distance que Bekri donne pour une seule.

trouve naturellement tracée par les accidents du sol, comme les grands passages des Alpes et des Pyrénées. Il me semble donc à peu près certain que cette route est la même que celle indiquée par Caillié. La direction de cette route est d'ailleurs clairement indiquée par les deux premières étapes.

D'après cela, El-Meri tomberait près d'Enzil, Tasmar'rat près de K's'âbi-Cherfa ou un peu plus au Sud; Amr'âd, au sortir du Kheneg, et les 3 journées jusqu'à Tafilêlt par une route très-arrosée se feraient le long du Zîz [1].

Edrîci donne la route suivante de Fês à Sedjelmâça:

Fês.	
S'oforo (S'oforoui)	1 jour.
K'la'at-Mahdi	1 ou 2
Tâdla [2]	1 ou 2
Daï	?
Cha'ab-es'-S'fâ, près des sources d'une rivière, à 2 jours des Deren; ensuite on traverse la haute montagne qui se trouve au Sud	?
Sedjelmâça	?
	13

Un peu plus loin, le même auteur dit que les caravanes qui vont de Tlemsên à Sedjelmâça vont d'abord à Fês, puis à S'oforo, Tâdla, Ar'mât, Dra'a et Sedjel-

[1] Amr'âd peut se lire Ama'âd; Tasmar'rat peut se lire de cent vingt manières, telles que Tecemr'erab, Iesma'reb, Nechmer'zat, etc.
[2] Voir ci-dessus, pag. 92.

mâça. Il indique une autre route peu fréquentée, qui traverse le désert :

Tlemsên.	
Târou.......................	1 jour.
Djebel-Tamerît................	1
R'âiât, ruine avec un puits peu profond......	1
S'edrât.......................	1
Djebel-Tîoui, ruine au pied d'une montagne...	1
Ftât, puits au milieu d'une plaine..........	1
Cha'ab-es'-S'fâ....................	2
Bourg de Tendeli..................	1
Bourg de Tesnân..................	1
Tek'erteb.......................	1
Sedjelmâça.....................	3
	14

Nous voyons que les deux routes de Tlemsên et de Tâdla à Sedjelmâça se réunissent au Nord d'une grande montagne, en un point situé aux sources d'une rivière, pour traverser ensuite ces montagnes suivant une direction commune qui mène en 6 jours à Sedjelmâça.

Il me semble extrêmement probable que Cha'ab-es'-S'fâ est K's'âbi-Cherfa ou un point voisin ; alors Tendeli ne serait que Tenezlet mal écrit ; Tesnân tomberait alors vers Ta'allâlîn ou Temrâkest, et Tek'erteb chez les Aït-Iah'ia-ou-'Otmân.

Dans cette hypothèse, les 8 journées de Tlemsên à Cha'ab-es'-S'fâ seraient de 41 kilomètres chacune ; Târou tomberait dans la vallée supérieure de la Tafna ; Tamerît, à la place de la k'as'ba ruinée d'Ali-Bey ; R'âiât, au bord de l'Isli supérieur ; S'edrât, près de l'Ouad-

Nza; Djebel-Tîoui, source jaillissante au pied d'une montagne, serait au bord de la Mlouïa ; et Ftât, dans les plaines qui s'étendent au Nord de K's'âbi-Cherfa.

Bekri indique, ainsi qu'il suit, la route de Sedjelmâça à Fês, par Mat'mât'a-Amkeçour :

Sedjelmâça.	
Arfoud, montagne pelée, avec une source thermale..............................	1 jour.
El-Ah'sa, sur le territoire des Znâta, terrain sablonneux, où, en creusant, on trouve de l'eau partout	1
H'es'n-Badâra...............................	1
Djebel-Deren ou Sfîfoun, montagne couverte de grandes forêts...........................	1
Mat'mât'a-Amkeçour, ville située sur le bord méridional de la Mlouïa.....................	1
Souk'-Kmis.................................	1
Mr'îla-ben-Tfâman..........................	1
Montagnes élevées, pendant 2 journées.......	2
Mr'îlet-el-Fât'..............................	1
Louâta-Mdîn, ville des Louâta, sur l'Ouad-Sbou.	1
Fês.......................................	$0\frac{1}{2}$?
	$11\frac{1}{2}$

Bekri indique, comme il suit, les routes de Sedjelmâça à Djerâoua et à Mlîla :

Pour aller de Sedjelmâça à Djerâoua, on passe d'abord au bourg de l'Êmir, puis au fort de Medrâr, puis à Amkeçour ; total, 5 journées. De là, 6 journées jusqu'à Djerâoua : on passe par S'edour, où la route se divise ; ce lieu est sur la limite du pays cultivé, et arrosé par un beau ruisseau.

Pour aller à Mlîla, on passe par S'edour et Guersîf ; cette route est de 15 journées.

Bekri donne d'une manière très-vague la route d'Ouchda à Sedjelmâça; c'est une nomenclature de noms de lieux, dont plusieurs sont même illisibles; Voici cette route :

>Ouchda.
>S'a, bourg sur une rivière.
>Tânît?
>Montagne de.....
>Guîr?
>El-Ah'sa.
>Amsafi.
>Sedjelmâça.

D'après les données qui précèdent, Mat'mât'a-Amkeçour est passablement déterminé; la position de cette ville, sur le bord méridional de la Mlouïa, montre que la rivière coule, dans cet endroit, à l'Est ou au Nord-Est. Cette ville est probablement ruinée aujourd'hui.

La distance de 5 journées et demi, d'Amkeçour à Fês, est un peu douteuse; Bekri ne donne point le chiffre total, et, pour quelques stations, il ne dit pas si l'intervalle est d'une journée; il n'indique nullement la distance de la ville des Louâta à Fês; comme on peut supposer également quelques kilomètres ou une journée, j'ai admis, avec doute, une demi-journée.

H'es'n-Badâra, du premier itinéraire, est évidemment le même que le Fort de Medrâr du second, puisqu'il ne fait jusque-là que récapituler la même route.

Nous retrouverons plus tard le nom de Deren; c'est celui de l'Atlas chez les Berbères.

Souk'-Kmis est probablement Souk'-el-Khmîs, « le marché du jeudi. »

Louâta-Mdîn paraît être un nom mal écrit pour Mdînet-Louâta, et n'indique pas le nom de cette ville de la tribu de Louâta. Ce nom de tribu se retrouve encore dans les environs de Fês.

On verra plus tard que Djerâoua[1] est à 6 milles ou 9 kilomètres de la mer, sur la frontière actuelle de l'Algérie, et que Guersîf, le Garsis de Léon et de Marmol, est sur la Mlouïa.

La position de S'edour, par les conditions qui lui sont imposées, ne peut pas varier beaucoup; ce point est sans doute au bord de l'Ouad-Nza.

Mlîla est le nom arabe de la ville que les Espagnols nomment Melilla.

La route de Sedjelmâça à Amkeçour passe à l'Est du Zîz; la présence de montagnes à la première station l'indique nettement. Caillié a vu ces montagnes; nous trouverons que tous les autres renseignements s'accordent aussi avec celui de Bekri.

La route d'Ouchda à Sedjelmâça est indiquée très-vaguement, comme je l'ai dit tout à l'heure. Bekri ne donne pas de distances, et la plupart des noms sont très-incertains.

S'a est une station au bord de la rivière de ce nom, indiquée par l'auteur sur la route de Fês à Ouchda. Edrîci, qui l'indique de même, l'appelle S'aa'; c'est

---

[1] Voir ci-dessous, § XLIV.

Taourîrt, au bord de l'Ouad-Nza ou Zha. J'en parlerai plus tard [1].

Tânît est écrit sans points et peut se lire d'un grand nombre de manières : Tânebet, Nâbît, Tâbîb, etc. Il en est de même de la montagne suivante, dont le nom peut se lire Terîtân, Tezîbân, Tezentân, Nzîtân, etc.

J'ai lu le nom suivant Guîr, parce qu'il est probable qu'il désigne la rivière de ce nom; on pourrait lire aussi K'eber, Fîz, Fenar, etc.

§ XVI.

L'itinéraire d'Ouchda à Tafilêlt, dont nous avons fait usage (page 87) pour déterminer ce dernier point, n'y aboutit pas directement; il arrive à Fîda, ville située sur la gauche du Zîz, à 4 heures.$\frac{1}{2}$ au-dessus d'Er-Riçâni. Il se décompose, ainsi qu'il suit, en 11 étapes :

Ouchda.
Sidi-Iah'ia, à la source de la rivière qui passe à l'Ouest de Mascara.
Ouad-Isli.
'Aïn-Beni-Mat'âhr.
Ouad-el-Abiâr, rivière qui va se perdre dans une sebkha.
Foum-Bezouz.
K's'ar-el-Ah'mer.
Gnadsa, ville située au pied de la montagne d'El-Berk'a.
Ouad-Guîr;
S'fâc'ef, torrent.
S'efs'âf, désert avec un grand lac.
Fîda, dans le pays de Tafilêlt.

[1] Voir ci-dessous, § XLIII.

Cet itinéraire doit être tracé en ligne droite, puisque nous ne connaissons la position d'aucune des stations.

Sidi-Iah'ia est une station, dont le nom se retrouve partout dans la province d'Oran; l'indication jointe à ce nom est extrêmement vague, et ne mérite aucune attention, si on la rapproche surtout d'une autre indication du même informateur, qui fait couler l'Isli vers la Mlouïa; j'ai dû supprimer ce renseignement inexact.

'Aïn-Beni-Mat'âhr se trouve mentionné dans le croquis indicatif de la frontière de l'Algérie et du Maroc[1], puisque nous y lisons que l'Ouad-Isli vient du Ras-el-'Aïn-mta-Beni-Matar. Dans la carte récente du Dépôt de la guerre[2], nous voyons Beni-Matar, tribu, à 70 kilomètres au Sud-Sud-Ouest d'Ouchda.

Nous connaissons donc approximativement la source de l'Ouad-Isli. Nous en connaissons encore un autre point, car c'est nécessairement cette rivière qu'Ali-Bey a traversée entre Ouchda et Dâr-Cheikh-Châoui.

Le nom de cette rivière, devenue tout à coup si célèbre, appartient à la langue berbère; Acif-Isli, dans cet idiome, qui se rendrait en arabe par Ouad-el-'Arous, signifie « la rivière du marié. »

Ouad-el-Abiâr veut dire « la rivière des puits; » c'est probablement une de ces rivières sahariennes dans le lit de laquelle sont creusés des puits. La sebkha, dans

---

[1] Dépôt de la guerre, 1844.
[2] *Carte de la province d'Oran*, à l'échelle de $\frac{1}{100\,000}$. Paris, septembre 1844.

laquelle elle va se perdre, est sans doute la plus occidentale de celles qu'indique la carte générale du Dépôt de la guerre [1].

Foum-Bezouz désigne probablement une de ces coupures d'où sortent beaucoup de rivières pour se répandre dans les plaines ; ces défilés, très-communs en Algérie, sont désignés chez les Arabes par Foum-el-Ouad, « la bouche de la rivière. »

K's'ar-el-Ah'mer veut dire « le château rouge. »

Gnadsa ou K'nadsa est la capitale d'une petite oasis. Les notes de M. Delaporte fournissent quelques distances de Gnadsa à d'autres villes ; nous les examinerons plus tard, pag. 120, et nous verrons que malheureusement elles ne peuvent pas servir à déterminer la position de cette ville.

La station Ouad-Guîr fournit un point de la grande rivière de ce nom.

S'fâc'ef et S'efs'âf désignent, au pluriel et au singulier, le peuplier blanc de Hollande, arbre très-répandu dans les terrains un peu humides du Nord de l'Afrique.

Fîda se trouve, comme la plupart des points qui précèdent, mentionné ici pour la première fois. Sa distance, de 4 heures 1/2, à Er-Riçâni, se traduit par 20 kilomètres au Nord-Est.

---

[1] *Carte générale de l'Algérie*, à l'échelle de $\frac{1}{1800000}$. Septembre 1844.

§ XVII.

Figuîg est un de ces points qui font regretter que les anciens géographes n'aient pas indiqué les documents dont ils ont fait usage; sur la plupart des cartes Figuig occupe à peu près la même position. Chénier et Thomas Lopez la placent vers 32° 11′ de latitude, et 3° 35′ de longitude Ouest; Rennell à 32° 7′ de latitude et 3° 25′ de longitude.

M. d'Avezac, en faisant usage des seuls renseignements de Léon l'Africain et du docteur Shaw, l'a placée à 33° 2′ de latitude et 4° 8′ de longitude [1].

De nouveaux documents m'ont permis de fixer avec plus de probabilité la position de cette ville, et de la rapprocher de nouveau de la place que lui assignaient les anciennes cartes.

Voici les éléments de cette détermination :

De Figuîg à Fês.
Suivant M. Carette.......... 90 lieues ou 400 kilom.

Le voyageur qui a donné ce renseignement avait indiqué aussi 90 lieues de Fês à Tafilêlt.

Même auteur, 8 journées de 40 milles chacune ou.............................. 475 kilom.

Ce renseignement vient d'un informateur très-exact.

M. Delaporte..................... 8 jours 0.

---

[1] *Études de géographie critique*, pag. 108.

A Sedjelmâça et Tafilélt.
    Suivant Léon et Marmol............. 150 mill. o.
            M. Delaporte'............... 6 jours.
            M. Carette.................. 5
            Moula-Ah'med [1].............. 9
A 'Aïn-Mâd'i.
    Suivant Moula-Ah'med.............. 12
A Tlemsên.
    Suivant M. Carette................. 9
Au territoire des Beni-S'mïel, à 25 kilomètres au Sud-Est de Tlemsên.
    Suivant Shaw..................... 5 n.n.e.

A ce dernier renseignement le docteur Shaw ajoute que les Beni-S'mïel[2] sont à 6 lieues au Sud des montagnes de Karkar, situées elles-mêmes à 6 lieues au Sud de Sinân. Les neuf journées qui ont été détaillées et indiquées comme fort longues à M. Carette, montrent que ces cinq journées sont de 70 à 75 kilomètres chacune, ou en ligne droite de 2 au degré environ, comme en font souvent les Arabes.

Les données qui précèdent placent Figuîg à 32° 9' de latitude, et à 3° 45' de longitude Ouest de Paris.

Il faudrait ajouter à ces renseignements tout l'itinéraire de Moula-Ah'med, et celui de l'imâm El-'Aïachi; leur discussion m'a conduit à adopter pour les deux villes de Chellâla des positions empruntées aux cartes

---

[1] *Pélérinages de l'imâm El-'Aïachi et de Moula-Ah'med*, par M. Berbrugger.

[2] Shaw écrit Beni-Smeal. M. d'Avezac ignorait le nom de cette tribu quand il a pensé que c'était Beni-Isma'ïl.

du Dépôt de la guerre, M. Carette ne possédant pas de renseignements bien précis sur cette contrée.

Il résulte aussi de ces itinéraires une position très-approchée pour Bou-Semr'oun. En effet, Moula-Ah'med place cette ville à un jour de Chellâla, sur la route de Figuîg. Ce renseignement, qui résulte de notes écrites pendant le voyage, a le caractère de certitude complète; il est confirmé du reste par plusieurs autres.

Un rapport du général Boyer [1] énonce qu'en novembre 1832, des Arabes des environs de Chellâla indiquent Bou-Semr'oun (Bozamoghan) à un jour au Sud de cette ville.

Un Arabe a indiqué, ainsi qu'il suit, à M. Carette la route de Chellâla du Sud à Figuîg :

Chellâla du Sud.	
Bou-Semr'oun..................................	1 jour.
Moun-Guerâra.................................	3
Doui-Mnï'a.....................................	3
Figuîg...	1
	8

La première journée est de 9 lieues ou 40 kilomètres, et les autres sont de longues journées.

Un autre informateur, celui qui a indiqué les neuf journées de Tlemsên à Figuîg, avait entendu dire qu'il y avait 7 ou 8 jours de Figuîg à Chellâla.

Enfin un autre renseignement que nous avons rejeté

---

[1] *Études de géographie critique*, par M. d'Avezac, pag. 96.

d'un commun accord indique ainsi qu'il suit la route de Chellâla à Figuîg :

Chellâla du Sud.	
Fârech..........................	17 lieues,
Bou-Semr'oun...................	12
Figuîg...........................	17
	46ˡ = 204ᵏⁱˡ·

Il est très-probable que le chiffre de la distance totale est exact, et le détail fautif, ainsi que cela se présente souvent. La première station, Fârech, est probablement à 30 ou 35 kil. au Sud-Ouest de Bou-Semr'oun, et la seconde, dans le canton d'Ommegrâr.

Le premier des itinéraires donnés par M. Carette paraît très-sinueux ; le nom de Moun-Guerâra est sans doute en rapport avec celui d'Ommegrâr. A partir de là, la route paraît incliner au Sud chez les Berbères Doui-Mnî'a.

La route de Tlemsên à Figuîg se décompose de la manière suivante :

Tlemsên.	
Hêl-'Angâd, ruisseau et ruine..........	1 jour.
El-Mahaia, sebkha.................	1
Très-longue journée ; on passe des ruisseaux ; au tiers du chemin, on sort du pays des 'Angâd.	
Beni-Snous, mine de galène..........	1
Dans le désert, sur la terre dure.......	2
Dans le sable.....................	4
	9 grandes journées.

Le passage sur le territoire des 'Angâd, et la station El-Mahaia qui se retrouve sous la forme El-Maia, comme nom de tribu, dans les cartes du Dépôt de la guerre, montre que la route se dirige au Sud-Ouest de Tlemsên, par la vallée de la Tafna supérieure, et que la première station a lieu à l'un des nombreux villages que renferme cette vallée.

Dès la seconde journée, on sort du pays des 'Angâd, et je n'insisterai pas sur ce fait, déjà bien connu, que le territoire des 'Angâd est une assez petite contrée et ne comprend nullement ce que les cartes appelaient, il y a quelques années, le désert d'Angad.

La troisième station doit être un campement d'hiver des Beni-Snous, tribu connue depuis longtemps.

D'après le voyageur qui a donné cet itinéraire, les journées seraient énormes, comme d'Alger au Mouzaïa ou à Mdîa. Les distances de Figuîg à Fês et aux différents points de l'Algérie, ainsi que l'itinéraire donné par Shaw, ne permettent pas de placer Figuîg plus au Sud; comme je l'ai déjà dit, les journées indiquées par cet auteur doivent être de 58 kilomètres en ligne droite, telles qu'on peut les faire en toute saison, à dos de dromadaire, ou, en hiver, avec des chevaux ou des mulets.

Au lieu d'une route de Tlemsên à Figuîg, il serait bien plus utile d'avoir une route de Tlemsên à Ins'âlah' par Figuîg. Je ne pense pas qu'on ait jamais publié le moindre renseignement sur la communication qui doit exister entre Figuîg et l'oasis de Touât.

La construction simultanée des trois routes de Bou-

Semr'oun à Figuîg résulte principalement de la disposition du cours des rivières. Il résulte aussi des renseignements des deux pèlerins qu'il y a entre ces deux villes, à égale distance à peu près de l'une et de l'autre, un canton nommé Ommegrâr. M. Carette en avait entendu parler; on lui avait cité des villages nommés Ommegrâr-el-Fok'anîa, Ommegrâr-et-Tah'tanîa, le haut et le bas Ommegrâr. Ces désignations, souvent employées en Algérie, correspondent exactement à celles de Ober et Nieder, jointes à un nom de lieu habité, dans toute l'Allemagne et en Alsace.

Beled-Omm-el-K'erâr, « le pays des bas-fonds, » ou, par abréviation, Ommegrâr, indique, par son nom même, la nature de cette contrée. Le récit de Moula-Ah'med vient confirmer cette induction. Ce pèlerin nous apprend, en effet, qu'au mois d'août 1709 tous les habitants étaient tourmentés de la fièvre.

Moula-Ah'med, en parlant de l'Ouad-el-Djerâouîn, dit que c'est un des affluents de l'Ouad-el-Ah'djar-et'-T'ouâl. Cette indication rend probable qu'il y a là, à quelque distance du pied des montagnes, un grand lit de rivière analogue à l'Ouad-el-Djedi; cette rivière reçoit sans doute l'Ouad-Zargoun, l'Ouad-Seggar, etc. qui, d'après ce qu'a appris M. Carette, s'en vont très-loin dans le Sud-Ouest.

Les cartes du Dépôt de la guerre indiquent une route de Chellâla à Figuîg par Tyoute, 'Aïn-Sefra, Sifissifa et Ysse. Je ne sais quelle est l'origine de ce renseignement. Dans son voyage, Moula-Ah'med cite, auprès de l'Ouad-el-H'adjâdj, les Oulad-Sidi-Dekheil, qui habitent 'Aïn-S'efra. Sifissifa est sans doute S'fis'fa, « le petit peuplier blanc; » c'est le diminutif de S'efs'âfa.

Enfin le Journal des Débats, dans un de ses numéros du mois d'août 1844, parle d'une source de Gaoun entre Chellâla et Figuîg.

Les renseignements de M. Carette et ceux que je viens de discuter permettent d'indiquer, avec quelque probabilité, les distances suivantes entre El-Ar'ouât' et Tafilêlt :

El-Ar'ouât'.	
Chellâla du Sud....................	360 kilom.
Bou-Semr'oun.....................	40
Figuîg............................	160
Tafilêlt...........................	300
	860

En ligne droite, 690 kilomètres.

D'après plusieurs renseignements recueillis par M. Carette, Figuîg est une ville berbère qui contient quatre à cinq cents maisons, ou deux mille à deux mille cinq cents habitants, et Bou-Semr'oun, deux à trois cents maisons, ou mille à quinze cents habitants.

Les notes de M. Delaporte citent une oasis de Guerzâz située à 11 jours au Sud-Est de Fês, 5 jours au Nord-Est de Figuîg et 4 jours au nord de Gnadsa. Cette ville elle-même serait située à 13 jours à l'Est de Fês et à 8 jours au Nord de Figuîg.

Ces deux derniers nombres placeraient Gnadsa à peu près à la place de T'lemsên et doivent être complétement rejetés, puisqu'un itinéraire détaillé d'Ouchda à Fîda place Gnadsa à 7 jours de la première ville et à 4 de la seconde [1].

Moula-Ah'med rencontre des gens de Gnadsa en partant de Bechâra, entre Figuîg et Tafilêlt, ce qui porterait à croire que Gnadsa est plus à l'Est-Sud-Est, c'est-à-dire, plus près de Bechâra que je ne l'ai indiqué.

Les nombres de journées qui se rapportent à Guerzâz ne sont guère plus satisfaisants; c'est sans doute une contrée voisine d'Ommegrâr, de Sendâna ou d'Aïn-S'efra.

Les mêmes renseignements placent Figuîg à 8 jours à l'Est de Fês, et à 6 jours de Tafilêlt, distances dont j'ai déjà fait usage.

L'incompatibilité de toutes ces distances entre elles ne dépend point des positions que j'ai adoptées pour Tafilêlt, Figuîg et Gnadsa : de quelque manière qu'on place ces points, les mêmes contradictions se présentent; le plus léger examen suffit pour le faire reconnaître.

§ XVIII.

Un Arabe a indiqué à M. Carette un commencement d'itinéraire de Tafilêlt à 'Aïn-Mâd'i; voici cet itinéraire, dans lequel chaque nom de station correspond à une journée de marche :

Tafilêlt.
'Aïn-R'ezlân, « la fontaine des gazelles, » au pied du Djebel-D'aiân.
Merdj-et'-t'ouîl, « le long marais. »

[1] Voir ci-dessus, pag. 111.

'Aïn-Mirâz.
Ouad-et-Teffah'[1], « la rivière des pommiers. »
Kerkour.
Seria.
H'adjar-ez-Zenâd, « les pierres à fusil. »
'Aïn-en-Nemer, « la fontaine de la panthère. »
Serah'na.

Malheureusement, comme cet homme avait annoncé qu'il y avait 8 journées de Tafilêlt à 'Aïn-Mâdi, M. Carette l'arrêta à la neuvième, à cause de cette contradiction. Il est probable que cet homme, ayant parcouru un chemin un peu sinueux ou qui s'écartait simplement de la voie habituelle, a cru qu'on pouvait faire le trajet direct en 8 jours.

J'ai cru pourtant devoir tracer cet itinéraire, dont les indications ont évidemment d'autant plus de valeur qu'on approche davantage du point de départ. Plusieurs raisons, d'ailleurs, déterminent sa direction vers le Nord-Est. Il indique des montagnes à la première station, et, à la seconde, il atteint un marais qui rappelle *le désert avec un grand lac* de la route d'Ouchda à Tafilêlt. Enfin il signale une seule rivière, Ouad-et-Teffah', et il a nécessairement traversé le Guîr. Il est donc probable que cette rivière est le Guîr lui-même, ou, ce qui est encore possible, la station a lieu au confluent d'une rivière nommée Ouad-et-Teffah' avec ce grand cours d'eau, que nous allons étudier tout à l'heure.

---

[1] Teffah' signifie « des pommes; » mais les Arabes mettent ordinairement le nom du fruit pour celui de l'arbre, à moins que celui-ci n'ait un nom particulier.

§ XIX.

Je n'ai pas encore parlé de l'itinéraire de l'imâm El-'Aïachi[1], parce que son point de départ, dans le pays des Aït-'Aïach, a besoin d'abord d'être déterminé. Dans son voyage, l'imâm, atteignant le Guîr, donne quelques détails sur ce cours d'eau, le plus grand du Mor'reb, dit-il. Il indique sa source près de son pays. Or les notes de M. Delaporte déterminent cette source.

La source du Guîr est à Tïouz-Zaguîn, plaine au milieu des montagnes, déterminée par ses distances à Ta'allâlîn et à K's'âbi-Cherfa, ainsi qu'il suit :

De Ta'allâlîn à Tïouz-Zaguîn, 1 j. de cheval.
El-Ak's'âbi.

Berthât, à travers de hautes montagnes......	1 j. à pied.
Tîzi-n-Serdount, « le ravin de la mule. ».....	1
Tïouz-Zaguîn, « les ravins de Zaguîn. ».......	0 ½
	2 ½

Le chérif dit que des hauteurs de Ta'allâlîn on voit le Guîr, dans l'Est. Dans un autre endroit, les notes de M. Delaporte indiquent que le Guîr passe à 12 heures tout au plus de Ta'allâlîn.

Ces indications complètent une route de Figuîg à Fês par ce village, qui se trouve à peu près à moitié chemin, c'est-à-dire à 7 journées de caravane ordinaire de l'une et l'autre ville.

[1] Traduction de M. Berbrugger.

Le même informateur a fourni à M. Delaporte la liste suivante des principaux lieux que traverse le Guîr, jusqu'au point où il croyait qu'il se perdait dans le désert.

Tïouz-Zaguîn.
Tît-n-'Ali, 7 heures de marche.............. 1 jour.
Mer'er.
K'as'bat-el-K'âd'i, à travers le Tïzi-n-Khochou.
El-Heri, plaine avec des montagnes à gauche.
Toulâl...................................... 2
Aït-'Aïça-bou-H'amar, cinq châteaux......... 1 ½
Bou-Denîba, douar qu'on laisse à l'Est.
'Antar-el-R'arbi, montagne située à 3 heures des rives du Guîr et à 3 ½ journées de la ville de Têza...................................... 1
                                        ─────
                                        5 ½

Le chérif Moh'ammed s'est trompé en bornant là le cours du Guîr; plusieurs de ses indications se retrouvent dans l'itinéraire de l'imâm El-'Aïachi, qui cite Toulâl et Beni-bou-Denîb à deux petites journées l'un de l'autre; il cite aussi la montagne d'Antar dans sa partie orientale, tandis que le chérif parle de l'autre extrémité. Djebel-'Antar-el-R'arbi signifie « la partie occidentale des montagnes de la tribu berbère d'Antar. » On trouve des 'Antar en plusieurs points de l'Algérie, par exemple, entre Bou-R'âr et Mdîa.

M. d'Avezac[1], soupçonnant que le cours du Guîr devait avoir plus de 5 journées ½ de longueur, avait cru que l'itinéraire du chérif était indiqué d'une manière incomplète, et avait, en conséquence, interprété

[1] *Études de géographie critique*, pag. 167.

autrement que je ne l'ai fait les distances indiquées par le chérif. L'itinéraire de l'imâm El-'Aïachi ne laisse aucun doute à cet égard. Ce voyageur indique aussi très-bien la position du Djebel-'Antar, quand il dit qu'à partir de Figuîg la route de son pays et celle de Tafilêlt se séparent bientôt, et passent, l'une à droite, et l'autre à gauche de cette montagne.

La ville de Têza du chérif est peut-être une des nombreuses villes du pays de Tafilêlt.

Les points communs aux routes de l'imâm et du chérif servent aussi à déterminer avec plus de précision le pays du premier dans la tribu d'Aït-'Aïach, à 2 jours de Ta'allâlîn.

L'imâm El-'Aïachi, se rendant de son pays à Sedjelmâça, indique ainsi sa route :

Aït-'Aïach.	
Kheneg-Tilîcht..........................	1 jour.
Ta'allâlîn.................................	1
K's'ar-Beni-'Otmân, après avoir traversé le défilé.	1
Medr'ara.................................	1
Ouâdi-er-Reteb........................	1
Zâouïet-Sidi-Ah'med-ben-'Abd-es'-S'âdok'.......	1
Sedjelmâça.............................	1
La caravane campe à El-R'orfa, à la porte de la ville.	

Nous voyons que cet itinéraire confirme, de la manière la plus satisfaisante, tout ce que nous savions déjà.

J'ai lu le nom de la première station Kheneg-Tilîcht, pensant que cela signifie « le défilé limite. » Tilîst, chez les Berbères de l'Algérie, a cette signification; M. Delaporte, néanmoins, ne connaît point ce mot.

Ta'allâlîn est écrit, par l'imâm, avec une seule *l*; la réduplication de cette lettre est peut-être due à une faute très-habituelle aux Berbères, ainsi que l'a remarqué M. Delaporte.

K's'ar-Beni-'Otmân est la station déjà connue, Aït-Iah'ia-ou-'Otmân.

Zâouïet-Sidi-Ah'med-ben-'Abd-es'-S'âdok' est un lieu connu de M. Delaporte. Le chérif Moh'ammed le place tout près de K's'ar-el-Mâmoun[1].

§ XX.

Les itinéraires de l'imâm El-'Aïachi et de Moula-Ah'med, si intéressants dans toute leur étendue, offrent quelques documents précieux qui feront retrouver sûrement l'emplacement même de la célèbre Sedjelmâça. Les notes de M. Delaporte contiennent aussi des renseignements fort importants sur la ville de Tafilêlt.

Je passerai successivement en revue tout ce que nous savons sur ces villes importantes.

Tous les auteurs arabes, jusques et y compris Léon l'Africain, qui visitait le pays vers 1515, ne parlent que de Sedjelmâça, et ne nomment pas même Tafilêlt; mais, à cette dernière époque, Sedjelmâça était déjà détruite. Bâtie, selon Bekri, en 140 de l'hégire, ou 757 de J. C.,

[1] Voir ci-dessus, pag. 98. Ce nom signifie « l'ermitage d'Ah'med, fils de l'esclave de la sincérité. »

précisément à l'époque où les khalifes de Cordoue se déclaraient indépendants des khalifes d'Orient, et trente-six ans avant la fondation de Fês[1], elle causa la ruine de Terr'a et de Zîz[2]. Après avoir passé successivement sous la domination de Ioucef-ben-Tachfîn et d'Abd-el-Moumen, elle fut détruite à la suite de révolutions violentes qui éclatèrent sous le règne des Beni-Merîn; les dissensions politiques qui agitèrent le pays furent cause que les habitants se retirèrent dans différents châteaux qu'ils bâtirent alors, et parmi lesquels Léon l'Africain cite Teneguent, Tebou'açamt et K's'ar-el-Mâmoun, dans lequel il résida six mois.

Marmol, contemporain de Léon, mais qui écrivait un peu plus tard, est le premier auteur qui parle de Tafilêlt sous le nom encore généralement employé de Tafilet. Les chérifs Ah'med et Moh'ammed, vers 1530, un an après avoir battu le roi de Fês, se rendirent, avec une armée, de Maroc à Tafilêlt, et, après l'avoir assiégée et prise, y laissèrent une garnison.

Marmol ne fait que répéter mot à mot ce que Léon dit de Sedjelmâça, et quant à Tafilêlt, il dit seulement que c'est une ancienne ville berbère située dans une plaine de sable, et importante par son commerce.

Depuis cette époque, tous les auteurs qui parlent de Sedjelmâça ne font que copier Léon, et ces copies se

---

[1] On n'est pas très-sûr de l'année de la fondation de Fês ; cela paraît être 177 de l'hégire, ou 793 de J. C.

[2] Ces deux noms sont écrits sans points, et par conséquent très-incertains. M. Quatremère a lu le premier *Berah*.

retrouvent jusque dans l'ouvrage de M. Gråberg de Hemsö [1].

Le nom seul de Tafilêlt est moderne, comme on le voit par le récit de Marmol, et c'est en effet ce que confirment des renseignements très-précis donnés à M. Delaporte par le chérif Moh'ammed de Fîda, petit-fils de Moula-Ah'med-Dehebi [2], fils et successeur de Moula-Isma'îl. Selon le chérif, un homme du pays, nommé Bou-Braham, alla autrefois en pèlerinage à la Mekke, et en ramena, pour une somme convenue, un chérif nommé Moula-H'eucein, natif de Filâl en Arabie. Cet homme féconda tous les dattiers du pays, qui jusque-là ne produisaient rien; et, depuis cette époque, l'usage s'est perpétué dans le pays de ne confier qu'aux chérifs la plantation des dattiers.

Moula-H'eucein fixa son séjour à Fâdja, une des villes les plus importantes de la contrée, et lui donna le nom de sa ville natale, Filâl, lequel nom est devenu, sous la forme berbère, Tafilâlt ou Tafilêlt [3].

[1] *Specchio geografico e statistico dell' impero di Marocco*, p. 64-65. L'auteur paraît aussi avoir été induit en erreur par un imposteur qui lui a communiqué de faux renseignements.

[2] *Dehebi* veut dire « doré; » ce surnom fut donné à Moula-Ah'med, à la suite de son expédition dans le Soudan, dont il avait, disait-on, rapporté une grande quantité d'or.

[3] On peut adopter l'un ou l'autre de ces noms. La prononciation indigène ne se rend pas complétement avec nos caractères. L'adjectif de ce nom est *Filâli*; appliqué aux hommes, il signifie « habitant du Tafilêlt, » et ne désigne pas une population particulière, comme Marmol semble le dire. Tous les Algériens connaissent le Djild-el-Filâli, ou maroquin du Tafilêlt.

Ce nom passa à la contrée, et la ville elle-même, toujours connue sous le nom de Tafilêlt, s'appelle dans le pays Mdînet-el-'Amra.

La fable des dattiers ne mérite aucune attention; tout le monde sait que les contrées voisines du pied méridional de l'Atlas produisaient des dattes du temps des Romains comme aujourd'hui; le chérif dont il est ici question aura sans doute introduit à la culture des dattiers quelques perfectionnements qui ont été très-exagérés par la tradition, comme tout ce qui passe par la bouche des Arabes; mais l'origine de Tafilêlt paraît certaine.

Quant à Sedjelmâça, le chérif Moh'ammed croyait la retrouver dans les ruines de Tazouk'a, ainsi que je l'ai déjà dit, page 104; nous verrons tout à l'heure que cette concordance est impossible. Il est plus probable que Tazouk'a est l'une de ces deux villes de Zîz et de Terr'a, ruinées par la fondation de Sedjelmâça[1]; le dernier de ces noms n'est peut-être que celui de Tazouk'a mal écrit. Mais ces conjectures sont très-vagues; d'autres manuscrits de Bekri pourraient peut-être éclairer la question.

L'erreur du chérif Moh'ammed rend à peu près certain qu'on ne trouverait, dans la contrée même, personne qui pût indiquer l'emplacement de Sedjelmâça; nous sommes donc réduits à chercher cet emplacement dans les documents anciens, en passant en revue les dis-

---

[1] Voir ci-dessus, pag. 127.

tances de Sedjelmâça à des points voisins, qu'il s'agira ensuite de retrouver.

La presque identité de Sedjelmâça et de Tafilêlt résulte de la comparaison des données suivantes :

D'après Léon, la province de Sedjelmâça commence à Guers-'Alouîn (Gherseluin), et s'étend jusqu'à 120 milles = 222 kilomètres au Sud.

Au-dessous de Guers-'Alouîn vient le détroit appelé Kheneg (Cheneg), qui a 40 milles de longueur; puis le territoire de Medr'ara (Matgara); puis le Reteb (Retel), qui a 50 milles d'étendue le long du Zîz; puis enfin le territoire de Sedjelmâça, qui a 20 milles du Nord au Sud, le long de la même rivière.

Tout près de Sedjelmâça est le château de Teneguent, placé lui-même à 8 milles = 15 kilomètres au Nord de Tebou'açamt (Tebuhasant, Léon; Tebuaçant, Marmol). Tebou'açamt est cité par le chérif Moh'ammed parmi les lieux du Tafilêlt, mais sans indication bien précise.

A part la longueur du Kheneg, que Léon a un peu exagérée, les autres indications sont assez exactes.

Sedjelmâça et Tafilêlt sont toutes deux sur l'Ouad-Zîz.

Sedjelmâça est à une journée vers le Sud de Zâouïet-Sidi-Ah'med-ben-'Abd-es'-S'âdok', d'après l'imâm El-'Aïachi, et à une journée au Nord d'Aïn-el-'Abbês, ainsi que nous le verrons plus tard.

D'après Caillié, Ma'rka est à 7 heures ½ au Nord de Tafilêlt; d'après le chérif Moh'ammed, la zaouïa est tout près de K's'ar-el-Mâmoun, situé lui-même un peu plus au Sud que Ma'rka.

'Aïn-el-'Abbês, d'après le chérif Moh'ammed, est à une journée de Fîda, sur la route de Tebelbelt.

Tebelbelt est, d'après Léon et Marmol, à 100 milles au Sud de Sedjelmâça, et, d'après le chérif, à 4 jours de Tafilêlt.

Le Zîz, d'après Marmol, se perd dans un grand lac tout près de Zuaihyla, situé à 12 milles = 18 kilom. au Sud de Sedjelmâça. Le Zîz se perd à présent à Ten-r'erâs, à un jour au Sud de Tafilêlt. Ten-r'erâs, dans les idiomes berbères du S'ah'ra, veut dire « le puits de la route. »

Les montagnes sont à un jour au Nord et au Nord-Est de Tafilêlt comme de Sedjelmâça.

Enfin il faudrait ajouter à ces renseignements les distances de Sedjelmâça et celles de Tafilêlt à Fês, à Figuîg, etc.; elles sont déjà citées.

Il résulte clairement de ce qui précède que les deux positions sont identiques, à quelques kilomètres près.

Pour retrouver l'emplacement même de Sedjelmâça, voici sur quoi on devra particulièrement s'appuyer :

Bekri cite un lieu nommé Amarr'âd (Amra'âd, Amza'âd, ou Amzer'âd), à 6 milles = 9 kilomètres de Sedjelmâça, sur la route de Tioumetîn, dans l'Ouad-Dra'a, par conséquent à l'Ouest ou au Sud-Ouest : c'est là que finissent les jardins de la ville. Il cite aussi, sans autre indication, la place forte de Tasferâket, à 12 milles = 18 kilomètres de Sedjelmâça.

Il est question de la même ville, sous la forme Tasferait ou Taskedât, dans un autre auteur[1], qui la place à la même distance de Sedjelmâça; c'est évidemment encore le même lieu que Zgâda (Rfâda, Rk'âda?), ville grande et fortifiée, la seule que cite Ben-el-Ouardi[2] dans le voisinage de Sedjelmâça; Tazgâdet, forme berbère du mot Zgâda, paraît être le nom véritable de cette ville.

Teneguent, s'il existe encore, serait un bon point de repère. Tebou'açamt servirait aussi très-bien à déterminer Sejdelmâça; on n'aurait qu'à chercher une ville ruinée au Nord de ce point et au bord du Zîz.

Enfin nos pèlerins nous fournissent des données encore bien plus précises, car ils indiquent l'un et l'autre, à la porte de Sedjelmâça, la k'oubba de Sidi-Ioucef, et un endroit nommé El-R'orfa[3]. Ce village existe encore; le chérif Moh'ammed le cite parmi les villages de la rive gauche du Zîz; il n'en précise pas bien la position, mais il semble le placer dans le voisinage d'Er-Riçâni. C'est donc, selon toute probabilité, à quelques kilomètres à l'Est ou au Sud-Est de Tafilêlt qu'est l'ancienne Sedjelmâça.

Il est extrêmement probable qu'on retrouvera près d'El-R'orfa cette k'oubba de Sidi-Ioucef. Le tombeau d'un saint personnage ne peut changer de nom comme

---

[1] *Journal asiatique*, 3ᵉ série, tom. II, 1836, pag. 406. — *Vie du khalife fatimite Moëzz-lid-din-Allah*, par M. Quatremère.

[2] Tom. II des Notices et extraits des manuscrits de la bibliothèque du Roi, Notice par De Guignes. Paris, 1789.

[3] *El-R'orfa* veut dire, en arabe, « une chambre du premier étage. » Ce nom se retrouve assez souvent dans le Nord de l'Afrique.

une ville; et, de plus, les Arabes entretiennent souvent ces tombeaux ou chapelles avec un grand soin, même au milieu des ruines. Tout le problème est donc réduit à déterminer avec exactitude la position du village d'El-R'orfa, relativement aux points indiqués par Caillié : Tafilêlt, Er-Riçâni, Bou-'Amm, Gour'lân.

Il est vivement à désirer que les personnes qui, par leur position, peuvent se procurer des renseignements sur cette contrée, cherchent à résoudre cette question, devenue si simple et si facile. Quoique la position d'El-R'orfa soit suffisante, il ne faudrait point négliger de déterminer Teneguent et Tebou'açamt, et de rechercher la k'oubba de Sidi-Ioucef, si, comme je le pense, elle existe encore.

Une circonstance peut rendre difficile la recherche des ruines de Sedjelmâça, c'est le cas où ces ruines auraient disparu sous les constructions d'une ville nouvelle. Je suis très-disposé à adopter cette hypothèse, car c'est presque la seule manière de comprendre que le nom de cette ville ancienne ait entièrement disparu du sol ; et, de plus, le pays étant fort peuplé, et depuis longtemps exempt de révolutions, il est très-probable qu'on n'aura pas laissé inoccupée une position avantageuse comme devait l'être celle de Sedjelmâça.

Or, vers le point que j'ai signalé comme l'emplacement de Sedjelmâça, est un palais nommé Dâr-Beid'a, bâti, vers 1775, par le sultan Moh'ammed, sur la rive gauche du Zîz : il me semble fort probable que ce palais a été élevé sur les ruines de Sedjelmâça. Reste à vérifier si le village d'El-R'orfa est tout près de Dâr-Beid'a [1].

Nous avons vu le nom de Tafilêlt apparaître vers l'an 1530 ; à cette époque, la ville de ce nom était la plus importante de la contrée, puisque c'est la seule place que les chérifs assiégèrent, et qu'en s'en emparant ils furent maîtres de tout le pays. On a supposé plusieurs fois que Tafilêlt n'existait pas du temps de Léon parce qu'il n'en parle pas, mais son silence prouverait seulement qu'il ne la jugeait pas assez importante pour la nommer plutôt que les trois cent cinquante villes dont il cite seulement le nombre. Il est assez probable, néanmoins, que le nom de Tafilêlt a été introduit dans le pays vers l'an 1500. Du reste, si cette ville a été la plus importante de la contrée, elle ne l'est plus aujourd'hui. Gour'lân, selon Caillié, est maintenant le lieu principal.

Il est encore plus difficile de préciser l'époque à laquelle le nom de Sedjelmâça a disparu. Depuis Marmol, ainsi que je l'ai déjà dit, il n'en est plus question dans le récit des événements politiques. Pendant la seconde moitié du règne de Louis XIV, les ouvrages relatifs au Maroc parlent presque tous de Tafilêlt sans qu'il soit question de Sedjelmâça.

---

[1] *Recherches géographiques sur l'intérieur de l'Afrique septentrionale*, par M. Walckenaer, pag. 463. Ah'med-ben-H'acen parle du magnifique palais de Dâr-Beid'a, bâti par le sultan qui régnait alors (1787). Jackson (*Account of Marocco*, pag. 3) parle du magnifique palais bâti à Tafilêlt par le sultan Moh'ammed.

Cependant, d'après l'imâm El-'Aïachi et Moula-Ah'-med, la caravane de la Mekke se réunissait encore, en 1662, 1663, 1709 et 1710, à la porte de Sedjelmâça. Ce sont les derniers auteurs qui parlent de cette ville. A présent, dans la contrée, les gens lettrés seuls en connaissent le nom.

Chénier (tome III, page 79) dit que Tafilêlt, qui a donné son nom à ce royaume, sous les chérifs de la race régnante, n'est pas une ville ancienne. Il répète, d'après Marmol, que ce nom fut formé de celui de *Fileli*, qui désignait les habitants de la contrée. Il répète aussi l'étymologie absurde donnée au nom de Sedjelmâça par Léon et Marmol. L'autorité de Chénier, en fait de géographie, est absolument nulle.

L'histoire du chérif Moula-H'eucein, racontée par le chérif Moh'ammed, fait espérer qu'on pourrait retrouver au Tafilêlt des documents écrits qui racontent le même fait et qui fourniraient peut-être la date de l'introduction du nom de Tafilêlt.

§ XXI.

En 1662, des circonstances politiques forcèrent la caravane de la Mekke, dont l'imâm El-'Aïachi faisait partie, à se diriger vers l'oasis de Touât, et ensuite sur Ouâregla en Algérie, pour rejoindre la route ordinaire à Neft'a, dans l'État de Tunis.

C'est cet itinéraire qui m'a fourni le cours entier du Guîr, dont le chérif Moh'ammed n'avait indiqué que le quart. Léon le faisait perdre à 150 milles=278 kilomètres au Sud de Sedjelmâça. Marmol, par erreur, a donné 15 lieues pour la même distance. Près de là, d'après les mêmes auteurs, est le territoire des Beni-Gumi, qui ne produit que des dattes et renferme huit petits châteaux et quinze villages; les habitants, qui sont fort pauvres, viennent en grand nombre à Fês, où ils exercent les professions les plus basses.

Cette population est sans doute encore, à Fês, ce que sont, à Alger, les hommes de l'Ouad-Mzâb et des oasis voisines.

Nous connaissons passablement le cours entier du Guîr, sauf une étendue de 150 à 200 kilomètres dans sa partie moyenne. C'est dans cette partie qu'il faudrait chercher les deux châteaux de Mazalig et Abuhinan, situés sur le Guîr, à 50 milles ou 93 kilomètres, suivant Léon, et à 2 journées, selon Marmol, de la ville de Sedjelmâça[1]. Il y a aussi, le long du Guîr, une contrée de Guachde située, suivant Léon, à 70 milles ou 130 kilomètres au Sud de Sedjelmâça; Marmol appelle cette contrée Guahede, et la place à 3 journées au Sud de Sedjelmâça. Le nom donné par Léon correspondrait, en arabe, à Ouak'da ou Ouakhda. M. d'Avezac a cru pouvoir le rétablir en Ouah'deh. Ce nom reste encore très-incertain, ainsi que ceux des deux châteaux dont je viens de parler.

---

[1] L'édition française de 1830, de Léon l'Africain, indique seulement ces deux châteaux à 50 milles l'un de l'autre.

L'imâm El-'Aïachi signale, à Es-Sed[1], un affluent considérable de l'Ouad-Guîr ; il vient, dit-il, de très-loin ; il semble donc probable qu'il reçoit ces cours d'eau nombreux qui séparent Figuîg de Bou-Semr'oun.

Le Teçâbet et le Tedjourârin de l'imâm sont le Tesebit de Léon, Tecevin de Marmol, et le Tegorarin des mêmes auteurs. L'imâm écrit Tedjourârin comme il écrit Fidjîdj et Ouad-Djîr, pour Figuîg et Ouad-Guîr. Tegorârin ou Tegourârin est le pluriel berbère de Gourâra. M. Carette en a souvent entendu parler : c'est le Nord-Ouest de l'oasis de Touât, ce qui s'accorde avec le dire de Ben-ed-Dîn-el-Ar'ouât'i[2], qui place ce pays à 1 jour de Timimoun.

Dans un rapport du général Boyer[3], on lit que de Bou-Semr'oun on se rend à Gourâra par une route de 10 journées sans eau. Moula-Ah'med parle de la même communication, car il dit que les chérifs de Touât prennent à Bou-Semr'oun un guide pour les conduire jusqu'à Tekroun. Il est évident que c'est Tegorârin dont il est ici question.

Les renseignements pris par M. Carette ne laissent aucun doute sur la nature de la contrée comprise entre Gourâra, l'Algérie et le Maroc ; c'est un désert de sable et sans eau, mais qu'on traverse pourtant avec des dromadaires.

Le rapport du général Boyer cite, non pas seule-

---

[1] *Sed* signifie « une digue. »
[2] *Études de géographie critique*, pag. 9.
[3] *Ibid.* pag. 96.

ment une route de Bou-Semr'oun à Gourâra, mais une route entière de Chellâla du Sud au pays des Noirs; il indique ainsi cette route :

Chellâla.
Bou-Semr'oun, au Sud.................... 1 jour.
Gourâra, sans eau........................ 10
Tedikitz................................. 10
Beled-es-Soudân.......................... 10

Cet itinéraire a été donné évidemment par des hommes qui connaissaient le chemin depuis leur pays jusqu'à Gourâra, mais qui avaient entendu parler confusément du reste. Il est possible que Tedikitz, ainsi que le pense M. d'Avezac, soit une vague indication de Tidîkelt.

Le détail de l'oasis de Touât est une combinaison des renseignements donnés par M. d'Avezac, d'après Ben-ed-Dîn, avec ceux de M. Carette et avec l'itinéraire de l'imâm El-'Aïachi. Cette contrée, dont j'ai évalué la superficie à 230 myriamètres carrés, équivalant à quatre départements de France environ, est encore très-peu connue; on sait seulement que c'est un vaste bas-fond entouré en partie de petites montagnes, et qui renferme un grand nombre de villes et de villages.

L'itinéraire de l'imâm El-'Aïachi m'a conduit à reprendre tous les autres itinéraires, et à placer El-Golea' un peu plus au Nord que ne l'avait fait M. Carette. Berr'âoui, obtenu par M. Carette au moyen d'un seul renseignement, se trouve aussi déplacé. L'itinéraire de l'imâm mentionne en effet une station dont il écrit le nom *Abou-el-Zr'âoui*, au bord de l'Ouad-Der'îr; il est impossible de n'y pas reconnaître Berr'âoui au bord de l'Ouad-Ter'îr [1]. Un point placé sur la lettre *r* en fait un *z* en arabe, et le mot écrit *Abou-el-Rr'âoui* devient, dans la prononciation ordinaire, *Berr'âoui*.

L'orthographe du nom de Oualân n'est pas bien certaine; Ben-ed-Dîn écrit *Aoulân*, et l'imâm El-'Aïachi, *Oudlna*; mais le *fath'a* placé sur le *noun* final paraît plutôt appartenir au *lam* qui précède.

Ben-ed-Dîn détaille une route de 8 journées d'El-Golea' à Timimoum, par le village de Oualân et les puits El-Ah'mer, En-Nahal, El-Lefa'ia, Et-Târgui, Ez-Zerk' et Bedemân [2]. Depuis Aougrout jusqu'à El-Golea', l'imâm El-'Aïachi emploie 12 jours, les deux derniers entre Oualân et ce dernier village; il suit le lit de l'Ouad-Ouamguîden, où l'on trouve de l'eau partout, ce qui, selon lui, est un fait connu de la contrée entière.

La présence de l'eau à toutes les stations, dans ces deux routes, rend probable qu'elles se confondent dans presque toute leur étendue. L'existence d'une communication directe, assez dépourvue d'eau, entre El-Gole'a et Ins'âlah', rend d'ailleurs probable que la route de Timimoun s'en écarte à l'Ouest.

---

[1] *Ter'îr*, d'après M. Delaporte, veut dire, en berbère, « une ville maritime. » C'est ce mot que Cochelet écrit *Tsogher*; il est probable qu'il a ici une autre signification.

[2] *Études de géographie critique*, pag. 7.

Ins'âlah' a été placé, par le major Laing[1], à 27° 11' 30" de latitude Nord, et 29' de longitude à l'Ouest de Paris. Le nom de cette ville est un mot berbère, souvent écrit et prononcé à tort 'Aïn-es'-S'âlah' par les Arabes, qui, ne connaissant pas la langue berbère, font souvent de pareilles fautes, quand ils parlent de lieux habités par ce peuple.

Agabli, qui doit son nom à sa position à l'extrémité méridionale de l'oasis de Touât, n'est déterminé que par sa distance de deux ou trois journées, vers le Sud-Ouest d'Ins'âlah', sur la route de R'dâmes à Timbektou.

§ XXII.

Une route de Tafilêlt à Touât, différente de celle de l'imâm El-'Aïachi, a été indiquée par le chérif Moh'ammed à M. Delaporte; c'est la continuation de l'itinéraire d'Ouchda à Fîda[2]:

Fîda.	
'Aïn-el-'Abbês...............................	1 jour.
Tebelbelt....................................	3
'Ogla-t'ouîla.................................	3
Flioûît'a.....................................	3
Touât, dont le chef-lieu est Tidîkelt..........	4
	14

D'après Léon et Marmol, Tebelbelt est à 100 milles au Sud de Sedjelmâça, et c'est ce que confirme l'indication de quatre journées dans l'itinéraire du chérif.

[1] *Études de géographie critique*, pag. 31.
[2] Voir ci-dessus, pag. 86 et 111.

DE L'EMPIRE DE MAROC.

Pour placer cette ville, nous possédons encore quelques autres indications ; les plus importantes sont celles de Caillié, dont l'itinéraire d'El-'Arîb à Tafilêlt peut se résumer de la manière suivante :

El-'Arîb (El-Harib).
.... 9 heures. E.
El-H'amîd (El-Hamit)................. 10   E. ¼ N.E.
Une demi-heure avant, est le nouveau village de Zâouât, du pays de Dra'a.
Bounou........................ 5   E.N.N.
Mimcina....................... 4   id.
Yeneguedel.................... 8   id.
.... 5   id.
Faratissa...................... 2   N.
.... 3   id.
Boharaya...................... 6   N. ¼ N.E.
Goud-Zenaga................... 6   N.N.E.
Zenatîa....................... 7   N. ¼ N.E.
Chanerou..................... 6   N.N.E.
Nyela........................ 9   id.
.... 1   id.
.... 2   N.E.
Gour'lân (Gourland)............. 3   N.E. ¼ E.
Bou-'Amm (Boheim)............. 1 ½   N.
Tafilêlt (Afilé)................. 1 ½   N.N.O.
                                   ────
                                    89

Ainsi que je l'ai déjà fait remarquer en parlant de la route de Tafilêlt à Fês, des directions prises à vue ne doivent être suivies exactement que lorsqu'on n'a pas d'autres renseignements. Or, Caillié nous fournit lui-même ces renseignements auxiliaires; les directions suivantes, comme celles de son itinéraire, se rapportent au méridien magnétique :

Tatta est à 5 journées Nord-Nord-Ouest d'El-'Arîb; après deux jours, on passe à Brahihima.

Tammegrout (Ranguerute)[1] est à 3 journées Nord-Nord-Ouest de Mimcina; les deux stations sont Beni-'Ali (Beneali) et Amzrou (Amsero); enfin, à 6 journées de là, au Nord-Nord-Ouest, est Maroc.

A 6 journées Est de Mimcina est Tebelbelt, sur la route de Touât, qui s'en trouve éloigné de 8 journées, aussi à l'Est.

A 4 journées à l'Ouest d'El-'Arîb, sont les Ouled-Noun, près de la ville d'Adrar.

A 5 journées Ouest d'El-'Arîb, on trouve la ville de Sous.

A 14 journées à l'Ouest, on trouve S'oueira, et à 10 ou 12 journées Nord-Nord-Ouest, Maroc.

El-Yabo est une ville berbère, à 1 jour Nord-Nord-Ouest de Zenatîa.

Il s'agit ici, comme on le voit, de très-longues journées. Mimcina et Tebelbelt se placent au moyen de l'itinéraire sinueux qui joint Maroc à Touât, par Tammegrout et ces deux villes.

Les notes de M. Delaporte placent Tebelbelt à 7 jours de l'Ouad-Dra'a, ce qui s'accorde avec les 6 longues journées de Mimcina à cette ville.

[1] Cette rectification a été donnée par M. d'Avezac, *Études de géographie critique*, pag. 181.

El-'Arîb sera déterminé au moyen de Tatta; les autres indications ne peuvent guère servir à déterminer ce point avec exactitude : les distances à Maroc et à S'oueira paraissent exactes; mais l'indication de 4 journées jusqu'aux Ouled-Noun, et de 5 jusqu'à la ville de Sous, c'est-à-dire Taroudant, est absolument fausse, et c'est probablement 14 et 15 journées qu'il faut lire.

La position de Tatta est liée à celle d'Ak'k'a; la première est à 4 journées, droit à l'Est de la seconde, suivant un renseignement donné par un Berbère à M. Gråberg[1]. C'est le seul document qui indique la distance de ces deux villes; nous ne connaissons ni le détail de la route, ni même un seul point intermédiaire.

Léon et Marmol connaissent Ak'k'a; le premier le nomme Accha; le second Aca; ils ne disent rien de la position de cette ville, qui vient seulement, dans l'ordre de leur description, entre Ofrân et l'Ouad-Dra'a.

D'après Jackson, Ak'k'a est à 18 jours de Fês; chaque journée est de 7 heures, et on fait 3 milles 1/2 anglais à l'heure, ce qui donne pour la distance totale 710 kil.

Cochelet a recueilli l'itinéraire suivant :

Taroudant.	
Ouled-Bourris....................	0 jour. 1/2
Tennah'ort (Tenahort)............	0 3/4
Hemmehara.....................	0 1/4
Ak'k'a (Aka)....................	2
	3 1/2

---

[1] *Études de géographie critique*, par M. d'Avezac, p. 173.

Il y a, à Ouled-Bourris, cent maisons musulmanes et trente juives; les environs sont bien cultivés.

Près d'Ouled-Bourris, à l'Est, est le village de Tïhout (Tihut), un peu moins considérable et situé dans une position fort agréable.

Tennah'ort (Tenahort) est un peu plus fort; la campagne environnante est très-belle.

A 3 heures de marche, à l'Est de Tennah'ort, est le village d'Igli, de trois cents maisons.

Le village de Hemmehara est sur une colline; à un jour de là, tout au plus, on voit les ruines d'un fort portugais.

Le même auteur indique la route suivante de Rbât à Ak'k'a :

Rbât' (Rabat).	
Têmsna (Tamesna).....................	2 jours.
Beni-'Amer (Benehamer)...............	3
K'la'a (Kalah)........................	0 $\frac{1}{2}$
Zâouïet-Sidi-Rah'al (Zahouit-Sidi-Rakal)....	1
Gousdama............................	0 $\frac{1}{2}$
Zaracten.............................	1
Tifnout..............................	1 $\frac{1}{2}$
Ak'k'a (Aka).........................	3
	12 $\frac{1}{2}$

K'la'a est rattaché à Tâdla et à Tafilêlt par la route suivante :

K'la'a.	
Rafala...............................	1 jour.
A reporter.................	1

DE L'EMPIRE DE MAROC.

Report....................	1	jour.
K'as'bat-Beni-Miskîn..................	1	½
Tâdla......................	0	½
Zâouïet-Aït-Ishak' (Zahouit-Aietisak).......	1	
Timillin...................	1	½
Zeïân (Zayane)..................	1	½
Tafilêlt...................	4	
	11	

Enfin, Cochelet indique encore une autre route de Rbât' à Ak'k'a :

Rb'ât' (Rabat).		
Dâr-Beid'a....................	2	jours.
Azemmour (Azamor)................	3	
Asfi (Safi).....................	3	
S'oueira.....................	2	
Agâder......................	3	
Tamellah't (Tamaleh)................	2	
Ouezzân (Ouesan).................	1	
Tellent-Aït-Djerrâr (Talendaietegerrer).....	0	½
Ilir' (Illekh)....................	0	½
Ofrân (Offeran)..................	1	
Tamanart.....................	2	½
Ak'k'a (Aka)...................	2	½
	23	

Ouezzân est situé dans une plaine bien cultivée.

On compte à Ofrân environ cent cinquante maisons; la moitié de la population est juive.

Ak'k'a se compose de deux cents maisons habitées par des musulmans, et cinquante par des juifs; aux environs, la campagne est bien cultivée.

Les indications, dans ce dernier itinéraire, ne sont pas très-régulières puisqu'il compte 3 jours pour 68 kilomètres entre Dâr-Beid'a et Azemmour, et 2 seulement d'Asfi à S'oueira, dont la distance est 132 kilomètres; mais, comme cela se présente si souvent, le total du nombre de journées paraît être exact; les 13 journées comptées entre Rbât' et Agâder montrent qu'il s'agit ici de la journée ordinaire, de 3 au degré.

Les notes de Venture contiennent l'indication suivante, que je rapporte, malgré le peu de confiance qu'elles inspirent :

Ofrân (Oufran).
Tamanart (Temanert) au Sud.................. 2 jours.
Ak'k'a au Sud........................ 1
                                     ―――
                                      3 s.

Les notes de M. Delaporte contiennent sur Tamanart et A'k'ka les renseignements suivants :

Ofrân.
Tamanart, très-longue journée au Sud......... 1 jour.
Ak'k'a................................ 2
                                     ―――
                                      3

Ak'k'a est à 2 jours Est de l'Ouad-Noun, dans une plaine au pied du Djebel-Tizintît. A 2 journées de là, la rivière passe à Ticint.

M. Berbrugger indique, d'après les pèlerins d'Ouzîoua, 4 jours de Tamanart à Taroudant.

Les distances indiquées par tous les renseignements

qui précèdent s'accordent bien à placer Ak'k'a à 28° 3' de latitude et 10° 51' de longitude. Cette concordance m'a engagé à mettre de côté les indications de direction consignées dans les notes de Venture et dans celles de M. Delaporte.

Tamanart est un nom qui se trouve diversement écrit dans les notes de M. Delaporte. Cette ville a été indiquée pour la première fois, je crois, par Venture. Davidson ne la cite que vaguement, page 91. Il est difficile de comprendre comment M. Gråberg de Hemsö a pu placer un district de Tamenart, au Nord de l'Atlas, dans la province de H'ah'a.

M. Delaporte connaît le village de Tïhout; c'est évidemment le Teijeut de Léon, Teseut ou Techeit de Marmol, quoiqu'ils placent ce village sur l'Ouad-Sous, à 35 milles, ou 65 kil. à l'Ouest de Taroudant. D'après Cochelet, il tombe à 20 kilomètres environ au Sud-Est de cette ville. J'ai indiqué, d'après Marmol, Gared à une lieue de Tïhout, à la source d'un ruisseau qui vient se réunir à l'Ouad-Sous. C'est encore de Tïhout que parle Marmol sous le nom de Tiguiut, et Diego de Torres, sous celui de Tiut[1].

M. Delaporte connaît Tennah'ort.

Igli était la capitale du pays de Sous, du temps de Bekri, qui la place à 2 jours de l'Ouad-Mêça, et sur la rive droite d'une grande rivière qui coule du Sud au Nord. D'après le même auteur, on y fabrique beaucoup de cuivre. La même industrie existe toujours dans

---

[1] Marmol, tom. Ier, pag. 446. — Diego de Torres, pag. 58.

cette contrée, qui produit beaucoup de cuivre antimonial. L'aspect de ce métal fait reconnaître à l'instant sa nature ; il provient évidemment d'un cuivre gris antimonial semblable à celui qui se trouve assez abondamment répandu en Algérie.

La ville de K'la'a est déterminée par ses trois distances à Rbât', à Tâdla et à Sidi-Rah'al, que nous retrouverons, page 165, à une petite journée à l'Est de Maroc. C'est cette ville que M. Washington place, sous le nom d'Alcala, à 150 kilomètres au Nord-Est de Maroc et près du confluent des rivières Tam-Sout et El-Abîd. Si Tâdla doit être déplacé et reporté au Nord-Est, K'la'a subirait l'influence de ce déplacement. Sa position demeure donc encore très-incertaine ; elle est probablement à plus d'une journée de Sidi-Rah'al.

Zaracten est sans doute un mot berbère ; s'il était arabe, il semblerait devoir être rétabli en *zarea'-ktân*, qui signifie « graine de lin. »

J'ai tracé en ligne courbe la route de K'la'a à Tâdla, parce qu'il est probable qu'elle évite les montagnes et que les Beni-Miskîn paraissent être dans le Nord-Ouest de Tâdla. La route de Maroc à Tâdla traverse l'Ouad-el-'Abîd, à un gué nommé Buacuba, où se livra, vers 1530, une bataille importante entre les chérifs de Maroc et le roi de Fês. (Voir ci-dessous, page 228.)

M Delaporte connaît Zeïân et le combat dont parle Cochelet, qui se livra, en 1818, près de cette bourgade.

Ouezzân est aussi connue de M. Delaporte, qui la place à une demi-journée d'Ilir' ; Venture, qui en parle le premier, sous le nom de Wizzan, la place à 10 heures à l'Ouest d'Ilir'.

M. Delaporte connaît un point nommé Tellent à une demi-journée d'Ilir'; il connaît aussi les Aït-Djerrâr dans cette contrée; ce point indiqué par Cochelet, à moitié chemin d'Ilir' à Ouezzân, est donc probablement Tellent-Aït-Djerrâr, qu'il ne faut pas confondre avec Tellent-Sidi-H'echâm qui n'est qu'à 2 kilomètres à l'Est d'Ilir'. Les informations de Cochelet, confirmées par M. Delaporte, quant au premier de ces deux villages de Tellent, ne laissent aucun doute à cet égard.

Tatta est déterminée, comme je l'ai dit, par une distance de 4 jours droit à l'Est d'Ak'k'a; cette donnée s'accorde bien avec les autres itinéraires qui unissent Tatta à des points déterminés.

Léon l'Africain ne parle pas de Tatta; mais Marmol parle d'Ytata. C'est, dit-il, une province presque aussi grande que celle de Dra'a (Dara) sur la frontière de Libye et des dépendances de Tafilêlt (Tafilet); les habitants la nomment Garib.

Il s'agit ici de Tatta; mais il comprend dans la contrée de ce nom le territoire des 'Arîb.

Mouette parle des montagnes de Itata et Itatam, d'une hauteur considérable [1].

Les auteurs qui précèdent n'indiquent pas la ville de Tatta. Un Arabe nommé Ben-'Ali a communiqué,

---

[1] *Histoire des conquestes de Mouley-Archy, etc.* par Mouette. Paris, 1683; pag. 55, 260, 261, 266; et aussi dans sa Liste des provinces qu'on appelle *Cafilles*.

pour la première fois, des renseignements sur cette ville à la société africaine de Londres. Ce voyageur plaçait Tatta à 9 jours ½ de Maroc et à 12 jours d'Ouad-Noun, ville située elle-même à 2 jours de la mer [1].

La distance de 12 jours paraît un peu forte; nous en connaissons déjà d'autres évaluations :

Ouad-Noun.		
Ofrân........................	1 à 2	jours.
Ak'k'a, suivant Cochelet...............		5
M. Delaporte et Venture....		3
Tatta, suivant M. Gråberg..............	4	4
	8 à 11	

Nous verrons tout à l'heure deux évaluations de distance de Tammegrout à Tatta, qui placent cette dernière à 9 ou 10 jours de Tafilêlt.

Les notes de M. Delaporte contiennent l'itinéraire suivant :

Taroudant.	
Aoulouz...........................	1 jour ½
Ouled-Bella-ou-Brahîm.................	1
Aït-Oumajten......................	1
Aït-bou-Oulli......................	1
Aït-Belâl.........................	1
Tazarîn..........................	1
Aït-'At'a.........................	1
R'ouzlân.........................	1
	8 ½

---

[1] *Mémoire de Rennell*, dans les Voyages de Ledyard et Lucas, p. 294; et *Proceedings of the Association*, etc. London, 1790; tom. I", pag. 224, 225, 469.

Cet itinéraire n'indiquait pas la distance de Taroudant à Aoulouz; elle se trouve rétablie d'après un autre itinéraire, ou tournée sinueuse entre Stouka et Taroudant.

Tazarîn est le même nom que celui d'une petite contrée dont je parlerai tout à l'heure, mais qui est située bien plus loin au Nord-Est. R'ouzlân [1] paraît être au bord de l'Ouad-Dra'a qui passe près de Tatta, selon les notes jointes au journal de Davidson [2], et à 1 jour, suivant Ben-'Ali [3].

Un t'a'leb Souci (natif de Sous), interrogé à Tanger par M. Delaporte, a indiqué 3 jours seulement de Tatta à Noun, où s'embouche la rivière de Dra'a. Les 3 journées s'entendent sans doute des frontières des deux territoires.

Tatta, d'après les renseignements qui précèdent, se place à 28° 3' de latitude et 9° 20' de longitude Ouest de Paris.

Le nom de cette ville est encore un peu incertain, il est évidemment le même que celui de la tribu Aït-'At'a; mais l'addition d'un *t'* et l'habitude des Berbères de redoubler souvent les consonnes en font peut-être *Ta't't'a*. Les différents informateurs de M. Delaporte ont écrit ce nom de différentes manières. M. Berbrugger, qui a écrit sous la dictée des pèlerins d'Ouzîoua,

---

[1] *R'ouzlân* ou *R'ezlân* signifie «les gazelles;» c'est le pluriel de *r'zâla*.

[2] *Davidson's African Journal*, pag. 200.

[3] *Mémoire de Rennell*, dans les Voyages de Ledyard et Lucas.

écrit *Ta'tta*. Moula-Ah'med fixe l'orthographe la plus probable du nom de la tribu, car il parle d'un *Ioucef-el-'At'oui*, ainsi nommé de la tribu de Ita't'a (écrit Ita't'i). Ce dernier nom est celui donné par Marmol et par Mouette.

§ XXIII.

La ville de Tammegrout indiquée pour la première fois par Marmol sous la forme *Tameguerut*, comme la plus ancienne ville de la province, et située sur la rivière de Dra'a, se détermine passablement par les conditions suivantes :

Tammegrout est à 3 jours de Mimcina et à 6 de Maroc, d'après Caillié; cette dernière distance est de 10 jours dans un itinéraire un peu incertain fourni par les notes de M. Delaporte. Ces notes placent Tammegrout à 5 jours de Tafilêlt et à la même distance de Ta't't'a. M. Berbrugger détaille 4 journées de Tammegrout à Ta't't'a, d'après les pèlerins d'Ouzîoua. Enfin Chabîni place la capitale de l'Ouad-Dra'a à 16 jours d'Ouâd-Noun et à 6 jours de Tafilêlt.

Tammegrout se place ainsi à 30° 3′ de latitude Nord et à 7° 39′ de longitude Ouest de Paris.

§ XXIV.

La position d'El-'Arîb résulte de l'itinéraire de Caillié ainsi que de la distance et de la direction de la route qui l'unit à Ta't't'a.

Bekri et Edrîci ne connaissent point cette petite ville. Marmol cite vaguement la tribu qui lui a donné son nom, comme une dépendance d'Aït-'At'a; il écrit *Garib*. Caillié a écrit *Harib*, et ce nom se retrouve ainsi écrit dans les notes jointes au journal de Davidson; il reste donc un peu d'incertitude sur ce nom, quoiqu'il paraisse être le même qu'on retrouve en Algérie, dans l'oasis de Touât, et jusqu'aux environs de Timbektou.

La tribu des 'Arîb se subdivise, d'après Caillié, en onze fractions, dont voici les noms : Rossik, Ouebal, Gouessim, Foulh, Ouraff, Rouzin, Rahan, Nasso, Body, Boulaboï, Sidi-Ayché.

El-'Arîb est situé entre deux petites chaînes de montagnes, dirigées Ouest-Sud-Ouest-Est-Nord-Est, à la frontière méridionale de l'empire de Maroc; mais, en hiver, la tribu s'étend dans le désert jusqu'à 150 kilomètres environ, vers le Sud, pour y faire paître ses troupeaux.

§ XXV.

Toute la contrée comprise entre El-'Arîb et Touât nous est inconnue; il y a pourtant une route de caravane qui la traverse, car on voit, dans l'itinéraire de Caillié, résumé à la fin de son ouvrage, qu'à la première station après El-'Arîb, deux fractions se détachent de la caravane principale : l'une se dirige vers S'oueira, et l'autre vers Touât. La distance d'El-'Arib à cette dernière contrée doit être de 20 jours environ pour une caravane ordinaire, comme celle dont Caillié faisait partie.

On trouve dans Bekri deux itinéraires conduisant à Aoudar'ast, qui doivent traverser la contrée dont je viens de parler. Aoudar'ast ou Oueder'ast doit être un point voisin d'Agades ou Agades même [1].

J'extrais de cet auteur les données suivantes :

Ouâdi-Dra'a (la capitale de la contrée) est à 5 journées de Sedjelmâça. Tâmdelt est un lieu situé sur la route de Sedjelmâça à Aoudar'ast, à 6 journées à l'Ouest d'Ouâdi-Dra'a, à 3 jours de la rivière de ce nom, à 11 journées de Sedjelmâça et à 40 d'Aoudar'ast; d'où résulte une distance de 51 journées de Sedjelmâça à cette dernière ville. La route de Tâmdelt à Aoudar'ast est la suivante :

Tâmdelt.	
Bîr-el-H'ammâlîn....................	1 jour.
Défilé étroit.........................	1
Montagne d'Azour, couverte de grandes broussailles, pendant 3 jours; on arrive à Tendefek'.	3
Aoudar'ast...........................	34
	39

ROUTE D'OUÂDI-DRA'A AU PAYS DES NOIRS.

Ouâdi-Dra'a.	
Ouâdi-Terga ou Terk'a.................	5 jours.
Là on s'enfonce dans le désert où l'on ne trouve de l'eau que tous les 2 ou 3 jours.	
Berâmet, puits.	
A l'Est est le Bîr-el-H'ammâlîn et le Bîr-Maleki; ces puits sont à 4 jours de la contrée soumise à l'islamisme.	

[1] Voir ma Notice sur l'Afrique septentrionale, tom. II, pag. 327.

DE L'EMPIRE DE MAROC. 155

Plus loin l'itinéraire n'est que vaguement indiqué et se change enfin en histoire; l'auteur termine en disant qu'il y a 2 mois de Sedjelmâça à Aoudar'ast.

Il y a évidemment dans ces renseignements une de ces fautes, malheureusement si communes; Tâmdelt doit être à l'Est et non pas à l'Ouest d'Ouâdi-Dra'a, point voisin de Tammegrout. Le manuscrit portait en marge, écrit par une main étrangère, « Tâmdelt, capitale de Sous, » ce qui est en contradiction avec l'auteur, qui dit que cette capitale est Igli. Si Tâmdelt était à 6 journées à l'Ouest d'un point de l'Ouad-Dra'a, comment le Bîr-el-H'ammâlîn, à 1 jour de là seulement, serait-il à 4 journées de la contrée soumise à l'islamisme?

On voit bien clairement, d'après ces remarques, que Tâmdelt doit se placer vers 28° de latitude et 8° 20′ de longitude, à 3 journées au Sud-Est d'El-Bounou, point de l'Ouad-Dra'a le plus voisin, et à 6 journées de la capitale de l'Ouad-Dra'a; la distance de 11 journées de Sedjelmâça indique qu'on passe d'abord par cette capitale. Les autres données s'accordent très-bien entre elles.

La route d'Ouâdi-Dra'a au pays des Noirs se dirige probablement vers l'oasis de Touât; car, après un désert de 8 journées sans eau, elle passe au village de Mrouken, et, 4 jours après, à la ville de R'âna ou 'Ata, et je ne pense pas qu'il y ait dans toute cette région d'autres points habités que ceux de l'oasis de Touât.

§ XXVI.

La ville de Mimcina de Caillié ne se retrouve, comme bien d'autres points de son itinéraire, mentionnée dans aucun ouvrage, ni dans aucun renseignement récent; mais l'itinéraire de Moula-Ah'med, dans sa première partie, nous fournit une rectification probable du nom de cette ville.

Ce pèlerin partit, en 1709, de la zaouïa En-Nas'rïa du pays de Dra'a. M. Berbrugger a pensé que ce point était très-voisin de Tammegrout.

Moula-Ah'med passe, après 5 jours, à 'At'châna, point voisin au Sud de Zenatîa, et 4 jours après il arrive à Sedjelmâça; au retour il va beaucoup plus vite; il arrive en 2 jours de Sedjelmâça à Zenatîa et, 3 jours après, il arrive dans son pays, à Zâouïet-Mimouna. Zenatîa est indiqué par Caillié à 37 heures de Mimcina et à 24 heures de Tafilêlt. Nous connaissons donc une partie de la route du pèlerin, et, dans l'absence d'autres renseignements, le plus probable est de prolonger son itinéraire dans la même direction; de cette manière, Zâouïet-Mimouna vient tomber précisément au même endroit que Mimcina de Caillié, et les deux noms sont tellement semblables qu'ils n'en font probablement qu'un seul. Caillié aura sans doute écrit Mimuna pour Mimouna, comme il a écrit Tanguerute pour Tammegrout.

On remarque sur la route de Moula-Ah'med une station nommée S'ouirha, à une journée au Sud de

Sedjelmâça; il est possible que ce point soit le même que Zuayhila, placé, par Léon et Marmol, à 12 milles ou 22 kilomètres au Sud de Sedjelmâça, près du point où le Zîz se perd dans une sebkha.

§ XXVII.

Les pèlerins marocains que j'ai cités déjà plusieurs fois ont communiqué à M. Berbrugger[1] un assez grand nombre de renseignements sur le pays montagneux, jusque-là à peu près complétement inconnu, qui s'étend entre l'Atlas et l'Ouad-Dra'a; ils placent leur ville natale Ouzîoua à 6 jours à l'Est de la mer; à 2 jours à l'Est de Taroudant; à 12 jours à l'Ouest de Tammegrout; à 3 jours au Sud de Maroc, et 4 jours au Sud-Est de Fedj-Aït-Mouça. Parmi ces différentes données celle qui lie Ouzîoua à Taroudant est la plus précise. La distance à la mer n'indique rien du tout; les indigènes appellent distance à la mer, la distance au port de commerce le plus voisin, et il s'agit sans doute ici de S'oueira.

Cette ville appartient aux Berbères Aït-H'aïmmi, qui ont pour ennemis leurs voisins, les Aït-Zigâdzen. Elle est séparée de Maroc par une chaîne de montagnes nommée Idrâr-n-Deren.

On voit que cette chaîne que nous nommons Atlas, d'après les anciens auteurs grecs, n'a point changé de nom depuis les temps les plus reculés, puisque les

[1] J'ai déjà dit que le travail de M. Berbrugger sera imprimé prochainement dans l'ouvrage de la Commission scientifique d'Algérie.

auteurs grecs et latins disent que les indigènes l'appelaient Dyris. Or, les langues à déclinaisons se prêtent mal à la reproduction exacte des noms étrangers, et ce mot, à l'accusatif Dyrin, représente aussi complétement qu'on peut le désirer le nom berbère primitif.

Léon et Marmol parlent de la contrée montagneuse située au Sud de l'Atlas, sous le nom de Guzula, Guzzula ou Gesula; les auteurs arabes en parlent aussi, et cette dénomination s'appliquait à une des grandes tribus du peuple berbère. On trouve ce nom écrit Gdâla, Goddâla, etc.[1] Pierre Treillault cite encore, en 1597, Gouzoula, montagnes et province du royaume de Sous (Sus), dans sa Relation de la seconde bataille de Toggât (Taguate), adressée au connétable de Montmorency[2]. Il est plus probable que le nom régulier est Gzoula ou Guezzoula. Il existe une montagne nommée Dîr-Gzoul, près de Tnîet-el-H'âd en Algérie, et il est possible, ainsi qu'on l'a dit plusieurs fois, que ce nom soit le même que celui des anciens Gétules.

Outre les itinéraires proprement dits, nous trouvons, dans les renseignements des pèlerins d'Ouzîoua, une longue tournée sinueuse qu'il est impossible de construire en entier; je n'en ai tracé que la partie la moins douteuse quant à la position des points qu'elle mentionne.

[1] Cooley, *The Negroland of the Arabs*. London, 1841; pag. 2 et 21.
[2] Collection de Lettres adressées au connétable de Montmorency, feuilles 94-97. Bibliothèque royale.

§ XXVIII.

L'un des itinéraires indique un lieu nommé Aoulouz, à une journée d'Ouzîoua, sur la route de Tamanart. Ce lieu, déjà mentionné dans un itinéraire de M. Delaporte[1], se retrouve dans un autre du même auteur. Cette tournée sinueuse est ainsi indiquée :

Stouka.		
Gsîma.	1	jour.
Haouâra.	0	$\frac{1}{2}$
Msigguîna.	0	$\frac{1}{2}$
Mnâbh'a ou Mnâba'.	0	$\frac{1}{2}$
Tennah'ort.	0	$\frac{1}{2}$
Rah'ala.	0	$\frac{1}{2}$
El-Goumâdi.	0	$\frac{1}{2}$
Tenzert.	0	$\frac{1}{2}$
Aoulouz.	0	$\frac{1}{2}$
Zâouïet-Sidi-Moh'ammed-Outâcem.	0	$\frac{1}{2}$
Douâr.	0	$\frac{1}{2}$
Taroudant.	0	$\frac{1}{2}$
	6	$\frac{1}{2}$

Stouka ou Chtouka, d'après un autre renseignement, est à 1 jour $\frac{1}{2}$ d'Agâder, et autant de Taroudant. On peut tracer approximativement ce chemin sinueux, puisqu'on a plusieurs points de repère ; la première partie se rapproche de l'Ouad-Sous, car les trois tribus berbères Haouâra, Gsîma, Msigguîna en occupent les bords.

L'embouchure de l'Ouad-Sous ou un point voisin

---

[1] Voir ci-dessus, pag. 150.

est déjà appelé Porto-Msigguîna, ou du moins d'un nom qu'on reconnaît facilement pour celui-là dans les plus anciennes cartes[1]. Marmol, tom. III, pag. 5, cite la tribu berbère de Quicima. Jackson dit que l'Ouad-Sous traverse les territoires des Howara et des Exima; enfin Venture place vers la même contrée un point nommé Ouwara.

Il est encore un point connu de M. Delaporte, et que l'on peut placer d'après Léon, c'est Tar'aboust, qu'il appelle Tagavost, et Marmol, Tagaost. Cette ville, la plus grande de la province de Sous, dit Léon, est à 60 milles = 111 kilomètres de la mer, à 50 milles = 92 kilom. au Sud de l'Atlas, et à 10 milles = 18 kilomètres de l'Ouad-Sous. Marmol, qui, à l'article *Tagaost*, répète, selon son habitude, tout ce que dit Léon, ajoute ailleurs, tom. Ier, pag. 484, que Tagaost est à 8 journées de l'extrémité de la province du Sous éloigné.

D'autres itinéraires partant de Taroudant et d'Ak'k'a sont aussi contenus dans les notes de M. Delaporte; mais leur construction exige encore la détermination préalable de quelques points.

§ XXIX.

Djebel-Dâdes est le massif de montagnes le plus considérable de toute la Barbarie. Il était connu de Léon l'Africain, qui n'indique que vaguement sa posi-

---

[1] Atlas du vicomte de Santarem.

tion; cet auteur lui donne 80 milles = 15 myriamètres d'étendue de l'Est à l'Ouest, et Marmol 30 lieues au moins = 17 myriamètres. Léon ajoute un renseignement qui n'est pas sans importance, c'est qu'il fut contraint de passer par cette montagne pour aller de Maroc à Sedjelmâça.

Cette montagne n'est guère déterminée que par les montagnes voisines, dont nous nous occuperons un peu plus tard, par le voisinage de Tâdla, par l'itinéraire de cette ville à Tafilêlt fourni par Cochelet, qui, selon toute probabilité, traverse cette montagne, et par quelques itinéraires recueillis par M. Delaporte, mais qui n'ont rien de bien précis.

Je cite à la fois les itinéraires suivants, le premier donné par Bekri, les autres par M. Delaporte.

ROUTE DE SEDJELMÂÇA À AR'MÂT.

Sedjelmâça.	
Tênh'âmîn?......................	2 jours.
Il y a là une mine de cuivre.	
Ouâdi-Dra'a.......................	1?
Ce canton présente, pendant 7 jours de marche, une suite non interrompue de lieux habités.	
De Ouâdi-Dra'a à Adâmest................	1?
Ouerzâzât, du canton de Haskoura..........	2
Hazrâdja........................	4
Ar'mât..........................	1
	11?

ROUTE DE MAROC À TAFILÊLT.

Maroc.	
Sidi-Rah'al....................................	1 jour.
Dâr-Moumen-et-Tok'k'âni....................	1
Dâr-el-Glâoui.................................	1
Aït-Zeineb....................................	1
Haskoura.....................................	1
Djebel-Dâdes.................................	1
Ferkala.......................................	1
R'erîs...	1
Touroug.......................................	1
Tafilêlt.......................................	1
	10

ROUTE DE TAMMEGROUT À MAROC.

Tammegrout.	
Ternât'a......................................	1 jour.
Tenzoulîn.....................................	1
Mesguît'a.....................................	1
R'sât..	1
Ouerzâzât.....................................	1
Aït-Zeineb....................................	1
Tok'k'âna.....................................	1
Mesfioua et Maroc............................	1
	8

ROUTE DE MEDR'ARA À DÂDES.

Medr'ara.	
R'erîs...	1 jour.
Ferkala.......................................	1
A reporter...................	2

DE L'EMPIRE DE MAROC. 163

Report....................	2 jours
Tod'ra........................	2
Telouîn (pluriel de tala « source »)	1
El-Kherbât......................	1
Djebel-Dâdes.....................	1
	7

ROUTE D'AK'K'A À DÂDES.

Ak'k'a.	
Ticint (qui signifie « sel »)................	2 jours
Zenhâga.......................	2
Aït-Ouzanîf.....................	2
Aït-Zeineb.....................	2
Ouerzâzât......................	1
Aït-Bou-Delâl...................	1
Tecektît.......................	1
R'sât.........................	1
Haskoura......................	1
Sar'erou.......................	1
Djebel-Dâdes....................	1
	15

ROUTE DE TAROUDANT À AK'K'A.

Taroudant.		
Dâr-'Abd-Allah...................	1 jour	
Tesmeh'it......................	1	½
Là, le chemin se partage après avoir traversé des bois et des montagnes.		
Touzanîf.......................	3	
Ticint.........................	3	
Souâken.......................	1	
Sidi-'Abd-Allah-Mbârek.............		
Ak'k'a.........................		

L'itinéraire de Sedjelmâça à Ar'mât, donné par Bekri, a été interprété tout autrement par M. d'Avezac[1]. Ce savant géographe a ajouté à la journée de Tenh'âmîn à l'Ouad-Dra'a les 7 journées de longueur indiquées par Bekri ; il me semble pourtant certain que cette indication n'est qu'une phrase incidente au milieu de beaucoup d'autres détails que j'ai supprimés. L'Ouad-Dra'a s'étend du Nord au Sud et non pas de l'Est à l'Ouest, sens suivant lequel il est, au contraire, très-étroit. Deux distances, tout au plus, pourraient être douteuses : ce sont celles de Tenh'âmîn à Ouâdi-Dra'a et de Ouâdi-Dra'a à Adâmest, l'auteur ne disant pas positivement que chaque distance est d'une journée.

Tenh'âmîn a été lu *Bendjâmîn* par M. Quatremère et *Tenhaiámín* par M. d'Avezac; c'est un nom très-incertain qui peut se lire d'une infinité de manières.

Les itinéraires de M. Delaporte ne s'accordent pas entre eux. Le nombre de 8 journées de Maroc à Tammegrout étant tout à fait d'accord avec les 6 longues journées indiquées par Caillié, je l'adopte comme exact; mais les itinéraires de Maroc à Tafilêlt et de Medr'ara à Dâdes sont impossibles à accorder, et aucun document ne vient nous aider à choisir entre eux. Je n'inscris donc tous ces points que comme des stations à retrouver. Cette région, ainsi que tout le versant méridional de l'Atlas, reste encore dans une grande obscurité.

[1] *Études de géographie critique,* pag. 177.

Presque tous ces prétendus itinéraires sont des tournées à travers le pays, ainsi qu'on le reconnaît sûrement par celui de Taroudant à Ak'k'a, et celui, précédemment cité, page 159, de Stouka à Taroudant.

La k'oubba de Sidi-Rah'al est déterminée approximativement par l'itinéraire de Maroc à Tafilêlt; cette route traverse, à l'Est des Glâoui, indiqués par M. Washington, un col très-connu dans le pays et très-fréquenté des caravanes; c'est le chemin de Damnât. Lemprière en parle; on lui a dit que les caravanes qui se rendent de Maroc dans le Soudan, passent par le chemin de Domnet; c'est le Dimenit de M. Washington. J'ai rectifié ce nom d'après M. Delaporte[1].

Sidi-Rah'al était un marabout très-vénéré, qui, en 1537, lors du premier différend qui s'éleva entre les chérifs Ah'med et Moh'ammed, fit, pour les réconcilier, des efforts dont le succès ne répondit nullement à son attente[2].

Davidson a indiqué ce lieu sous le nom de Zowisiderhald, et Cochelet sous celui de Zahouit-Sidi-Rakal[3]. C'est d'après lui que M. Gråberg de Hemsö a placé Zauiat-Sidi-Racal à l'Ouest de Maroc, tandis qu'il est à l'Est; mais on est exposé nécessairement à de pareilles fautes en construisant des itinéraires. Cochelet n'avait pas indiqué la position de cette zaouïa relativement à Maroc; mais je ne sais ce qui a porté M. Gråberg

---

[1] Voir ci-dessous, pag. 224.
[2] Marmol, tom. 1ᵉʳ, pag. 453. — Diego de Torres, pag. 66.
[3] Voir ci-dessus, pag. 144.

à la mettre à la place de la Zâouïet-Cherrâdi, indiquée par Ali-Bey, et à reporter cette dernière à 18 ou 20 kilomètres au Nord.

Le nom de Sidi-Rah'al dérive sans doute de celui de la tribu de Rah'ala, indiquée par M. Delaporte, ainsi que par M. Gråberg, dans les environs de Taroudant[1].

Haskoura est déjà indiquée par les auteurs arabes et par Léon et Marmol; le dernier nous apprend que ce nom est celui d'une tribu berbère, fraction des Mas'mouda.

Ferkala est une contrée mentionnée par Léon et Marmol, et située, selon eux, sur une rivière, à 100 milles au Sud de l'Atlas, et à 60 de Sedjelmâça; elle renferme trois châteaux et cinq villages, et produit beaucoup de dattes.

Todr'a est une contrée sur une rivière du même nom, renfermant quatre châteaux et dix villages, et située à 40 milles à l'Ouest de Sedjelmâça.

Ces deux indications qui précèdent ne sont pas très-faciles à accorder avec les itinéraires de M. Delaporte.

Léon place l'oasis de Tezerîn à 30 milles de Ferkala et à 60 des montagnes. Marmol ajoute encore que Tezerîn est à l'Est de Ferkala. Cette dernière indication complique encore la question.

Tezerîn est passablement déterminée par les informations de M. Delaporté qui la met à 1 jour de Tam-

---

[1] Voir ci-dessus, pag. 159.

megrout, à 3 de Tafilêlt, et lui donne une journée d'étendue. Un autre renseignement confirme d'ailleurs ces nombres en indiquant 5 jours de distance de Tammegrout à Tafilêlt.

La ville d'El-Yabo indiquée par Caillié à 1 journée au Nord-Ouest de Zenatia, paraît être dans cette oasis, qui contient, d'après Léon et Marmol, quinze villages, six châteaux et deux grandes ruines, qui lui ont valu son nom.

R'erîs est un nom de tribu berbère connu jusqu'en Algérie; c'est celui d'une fraction des H'achem, voisine de Mascara; ils donnent leur nom à la belle plaine des H'achem-R'erîs, qu'on appelle ordinairement plaine d'Eghrès. Marmol cite la tribu berbère Aït-R'erîs (Aytgariz) qui occupe le Reteb, Tezerîn, Ferkala et Todr'a. M. Gråberg en a fait Aït-Agaritz.

Mesfîoua est tout près des Glâoui; sa position est à peu près indiquée par Jackson.

Les Aït-Ouzanif sont une grande tribu berbère; c'est très-probablement d'elle que parle Marmol lorsqu'il place la tribu Ydeunadayf à 20 lieues de Taroudant, du côté du S'ah'ra [1]. Venture place au Sud de Ouerzâzât la contrée montagneuse d'Aït-Ougianif qui a 6 à 7 journées d'étendue.

Ce nom de tribu se retrouve copié dans Marmol, mais dénaturé sous la forme Ideunadait dans la carte de M. Gråberg, auprès de Hemmehara.

---

[1] Marmol, tom. III, pag. 5.

Sar'erou est indiqué par Mouette sous la forme Sagaro[1]. Cet auteur racontant l'expédition pénible et infructueuse de Moula-Ah'med, dans l'hiver de 1678-1679, contre les Berbères du revers méridional de l'Atlas, dit qu'il se dirigea de Tafilêlt vers Ferkala (Ferquela,) où il passa la rivière, et reçut la soumission des R'erîs (Guerisy); mais il se forma contre lui une ligue composée de Berbères de Sar'erou (Sagaro), Hadet?, Todr'a (Toudega), Hascoura (Secoura), Mougouna?, Mar'rân (Magaram), S'edrât (Sedrat), Tonguedout?, et Aït'-At'a (Itata). Le chérif resta campé un mois à Sar'erou, à la fin de l'année 1678, attendant les soumissions des habitants des montagnes.

Tous les noms qui précèdent se retrouvent, sur un assez grand nombre de cartes, appliqués à des affluents supérieurs des rivières de Dra'a et de Tafilêlt.

L'itinéraire de Taroudant à Ak'k'a n'indique pas la distance de Souâken à la dernière de ces villes, mais cette distance est de 1 journée, puisque l'itinéraire d'Ak'k'a à Dâdes compte 2 jours d'Ak'k'a à Ticint. Souâken est sans doute un lieu voisin de Sekin, situé, d'après M. Berbrugger, à 3 jours au Sud d'Ouzîoua, ou ce lieu lui-même. Sekin et Souâken paraissent être le même mot sous les formes du singulier et du pluriel.

Les deux itinéraires donnent une évaluation différente de la distance de Ticint à Aït-Ouzanîf; l'un donne 4 jours et l'autre 3.

Nous ne connaissons pas la distance de Sidi-'Abd-

[1] *Histoire des conquestes de Mouley-Archy*, pag. 260 et 263.

Allah-Mbârek à Ak'k'a; dans le doute, j'ai placé ce point au milieu de la dernière étape. Ce lieu doit être certainement la sépulture du marabout de ce nom, qui jouait un rôle si important à Ak'k'a lorsque le pays fut envahi, en 1604, par Moula-Zîdân, sultan de Maroc [1].

§ XXX.

Venture recueillit, en 1788, des notes assez étendues sur la contrée comprise entre l'Ouad-Dra'a et la mer; elles se trouvent à la fin de son dictionnaire berbère, publié récemment par la société de géographie de Paris. Elles fournissent, sous le nom d'itinéraires, des tournées sinueuses dans lesquelles les distances et les directions, aussi bien que la population des lieux habités, sont indiquées d'une manière tout à fait fausse; je les transcris cependant ici, à titre de renseignement et comme une nomenclature de lieux et de tribus pouvant servir, jusqu'à un certain point, à en contrôler d'autres.

ITINÉRAIRE DE TAFILÊLT À TIMBEKTOU.

Tafilêlt.
Datz............................... 5 jours. o.
    C'est le nom d'une rivière entre plaines
    et montagnes: c'est là que commence
    le pays de Sous.

[1] Le plus jeune fils et le successeur de Moula-Ah'med, mort le 14 août de l'année précédente. Voyez l'ouvrage intitulé : *A true historical Discourse of Muley-Hamets rising*, etc. London, 1609. Ch. IX. (Bibliothèque de M. Ternaux-Compans.)

DESCRIPTION GÉOGRAPHIQUE

Ouerzazat, pays montagneux, chef-lieu Tighram..............................		s.
Aït-Ougianif, pays montagneux de 6 à 7 jours d'étendue, chef-lieu Taznarth........		s.
Zenagha, montagnes avec villages.......		s. o.
Seghtana, riche contrée de 40 lieues de long, chef-lieu Hamkirra................		s. o.
Zaghmouzun, chef-lieu Nighilnouyou.....		s. o.
Targha-Mimoun « la rivière bénite. ».....		s.

A 3 jours à l'Ouest de ce district est le Gharb-es-Sous, arrosé par le Ras-el-Ouad, divisé en quatre districts, dont les chefs-lieux sont Tinzert, Limhara, Irazan et Adredour.

Mizighina.............................	3 j.	s. o.
Taroudant.............................	5 h.	s. o.
Ouwara...............................	5	s. o.
Aït-Wedrin « mine d'argent. »...........	25	s.
Toucribt..............................	3	s.
Aït-Brahîm, ville de deux mille habitants, sur une montagne : pays fertile.......	15	
Stouka, chef-lieu Aït-Loughann, peuplé de sept à huit mille habitants...........	5	s.
Aït-Belfa, ville de trois à quatre mille habitants...............................	10	s.
Aït-Semlal (aussi de Stouka)............	10	s. o.
Aït-Hamd, contrée très-montagneuse.....	10	s. o.

Capitale Mirlat, sur la rive occidentale de l'Ouad-Oualghav; Tabident est sur la rive méridionale.

Taghzut...............................	5	s.
Temsitt, aussi dépendant d'Aït-Hamd.....	3	s. o.
Daoultit, vaste contrée montagneuse......	10	s.

Capitale Tillin, dix mille habitants.

Tehala...	15 h.	s.
Ida-Oughar-Sumought (les possesseurs de la poudre fatale.)...	12	s.
Aughighit, mines de fer...	1 j.	s.
Aït-Souab...	10	s.
Aït-Mousa-Oubcou, district...	2½	s.
Aït-Oumanoudi, mine de cuivre...	3	s.
Tezaghalt, quatre mines de cuivre...	2	s. o.
Ibzighaghin...	4	s. o.
Iligh, résidence du marabout souverain...	8	s. o.
Wizzan...	10	o.
Asaka-Oubbagh...	5	o.
On se rapproche de la mer.		
Tiznint, vis-à-vis d'une île inhabitée. (Ce nom lui-même signifie « île. »)...	20	o.
Messa, de la province de Daoultit...	10	s.
La rivière d'Iligh se jette près de là dans la mer.		
Ida-Oubakil « les gens sages. »...	2½	s.
Ighram, qui donne son nom à une grande contrée montagneuse...	3	s.
Oufran, vingt mille habitants...	3	s.
Temanert...	2	s.
Ak'k'a...	1	s.
Ouilt...	2	s.

C'est d'Ouilt qu'on va à Timbektou. La première tribu d'Arabes qu'on rencontre s'appelle Arîb-Ida-ou-Belal; plus loin sont les Tezakent, qui vont jusqu'à Timbektou.

De Temanert à Timbektou il n'y a, en ligne droite, que 15 jours de marche.

A 4 lieues de Timbektou est la rivière Nahar-Ouasil.

Le plus simple examen suffit pour faire reconnaître que dans tout ce qui précède il n'est nullement question de la route de Tafilélt à Timbektou. Cette longue tournée est très-difficile à construire, parce que les directions sont mal indiquées et les distances généralement beaucoup trop longues, quoique nous connaissions un assez grand nombre de points de repère.

Datz est évidemment une abréviation pour Dâdes.

Au Sud de ce pays vient Ouerzâzât, dont la capitale, Tighram, est peut-être le même point désigné sous le premier de ces noms par Bekri et M. Delaporte.

Aït-Ougianif est facile à rapprocher d'Aït-Ouzanif; la capitale de cette contrée, Taznarth, est aussi probablement le point désigné par le nom de la tribu dans les notes de M. Delaporte.

Zenagha est le même point que Zenhâga de M. Delaporte, nom qui s'écrit et se prononce assez diversement, même chez les indigènes.

Seghtana est le Sicutana de Marmol et Esekoutana de M. Berbrugger. Le mot régulier est sans doute Sekoutana.

Nous ne connaissons que Tinzert parmi les quatre chefs-lieux donnés par Venture au pays de Sous.

Mizighina est, avec une faute très-habituelle à Venture, le même nom que Msigguina, et Ouwara, le même que Haouâra.

Aït-Semlâl est une tribu que M. Delaporte connaît aux environs de Tazeroualt[1]. Venture, de même que

---

[1] Voir ci-dessus, pag. 76.

Marmol, fait le pays de Stouka beaucoup trop grand.

Daoultit, c'est-à-dire Ida-Oultit, est la tribu la plus septentrionale de celles soumises au prince 'Ali-ou-H'echâm; elle s'étend jusqu'à la rive gauche de l'Ouad-Mêça, qui reçoit l'Ouad-Ouelr'âs, la même que Venture appelle Oualghav[1].

Ida-Oughar-Sumought, ou, suivant Marmol (t. III, pag. 5), Deursemught de la province de Stouka, est une tribu dont la position demeure un peu incertaine. L'étymologie de ce nom semble au moins douteuse.

Aït-Mousa-Oubcou est la tribu connue de M. Delaporte sous le nom de Ida-Bokkou ou It-Bokko.

Tezaghalt, avec ses mines de cuivre, est peut-être le Tazerouâlt de Davidson et de M. Delaporte.

Iligh est écrit ici d'une manière tout à fait conforme au nom donné par M. Delaporte; les mots qui suivent montrent que ce n'est pas depuis 1810 seulement que cette contrée est indépendante; à cette époque, il est vrai, le marabout Sidi-H'echâm paraît avoir donné une organisation et une forme plus stables à son gouvernement; son fils règne aujourd'hui.

Wizzan désigne la ville de Ouezzân-Sous, connue de M. Delaporte.

Tiznint est sans doute la ville de Tiznît, placée, suivant M. Delaporte, non loin d'Aglou.

Ida-ou-Bakîl se trouve dans Marmol, qui place Ydaubaquil près de Deursemugt, dans la province de Stouka (Estuque).

---

[1] Voir ci-dessus, pag. 59 et 60.

Les distances sont si mal indiquées par Venture que Ouilt est peut-être le même point que Souk'-el-'Aam, placé à 1 jour au Sud de Ak'k'a par M. Delaporte.

L'indication de 15 journées, de Tamanart à Timbektou, est tout à fait fausse.

Le chiffre des populations est excessivement exagéré, et ce fait est, on le sait, très-fréquent.

Stouka ne renferme que des villages. Le village de Tillîn, visité par Cochelet, est loin de contenir dix mille habitants, puisqu'il renferme une cinquantaine de maisons; cela indique environ trois cents habitants.

Ofrân ne contient que quelques centaines d'habitants; Venture lui en donne pourtant vingt mille.

Ces évaluations de populations, fournies par Jackson, sont aussi éloignées de la vérité que celles de Venture. J'y reviendrai plus tard.

§ XXXI.

Le k'aïd El-Ouchâh'i, l'un des principaux informateurs de M. Delaporte, lui a décrit ainsi qu'il suit le cours de l'Ouad-Dra'a jusqu'aux environs de Ta't't'a:

Source dans le Djebel-Dâdes;
Au Sud, jusqu'à . . . Sar'erou;
A gauche, vers . . . . Agdez;
A droite, vers . . . . . la Zâouïet-ben-Ah'med;
A l'Est, vers . . . . . . Tenzoulîn;
Au Sud, vers . . . . . . Amzrou;
A l'Ouest, vers . . . . Tammegrout;
A l'Est, vers . . . . . . Dada-'At'a;

A l'Ouest, vers.....Beni-Semguîn;
A l'Est, vers......El-Bounou;
Au Sud, vers......le lac Ed-Deba'ia,
qui est long de 3 journées, et dont l'extrémité opposée est à 2 jours Est-Nord-Est de Ta't't'a.

Dans un autre endroit des mêmes notes, il est dit qu'on va de Ta't't'a en 2 jours au lac Ed-Deba'ia, et de là en 3 jours à Tammegrout.

Le k'aïd n'a indiqué qu'une partie du cours du Dra'a, comme le chérif Moh'ammed n'avait indiqué qu'une partie du cours du Guîr[1] : ce genre d'erreur est des plus fréquents parmi les indigènes.

Marmol donne quelques détails sur le pays de Dra'a (Dara), dans lequel Léon ne cite qu'une seule ville, Beni-Sabih. Voici ce qu'en dit cet auteur :

Quiteoa est une grande ville de plus de trois mille maisons, située au bord de l'Ouad-Dra'a, et les habitants sont berbères Daruis (c'est-à-dire Dra'oui ou habitants de l'Ouad-Dra'a). Aux environs, le pays est occupé par les Arabes Ouled-Selîm.

Tagumadert (Tigumedet, suivant Diego de Torres) est une ville de quinze cents habitants, à 20 lieues de Guitâoua, sur la frontière de Libye; elle est défendue par une citadelle placée sur le haut d'une montagne. Cette place et celle de Tanagumest dépendent du gouverneur de Timesguit.

Tinzeda est une ville de commerce sur le bord de la rivière.

[1] Voir ci-dessus, pag. 124.

Taragale est sur l'Ouad-Dra'a; c'est de là qu'on envoie le teber « poudre d'or » à Guitâoua et ensuite à Maroc.

Tinzulin, la plus grande ville de la province, est à 10 lieues au Nord de la précédente.

Tameguerut est une petite ville, mais l'une des plus anciennes et des plus importantes du pays, à 10 lieues de Tagumadert.

Tabornost est un château-fort, sur la limite de la Libye, pour garantir le pays des incursions des Arabes du désert.

Afra, autre château-fort bâti pour garantir le pays des incursions des Arabes Zorgan.

Timesguit est une place forte, qui avoisine la province de Gezula.

La première des villes citées dans les renseignements précédents, Quiteoa, est connue de M. Delaporte: c'est Guitâoua appelée aussi Guittioua ou K'ittioua. Ce dernier nom est identique avec celui de Kittiwa, donné par Jackson, mais mal placé sur sa carte. Mouette parle souvent de cette contrée, et appelle la ville Guilaoa; aux environs, il place une ville de Zaimby dont la position est incertaine; on peut cependant déduire de son récit, pag. 125 et 126, que cette ville est au Sud-Est de Guitâoua, puisque le k'aïd, qui emmenait Moula-Ah'med prisonnier à Maroc, se dirigea de Zaimby sur Guitâoua pour abréger son chemin; cette dernière ville est donc entre Zaimby et Maroc.

Mouette cite, aux environs de Zaimby, pag. 267, une montagne nommée Jebel-Lafera, ou la montagne minée, à cause du grand nombre de cavernes dont elle est remplie. »

Taragale, que Marmol nomme en d'autres endroits Taragalelt, paraît être plutôt Tareggâlet, nom berbère qui se retrouve dans la province de Constantine. La position de ce lieu est assurée, puisqu'il est sur la rivière, à 10 lieues = 56 kilomètres au Sud de Tenzoulîn. Celles de Tigumedet et de Guitâoua se déterminent aussi passablement au moyen des distances indiquées, en faisant attention que Guitâoua doit être entre Tareggâlet et Maroc, d'après le chemin qu'on fait suivre à la poudre d'or.

Tagumadert ou Tigumedet est une ville célèbre par la famille de chérifs qui, au commencement du XVIe siècle, s'empara de tout l'empire, qu'elle conserva près de cent cinquante ans. Je ne sais si elle existe encore.

Tabornost était probablement du côté de la ville de Mimcina de Caillié; ce nom paraît être Tabernoust, dérivant du nom de la tribu de Beni-Bernous.

Je parlerai tout à l'heure d'Afra.

Dans Timesquit on reconnaît Timesk'ît', forme berbère de mesk'ît'a ou mesguît'a, qui veut dire « mosquée. »

Tanagumest demeure très-incertain de position.

Marmol cite encore plusieurs autres points, sans indiquer leur place. Tefuf, déjà détruite du temps de cet auteur, avait été la capitale du pays de Dra'a. Beni-Sabih, sur la rivière, dans une plaine de sables, était sans doute, d'après ce renseignement, dans le voisinage d'El-Bounou ou d'El-Hamîd.

Bekri donne quelques détails sur l'Ouad-Dra'a. Dans l'itinéraire de Sedjelmâça à Ar'mât, il indique 3 jours de la première à la rivière de Dra'a; il indique 5 jours de Sedjelmâça à Ouâdi-Dra'a, et dit ensuite que la capitale de cette contrée s'appelle aussi Tioumetîn. Cette distance, et l'ancienneté de Tammegrout, dont Bekri ne parle pas, rendent assez probable que ces deux villes occupent la même position. D'après le nom, Tioumetîn se rapprocherait mieux de Tigumedet.

Après avoir indiqué 5 jours de Ouâdi-Dra'a à Sedjelmâça, Bekri détaille 6 ou 8 journées de Tioumetîn à cette dernière. Quoique la concordance de Tioumetîn et de Tammegrout soit assez incertaine, j'ai cru devoir donner cet itinéraire; il est indiqué ainsi :

Tioumetîn.	
Temdjânet....................................	1 jour.
Ce lieu est ainsi nommé du bois de ce nom, dont les feuilles sont comme celles du tamarix.	
Amân-Tîcen « l'eau salée. »...............	1
Tenout-Arâm « les puits des troupeaux de chameaux. »....................................	1
Afroua ou Afrou.......................	1
Tenout-Akhîîd « les puits de l'émir. ».......	1
Amarr'âd ou Amza'âd....................	1 ou 3
Sedjelmâça, 6 milles.	
	6 ou 8

Tioumetîn est situé sur une hauteur, près de la rivière, qui coule à l'Ouest et se précipite du haut d'une colline. Ce renseignement servira sûrement à faire retrouver la position de cette ville. Quant à la direction de la rivière, elle s'accorde avec celle qui a lieu à Tammegrout[1].

Temdjânet devient, sous la forme arabe, Medjâna, nom qu'on retrouve plusieurs fois en Algérie, et qui, on le voit, désigne un grand arbre, mais dont le nom français nous est inconnu.

Le nom de la troisième station peut se lire Tenoud-Arân, mais l'explication de Bekri permet de le rétablir en Tenout-Arâm « les puits du chameau. » *Enou, Tenout* et *Ten* désignent les puits dans les idiomes berbères du désert.

Tenout-Akhlîd est aussi un nom que je rétablis d'après sa signification.

Afroua ou Afrou paraît être le même point que Marmol appelle Afra. Les noms des deux stations que Bekri place entre ce point et Amarr'âd sont illisibles, ou du moins trop incertains. Dans un autre endroit Bekri dit que de Ouâdi-Dra'a à Sedjelmâça on va d'abord à Afrouçat, en suivant des cours d'eau, et de là, en un jour, à Sedjelmâça; il est probable que, malgré cette dernière indication, Afrouçat est le même point que Afroua et Afra.

D'après les renseignements de M. Berbrugger, l'Ouad-Dra'a traverse, après Tammegrout, les pays de Tinfou, Beni-Zouli, Aït-el-H'âdji-'Ali et Esekoutana; nous avons déjà vu, page 172, que cette dernière contrée est

[1] *Tioumetîn* a bien la forme berbère; peut-être doit-on rapprocher ce nom de *Tioumâtîn*, qui signifie « des génisses. »

indiquée par Venture sous la forme Seghtana, et, par Marmol, sous celle de Sicutana. Cet auteur place, auprès des Berbères Sicutana, d'autres nommés Etuazguit; ces contrées avoisinent évidemment le lac Ed-Deba'ia.

Ce grand lac d'eau douce est rempli de poissons, et les indigènes naviguent dessus et y font la pêche, d'après M. Delaporte; la nature de l'eau et la présence des poissons suffiraient pour démontrer que ce lac a un écoulement et n'est point une sebkha. Sa distance à la mer étant d'environ 51 myriamètres, sa hauteur au-dessus de la mer doit être assez considérable, ce qui démontre encore qu'El-'Arîb, El-Bounou, Mimcina de Caillié, etc. et le désert qui les avoisine, sont aussi assez élevés au-dessus de la mer.

La contrée comprise entre El-'Arîb et Ouad-Noun nous est entièrement inconnue. Caillié place les Tadjakânt à 1 jour à l'Ouest d'El-'Arîb; M. Wilshire[1] fait couler cette rivière à travers les tribus d'Errub, Draha, Maraibat, Tajacanth et Ergebat. Davidson parle plusieurs fois des Erghebat, Erdghebat ou Raghebât. C'est évidemment la même tribu qui se trouve indiquée sous le nom d'Erkiebat, entre El-'Aroucioun et Ouad-Noun, dans un itinéraire recueilli à Saint-Louis par le baron Roger[2], et sous celui d'Orghebit dans la relation d'Alexandre Scott[3]. Ces tribus des Tadjakânt et des Er-

---

[1] *Davidson's African Journal*, lettre de M. Wilshire, pag. 200.
[2] Voir ma Notice sur l'Afrique septentrionale, tom. II, pag. 286-288, et *Bulletin de la Société de géographie de Paris*.
[3] *Recherches géographiques*, etc. par M. Walckenaer, pag. 490.

guebat ou Err'ebet paraissent tout à fait indépendantes du Maroc.

Mouette[1] raconte une expédition dirigée en 1680 par Moula-Ah'med contre la ville de Tagazel, située dans le désert assez loin au Sud des frontières du Maroc, et dont les habitants sont des Arabes appelés Oulets de Line ; il s'agit ici évidemment des Ouled-Deleim, et la ville de Tagazel doit être dans une des oasis qui appartiennent à cette tribu. Chénier, racontant le même fait, appelle la ville, Tagaret, capitale du pays des Noirs[2].

Mungo-Park, dans son premier voyage, recueillit à Benaoum un itinéraire dans lequel nous trouvons une station de Lakeneigh, à 5 jours d'Ouad-Noun et à 15 jours de Tîchet[3]. On y voit aussi une ville de Jiniken, sur la route de Santa-Cruz à Ouad-Noun, à 10 jours de la première et à 4 de la seconde ; il est bien plus probable, d'après la longueur de la journée de marche pour les autres parties de l'itinéraire, que Jiniken est à 2 jours, et non pas à 10 de Santa-Cruz, ce qui placerait ce point vers Mêça ou Aglou.

Ben-Aiâs cite vaguement, dans le Sous éloigné, les villes de Taroudant, Tebrîzîn et Azki[4]. Je ne connais rien qui puisse nous aider à placer Tebrîzîn.

[1] *Histoire de Mouley-Archy*, etc. par Mouette ; pag. 302-309.
[2] Chénier, *Recherches sur les Maures*, tom. III, pag. 398.
[3] J'ai donné cet itinéraire dans ma Notice sur l'Afrique septentrionale, tom. II, pag. 289.
[4] Ben-Aiâs, dans le tome VIII des Notices et extraits des manuscrits de la Bibliothèque du roi. Pour Azki, voir ci-dessus, pag. 89, et t. II, pag. 297 et 298.

CHAPITRE III.

§ Ier.

Nous avons parcouru toute la contrée située au Sud de l'Atlas, et nous n'aurons plus à y revenir; il importe à présent de déterminer toute la chaîne atlantique, pour remonter ensuite au Nord jusqu'à Tanger et Ceuta.

Cette chaîne, connue de toute antiquité en Europe, même par son véritable nom, Deren, qu'elle conserve encore[1], est citée sous ce même nom par Bekri, et sous celui de Dârân par Edrîci. Sa position même et sa direction sont indiquées déjà avec assez d'exactitude par Fra-Mauro, dont la carte a été faite en 1460[2].

On ne connaît encore la position et la hauteur que d'un très-petit nombre de sommets de cette chaîne. Les principales montagnes qui la terminent, près du cap Ir'ir ou Râs-Aferni, ont été mesurées, en 1835, par M. Arlett; l'une d'elles, située à 22 kilomètres au Nord d'Agâder, a 1344 mètres au-dessus de la mer.

Une autre montagne, nommée Bibaouân, a été signalée, par Cochelet, au Nord-Ouest de Taroudant. Jackson, qui n'est qu'une bien faible autorité, place le Bebawan plus à l'Est. M. Arlett a cru pouvoir indiquer cette montagne à l'intersection de deux lignes tirées, l'une

---

[1] Voir ci-dessus, pag. 157 et 158.
[2] Atlas du vicomte de Santarem.

de S'oueira, droit Sud-Est; l'autre de Maroc, au Sud, 48° Ouest[1]. Le premier de ces rayons est dirigé sur la plus haute montagne visible de S'oueira, le second sur la plus haute montagne visible de Maroc; mais rien ne prouve que ces deux visées soient dirigées sur la même montagne. Le Bibaouân semble même, par sa position et par sa hauteur, appartenir plutôt aux versants méridionaux de cette large chaîne, et n'être pas visible de Maroc, vers laquelle les montagnes s'élèvent considérablement, et qui en est, en tout cas, fort éloignée.

Cochelet donne au Bibaouân la hauteur du Righi; comme l'œil ne peut tenir compte, dans ces comparaisons, que de la hauteur au-dessus des plaines, cela donne au Bibaouân environ 1500 mètres[2].

M. Washington a déterminé, en 1830, la position du Miltsin, situé en vue de Maroc, et celle des Glâoui, un peu plus à l'Est; le premier a 3475 mètres de hauteur au-dessus de la mer. Cette chaîne, peu déchiquetée, semble offrir un grand nombre de sommets, dont les hauteurs diffèrent peu de celle du point culminant.

C'est évidemment le Miltsin que Léon et Marmol appellent Hentêta, du nom d'une fraction des Berbères Mas'mouda[3]. Il est impossible de s'y méprendre; car

[1] *Journal of the royal geographical Society*, etc. 1836; pag. 291.
[2] Le Righi a 1875 mètres, et le lac de Lucerne environ 440 mètres au-dessus de la mer.
[3] Certaines éditions de Léon l'Africain, notamment la dernière édition française de 1830, appellent cette montagne Hantera; Marmol a rétabli le nom véritable. Voir *Études de géographie critique*, par M. d'Avezac, pag. 168.

cette montagne, qu'ils placent dans les environs de Maroc, est, selon eux, la plus élevée, non-seulement de la contrée, mais de tout l'Atlas.

M. Gråberg de Hemsö indique isolément, et en s'éloignant successivement vers l'Est, le Miltsin et les monts Hantera, Anteta et Hentet.

§ II.

J'extrais à la fois de Léon et de Marmol les données suivantes, qui déterminent passablement les montagnes qui se succèdent depuis la mer jusqu'à quelque distance à l'Est de Maroc :

La première partie de l'Atlas, qui s'étend de Tefetna jusqu'à Ir'îl-m-Guigîl, est habitée par les Idevacal ou Aituacal.

A l'Est de cette montagne commence celle de Demensera ou Tenzera, qui s'étend 50 milles $= 93$ kilomètres à l'Est, jusqu'à celle de Nisiffa ou Nefusa. Le grand chemin de Taroudant à Maroc passe entre ces deux montagnes, dont l'une appartient à la province de H'ah'a et l'autre à celle de Maroc.

Nisipha ou Nefusa est une très-haute montagne qui commence à l'Est de la précédente.

Semede ou Cemmede commence à la montagne de Nisipha, dont elle est séparée par la rivière de Sefsava ou Chauchava, et s'étend à l'Est 20 milles $= 37$ kilomètres, jusqu'à celle de Guidimiva.

Sevsava ou Chauchava est au Midi de la précédente;

elle est presque toujours couverte de neige; il en sort une rivière du même nom.

Secsiva est une très-haute montagne au Nord de celle de Chauchava; elle donne naissance à la rivière Assifinval ou Ecifelmel.

Temmelle ou Temmelet est une montagne dont le sommet est occupé par la célèbre ville forte de ce nom.

Gedmeva ou Guidmiva commence, à l'Ouest, à celle de Cemmede; et finit, à l'Est, à la ville d'Imizmizi ou Amizimizi; elle a, au Sud, la montagne de Temmelet; elle a 25 milles = 46 kilomètres de longueur. Les habitants sont des Berbères Hentetes.

Henteta est la plus haute montagne du grand Atlas; elle commence, à l'Ouest, à la montagne précédente, et s'étend 45 milles = 83 kilomètres à l'Est, jusqu'à celle d'Adimmei ou Animmei.

Elgiumuha ou Elgiamaha est une ruine dans la plaine, au bord de la rivière Chauchava, à 7 milles = 13 kilomètres de l'Atlas.

Imegiagen ou Umegiague est sur le haut d'une montagne, à 25 milles = 46 kilomètres de la précédente.

Tenezza est à 8 milles = 15 kilomètres à l'Est de la rivière Acifelmal.

Delgumuha « cité neuve » ou Gemaa-Jidid est sur une montagne fort haute. La rivière Acifelmal prend sa source au bas de la ville; ce nom signifie « la rivière bruyante. »

Imizmizi, Imisimis ou Amizimizi est une ancienne ville bâtie à l'extrémité orientale du mont Gedmeva, à 5 lieues = 28 kilomètres de Gemaa-Jidid. Au Nord, il y a plus de 11 lieues = 61 kilomètres de plaine jusqu'à Maroc; près de là est un passage qui traverse les montagnes et va dans la province de Guzzula ou Gesula. On appelle ce passage Burris ou Barris, à cause de la ressemblance de la neige, qui y tombe continuellement, avec des plumes blanches.

Tumeglast ou Tamdegost est une réunion de trois petits châteaux dans la plaine, à 14 milles = 26 kilomètres de l'Atlas, et à 30 de Maroc = 55 kilomètres.

Tesrast ou Tazarot est une petite ville au bord de la rivière Acifelmal, à 14 milles = 26 kilomètres à l'Ouest de Maroc, et 20 de l'Atlas = 37 kilomètres.

Le nom de la tribu berbère qui peuple la partie occidentale de l'Atlas est évidemment de la forme Aït-Ouakal ou Aït-ou-Akâl, et ressemble assez à celui de Ouiâkel, tribu berbère qui habite le Sud-Ouest du Djebel-'Amour. M. Grâberg de Hemsö l'a remplacé par Aidu-Aghal. Ce nom demeure incertain.

Il en est de même de celui de Demensera, que Marmol a remplacé par Tenzera.

Il est question de cette montagne dans la Relation de ce qui s'est passé dans le royaume de Maroc, de 1727 à 1737, pag. 178 et 183. L'auteur raconte comment le chérif 'Abd-Allah, au mois d'août 1730, battit les indigènes révoltés, dans la province de H'ah'a (Hea), à 5 lieues de la montagne de Tenzera.

La montagne que Léon nomme Nisiffa ou Nisipha, et Marmol Nefusa, est fort probablement la même que celle désignée par Edrîci sous le nom de Djebel-Nfîs, et par Ben-Aiâs sous celui de Nefes-el-Djebel; c'est aussi le nom d'un des affluents principaux de la Tensift, et Marmol dit que c'est de la montagne de Nefusa que sort la rivière du même nom qui va se rendre dans la Tensift.

Le mont Semede ou Cemmede n'est cité, que je sache, par aucun autre auteur que Léon et Marmol.

Sevsava, Sefsava ou Chauchava est facile à rétablir, à cause de la rivière bien connue dont elle porte le nom. Jackson appelle cette rivière Sheshawa, Ali-Bey Schouchâoua [1], et M. Gråberg, sous l'orthographe italienne, Sciusciaua; ces diverses dénominations répondent complétement au nom exact de la rivière de Chouchâoua, connue de M. Delaporte.

Secsiva reste sous cette orthographe; c'est un nom fort douteux.

Tenmâlt ou Tenmâlet est le nom le plus probable de cette ville fameuse, appelée, par la plupart des historiens arabes, Tinmâl. Edrîci dit que c'est la principale des soixante et dix forteresses que renferment les Deren (Dârân-el-'Ad'em); elle fut fortifiée avec soin, en 517 de l'hégire, 1123 de J. C. [2], par Moh'ammed-ben-'Abd-Allah, fondateur de la secte des Mouah'h'edîn [3], vulgairement appelés Almohades, et dont le dis-

---

[1] Ali-Bey, tom. Ier; pag. 251.
[2] *De la domination turque dans l'ancienne régence d'Alger*, par M. Walsin-Esterhazy, pag. 70 et suiv.
[3] *Mouah'h'edîn*, ceux qui proclament l'unité de Dieu. Ce mot dérive

ciple 'Abd-el-Moumen devint, quelques années plus tard, le conquérant de tout le Mor'reb.

Gedmeva ou Guidmiva paraît devoir se rétablir en Djedmîoua ou Guidmîoua. M. Delaporte connaît le village d'Imizmiz dont il est ici question; nous allons le retrouver tout à l'heure sur la route de Davidson. Léon l'Africain y vit un marabout fameux nommé Sidi-Canon, qui, vingt ans après environ, fut pris par les Portugais à Azemmour [1].

Hentêta est, comme je l'ai dit, un nom de tribu; on voit, dans les histoires de Maroc, un certain nombre de personnages qui portent le surnom d'El-Hentêti, c'est-à-dire de la tribu de Hentêta.

Elgiumuha ou Elgiamaha se rétablit facilement en El-Djâma' « la mosquée, » et Delgumuha « cité neuve » ou Gemaa-Jidid, en Djâma'-Djedîd « la mosquée neuve. »

§ III.

Pour placer les villes, et notamment Imizmiz, nous avons besoin de l'itinéraire de Davidson, de Maroc à S'oueira; il est indiqué ainsi qu'il suit [2] :

Le 17 février 1836, départ de Maroc; 2 heures au Sud-Est, puis ensuite Est; on traverse l'Ouad-Zitt et l'Ouad-Ar'mât.

Le 18, arrivée à Trasermout ou Tassremout.

Le 19, après deux rivières, on arrive à la montagne de

---

de *ouah'ed* « un, unique. » Le fameux 'Abd-el-Moumen était un Berbère S'anhâdja, de la tribu des Beni-Oueriâr'el. — Léon, tom. Ier, pag. 18.

[1] Marmol, tom. II, pag. 109. — Léon, tom. Ier, pag. 169.

[2] *Davidson's African Journal*, pag. 58-65.

Gurgâl, d'où l'on voit Maroc; on couche dans le district d'Ourîka; dans le village de ce nom, il y a soixante familles.

Le 20, on traverse 12 villages juifs; on fait halte à un beau cours d'eau, et, à 2 heures, on arrive à Gurgâl, à 12 milles d'Ourîka; la route avait été, dans cette journée, Sud-Ouest et Sud-Sud-Ouest, et on voit de là Maroc au Nord-Ouest. On campe à la rivière, au pied de la montagne.

Le 21. Départ à 9 heures ½. On passe à plus de 30 villages; à 3 heures, on traverse la belle rivière Nfîs (Nfîsa); au-dessus est la ville d'El-Ardjân; on arrive à la nuit à Izmizmiz (Al-Mishmish). La journée a été de 20 milles anglais, Ouest un peu Sud et Ouest-Sud-Ouest.

Le 23. Départ à 9 heures, Ouest un peu Sud pendant deux heures, et ensuite Ouest-Nord-Ouest; on descend la montagne et on fait halte à 1 heure. On marche encore Ouest un peu Sud, et, après une route de 36 milles, on s'arrête à Acifelmal (Sifelmal).

Le 24. Marche pendant 2 heures Ouest-Nord-Ouest, puis 2 heures Ouest un peu Sud, puis Ouest-Nord-Ouest et Nord-Ouest. A 1 heure, on arrive à Râs-el-'Aïn, après avoir passé à trois grands douars des Ouled-es-Seba (Es-Sibà). On arrive après treize heures de marche, et après avoir traversé le district et la rivière de Kihira.

Le 25. Départ à 7 heures. On marche Ouest un peu Nord; on rejoint, dans la soirée, le grand chemin de Maroc; après avoir passé des bois immenses, on arrive, à 8 heures, à S'oueira (Suweïrah).

Cet itinéraire est très-mal indiqué. On s'étonne qu'un voyageur traverse trente villages dans une journée, sans donner le nom d'un seul, et qu'il n'indique pas même le nombre d'heures de marche de toutes ses journées.

Il n'est guère possible de douter que Al-Mishmish,

écrit dans un autre endroit A-Mishmish, ne soit le village d'Imizmiz. Les Berbères prononcent peut-être ce nom *Amizmiz,* et les Arabes *Imizmiz.* Davidson aura peut-être cru que ce nom signifiait « les abricots, » qui se disent *el-michmêch* en arabe. Il donne à ce village cent cinquante familles.

Entre l'Acifelmal et S'oueira, Davidson ne cite qu'une seule rivière, celle de Kihira; et comme il a nécessairement traversé la Chouchâoua, la plus considérable de la contrée, il est à peu près certain que l'Ouad-Kihira est le cours supérieur de cette rivière. Davidson traverse aussi un district du même nom; on y reconnaît sans peine la plaine de Guehera, El-Guera ou Alquera, dans laquelle eut lieu, entre les deux chérifs, le combat qui livra définitivement l'empire à Moh'ammed, le plus jeune des deux [1]. Marmol et Diego de Torres placent cette plaine à 7 lieues de Maroc, au pied Nord de l'Atlas, et sur la route de Taroudant à cette ville, distance beaucoup trop courte, comme presque toutes celles qu'ils indiquent. Le récit lui-même montre que le combat eut lieu bien plus loin de Maroc, puisque le vainqueur, à la tête de six mille hommes de bonne cavalerie, employa 18 à 20 heures pour arriver aux portes de la ville.

La carte de Mouette indique la rivière Lequera et une autre nommée Mesenes.

---

[1] Marmol, tom. Ier, pag. 448 et 457. — Diego de Torres, pag. 52 et 77. — Le combat entre les deux chérifs est du 19 août 1543, d'après Diego; et 1544, d'après Marmol.

Les mêmes auteurs nous font connaître une autre rivière qui doit être un affluent de la Chouchâoua.

En 1537 ou 1538, le marabout Sidi-Rah'al essaya de réconcilier les chérifs; une entrevue eut lieu à moitié chemin de Maroc à Taroudant, sur le bord de l'Ouad-Icîn, nommée Gandelezin par Diego, et Issin par Marmol[1]. Un an environ après cette tentative infructueuse de réconciliation, les chérifs se rencontrèrent à Mascarotan, au pied Nord de l'Atlas, près du passage que traverse la route de Taroudant à Maroc, et près de l'Ouad-Icîn (Isir). J'ai rétabli le nom de cette rivière d'après M. Delaporte, qui en a entendu parler.

Nous ne connaissons pas le détail de la route de Maroc à Taroudant, quoiqu'elle ait été parcourue par plusieurs Européens, entre autres Jackson et Lemprière; ce dernier a employé 42 heures environ, qu'il a évaluées à 125 milles anglais = 201 kilomètres. Dans le haut de l'Atlas, il a traversé la forêt d'Orga. D'après M. d'Avezac[2], il y a 26 heures de Maroc au col de l'Atlas nommé Fedj-aït-Mouça «le col de la tribu de Moïse,» et 20 heures de là à Taroudant. Les pèlerins d'Ouzîoua ont aussi nommé ce lieu à M. Berbrugger[3].

---

[1] Marmol, tom. Ier, pag. 453 et 455, et tom. II, pag. 64. — Diego de Torres, pag. 66 et 70.

[2] *Études de géographie critique*, pag. 171. — Voir ci-dessus, pag. 40.

[3] Voir ci-dessus, pag. 157.

§ IV.

Bekri indique d'une manière incomplète la route d'Ar'mât à Igli, de son temps capitale de Sous; voici cette route :

Ar'mât.	
Nfîs............................	1 jour.
Afîfen, vallée très-arrosée...............	1
Tâmrouret ou Tâmzourt................	1
Là, on commence à gravir les Deren.	
Passage à El-Mellâh'a « la saline, » puis, forêts immenses; on arrive à Ast'ouânat-Abi-'Ali « les portiques d'Abi-'Ali. »................	1 ?
A droite de cet endroit, à 1 jour, est Tazrârat avec une mine d'argent.	
Beni-Mar'ous.......................	1 ?
A droite sont les Beni-Lmâs.	
Igli, capitale de Sous..................	1
	6 ?

Il doit y avoir un chemin direct d'Ar'mât à Igli, puisque entre Ar'mât et Imizmiz se trouve, d'après Léon et Marmol, un passage qui mène dans la province de Guezoula; cependant, comme notre itinéraire ne traverse l'Atlas qu'après 3 jours, il devient probable qu'il fait à l'Ouest un grand détour pour trouver des montagnes moins hautes. Nfîs ou Ouad-Nfîs de Cochelet se trouve d'ailleurs à l'Ouest d'Ar'mât, puisque Bekri le place sur la route de cette ville à la mer, ainsi que nous le verrons page 200.

Le passage de l'Atlas, voisin d'Ar'mât et d'Imizmiz, s'appelle, d'après Léon, Burris, et, d'après Marmol, Barrix ; l'étymologie de ce nom permet de le rétablir en celui de *Bou-Rích* « le père des plumes. »

Il y a deux villes d'Armât : Ar'mât-Ourîka, à l'Ouest, et Ar'mât-Aïlân, à l'Est, à 6 milles = 9 kilomètres, suivant Edrîci, et à 8 milles = 12 kilomètres, suivant Bekri. La première est la célèbre et antique Ar'mât, première capitale des Mrâbt'în ou Almoravides ; les Lamtouna avaient reçu ce surnom, qui signifie « les marabouts. » On a quelquefois confondu leur nom avec celui des Lamt'a, dont ils formaient une fraction, quoique les deux mots n'aient rien de commun.

Ar'mât-Ourîka n'est plus qu'un misérable village qui n'a conservé que la seconde partie de son nom, et qui renferme soixante familles, ainsi que nous l'apprend l'itinéraire de Davidson. Je ne sais si Aïlân subsiste toujours ; c'est probable, puisque l'une des portes de Maroc s'appelle encore aujourd'hui Bâb-Aïlân.

Le nom de l'Ouad-Ar'mât, qu'a traversée Davidson, et celui d'une porte de Maroc, Bâb-Ar'mât, prouvent que le nom de l'ancienne capitale n'a pas non plus disparu.

Suivant M. Washington, Ar'mât-Ourîka est à 43 kilomètres au Sud de Maroc, au pied du Miltsin. M. Grâberg place Ar'mât à sa véritable position, et un mont Urica à 145 kilomètres à l'Est de Maroc.

§ V.

La ville de Maroc, fondée en 1073[1] par le fameux Ioucef-ben-Tachfin, occupe une superficie considérable, mais qui offre beaucoup de places vides; elle atteignit sa plus grande prospérité presque au début, et depuis longtemps elle ne fait que déchoir. Jackson évaluait sa population, en 1811, à deux cent soixante et dix mille habitants; mais Ali-Bey, en 1804, ne lui en donnait que trente mille, ce qui est plus probable; on peut retrancher généralement un zéro et quelquefois deux aux nombres fixés par Jackson. M. Washington a évalué cette population, en 1830, à quatre-vingt ou cent mille habitants; M. Grâberg à cinquante mille, en 1834.

Un grand nombre d'Européens ont visité Maroc, qu'on peut, encore aujourd'hui, atteindre et visiter sans beaucoup de difficultés. Les principales descriptions de cette ville sont dues à Léon, Marmol, Diego de Torres, Ali-Bey et M. Washington.

Maroc est bâti dans une belle et vaste plaine, et reçoit de l'eau par des conduits qui la prennent au pied de l'Atlas. Les détails géographiques manquent, presque complétement, dans les environs de Maroc; nous n'y connaissons aucune tribu, aucun village; ceux-ci paraissent bâtis presque exclusivement dans les pentes des montagnes.

Faute de meilleurs renseignements, je donne une liste des villages cités par différents auteurs :

[1] Cooley, *The Negroland of the Arabs*, pag. 3.

DE L'EMPIRE DE MAROC.

Villages voisins de Maroc :
1° Suivant Marmol, tom. II, pag. 68 :

Hauz,
Astar,
Izquineden,
Sour-el-Djouhora,
Cort-Tuben,
Terguin,
Hara,
Sour-el-Focora.

2° Ali-Bey (d'après la carte) :

Acorich...................	26 kil.	s.
Caracabt...................	26	s.s.o.
Tamsaloaht.................	17	s.s.o.
Ferouga...................	40	s.

3° Cochelet :

Meramer..................	2 jours	de Maroc.

Misikala,
Kousumt,
Tahora,
Imintanout,
Aït-'Abdallah,
Acifelmal,
Tesguin et Imizmiz.............. 1
Agargor, sur une haute montagne... 0 ¾
Tahannaout.................. 1
Ouad-Nfis, dans les montagnes.

4° Davidson :

Roosempt,

Towra,
Towright,
Aït-Attab,
Tedeeli,
Tisguin,
Argum,
Tamazert.

5° M. Gråberg de Hemsö :

Aïn-Toga	14 kil.	s. de Maroc.
Omara	13	s.o.
Tefilia	40	n.o.
Monzella	18	n.n.o.
Imintanout	105	s.o.

Quatre forteresses défendent Maroc (pag. 228); ce sont :
Keit-Rossum,
Gerari,
Uled-Auvar,
Roïa.

Aucun des villages indiqués par Marmol n'est connu de position. Sor-el-Giohora a été facile à rétablir en Sour-el-Djouhora « la muraille de la perle; » Sour désigne le mur d'enceinte d'une place. Cort-Tuben paraît être Gourt'-ou-Teben « foin et paille. » Terguin est évidemment Tesguîn de Cochelet et Tisgin de Davidson, qui le signale comme un grand bourg de deux cents familles. Cochelet le cite avec Imizmiz (Hamismis); il place ces deux villages à 1 jour de Maroc, au pied de l'Atlas; de là on voit cette capitale.

Ferouga d'Ali-Bey est indiqué, par M. Washington, sous le nom de Fruga.

Nous retrouverons Merâmer ou Mrâmer non loin d'Asfi. Misikala n'est que très-vaguement indiqué par Cochelet; M. Gråberg de Hemsö le place à 22 kilomètres au Sud-Est de S'oueira, au bord de l'Ouad-el-R'ored.

Kousumt de Cochelet est évidemment Roosempt de Davidson et la place forte de Keit-Rossum de M. Gråberg; le nom véritable de ce point, dont la position reste inconnue, paraît être Roucemt.

Tahora et Towra désignent le même village. Imin-Tanout « la bouche du puits » est rétabli d'après M. Delaporte.

Acifelmal est, suivant Davidson, un bourg sur le Wad-el-Fis; le voyageur a voulu désigner ici l'Ouad-Nfis; le nom même du lieu ne permet pas de douter qu'il ne soit sur la rivière dont il porte le nom.

Aït-Attab est une tribu déjà indiquée par Jackson et connue de M. Delaporte, qui pense que Tedeeli de Davidson doit être Tedekli. Je n'ai rien à dire des autres points; ils nous sont tout à fait inconnus de position.

Au nombre des villages des environs de Maroc, Marmol cite Meremer, c'est-à-dire Mrâmer, dont je parlerai, page 200, et une ville de Chauchava, c'est-à-dire Chouchâoua, sur la rivière du même nom, à 5 lieues au Nord de Maroc. Cette indication est très-fautive; c'est évidemment « 15 lieues à l'Ouest » que l'auteur aurait dû dire, puisque la distance en ligne droite est d'environ 75 kilomètres. Cette ville, selon toute apparence, complétement ruinée aujourd'hui, a été, pendant quelques années, la place de guerre des chérifs, avant qu'ils se fussent emparés de Maroc[1].

Il existe une petite tribu berbère de Chouchâoua en Algérie, entre les monts Ouanserîs et Orléansville.

Marmol cite une rivière de Luyden, à 2 lieues de Maroc; Diego de Torres appelle cette même rivière Riden. Mouette place sur sa carte, à l'Est de Maroc, une rivière Louydin[2].

Suivant M. Delaporte, Mesfîoua est sur une rivière nommée Ouad-Guejji, et Sidi-Rah'al sur une autre nommée Ouad-R'eddâd.

§ VI.

Nous avons à placer entre Maroc, S'oueira, l'Atlas et la Tensift, un assez grand nombre de villes et de villages aujourd'hui ruinés. Léon et Marmol seront encore ici presque exclusivement nos guides.

Un des points les plus intéressants à retrouver est le château de Gouz, dont Marmol écrit le nom tantôt Guz, tantôt Aguz, et qu'il place à 2 lieues à l'Ouest d'Asfi, près de l'embouchure d'une rivière du même nom; il raconte qu'à la fin du mois de mars 1514, le gouverneur portugais d'Azemmour, revenant de Tednest, ville de la province de H'ah'a, à Asfi, fut arrêté

---

[1] Marmol, tom. Ier, pag. 447, et tom. II, pag. 68. — Diego de Torres, pag. 34 et 35.

[2] Marmol, tom. Ier, pag. 458. — Diego de Torres, pag. 80. — Mouette, sur sa carte, et pag. 452.

pendant trois jours par la rivière d'Aguz, alors enflée par les pluies [1]. Comme il fallait nécessairement passer la Tensift, ces détails démontrent que la rivière d'Aguz n'est autre que cette rivière. La distance de 2 lieues ou 11 kilomètres à l'Ouest d'Asfi est à la vérité beaucoup trop faible, puisque l'embouchure de la Tensift en est éloignée de 32 kilomètres; on serait donc tenté de chercher l'embouchure de la rivière de Gouz au Nord de la Tensift; mais les concordances que Marmol cherche à établir entre ces deux embouchures, qu'il croit différentes, et celles qu'indique Ptolémée, montrent qu'il ignorait le cours inférieur de la Tensift, et qu'il la faisait tomber dans la mer, au Nord de celle de Gouz et tout près d'Asfi.

La ville de Gouz, défendue par un château voisin et déjà ruinée du temps de Marmol, était soumise et payait contribution aux Portugais lorsqu'ils possédaient Asfi [2]. C'était, de plus, un port de quelque importance, d'après Léon, qui l'appelle Goz.

Le château de Gouz fut emporté, vers l'année 1515 ou 1516, par les chérifs, peu de temps après la tentative des Portugais contre la ville de Maroc [3].

Cette ville est mentionnée par Bekri sous le nom de Rbâ't-K'ouz ou Gouz « le monastère de Gouz; » c'était, de son temps, le port d'Ar'mât-Ourîka, et la route suivante unissait ces deux points :

[1] Marmol, tom. II, pag. 14, 84, 86, 104, 110.
[2] *Ibid.* pag. 86 et 110.
[3] Diego de Torres, pag. 22.

Ar'mât-Ourîka.
Nfîs..	35 milles
Chouchâoua (Chafchâoun)...............	30
Mrâmer.....................................	30
Rbât'-Gouz................................	25
	120

Nfîs désigne ici un point situé sur la rivière de ce nom, probablement le même que Cochelet a signalé sous le nom de Ouadnefiche. Chouchâoua est facile à reconnaître, quoique assez défiguré. Il s'agit sans doute ici de la ville située sur la rivière du même nom. Mrâ-mer est situé, selon Léon, à 14 milles d'Asfi, et à 5 lieues à l'Est, selon Marmol, dans la province de Dekkâla, et, par conséquent, au Nord de la Tensift, Cochelet l'indique à 2 jours de Maroc; M. Delaporte connaît aussi le nom de ce village. Ces indications permettent de placer passablement Mrâmer, en même temps qu'elles lèvent tous les doutes qu'on pourrait avoir sur la concordance du port de Gouz de Bekri avec le port du même nom indiqué par Léon et Marmol[1].

Le premier point indiqué au Sud d'Asfi, dans la carte catalane et dans les autres cartes les plus anciennes, est Gux, Gus ou Gur; elles ne mentionnent point la Tensift : un peu plus tard, le premier de ces noms disparaît pour faire place au second. Les cartes de Sanson, de 1656, placent Goza d'après Léon et

---

[1] M. Quatremère avait pensé avec raison que Rbât'-K'ouz était le Goz de Léon; mais il s'est singulièrement mépris en plaçant ce port à l'embouchure de la rivière d'Agâder, c'est-à-dire de l'Ouad-Sous.

Marmol, et mettent l'embouchure de la Tensift sous les murs d'Asfi; ce qui montre combien cette côte était peu connue au milieu du xvii° siècle, après avoir été fréquentée, connue et presque entièrement possédée par les Portugais un siècle auparavant. Les cartes de Mouette et de Braithwaite appellent la Tensift rivière Goudet, nom qui rappelle celui de Gouz; ils la font aussi jeter dans la mer tout près d'Asfi. La carte de Dapper, de 1686, paraît résoudre tout à fait la question, puisque la Tensift y est indiquée sous le nom de Rio Dagas, faute évidente pour Rio Daguz; c'est ainsi qu'on y trouve cap Dosera pour cap d'Osem, et île Domegator pour île de Mogador. La même carte, par un double emploi dans les noms, très-fréquent en pareille matière, indique Goza un peu au Nord de l'embouchure de la rivière.

Depuis près de deux siècles, le nom de Gouz a disparu des cartes; celle de M. Gråberg, qui peut passer pour une nomenclature de tous les noms géographiques marocains alors connus et de leurs variantes, place le port de Goz à 75 kilomètres au Sud de S'oueira.

Les ruines de Gouz existent toujours; elles sont au bord de la mer, et à peu de distance de la rive droite de la Tensift; elles sont indiquées sans nom par M. Arlett. Il serait bien intéressant de savoir si elles ont conservé leur nom ancien; rien ne serait plus aisé, pour les Européens qui résident à S'oueira, que d'apprendre le nom de ces ruines, si faciles à désigner, en interrogeant un habitant de la localité.

§ VII.

L'itinéraire suivant est emprunté à Léon et à Marmol; comme ils diffèrent sur plusieurs points, j'ai mis en regard les indications des deux auteurs :

	LÉON.		MARMOL.	
Tednest.				
Takoulet................	18 milles	o.		
Hadechis................	8	s.	3 lieues	s.
Ileusugaghen............	2	s.	3	s.
Tihout..................	10		4	o.
Tesegdelt...............	12	s.	4	
Tagtessa................	4		5	s.
Aït-Dïouit..............	15	s.	5	s.
Ir'îl-m-Guiguil..........	6	s.	2	s.
Tefetna.................	40	o.	14	o.

Cet itinéraire peut être tracé assez facilement, car Tefetna nous est connue, et Takoulet, dont le nom est connu de M. Delaporte, est, selon nos auteurs, voisin du port de Gouz; il y passe un ruisseau qui va se jeter près de là dans la mer.

Tednest était, il y a plus de trois siècles, la capitale de H'ah'a; il ne faut pas oublier que la province de H'ah'a, dans Léon et Marmol, comprend le territoire des Chiâdma. Les Portugais la prirent et la saccagèrent au mois de mars 1514[1]. Marmol, racontant cette expédition, dit que les Portugais rencon-

---

[1] Marmol, tom. II, pag. 8, 9, 103, 104. — Diego de Torres, pag. 26-28.

trèrent les chérifs qui venaient au-devant d'eux, à 4 lieues de Tednest et à 18 d'Asfi, ce qui placerait Tednest à 22 lieues = 122 kilomètres de cette ville; aussi a-t-il retranché l'indication de Léon qui la place à 18 milles à l'Est de Takoulet et, par conséquent, à 20 ou 25 milles au plus à l'Est ou au Sud-Est de l'embouchure de la Tensift; néanmoins il est probable que la distance de 22 lieues est trop forte. La position de Tednest est donc un peu incertaine; cette ville était dans une belle plaine, au bord d'un ruisseau qui prenait sa source tout près de là; selon Marmol, elle contenait, de son temps, plus de trois mille habitants.

Teculeth d'après Léon, Teculet d'après Marmol, était bâtie sur la pente d'une montagne, et contenait, selon ce dernier, plus de quinze cents habitants.

Hadechis ou Hadecchis de Léon, et Hadequis de Marmol est une petite ville en plaine, composée de cent maisons d'après le premier, et de mille d'après le second.

Ileusugaghen ou l'Eusugaguen est sur le haut d'une montagne.

Tihout est un lieu dont le nom est connu de M. Delaporte; Léon écrit Teijeut, et Marmol, Techevit; cette bourgade est en plaine : elle fut prise, en 1514, par les Portugais, et repeuplée un peu plus tard.

Tesegdelt se trouve dans Edrîci sous la forme Tesekdelt, comme nom de tribu berbère. Cette ville était sur le haut d'une montagne au pied de laquelle passe un ruisseau, qui va à Tihout.

Tagtessa ou Tegteza, bâtie sur le haut d'une grande montagne, n'est citée que par nos deux auteurs.

Aït-Dîouit est une tribu berbère connue de M. Delaporte; la ville de ce nom était sur un haut plateau très-arrosé.

Ir'îl-m-Guiguîl, signifie « la colline des orphelins, » d'après M. Delaporte; Léon avait écrit ce mot Ighil-mghighil, et Marmol, Egueleguingil. Ce village est bâti sur une montagne.

Léon et Marmol indiquent plusieurs autres villes dans la même contrée, qui paraît avoir été fort peuplée et qu'ils ont sans doute mieux connue que la plupart des autres parties de l'empire.

Culeihat-el-Muridin de Léon, et Culeihat-el-Muhaydin de Marmol, qui dit que ce nom signifie « la forteresse des prédicateurs, » se rétablit facilement en K'lia't-el-Mouah'h'edîn[1], « la forteresse des Almohades. » C'était une place forte, sur le sommet d'une montagne, à 18 milles = 33 kilomètres au Nord d'Aït-Dîouit, et à 1 mille $\frac{1}{2}$ = 2,800 mètres de la montagne de Tesegdelt. Elle fut bâtie, vers 1450, par un nommé 'Omar, natif de cette dernière ville, et qui fut enterré dans la ville qu'il avait fondée; son tombeau y était encore visité en grande dévotion, du temps de Marmol.

Alguel était une ville bâtie sur une montagne escarpée; sa position est un peu incertaine; Marmol, dans le récit d'une expédition des Portugais en 1516, dit qu'elle est à plus de 3 lieues de Miat-Bîr, petite ville de la

---

[1] Voir ci-dessus, pag. 187.

province de Dekkâla, et par conséquent au Nord de la Tensift et près du chemin d'Asfi à Alguel.

Marmol, tome I, pages 480 et 481, parle d'Alguel ou Alguer, situé près de Bibone, passage de l'Atlas entre Maroc et Taroudant; je pense que ce n'est pas d'Alguel qu'il est question ici, mais d'El-Guehera, que Diego appelle aussi Alquera.

Bibone peut être Bîbân, « les portes, » ou Bibaouân, nom d'une montagne que nous connaissons dans cette contrée [1].

Cette petite ville de Miat-Bîr, ou les cent puits, ainsi nommée à cause des nombreuses mat'moura ou silos dont elle était environnée, était probablement assez près de la Tensift; Alguel en était éloigné de plus de 3 lieues, c'est-à-dire de 18 à 20 kilomètres.

Mouette, page 176, parle de Dar de mia del Bire, ou maison des cent puits, près de Saphy.

Agobel était une petite place forte dont Marmol n'indique nullement la position, si ce n'est par un renseignement qu'il donne en parlant de la montagne d'Aituacal; la ville d'Agobel, dit-il, aboutit à cette montagne, qui n'a point d'autre place fermée que celle-là. Elle fut prise par les Portugais en même temps que Tednest.

Amagor était une ville de huit cents feux, défendue par deux rochers escarpés et par deux grandes rivières. Pour déterminer approximativement la position de cette ville, il faut suivre le récit de Marmol.

[1] Voir ci-dessus, pag. 183.

En 1516, les Portugais, accompagnés d'Arabes de la campagne de Moradiz, partirent d'Asfi, passèrent sur le territoire des Chiâdma, puis à Tazamor, et arrivèrent au village de Fecefiz, à 1 lieue de Tefetna et à 8 lieues de Santa-Cruz; les habitants s'étant enfuis à leur approche, ils se dirigèrent sur Amagor, où ils arrivèrent 2 heures avant la nuit.

Ces détails placent Amagor à peu de distance vers le Sud-Est de Tefetna. Tazamor reste très-incertain de position, ainsi que la campagne de Moradiz, voisine sans doute d'Asfi, mais que l'auteur cite dans ce seul passage.

Mesquerez ou Mesquerezo est un lieu du pays des Chiâdma, situé à l'Est de la montagne Algarrobe [1].

Il y avait encore dans la même contrée une ville nommée Anega, près de laquelle les Portugais essuyèrent une défaite en 1517, mais où périt l'aîné des trois chérifs, 'Abd-el-Kebir [2].

Les Portugais poussèrent, en 1515, leurs expéditions jusqu'à la ville d'El-Bordj (Borge), située dans la pente du grand Atlas, à plus de 25 lieues d'Asfi [3].

Marmol cite, parmi les villes qui payaient contribution aux Portugais à Asfi, les villes d'Aguz, Aguer et Namer; la position de cette dernière demeure incertaine; son nom est probablement Nemer « la panthère. »

M. Washington a placé, entre S'oueira et Maroc, un

---

[1] Marmol, tom. II, pag. 87. — Diego de Torres, pag. 32.
[2] *Idem*, tom. Ier, pag. 447. — Diego de Torres, pag. 34.
[3] *Idem*, tom. II, pag. 87.

point qu'il nomme Soor-Lawid; M. Grâberg de Hemsö a rétabli ce nom en celui de Sour-el-'Abîd « la muraille ou l'enceinte des noirs, » aussi connu de M. Delaporte; il a placé ce point plus à l'Est que M. Washington, au bord de l'Ouad-Chouchâoua; de sorte que ce seraient peut-être les ruines de l'ancienne ville de Chouchâoua[1]. M. Washington trace près de Sour-el-'Abîd une rivière Issawa, et comme il n'indique pas la Chouchâoua, il est évident qu'Issawa n'est autre chose que ce nom très-défiguré : M. Grâberg de Hemsö en a fait deux rivières différentes.

Djebel-el-H'adîd, ou la montagne de fer, située entre la Tensift et S'oueira, a été indiquée par Léon et Marmol, qui la visitèrent, le premier en 921 de l'hégire, ou 1516 de J. C. et le second en 1542. Les habitants sont des Berbères Regraga ou Recrec, de la tribu de Mas'mouda, comme tous ceux de la province de H'ah'a.

M. Arlett a relevé, il y a dix ans, les principaux sommets de ces montagnes, dont le plus élevé atteint 704 mètres. Le plus voisin de la mer, haut de 640 mètres, est couronné par une k'oubba que M. Arlett nomme Sidi-Wasman, mais que j'ai rétablie, d'après M. Delaporte, en Sidi-'Otmân.

M. Arlett place, entre la Tensift et le Djebel-el-H'adîd, la plaine d'Ak'armoud, déjà indiquée par Jackson et M. Grâberg, mais dans une position un peu différente; M. Delaporte connaît cette plaine, qui doit

[1] Voir ci-dessus, pag. 198.

son nom à une ruine appelée de même; ce mot signifie
« des briques. »

M. Delaporte connaît aussi la k'oubba de Sidi-'Abd-
Allah, indiquée par M. Arlett, et de Sidi-bou-Zerrouk',
indiquée déjà par Jackson, sous le nom de Busuructon,
et par M. Gråberg, sous celui de Bu-Suruc.

M. Gråberg indique, entre Karmot, c'est-à-dire
Ak'armoud et S'oueira, un point nommé Tela, et,
plus à l'Est, Dar-Billah et Sidi-Ma. Ces dénominations
s'appliquent peut-être à quelques-unes des ruines que
j'ai nommées d'après Léon et Marmol, et qui auraient
changé de nom.

Ali-Bey, en traversant les montagnes situées à l'Est
de S'oueira[1], dit qu'elles sont très-belles, et parsemées
de maisons isolées. Elles sont couvertes de bois d'Argân,
dont le fruit, excessivement dur, renferme une amande
plate dont on fait de l'huile[2]. Léon, Marmol, et beaucoup d'autres ont fait connaître ce fruit et ses usages.

M. Gråberg de Hemsö place, à l'Est de S'oueira, une
plaine de Helin; cette plaine n'est pas indiquée exactement, ou bien elle est fort petite, car la contrée qu'elle
désigne est occupée par des montagnes; les premières,
à l'Est de cette ville, s'appellent, d'après M. Delaporte,
Djebel-Iknâfa; près de là, un peu plus au Sud, et à
1 jour à l'Est de S'oueira, sont les montagnes d'Aït-
Zilten ou Aït-Zeld'en.

---

[1] Ali-Bey, tom. Ier, pag. 253.
[2] M. Delaporte a eu l'obligeance de me donner des noix d'Argân
recueillies aux environs de S'oueira.

D'après le journal *l'Algérie* du 12 septembre 1844, les autorités marocaines de S'oueira étaient réfugiées, après le bombardement, au village kabile ou berbère d'Aït-Yazin, à 5 lieues de la ville. C'est évidemment le même village qu'indique M. Grâberg sous le nom de Dâr-Aït-Isim; M. Delaporte connaît la tribu berbère Aït-Iacîn, ce qui rectifie les deux noms précédents.

La carte de M. Grâberg indique encore un point nommé Ben-Hamouda sur la rive gauche de la Tensift, à 13 kilomètres de la mer, et un mont Gargaia situé près de la k'oubba de Sidi-Mokhtâr; ce dernier point, quoique convenablement déterminé par Ali-Bey, a été déplacé sur la carte de M. Grâberg, je ne sais d'après quelle autorité.

§ VIII.

Asfi est une très-ancienne ville dont le nom a été défiguré de bien des manières; on l'a appelée, le plus souvent, Asafie, Saffy, ou Safi. Son nom primitif nous est indiqué par M. Berbrugger; les pèlerins berbères d'Ouzîoua, dans leur itinéraire maritime, ont désigné cette ville sous le nom d'Asfi-Azâr', nom qui se retrouve au commencement de l'itinéraire de Moula-Ah'med, sous les formes Acif-Azâr' et Asfi-Azâr'a, et qui semble y désigner l'Ouad-Dra'a. Le premier de ces mots signifie « rivière » en berbère; je ne connais pas le sens du second.

Au commencement de l'année 1508, les Portugais, profitant de dissensions politiques, s'emparèrent d'Asfi sans coup férir, et la conservèrent jusqu'en 1541 [1], époque à laquelle ils l'abandonnèrent volontairement. La ville reprit bientôt son ancienne splendeur, et elle fut le centre d'un commerce important jusqu'à la fondation de S'oueira. Depuis lors elle n'a fait que déchoir; on dit pourtant qu'elle renferme encore dix mille habitants; ce qui est sans doute, et comme toujours, bien exagéré, puisque le comte de Breugnon, en 1767, n'évaluait qu'à sept ou huit mille sa population, qui ne peut qu'avoir diminué depuis cette époque [2]. Chénier, qui en 1767 et 1768 y passa la première année de son consulat, n'en donne pas d'évaluation; il décrit les environs de la ville comme tristes et déserts.

Une petite vue d'Asfi et des environs, prise en mer, a été donnée par M. Arlett dans ses cartes de la côte occidentale de Maroc.

§ IX.

Quoique la route d'Asfi à Maroc ait été parcourue par un grand nombre d'Européens, nous ne la connaissons que par l'itinéraire du comte de Breugnon

---

[1] Marmol, tom. II, pag. 81 et 83.

[2] Chénier dit que les Portugais abandonnèrent Asfi en 1641, et M. Thomassy (*Relations de la France avec le Maroc*, p. 156) indique la date 1661. Ces nombres paraissent provenir d'une erreur pour 1541; cependant la faute de Chénier, si elle existe, n'est pas seulement typographique, car il répète cette date plusieurs fois (tom. II, pag. 434; tom. III, pag. 37, 38, 561). Je n'ai vu nulle part que les Portugais se soient emparés une seconde fois d'Asfi; mais il existe si peu de documents relatifs à cette ville, que je n'ai pu éclaircir tout à fait la question.

conservé dans les archives du ministère des affaires étrangères, et rapporté par M. Thomassy, dans son intéressant ouvrage sur l'empire de Maroc, page 159. Le comte de Breugnon, envoyé extraordinaire à la cour de Maroc, emmenant avec lui Chénier, qu'il devait laisser comme consul, partit d'Asfi le 11 mai 1767. Voici son itinéraire [1]:

Asfi.		
Azac-Ham-Zima, plaine assez bien cultivée....................	1 jour.	
Grilna-Rasselin, saline minérale, 10 h^{res}.	1	
Bitinef, au bord d'un ruisseau.........	1	
Soint-Horra....................	1	
Macharra......................	1	
Ben-Himy, sur la rivière de Maroc.....	1	
Maroc.........................	0	2 lieues.
	6 jours et 2 lieues.	

Les noms sont tellement défigurés qu'on ne peut deviner ce qu'ils représentent. Dans le nom de la deuxième station, on reconnaît Râs-el-'Aïn « la tête de la source, » sans doute le même point que M. Grâberg de Hemsö place à moitié chemin d'Asfi à Maroc. Macharra est évidemment Mechra', « le gué; » ce n'est donc pas un nom.

Notre itinéraire indique à la deuxième station une

[1] Chénier n'a pas parlé de cette route; il en a, du reste, parcouru beaucoup d'autres dont il ne dit pas un mot; on peut adresser le même reproche à Jackson. On est étonné que ces deux auteurs, qui ont parcouru l'empire de Maroc presque dans tous les sens, en aient laissé des descriptions aussi défectueuses.

saline minérale, c'est-à-dire une sebkha, déjà signalée par Jackson et M. Gråberg, mais trop près d'Asfi.

La même sebkha est indiquée avec quelques détails dans l'itinéraire d'une ambassade portugaise, envoyée à Maroc en 1773, rapporté par *le Panorama*[1], journal qui se publie à Lisbonne. M. Ferdinand Denis, qui me l'a communiqué, a eu l'obligeance de m'en faire la traduction. Cette ambassade a employé cinq jours à parcourir cette route, que l'auteur, Marques de Cavalho, n'évalue qu'à 18 lieues.

Diego de Torres, racontant le siége d'Asfi par le chérif de Maroc, en 1539, parle d'une fontaine de Rebazal, située à une demi-lieue de la ville et probablement à l'Est, d'après son récit.

Marmol et Diego de Torres citent un lieu, nommé *Cheris*, près duquel Nuño Fernandez d'Atayde fut tué au mois de mai 1517. On peut conclure de son récit que ce point était à 60 kilomètres environ d'Asfi, dans la direction de Maroc[2].

§ X.

Azemmour est une ville fort ancienne, dont le nom signifie, comme je l'ai dit, « les oliviers[3]. » On l'appelle ordinairement Azamor. Attaquée sans succès par les Portugais, en 1508, elle fut prise par eux, vers le 1ᵉʳ septembre 1513, et abandonnée trente-deux ans

---

[1] *O Panorama, jornal litterario*, etc. Lisboa, 1839.
[2] Marmol, tom. II, pag. 89. — Diego de Torres, pag. 36.
[3] Voir ci-dessus, pag. 30.

plus tard. Peu de temps après, vers le commencement de l'année 1546, le chérif Moh'ammed voulait la faire raser, mais il abandonna ce projet, et céda aux sollicitations de trois marabouts [1] très-influents, qui allèrent s'y installer, et furent suivis d'un assez grand nombre de personnes, auxquelles ils firent croire qu'ils avaient le pouvoir de les garantir des incursions des Portugais. Après une marche de nuit, Louis de Lorero, gouverneur de Mazagan, entra un jour dans la ville et emmena prisonniers les trois marabouts, qui furent obligés de laisser sept de leurs enfants en otage et comme garantie du payement des vingt-deux mille ducats qu'on exigea pour leur rançon. Ces trois personnages étaient Sidi-'Abd-'Allah-ben-Sâci, Sidi-Moh'ammed de Caque et Sidi-Canon ou Cannon : ce dernier est le même que Léon rencontra à Imizmiz [2]. Le second n'est connu que par le récit de Diego de Torres; le premier, le plus vénéré des trois, a été enterré au bord de la Tensift, à 22 kilomètres à l'Est de Maroc. C'est près de l'ermitage de ce saint personnage [3] et avec sa médiation, qu'eut lieu l'entrevue à la suite de laquelle le chérif Ah'med abandonna définitivement à son frère Moh'ammed tous ses droits à l'empire, et prit le parti de se retirer au Tafilélt.

Azemmour, situé, d'après M. Arlett, sur une colline

[1] Marmol, tom. II, pag. 109, n'en cite que deux. — Voir Diego de Torres, pag. 95.
[2] Voir ci-dessus, pag. 188.
[3] Diego de Torres, pag. 79.

de 36 mètres de hauteur au-dessus de la mer, n'est plus aujourd'hui qu'un grand village de six à sept cents habitants.

D'après Chénier, le flux se fait sentir dans l'Omm-er-rbi'a, jusqu'à 5 ou 6 lieues de la mer. Aux environs d'Azemmour, jusqu'à 15 lieues = 67 kilomètres, on ne trouve d'autre eau douce que celle des puits.

Les cartes du xive au xvie siècle appellent le cap voisin d'Azemmour, au Nord-Est, Scossor, Fcossor, Zozor, etc. Dans celles de Sanson, ce cap est désigné sous le nom de *Cacorum caput*, forme latine du même nom un peu défiguré.

§ XI.

Mazagan, dont le vrai nom est El-Brîdja « le fortin, » fut fondée, en 1506, par les Portugais, et prise, par le sultan Moh'ammed, en 1769, au moment où le Portugal se disposait à l'abandonner. Aujourd'hui c'est un village de deux cents habitants.

Diego de Torres cite les puits d'Aillon [1], à 8 lieues de Mazagan, dans la direction de Maroc. Au lieu de s'en rapporter à cette indication de distance, il vaudrait peut-être mieux la traduire par le tiers de la distance qui sépare Mazagan de Maroc; car Diego de Torres l'évalue à 2 jours et demi, et la journée à 10 lieues, ce qui fait 25 lieues [2].

---

[1] Le nom de ces puits n'est peut-être autre chose que *'aïoun* « les fontaines. »

[2] Diego de Torres, pag. 50 et 96.

Conte était une ville située à 20 milles = 37 kilomètres d'Asfi, suivant Léon, près du cap d'Esparte, dit Marmol. Il n'est guère probable que Marmol ait voulu désigner par là le cap Spartel; car la distance et la ressemblance des noms placent cette ruine au cap Cantin, nommé par les indigènes Kantîn, suivant M. Delaporte; et Ras-el-H'udik ou Ras-el-H'adik, suivant M. Gråberg, M. Arlett et quelques autres géographes; la signification qu'ils indiquent permet de rétablir ce nom en Râs-el-H'adaïk'. H'adîka désigne un jardin et aussi une plantation de palmiers.

T'ît' fut soumise aux Portugais lorsqu'ils devinrent maîtres d'Azemmour; elle fut bientôt abandonnée, et depuis lors elle est restée à l'état de ruine. Les Européens y faisaient le commerce depuis fort longtemps.

Cernu est une petite ville à 3 lieues d'Asfi, entre cette ville et Azemmour [1].

Mrâmer et Miat-Bîr sont déjà placés [2].

Beni-Mer'er est une fraction des Berbères Chiâdma, suivant Marmol; elle donne son nom à une montagne située à 10 ou 11 milles à l'Est d'Asfi = 18 à 22 kilomètres. Les plaines des environs sont occupées par les R'arbîa et les 'Abda.

Telmez et Umez sont deux petites villes à 5 lieues = 28 kilomètres à l'Est d'Asfi, dans la pente de la montagne de Beni-Mer'er.

---

[1] Marmol, tom. II, pag. 104, 107, 110.
[2] Voir ci-dessus, pag. 195, 200, 205.

La montagne verte ou Djebel-el-Akhd'er commence, à l'Est, près de l'Omm-er-rbî'a, et finit, à l'Ouest, aux montagnes de Hesara : cette dernière n'est citée que par Léon. Ali-Bey a traversé ces montagnes en allant d'Azemmour à Maroc, mais il n'a pas su leur nom.

Léon place au pied du Djebel-el-Akhd'er, mais malheureusement sans dire de quel côté, un lac poissonneux dont les rives sont vertes et riantes, et qu'il compare au lac de Bolsena, de la campagne de Rome, qui a environ 12,000 hectares de superficie.

Marmol dit que de cette montagne, située à 18 lieues de Maroc, on aperçoit les pommes d'or qui surmontent l'un des minarets, ce qui est impossible. Cette montagne se voit de très-loin, quoiqu'elle soit peu considérable. M. Washington l'a placée sur sa carte.

El-Mdîna, c'est-à-dire la ville, capitale du pays de Dekkâla, est à 10 lieues d'Asfi, suivant Marmol, et à 7 lieues, suivant Diego de Torres; à 40 milles de Subeit, sur l'Omm-er-rbî'a, d'après Léon[1]. Elle est dans une belle plaine, entre Asfi et Azemmour. De plus, la relation d'une r'âzïa des Portugais montre qu'elle devait être à 12 ou 15 kilomètres de la mer. Elle fut occupée quelque temps par les Portugais, ainsi que T'ît', aussitôt après la prise d'Azemmour.

Subeit est une petite ville au bord de l'Omm-er-rbî'a à 30 milles d'El-Mdîna, comme je viens de le dire; mais Marmol a retranché cette indication de Léon,

---

[1] Léon, tom. Ier, pag. 217. — Marmol, tom. II, pag. 85 et 111. — Diego de Torres, pag. 8.

ce qui lui ôte de la valeur. Subeit porte le nom de la tribu qui l'habite ; il faudrait probablement lire Sbeit' ou Sbeit'a, nom de tribu qui se trouve un peu au Sud de Tanger [1].

Temeracost ou Tamaroch qu'il faut rétablir en Temrâkest, forme diminutive berbère du nom de Maroc, que nous avons vu déjà au bord du Zîz, est aussi un bourg sur la gauche de l'Omm-er-rbî'a.

Terga, aussi sur l'Omm-er-rbî'a, est à 30 milles= 56 kilomètres d'Azemmour. Ce nom, qui se retrouve fréquemment, signifie en berbère « une rigole ; » il paraît complétement synonyme du mot arabe Sâk'îa.

Bulahuan ou Bulaaguen, écrit par les Anglais *Bulawan*, est peut-être Bou-el-'Aouân ; c'est un village dont Léon nous a appris le nom. Il occupe une position de quelque importance, parce qu'il est sur la route de Maroc à Sla et à Meknês, et qu'il commande le passage de l'Omm-er-rbî'a. Il y a encore, sur le haut d'une colline de soixante-cinq mètres environ, un château bâti par le fameux 'Abd-el-Moumen et embelli par le sultan 'Abd-Allah, fils de Moula-Isma'îl. On jouit, de là, d'une vue très-étendue sur les plaines de Dekkâla. On passe la rivière sur un radeau supporté par des outres enflées; mais Chénier, au mois de septembre 1781, la passa à gué, ce qui, dit-il, n'avait pu se faire depuis vingt-cinq ans. Plusieurs autres Européens ont visité ce château, entre autres Lemprière et Jackson ; pourtant sa position ne nous est connue que par les

---

[1] Voir ci-dessus, pag. 13.

distances à Maroc et à Sla données par le premier de ces deux auteurs, qui le place à 3 jours, ou 80 milles anglais, ou 128 kilomètres de Maroc, et à 4 jours, ou 110 milles, ou 176 kilomètres de Sla.

Edrîci indique ainsi qu'il suit la route de Maroc à Sla :

Maroc.	
Tounîn.................................	1 jour.
Tik′t′în.................................	1
R′afîk′ ou R′afsîk′.......................	1
Ces trois stations sont dans une plaine habitée par les Gzoula, les Lamt′a et les S′edrât.	
Omm-er-rbî′a, bourg sur la rivière du même nom.................................	1
Air′îcel.................................	1
Ank′âl ou Dâr-el-Mrâbt′în................	1
Mkoul.................................	1
Aksîs.................................	1
Les deux stations qui précèdent sont dans la plaine de Kharâz.	
Sla.................................	1
	9

Le bourg d'Omm-er-rbî'a, ou, comme l'écrit Edrîci, Omm-rbî'a, est, selon toute probabilité, Bulawan. Aussi est-ce dans cette hypothèse que j'ai tracé cette route.

Léon assista, en 919 de l'hégire (1514 de J. C.), à un combat sanglant qui eut lieu aux environs de Bulawan, entre les Portugais d'Azemmour et le frère du roi de Fês. C'était, à cette époque, un bourg de cinq cents feux; mais il le place à tort à moitié chemin de Maroc à Fês.

Benacafiz est un village situé sur l'Omm-er-rbî'a, à 15 lieues d'Azemmour et à 2 lieues à l'Est du Djebel-el-Akhd'er. Non loin de là, et probablement au Sud-Est, est un autre village nommé Tafouf; l'un et l'autre furent saccagés par les Portugais au mois de février 1514[1]. J'ai cru devoir rétablir le premier de ces noms Beni-Kenfis, nom de tribu donné par Edrîci.

Dans le voisinage de Bulawan, Marmol cite encore les villages de Guilez, Terrer et Cea. Ce dernier est probablement le même que Diego de Torres cite vaguement sous le nom de Ceja[2].

Alguimet est un point où le frère du roi de Fês passa l'Omm-er-rbî'a à gué, en 1514, pour venir attaquer Azemmour; mais il abandonna ce projet et alla saccager El-Mdîna[3]. La position de ce gué est assez incertaine.

Marmol raconte une expédition remarquable des Portugais, qui, au mois d'avril 1515, poussèrent leurs courses jusqu'aux portes de Maroc[4]. Les gouverneurs d'Asfi et d'Azemmour se donnèrent rendez-vous aux salines de Dekkâla, qui sont fort probablement la sebkha qu'on rencontre à l'Est d'Asfi. On peut remarquer, en passant, que les sebkha ne sont pas fré-

---

[1] Marmol, tom. II, p. 103 et 114. — Diego de Torres, p. 15 et 16.
[2] Marmol, tom. II, pag. 104 et 115. — Diego de Torres, pag. 10.
[3] Marmol, tom. II, pag. 107.
[4] Marmol, tom. II, pag. 64-66. — Diego de Torres, pag. 18-20.

quentes dans l'empire ; du moins il n'y en a guère que de petites. De là, l'armée portugaise va au village de Bosdan, à 2 lieues des salines, puis à Mascarotan, lieu que nous savons être au pied de l'Atlas, sur la route de Maroc à Taroudant[1]. L'armée traverse ensuite la Chouchâoua, et arrive aux portes de Maroc.

La marche de la colonne expéditionnaire, comme on le voit, s'éloignait considérablement de la ligne la plus courte. Son retour paraît plus direct. Les Portugais, après quatre heures de combat sous les murs de Maroc, passent la Tensift à gué, et vont coucher à Aynjuben, le lendemain à Hagosden et de là à Tazarot, chez les Arabes Oulâd-Ambran. Les troupes gagnent ensuite El-Mdîna, où elles se séparent, les unes se rendant à Asfi, les autres à Azemmour.

Le premier de ces noms commence évidemment par le mot 'aïn « fontaine. » Tazarot, qu'on rétablit facilement en Tazerout, est un point situé au Nord de la Tensift, et qu'on ne peut confondre avec l'endroit du même nom situé sur l'Acifelmal, à l'Ouest de Maroc[2]. Les deux premières stations peuvent se placer approximativement, mais Tazerout restera assez incertain, parce que Marmol ne dit pas si ce point n'est qu'à une étape de Hagosden[3].

[1] Voir ci-dessus, pag. 191.
[2] Marmol, tom. II, pag. 108. — Chénier, tom. II, pag. 426.
[3] Iah'ia-ben-Tafouf, allié des Portugais, attaqua le roi de Meknês à Tazerout (Tazarot, selon Marmol; Tangarote, selon Chénier).

§ XII.

Les anciennes cartes indiquent des îles nommées *Duccalæ insulæ,* ou îles de Dekkâla, dans le voisinage du cap Blanc : ce point est devenu *île Duksal* sur un grand nombre de cartes modernes. Il n'y a pourtant aucune île le long de cette côte, d'après M. Arlett ; mais il y a des falaises qui, vues en mer, semblent appartenir à des îles. Je pense, comme M. Arlett, que la ruine qu'il a indiquée par 33° de latitude doit être le Teturit de la carte catalane et de la plupart des anciennes cartes[1], Teturia de celles de Sanson[2].

Djerf-es'-S'efra, « la falaise jaune, » est indiquée par Jackson. Djerf désigne non-seulement les falaises du bord de la mer, mais tous les escarpements ou la colline qui les présente.

Oualidia, ainsi nommée, d'après Jackson, parce qu'elle fut bâtie par le sultan Oualîd, qui régna à Maroc, de 1635 à 1647, a été visitée par plusieurs Européens, qui ont signalé près de là une grande lagune, qui serait un excellent port si l'entrée n'était obstruée par des rochers et exposée au vent de la pleine mer. Il est déjà question de Oualidia, sous le nom de la Houladilla, dans une lettre écrite en réponse à diverses questions, qu'on trouve à la fin de la relation de Roland Fréjus[3]. La carte de Mouette de 1683

---

[1] Atlas de M. de Santarem. — [2] Marmol, édit. franç. Paris, 1667.

[3] *Relation d'un voyage fait, en 1666, aux royaumes de Fès et de Maroc,* par Roland Fréjus. Paris, 1682.

indique le même point qui se trouve sous le même nom de Valadie dans la carte de Braithwaite, publiée avec son journal, en 1731.

Ali-Bey place à 7 kilomètres, au Sud-Ouest de Oualidia, un point nommé Eder : c'est évidemment le même point que les anciennes cartes nomment Emender; elles placent en face un îlot, qui représente sans doute les rochers qui obstruent l'entrée du bassin de Oualidia. C'est encore le même point que Venture appelle Ejer, et San-Juan de el Puerto, Ayer. Ce religieux, venant d'Espagne par mer, passa en vue de Mazagan et alla débarquer au port d'Ayer, d'où il se rendit en 4 jours à Maroc[1]. Enfin M. Delaporte connaît sur cette côte le village de Oualidia, près duquel est un excellent port nommé Aïïr.

Edrici compte 85 milles en ligne droite du cap Mazîr'en (Mazagan) à Asfi, et 130 de navigation effective, ainsi détaillés :

Mazîr'en.
Beid'a-Djoun.................................. 30 milles.
El-R'eit', port très-sûr..................... 50
Asfi... 50
                                                    ———
                                                    130

Dans Beid'a-Djoun il est facile de reconnaître le cap Blanc. El-R'eit', port très-sûr, à moitié chemin du cap Blanc à Asfi, est nécessairement le port d'Aïïr.

[1] *Mission historial de Marruecos*....... par Fr. Francisco de San-Juan de el Puerto; en Sevilla, 1708; pag. 462.

La distance de 85 milles ou 126 kilomètres, indiquée par Edrîci, entre le cap Mazîr'en et Asfi, est si approchée de la vérité, la distance exacte étant de 130 kilomètres, qu'elle démontre que cet illustre géographe avait une connaissance très-exacte de cette côte, et que la géographie de cette contrée n'a fait que reculer pendant plusieurs siècles. Plusieurs nombres donnés par Edrîci sont, à la vérité, très-loin du nombre exact; mais cet écart même empêche de les attribuer à autre chose qu'à des fautes de copiste, source d'erreurs qui joue un si grand rôle dans tous les ouvrages antérieurs à la découverte de l'imprimerie.

A la suite de l'ouvrage de Roland Fréjus, dans l'édition de 1682, on trouve la relation d'un inconnu, indiqué dans d'autres ouvrages sous le nom de Charrant, qui cite, à une lieue au Sud d'Asfi, le port de la Gouldie, jusqu'alors, selon lui, inconnu aux géographes. Ce nom rappelle tout à fait Gualidia, qui, d'après l'orthographe alors généralement en usage, représenterait Oualidîa; mais l'indication de la position ne se prête nullement à ce rapprochement; elle se rapporte, au contraire, assez bien au Djerf-el-Ihoudi, « la falaise du Juif, » indiquée par Jackson.

La carte de M. Gråberg de Hemsö désigne, comme un village voisin du cap Blanc, Duksal, nom qui n'a été introduit, comme je l'ai déjà dit, que par une suite d'erreurs. Sciarf-es-Sfra et Vuld-Aisa représentent Djerf-es'-S'efra et un douar des Ouled-'Aïça, indiqués par Jackson. Près de Voladia est Cuscussu, et près du cap

Cantin, Muluka. On trouve, entre Asfi et Maroc, Hakar et Cala'at-'Abda, et enfin Mokris, Bu-Hamu, Beni-Helel, Ben-Nur et Erhal, qui paraissent appartenir à une route d'Azemmour à Maroc. Tous ces renseignements sont sans valeur, puisque nous ne connaissons ni leur origine, ni les distances qui ont servi à déterminer ces différents points.

§ XIII.

Léon et Marmol citent une petite ville de Hanimmei, Animmey ou Adimmei, à 50 milles = 93 kilomètres à l'Est de Maroc, sur la route de Fês qui longe le pied des montagnes ; elle était au pied de la montagne du même nom, comprise entre le mont Hentêta à l'Ouest et la rivière Teceout à l'Est, et qui donne naissance à la Tensift.

Cette ville tombe donc dans le district de Damnât, connu de M. Delaporte, et placé par M. Washington, qui le nomme Dimenit. Presque tous les auteurs qui parlent de l'intérieur du Maroc citent ce district. Marmol (tom. I, p. 369) parle de la province de Dominet ; Mouette, de Demenet ; Lemprière, de Domnet, etc. La ressemblance des noms et le silence de Léon sur Damnât me font regarder comme très-probable que le mot *Adimmei* n'est autre chose qu'*Adiminet,* défiguré lors de l'impression de son ouvrage.

Mouette, page 316, parle du château de Damnât (Demenet), sur la rivière des Noirs, c'est-à-dire l'Ouad-el-'Abîd.

Léon et Marmol placent dans la province de Haskoura deux villes, distantes de 4 milles = 7 kilomètres l'une de l'autre, et situées à 90 milles = 167 kilomètres à l'Est de Maroc. La plus orientale est El-Medine ou Almedine, évidemment El-Mdîna, « la ville; » l'autre, Alemdin ou Elemedine : ce nom ressemble tellement au premier, qu'il y a là sans doute quelque erreur difficile à deviner. El-Mdîna étant un nom générique et signifiant assez ordinairement « la capitale, » les deux villes dont je parle devaient avoir un autre nom; peut-être s'appelaient-elles Mdînet-ech-Chergui, Mdînet-el-R'arbi, « la ville orientale, la ville occidentale. »

La position de ces villes est aussi douteuse que leur nom; elles paraissent situées dans le centre de la chaîne où même dans la pente méridionale, auquel cas elles pourraient bien coïncider avec la ville ou le village de Haskoura des itinéraires de M. Delaporte[1].

Tagodast ou Isadagaz, au sommet d'une montagne entourée de quatre autres, mais voisine d'une plaine de 6 milles = 11 kilomètres d'étendue, est entourée de beaux jardins et de beaucoup de ruisseaux. Les habitants font le commerce avec les peuples du Midi.

El-Djâma' (Elgiumuha, Elgemuha) est une ville de cinq cents feux, située sur le sommet d'une montagne, à 5 milles = 9 kilomètres à l'Est de la précédente. Elle fut bâtie vers l'an 1500, à la suite de divisions politiques, autour d'une vieille mosquée fort célèbre. C'est évidemment de là qu'elle a tiré son nom.

---

[1] Voir ci-dessus, pag. 162 et 163.

Bzo ou Bizu est une petite ville de mille cinq cents habitants, sur le haut d'une montagne, à 20 milles=37 kilomètres à l'Est de la précédente, et à 3 milles=6 kilomètres à l'Ouest de l'Ouad-el-'Abîd. Cet intervalle est occupé par de beaux jardins. Les habitants sont Mas'mouda, comme ceux des localités précédentes.

Les indications qui précèdent ne suffisent pas pour placer ces trois villes ; il faut avoir recours aux quatre montagnes suivantes, indiquées seulement par Léon et Marmol, sauf la montagne de Tessevon dont il est vaguement question dans un autre ouvrage.

Tenveves ou Tenendez est une haute montagne qui appartient à la partie méridionale de la grande chaîne; elle conserve de la neige en toute saison.

Tensita ou Tensit est une montagne qui touche à l'Ouest la précédente, et à l'Est, celle de Dâdes; au Nord, elle aboutit aux autres montagnes du grand Atlas, et, au midi, aux déserts de Dra'a. Elle est fort peuplée et renferme cinquante villages murés, voisins de la rivière de ce nom.

Gogideme ou Guigidime est une montagne qui touche celle de Tensita. Il en sort deux rivières, distantes l'une de l'autre d'une lieue = 6 kil. Chacune s'appelle Teceout, et, réunies, elles se nomment Tecevin « lisières. »

Tesevon ou Tescevin sont deux montagnes qui commencent à l'Ouest de la précédente et finissent à celle de Tagodast. Les habitants cultivent, dans la plaine, quelques terres pour lesquelles ils payent une redevance aux Arabes Beni-Djeber.

La position de Dâdes étant connue, les quatre montagnes qui précèdent et les villes voisines se placent assez facilement, si on cherche à remplir le mieux possible les conditions imposées par Léon et Marmol.

La montagne de Tensita s'étend probablement beaucoup au Midi, peut-être jusqu'à la ville de Tinzeda que Marmol place vaguement sur l'Ouad-Dra'a et qu'il a pourtant visitée lui-même. Les deux mots paraissent être un seul et même nom de tribu berbère.

Gogideme est peut-être, comme le pensent M. Cooley[1] et M. d'Avezac, le même nom de Gôgdem, appliqué par Edrîci à la station d'Azki, située sur la route d'Ouad-Noun à Tr'âza, à sept jours de la première et à douze de la seconde, et le même que Gogden, nom d'un désert qu'on met neuf jours à traverser, lorsqu'on va de Touât à Timbektou[2].

La montagne en question, la station d'Azki ou Azka, et la contrée dont parle Marmol, qui ne peut être que le Tanezrouft, ne peuvent avoir rien de commun quant à la position, mais l'identité de nom s'expliquerait en le regardant comme celui d'une tribu berbère.

La rivière de Teceout est évidemment celle qu'indique M. Washington sous le nom de Tam-sout. Mouette, qui l'appelle Tasaut, en parle plusieurs fois[3]. Je ne

[1] *The Negroland of the Arabs*, pag. 19, note 34.
[2] Voir ma Notice sur l'Afrique septentrionale, t. II, p. 297 et 298. —Marmol, tom. III, pag. 49. — L'auteur place Gogden sur la route de Tlemsèn à Timbektou; mais ailleurs il dit, comme Léon, que Tegorârin et Touât sont sur cette route.
[3] Mouette, pag. 157, 274, 449, 452.

sais si le pluriel de ce mot veut dire lisières, comme le prétendent Léon et Marmol.

Un ouvrage publié à Londres, en 1609, sous le titre, *A true historical Discourse of Muley Hamets*, etc. parle d'une montagne de Tessevon, voisine de Maroc (chapitre XVI).

Marmol cite vaguement, dans les mêmes montagnes, les trois villages de Daraa de Itendiguen, Ben-Zeinat et Bu-Halir[1].

L'Ouad-el-'Abîd, ou rivière des Noirs, prend sa source, d'après Marmol, dans le mont Animmey, c'est-à-dire Damnât, et, après avoir reçu l'Ouad-Teceout et quelques autres petites rivières, elle se jette dans l'Omm-er-rbî'a, près d'un gué très-large nommé Megerat-Esfa, ce qui, selon lui, signifie « le gué plat. » Diego de Torres parle d'un gué de l'Ouad-el-'Abîd nommé Mexeratesfa[2]. Dans ces deux mots on reconnaît sans peine le mot générique Mechra'; mais le second, du moins avec la signification que lui donne Marmol, m'est inconnu; on doit probablement écrire *Mechra't-es'-S'fâ*.

Les mêmes auteurs parlent d'un gué de l'Ouad-el-'Abîd, nommé Buacuba, situé entre Maroc et Tâdla, et près duquel, vers 1530, les chérifs de Maroc battirent le roi de Fês[3].

L'Ouad-el-'Abîd est une rivière très-connue, dont beaucoup d'ouvrages font mention. Léon, le premier

---

[1] Marmol, tom. II, pag. 123.
[2] *Idem*, tom. I*er*, pag. 17. — Diego de Torres, pag. 84 et 461.
[3] Marmol, tom. I*er*, pag. 450. — Diego de Torres, pag. 58.

qui en parle, je crois, l'appelle Quadelhabid; dans les éditions françaises, on trouve aussi Quadelhabich et fleuve de Servi. Marmol écrit Hued-ala-Abid; Diego de Torres, Guedelebi; Mouette, Louet-de-Leibit, etc.[1]

La province de Haskoura, telle que la délimitent Léon et Marmol, occupe les deux versants de l'Atlas : ce dernier dit, tom. II, pag. 89, que les frontières d'Escure sont à plus de 14 lieues à l'Est de Maroc. Ce nom, écrit différemment par les deux auteurs, se trouve reproduit, en double emploi, sous ces deux orthographes par M. Gråberg de Hemsö, qui place encore une tribu de Hascura au Nord-Est de Taroudant, d'après des renseignements que nous ignorons, mais qui paraissent au moins douteux.

§ XIV.

Léon et Marmol décrivent la province de Tâdla comme une contrée de forme triangulaire, comprise entre l'Ouad-el-'Abîd, à l'Ouest, et l'Omm-er-rbî'a, à l'Est, et se terminant en pointe, au Nord, au confluent de ces deux rivières.

La capitale de cette province se compose de deux villes voisines, l'une appelée Tefza, et l'autre Efza, d'après Léon, Tebza et Tefza ou Fistela, d'après Marmol. Ce dernier nom, Fistêla ou Fichtâla, connu de M. Delaporte, appartient à la tribu qui occupe ces

[1] Léon l'Africain, tom. Ier, pag. 230, 242, 253; tom. II, p. 262, 263. — Marmol, tom. Ier, pag. 17. — Mouette, pag. 236, 316, 449.

villes ; les autres paraissent très-incertains. D'après le même auteur, Tefza, en berbère, signifie « une botte de paille. »

Quoi qu'il en soit, la principale de ces deux villes, la plus occidentale, est située dans la pente Nord de l'Atlas, à 5 milles = 9 kilomètres de la plaine de Fistêla ou Fichtâla ; la seconde ville, à 2 milles = 3,700 mètres à l'Est de la précédente, est très-forte ; elle est dominée, au Sud, par un château, dominé lui-même par une tour, située sur une haute montagne. La rivière Derna passe entre les deux.

Léon et Marmol citent, dans la province de Tâdla, quelques lieux habités et quelques montagnes. Voici ce qu'ils en disent :

Cititeb est une petite ville forte à 10 milles = 18 kilomètres de la capitale, à l'Ouest, suivant Léon, à l'Est, suivant Marmol.

Eithiad ou Aitiat est une place forte de quatre cents feux, suivant Léon, trois cent cinquante habitants, suivant Marmol. Un chemin de 12 milles = 22 kilomètres la joint à la précédente ; elle est arrosée par un ruisseau qui va se jeter dans la Derna. Les habitants sont des Berbères Mas'mouda.

Seggheme ou Segeme est une montagne bornée à l'Ouest par celle de Tessevon, au Nord par les plaines de Fistêla, à l'Est par la montagne de Mar'rân, où l'Omm-er-rbî'a prend sa source, et au Sud par celle de Dâdes. Les habitants sont des Zenhâga.

Mar'rân (Magran) est située à l'Est de Dâdes, et

touche les montagnes qui bornent la province de Ferkala : elle conserve de la neige toute l'année ; les habitants sont Mar'râoua. Léon passa par cette montagne en 1512, en revenant de Dra'a à Fês.

Dâdes (Dedes) est une haute montagne couverte d'épaisses forêts, longue de plus de 30 lieues = 167 kilomètres de l'Est à l'Ouest, et touchant d'un côté à la montagne de Mar'rân, et de l'autre à celles d'Adezan ; au Sud, elle aboutit aux plaines de Todr'a (Todga). Sur le sommet est une ruine considérable, dont les pierres portent des inscriptions inintelligibles.

Cititeb et Eithiad sont déterminées par les distances et les directions indiquées. J'ai adopté celles de Marmol, qui paraît avoir corrigé le texte de Léon : ses indications ont d'ailleurs ici plus de probabilité. Le second de ces noms est très-probablement Aït-'Aiâd, nom de tribu berbère qu'on trouve en Algérie, par exemple entre Sétif et Msîla.

Seggheme pourrait être Ser'ârna, nom de tribu berbère connu de M. Delaporte, dans le voisinage de ces montagnes.

Mar'rân est une montagne connue de M. Delaporte.

Mouette cite vaguement, dans cette contrée, une tribu ou province de Magaram [1].

Dâdes, que nous connaissons déjà, touche les montagnes d'Adezan, qui sont sans doute voisines des plaines du même nom, que nous retrouverons plus tard.

---

[1] Mouette, *Liste des provinces qu'on appelle Cafilles*, à la fin de l'ouvrage. Le mot *cafille* est un nom défiguré pour *k'bîla* « tribu. »

L'Omm-er-rbî'a prenant sa source dans le Mar'rân, son cours entier est maintenant à peu près connu. Comme affluents supérieurs, Mouette indique les rivières Oumana et Sero : cette dernière est citée par M. Washington sous le nom de Sroc, ce qui ferait croire que son nom est peut-être Ouad-Zerok', « la rivière bleue[1]. » Mouette indique aussi la Derna. Cette rivière devint célèbre, en 1544, par la bataille qui se livra sur ses bords, tout près et au Nord-Est de Tâdla, entre les princes de Fês et ceux de Maroc[2].

Bekri, sans doute le premier auteur qui parle de l'Ouad-Derna, dit que c'est un affluent de l'Ouad-Ouansîfen; nous verrons plus tard un itinéraire du même auteur qui cite deux fois cette dernière rivière, qui est bien positivement l'Omm-er-rbî'a; il indique aussi un point de la Derna à 1 jour à l'Est de Daï, ville située, selon Edrîci, à 4 jours au Nord-Est de Maroc, comme Tâdla, et à 1 jour de cette dernière.

Ben-Aiâs cite dans cette contrée les deux villes de Bâdla et Dâni, bâties dans la pente de l'Atlas : il est facile d'y reconnaître Tâdla et Daï[3].

Dans les premières années du XVII° siècle et à la fin du règne de Moula-Ah'med, son fils Moula-Zîdân jeta les fondements d'une ville qu'il nomma Zîdânîa,

[1] Le mot *azrak'* « bleu » se prononce assez diversement. On dit aussi *zerok'*, *zerk'*. Nous connaissons plusieurs Djebel-l-Azreg.

[2] Marmol, tom. Ier, pag. 461, et tom. II, pag. 128 et 131. — Diego de Torres, pag. 84-88. Dans ce dernier ouvrage, une faute typographique a fait de cette rivière « le fleuve de Rua. »

[3] *Notices et extraits des manuscrits de la Bibliothèque du Roi*, t. VIII.

sur l'Omm-er-rbî'a et dans la province de Tâdla, par conséquent sur la rive gauche. Cette ville, à peine commencée, fut détruite, et n'a sans doute laissé ni nom, ni vestiges[1].

Les plaines qui sont au-dessous de Tâdla appartiennent, d'après Marmol, aux Arabes Zohaïr et Beni Djeber. Le premier de ces noms est un peu incertain : Léon écrit *Zvaïrs* et *Benigebirs*, Marmol *Zueyr* et *Benigeber* ou *Beni-Cheber*.

§ XV.

Léon et Marmol appliquent le nom de Zîz à quinze grandes montagnes voisines de la source de la rivière de ce nom, et qui touchent Dâdes et Mesettaza : elles sont comprises entre la province de Sedjelmâça au Sud, et les plaines d'Adecsen et de Gureigura au Nord. Deux de ces montagnes offrent des mines d'argent : ce sont Aden et Arucanez : on y voit les ruines d'une ville nommée K'la'at-ben-Taouîla (Calaat aben Tavyla).

Djebel-Mrâcen est ainsi nommée de ses habitants, qui sont des Bèrbères indépendants. Léon écrit *Merasen*, Marmol *Marizan*; mais cette tribu est citée par Bekri.

Mesettaza ou Mezetalça, habitée par le même peuple, a 30 milles = 55 kilomètres de longueur, et 12 milles = 22 kilomètres de largeur, et s'étend à l'Ouest jusqu'aux plaines d'Adecsen, qui touchent la province de Têmsna.

[1] *A true historical Discourse*, etc. London, 1609, chap. VI.

La montagne de Miat-Bîr, ou des cent puits, ainsi nommée à cause des nombreuses cavernes qu'elle renferme, touche à la montagne des corbeaux, ou Djebel-el-R'râb, dont la position est déjà connue [1]. Il y a sur le sommet des ruines qui paraissent romaines, d'après Marmol ; mais cela est très-peu probable. La hauteur de cette montagne et sa proximité de la montagne des corbeaux détermine sa position.

La montagne d'Azgan est bornée à l'Ouest par celle de S'oforo, à l'Est par celle de Selelgo, au Midi par celles qui avoisinent la Mlouïa et au Nord par les plaines de Fês ; elle est longue de 40 milles = 74 kilomètres et large de 15 milles = 28 kilomètres. Elle est si haute et si froide qu'on n'habite que la partie voisine du territoire de Fês.

Beni-Iazga, qu'on trouve aussi écrit dans Léon *Beni-Isasga*, est moins haute que la précédente. Elle est aussi voisine de Selelgo où l'Ouad-Sbou prend sa source ; on traverse cette rivière dans un panier qui, au moyen d'une poulie, glisse le long d'une corde tendue d'un bord à l'autre d'un ravin profond de 150 coudées (80 à 85 mètres). En 1560, le chérif 'Abd-Allah parvint à soumettre les habitants à un tribut annuel.

Mouette parle d'une tribu de Benyazega située, selon lui, entre Fês et Têza [2].

Selelgo ou Ciligo est une haute montagne couverte

---

[1] Voir ci-dessus, pag. 102.
[2] Mouette, pag. 446, et à la fin de l'ouvrage : *Liste des provinces qu'on appelle Cafilles.*

de forêts; il en sort une fontaine très-considérable qui est la source de l'Ouad-Sbou. Les habitants sont des Berbères S'enhâdja.

Beni-Iesseten ou Iechfeten est une montagne qui dépend de la ville de Debdou.

Gueblen ou Giubeleyn est une montagne de 60 milles = 111 kilomètres de longueur et 15 milles = 28 kilomètres de largeur, distante de Têza d'environ 50 milles = 93 kilomètres au Sud; elle confine au levant avec les montagnes de Dedbou et au couchant avec celle de Beni-Iazga. Elle conserve de la neige toute l'année.

Beni-Guertenage, ou Guertaggen, ou Guertenax est une montagne à 30 milles = 55 kilomètres de Têza, et qui renferme trente-cinq villages peuplés de Znâta.

Baranis est une montagne moins élevée que les précédentes, à 15 milles = 28 kilomètres au Nord de Têza, et habitée par les Haouâra et les Znâta. Edrîci cite cette tribu dont Léon écrit le nom *Baronis,* et Marmol *Baraniz.*

Medjêç'a est une haute montagne qui renferme quarante villages. Edrîci parle de cette tribu comme voisine de Fês; Léon écrit *Megesa* et Marmol *Mencheça.*

La montagne de Gavata, habitée par les Znâta, et qui a 8 milles sur 5 (15 kilomètres sur 9), est située à 15 milles à l'Ouest de Fês, d'après Léon; elle donne naissance à deux fontaines considérables qui se rendent dans l'Ouad-Sbou. *Gavata* est évidemment une faute pour *Gaiata,* où l'on reconnaît facilement le Djebel-

R'iâta, situé à 15 kilomètres environ au Nord-Ouest de Fês, à l'Ouest de la route de Tanger, et que M. Delaporte a vu lui-même.

Il est assez singulier que Léon ait placé cette montagne dans cet endroit de ses descriptions ; aussi Marmol, qui le suit si régulièrement, a remplacé le nom de cette montagne par celui de Beni-Gebara, mais il a retranché l'indication de distance et de direction relatives à Fês, et il dit seulement qu'elle est de l'état de Têza et que les habitants sont des Znâta. Ailleurs, à l'article de Cililgo, il dit qu'il a vu des auteurs arabes qui placent les sources de la Sbou dans la montagne de Gayafa et dans celle de Zerhoun (Zarahanun). *Gayafa* est encore ici, très-probablement, une faute pour *Gayata* et désigne, par conséquent, R'iâta. Edrîci nomme aussi une tribu de R'iâta voisine de Fês.

Medr'ara (Matgara, Matagara) est une haute montagne à 5 milles = 9 kilomètres de Têza ; elle est habitée par des Znâta insoumis, qui y ont cinquante villages.

La hauteur de cette montagne et sa proximité de Têza ne laissent aucun doute sur sa position, quand on rapproche ces renseignements de ceux de Roland Fréjus et d'Ali-Bey. Elle est au Sud-Ouest de cette ville.

La ville de Debdou ou Doubdou est située, suivant Chénier, près de la Mlouïa, et, suivant M. Delaporte, à plusieurs journées à l'Est-Sud-Est de S'oforo. Marmol donne diverses indications isolées, sur la position de cette ville; il la place à 20 lieues au Sud de Mlila, 25 de Fês, et 12 de Têza; distances évidemment beaucoup trop courtes.

Cette bourgade n'a maintenant qu'une bien faible importance.

Toutes les montagnes qui précèdent, pour la plupart, connues seulement de Léon et de Marmol, se placent assez bien d'après leurs indications.

Léon parle d'une plaine nommée Azgari-Camaren, et Marmol des plaines de Hamaran et d'Azgar, aussi nommées plaines d'Onzar, de Iufet ou de Mocin; on y reconnaît facilement la plaine Azr'âr-el-H'amâr d'Ah'-med-ben-H'acen et du chérif Moh'ammed [1].

Une autre grande plaine voisine, qui a d'étendue 30 milles du Nord au Sud, sur 40 de l'Est à l'Ouest (55 kilomètres sur 74), est appelée Sahab-el-Marga ou la plaine du preux, par Léon, et Sahab-el-Marga ou Mangar, par Marmol. Il faut lire sans doute Seheb-el-Merdja ou la plaine des prés, contrée mentionnée dans les notes de M. Delaporte, sous la forme *el-Mrídját*. Seheb veut dire une plaine inculte.

Cette grande plaine, entourée de hautes montagnes couvertes de forêts, qui fournissent à Fês le bois et le charbon qu'elle consomme, et dont le sol, semé de petits fragments d'ardoise, est d'une aridité extrême, prend nécessairement place dans le vide que laissent les montagnes précédemment décrites; l'existence de plaines arides, à cette même place, est d'ailleurs signa-

[1] Voir ci-dessus, pag. 95, 97 et 100.

lée au Nord de K's'âbi-Cherfa et de Khîmet-el-'Arbi, par Caillié, ainsi que par Ah'med-el-Mtîoui et le chérif Moh'ammed. La position de cette plaine s'accorde aussi tout à fait avec les détails orographiques que donne Bekri dans son itinéraire de Mat'mât'a-Amkeçour à Fês [1].

C'est sans doute de toutes ces montagnes que Fês tire le bois de cèdre, nommé *alarzé*, suivant Marmol [2]; dans ce mot on reconnaît sans peine celui d'*el-arza*, qui désigne, en Syrie, le cèdre du Liban. Ce renseignement acquiert quelque intérêt par la découverte, récemment faite en Algérie, de cet arbre magnifique, dont le diamètre atteint plusieurs mètres, et qui ne se trouve guère qu'à 1200 ou 1500 mètres au-dessus de la mer. Il est sans doute très-répandu dans les hautes montagnes du Maroc.

D'après Léon et Marmol, S'oforo est à 15 milles de Fês. Nous connaissons déjà cette ville, qu'a traversée Caillié.

Beni-Bhaloul (Beni-Bahlul, Beni-Buhalul) est un village situé près d'un défilé, que traverse la route de Numidie, c'est-à-dire, celle de Fês au Tafilêlt, à 12 milles de Fês, et, par conséquent, à 3 de S'oforo [3].

Mezdaga, probablement Mezdâga, est une petite ville au pied de l'Atlas, située à 8 milles à l'Ouest de S'oforo, et 12 au Sud de Fês.

---

[1] Voir ci-dessus, pag. 108.
[2] Marmol, tom. II, pag. 159.
[3] Voir ci-dessus, pag. 97.

Il a déjà été question de Beni-Bhaloul, pag. 100; c'est Beni-Behalîl du chérif Moh'ammed.

Mezdaga se place assez exactement au moyen des distances indiquées, comparées à celle de Fês à S'oforo.

§ XVI.

La montagne de Guraigura, ainsi désignée du nom de ses habitants, est voisine de l'Atlas, et éloignée de Fês de 40 milles = 74 kilomètres. Elle donne naissance à la rivière Agobel, qui coule à l'Ouest, et va se réunir au Beht; elle est comprise entre les plaines d'Eseis, au Nord, et celles d'Adecsen, au Sud; ces dernières, très-fertiles en blé et en pâturages, sont possédées par les Ouled-Zohaïr et les Ouled-H'eucein ou H'acen, qui, l'hiver, vont dans le désert.

Meknês est à 15 milles = 28 kilomètres de l'Atlas.

Les plaines d'Eseis, Eceis ou Aceis, qui commencent à 20 milles = 37 kilomètres à l'Ouest de Fês, ont 18 milles, de l'Est à l'Ouest, et 20, du Nord au Sud (33 kilomètres sur 37); elles touchent aux monts Toggât, Zerhoun et Guraigura; on y trouve peu d'eau; elles sont habitées par les Arabes Beni-Becîl. Mouette, p. 417 et 426, nous apprend que Asciz est une des huit provinces du royaume de Fês; c'est, dit-il, une belle contrée, bornée, au Nord-Ouest, par les montagnes de Zerhoun (Serhon), à l'Est, par celles de Têza et du Rîf (Theza et Riffe), au Sud-Est et au Sud, par celles de Mlouïa et de Zâouïa (Meluya et Zaouias), et arrosée par des rivières, qui se dirigent vers Fês et Meknês.

Cette plaine est donc bien déterminée, et elle assure en même temps la position de celle d'Adecsen, Adhazen, etc. dont le nom demeure incertain; peut-être est-ce Ida-H'acen ou Aït-H'acen qu'il faut lire.

La position des monts Guraigura ou Gureygura s'en déduit pareillement; ce nom appartenant à une tribu berbère, il est probable qu'on doit lire Guergoura ou Guergour, nom qui se trouve, en Algérie, aux environs de Zammôra.

La route la plus directe, de Tâdla à Fês, doit traverser cette montagne; car de Fês elle se dirige sur Djâma'-el-H'ammâm, « la mosquée de la source thermale, » ainsi nommée d'une source voisine, et située dans une plaine, à 10 lieues de Fês et à 5 lieues de Meknês.

Il est évident, d'après cela, que c'est un col de cette montagne qui constitue ce défilé long et étroit, situé sur la route de Tâdla à Fês, et à 14 lieues = 78 kilomètres de la dernière. Marmol l'appelle le passage de Honegui, et Diego de Torres, le défilé d'Aloné; il est bien probable que *Aloné* est une faute typographique pour *Alonc,* c'est-à-dire *el-'onk'*, « le gosier, » mot fréquemment employé par les Arabes pour désigner les défilés [1]. Le mont Honegui, dans lequel est le défilé, est digne de quelque célébrité; ce sont là les portes de Fer de la route de Tâdla à Fês, et c'est au pied de cette montagne, située à 9 lieues de Meknês, d'après

---

[1] Marmol, tom. Ier, pag. 467. — Diego de Torres, pag. 91.

Marmol, et à 12, d'après M. Walsin-Esterhazy[1], que Ioucef-ben-Tachfîn, vers l'an 1086, remporta sur les princes de Fês la bataille qui lui livra l'empire du Mor'reb.

En 1547, le chérif Moh'ammed, sultan de Maroc, fit une tentative pour s'emparer de Fês. Après avoir traversé le défilé de Honegui, il vint camper sur une colline en vue des jardins de Zouâr'a (Azuaga), à 2 lieues de Fês, suivant Diego de Torres, et à 4 ou 5 lieues, suivant Marmol[2]. Ces jardins sont près de Khmîs-Medr'ara, « le marché du jeudi de la tribu de Medr'ara, » situé à moitié chemin de Fês à Djâma'-el-H'ammâm, c'est-à-dire à 5 lieues de chacun de ces points, et dans la même plaine de Zouâr'a (Zuaga). Marmol (t. II, p. 155 et 156), parlant de la même expédition du chérif, dit qu'il était campé près de Khmîs-Medr'ara dont les habitants furent fort maltraités. Dans sa description de Fês, le même auteur dit que l'Ouad-el-K'ant'ra, « la rivière du pont, » qui passe dans le vieux Fês, prend sa source à 'Aïn-el-Khmîs, « la fontaine du marché du jeudi, » à 3 lieues de la ville. Cette source est, selon toute probabilité, voisine de la petite ville de Khmîs-Medr'ara.

Le chérif, sachant qu'on voulait l'attaquer et lui couper la retraite, leva le camp, et, en un jour et une nuit, atteignit le défilé de Honegui avant qu'on ait eu

---

[1] Marmol, tom. Ier, pag. 290. — Walsin-Esterhazy, *De la domination turque dans l'ancienne régence d'Alger*, pag. 61.

[2] Marmol, tom. Ier, pag. 466. — Diego de Torres, pag. 91.

le temps de s'en emparer. Comme il était campé à 4 lieues de Fês environ, et que le défilé en est éloigné de 14, il a dû parcourir, pour l'atteindre, environ 10 lieues ou 55 kilomètres, ce qui s'accorde avec ce qu'on peut présumer de la marche d'une armée.

§ XVII.

Mouette parle d'une ville de Zaouias qui donne son nom à toute une province. On reconnaît sans peine, dans ce mot, celui de zaouïa, « l'ermitage. » Il parle souvent, surtout, des montagnes de ce nom, qu'il place près de l'Omm-er-rbî'a et de l'Ouad-el-'Abîd, et où le Grou (Guerou) prend sa source. On reconnaît aussi, à son récit, qu'elles sont entre Tâdla et Meknês[1].

Chénier, racontant les mêmes événements que Mouette, a substitué à son nom de Zaouias celui de Chavoya, c'est-à-dire Châouïa; mais cette substitution ne peut être exacte, car Mouette cite séparément la tribu de Chaouia et la ville et les montagnes de Zaouias.

Ces montagnes doivent être celles qui terminent la province de Têmsna, à l'Est. Léon et Marmol vont nous fournir quelques indications sur ces montagnes en même temps que sur toute la province de Têmsna.

Nuchaila est une ruine située au centre de la province de Têmsna, qui s'étend à 40 milles = 74 kil. tout autour. Léon dit qu'elle est sur le chemin de Maroc. C'est sans doute le chemin de Maroc à Fês par

[1] Mouette, pag. 7, 49, 240, 276, 316, 421.

Meknês dont il veut parler. Il l'a visitée lui-même vers 1515. On y voyait alors, au milieu des ruines, le minaret d'une mosquée, qui n'a peut-être pas encore disparu.

Adendum est une petite ville, à 25 milles = 46 kil. au Sud de la précédente et à 15 milles = 28 kil. de l'Atlas. Il y a tout auprès une belle source, et, dans les environs, des mines de fer. Le nom de ce lieu est peut-être Adendoun, mot berbère qui signifie « retentissement. »

Tegeget ou Tegegilt est un village sur l'Omm-er-rbî'a, sur la route de Tâdla à Fês, d'après Léon, et à moitié de cette distance, d'après Marmol. Il est difficile de croire que cette dernière indication soit exacte. Les Châouïa y ont leurs magasins, et il s'y tient un grand marché de grains où les habitants du désert viennent s'approvisionner.

Ce village doit être sur la rive droite de l'Omm-er-rbî'a, puisqu'il appartient à la province de Têmsna; sa place est un peu incertaine.

Mader-Auvan ou Madaravan a été bâtie par un trésorier d'Abd-el-Moumen, sur le bord du Bouragrag, à 10 milles = 18 à 19 kilomètres de l'Atlas, dont elle est séparée par de grandes forêts. Elle est renommée pour ses mines de fer. Dans le nom de cette ruine on reconnaît le mot Ma'der, qui paraît désigner tout plateau qui couronne une colline, et qui se trouve souvent en Algérie. Ce lieu doit être sur la gauche du Bouragrag, puisque cette rivière sert de limite, selon nos auteurs, à la province de Têmsna, du côté de Fês.

Zarfa ou Azarfe est une ruine située près de la limite commune de Têmsna et de Fês, dans une plaine arrosée de plusieurs rivières qui descendent de l'Atlas, et habitée par les Châouïa et les Beni-Melek-Sefiân.

Cette ruine, dont la position est un peu douteuse, doit être voisine pourtant du Bouragrag et de Madaravan.

Thagia ou Dagia, village dans l'Atlas, à 120 milles = 222 kilomètres de Fês, renferme le tombeau d'un saint personnage, auprès duquel on se rend en pèlerinage; ce saint, auquel on attribue un pouvoir particulier sur les lions, est appelé Seudi-Buhaza, par Léon, et Deda-Buaza, par Marmol; on y reconnaît facilement Sidi-Bou-'Aza. Autour de ce lieu, sont de grandes forêts remplies de lions.

M. Drummond-Hay[1] place dans la forêt de Manura, à 5 jours de marche à pied, au Sud de Tanger, le tombeau très-connu et vénéré de Sidi-Boaza, auquel on attribue un pouvoir surnaturel sur les lions, qui abondent dans la forêt.

Ces descriptions sont tellement conformes à celles de Léon et de Marmol que je n'hésite pas à regarder ce tombeau, signalé par M. Drummond-Hay, comme le même que celui de nos deux auteurs, malgré la faible distance de 5 jours au Sud de Tanger. On pourrait croire, d'après cette indication de distance, que Manura est un mot mal écrit pour Ma'môra; mais

[1] *Le Maroc et ses tribus nomades.* Paris, 1844; pag. 274-279.

M. Drummond-Hay, qui connaît cette forêt, et qui en parle ailleurs, l'aurait désignée autrement que par 5 jours au Sud de Tanger.

Sidi-Bou-'Aza vivait, d'après Léon, du temps d'Abd-el-Moumen, c'est-à-dire, vers le milieu du XIIe siècle.

La position de cette branche de l'Atlas, qui longe la province de Têmsna, est suffisamment indiquée par la position de Thagia et par une distance de 40 milles au Sud ou au Sud-Est de Nuchaila, centre de cette province; on en conclut une distance de 80 milles = 150 kilomètres, environ, du bord de la mer; ailleurs Léon, parlant d'Anfa, la place à 60 milles = 111 kilomètres, de l'Atlas, distance un peu faible, d'après ce qui précède.

Mans'ourîa, ville ruinée que nous connaissons déjà, a été visitée par plusieurs Européens; il y reste encore un minaret de 25 mètres environ de hauteur. Elle doit son nom à son fondateur Iak'oub-el-Mans'our, qui la bâtit à la fin du XIIe siècle.

Hain-el-Challu ou Ain-el-Calu, dont le nom paraît être 'Aïn-el-K'allou, était une ville située dans la plaine, près de Mans'ourîa; elle fut ruinée, vers l'an 1100, par les Lamtouna.

Anfa, ville très-ancienne, fut florissante jusqu'en 1468, époque à laquelle les Portugais la détruisirent de fond en comble, ce qui causa la ruine de Mans'ourîa, qui n'a jamais été repeuplée depuis. En 1515, les Portugais y commencèrent les fondations d'une nouvelle ville, qu'ils abandonnèrent bientôt après. Elle resta presque déserte pendant fort longtemps, et son nouveau nom Dâr-Beid'a, « la maison blanche, » qui ne date que du règne du sultan Moh'ammed, paraît en rapport avec les efforts que fit ce souverain pour la tirer de ses ruines. Le sultan actuel 'Abd-er-Rah'mân a continué l'œuvre de son aïeul, et, aujourd'hui, elle est fréquentée par le commerce européen; la France y a pour agent consulaire un juif indigène. Malgré ce mouvement et cette vie nouvelle, Dâr-Beid'a n'est pourtant qu'un village de quelques centaines d'habitants [1].

Le sultan Moh'ammed fonda, en 1773, un autre village maritime, à 21 kilomètres au Nord-Est de Dâr-Beid'a, et dans une position tout à fait semblable. Ce village, qui forme un carré de 130 mètres de côté, environ, d'après Ali-Bey, s'appelle Fd'âla, du nom du mouillage voisin, déjà connu fort anciennement sous le nom de Mersa-Fd'âla, « le port des Fd'âla [2]. »

La ville de Rbât, fondée, vers 1190, par le fameux Iak'oub-el-Mans'our, petit-fils d'Abd-el-Moumen, et nommée par lui Rbât-el-Ftah', « le camp de la victoire, » d'après M. Delaporte [3], est située sur la rive gauche du Bouragrag.

Près de là, à l'Est-Sud-Est, est un bourg dont l'entrée est interdite aux chrétiens et aux juifs; c'est Chella, où fut enterré le fondateur de Rbât'; Ali-Bey y visita

---

[1] Une description intéressante de Dâr-Beid'a est donnée dans les Souvenirs d'un voyage au Maroc. (*L'Algérie*, n° du 26 sept. 1844.)

[2] Voir ci-dessus, pag. 28. — Chénier, tom. III, pag. 32.

[3] Voir ci-dessus, pag. 26.

son tombeau en 1803[1]. Ce bourg, situé au sommet d'une colline, paraît fort ancien.

Entre Rbât' et Chella, on voit, près de la rivière, une tour carrée haute de 55 mètres, qu'on appelle S'ma'-H'acen, « le minaret de H'acen. »

Sla, sur la rive droite du Bouragrag, est une ville très-ancienne qui existait et qui portait le même nom qu'aujourd'hui avant l'invasion romaine. Un grand nombre d'auteurs de toutes les époques en font mention. C'est sans doute de Chella qu'Edrîci veut parler, quand il dit que Sla s'appelait autrefois Châla, et qu'elle était située à 2 milles de la mer, sur l'Ouad-Smîr. L'auteur arabe écrit *Asmîr*, et Marmol *Sumir*.

Quoique cette ville ait toujours eu une grande importance politique et commerciale, son histoire est peu connue, ou présente, au moins jusqu'à présent, de grandes lacunes. Elle fut prise, d'après Marmol, en 1263[2], par Alphonse le Sage, roi de Castille, qui en fut chassé, peu de temps après, par le roi de Fês. Depuis cette époque, elle a formé souvent un état indépendant, qui a eu d'assez nombreux démêlés avec les puissances chrétiennes.

La population de Rbât' et de Sla a été ainsi évaluée :

	RBÂT'.	SLA.
Par M. Gråberg	27,000	23,000
Washington	21,000	9,000
Arlett	24,000	14,000

[1] Ali-Bey, tom. Ier, pag. 226 et 227.
[2] Chénier, tom. III, pag. 283, donne la date 1261.

Quoique les évaluations de M. Arlett soient celles qui inspirent le plus de confiance, ces derniers nombres paraissent exagérés[1].

Une des cartes manuscrites du Dépôt de la marine, que M. Daussy a eu l'obligeance de me communiquer, place un château des Noirs, à 8 kilomètres au Nord de Sla, au bord de la mer; ce château paraît être complétement détruit aujourd'hui.

Mehedîa ou Ma'môra est située sur la pente Nord-Ouest d'une grande colline de 139 mètres de hauteur au-dessus de la mer, et sur la rive gauche de l'embouchure de l'Ouad-Sbou, rivière considérable, qu'on traverse encore dans un bac, sur la route de Tanger à Meknês. La carte de Mouette représente cependant trois gués entre cette embouchure et le confluent de l'Ouad-Ouerr'a. Je ne puis apprécier ce renseignement, car nous ne possédons aucun détail du cours de l'Ouad-Sbou dans cet intervalle. A 30 ou 40 kilomètres de la mer, elle est peut-être plus large qu'à son embouchure, car Caillié, dans son voyage de Meknês à Rbât', l'a prise pour un bras de mer.

Ma'môra fut bâtie, selon Marmol, par Iak'oub-el-Mans'our, pour défendre l'embouchure de la rivière; plus

---

[1] On trouve une description assez détaillée des villes de Sla et de Rbât' dans les Souvenirs d'un voyage au Maroc. (*L'Algérie*, n°ˢ des 26 novembre et 2 décembre 1844.) — Un plan de ces villes, comprenant Chella, se trouve dans un ouvrage de la bibliothèque de M. Ternaux-Compans ayant pour titre : *True Journal of the Sallee fleet*. London, 1637. — Le Dépôt de la marine possède plusieurs plans manuscrits des mêmes villes et de l'entrée de la rivière.

tard elle fut détruite : elle n'avait eu qu'une faible importance.

Don Manuel de Portugal envoya, en 1515, une armée navale pour y construire une forteresse. La flotte arriva à l'embouchure le 23 juin, et on commença immédiatement les fondations de la citadelle; mais, peu de temps après, Moh'ammed-Ouât'es, roi de Fês, envoya son frère Moula-Nâc'er, avec une armée qui repoussa les Portugais, et les força de se rembarquer, en perdant beaucoup de monde et de navires, le 10 août suivant. Léon l'Africain, qui accompagnait Moula-Nâc'er, assista à toute cette affaire.

Le 6 août 1614, les Espagnols prirent Ma'môra et y fondèrent une place forte.[1] ; mais Moula-Isma'îl, sachant que cette place n'était défendue que par une très-faible garnison, l'attaqua et la prit au bout de quelques jours de siége, le 22 avril 1681[2].

Mehedia n'est à présent, d'après M. Arlett, qu'un misérable bourg fortifié, de quatre cents habitants. Suivant M. Rey, c'est un bourg de cent cinquante cabanes, au plus, occupées en partie par la garnison[3].

---

[1] *Marcos de Guadalajara y Xavier*..... Pamplòna, 1614; pag. 129. (Bibliothèque de M. Ternaux-Compans.)

[2] Mouette, pag. 355.

[3] *Souvenirs d'un voyage au Maroc*, par M. Rey. Paris, 1845, p. 109; et journal *l'Algérie*, n° du 6 février 1845.

§ XVIII.

Les Pères de la Merci, qui ont parcouru quatre fois le chemin de Sla à Meknês, au commencement du xviiie siècle, représentent toute la campagne, dans cet intervalle, comme composée de petits coteaux et de vallées, arrosés par trois rivières et par beaucoup de ruisseaux et de sources [1].

Les religieux indiquent ainsi leurs quatre itinéraires [2] :

1er VOYAGE. — Novembre 1704.

	lieues.	jour.
Sla...	2	1
On traverse la forêt de Ma'môra (Mahamore); on dîne à Finzara, château abandonné, avec une tour fort élevée qui en occupe l'angle le plus voisin de la route. On couche au douar (adouar) de Brila, situé à ¼ de lieue de la route.	8	1
Rivière de Beth....................	12	1
Ay-de-Lourma, caserne bâtie par les esclaves chrétiens pour l'exploitation de la forêt dans laquelle elle est située.............	3 (fortes.)	
Moins d'une heure après, on aperçoit les minarets et les remparts de Meknês; puis on passe à la source de Dâr-es-Solt'âna (Darsultana), qui se jette dans la rivière du même nom. Arrivée à Meknês.	3	1
	28	4

---

[1] *Relation de ce qui s'est passé dans les trois voyages que les religieux de l'ordre de Notre-Dame-de-la-Mercy ont faits*, etc. Paris, 1724, p. 52.

[2] Pag. 46, 116, 211, 228.

RETOUR À SLA. — Décembre 1704.

Meknês.
Rivière Beth	1 jour.
Douar de Brila	1
Sla	1
	3

IIᵉ VOYAGE. — Juillet 1708.

Sla.
Finzara	1 jour.
On dîne à Dâr-es-Solt'âna (Darumsultana), maison abandonnée qui consiste en une cour fermée et une salle voûtée, et qui paraît n'avoir été construite que pour servir de retraite aux voyageurs. On traverse ensuite la rivière Tenfelfet, qui est tout auprès, et on couche au douar de Melèk-el-Kebîr (Melac-el-Cubir.)	1
On dîne au douar de Ay-de-Lourma, et on arrive tard à Meknês	1
	3

RETOUR À SLA. — Août 1708.

Meknês.
Douar de Ay-de-Lourma	1 jour.
Rivière Beth	1
On passe à une source de bonne eau; après 4 petites lieues de chemin, depuis le bivac, on arrive à la rivière Tenfelfet, puis à Dâr-es-Solt'âna, à ¼ de lieue de laquelle est une fontaine. Une heure plus loin, on rencontre deux chemins, l'ancien et le nouveau, et on va coucher au douar de Beridio, près d'une fontaine dont le jet est gros comme le bras	1
A reporter	3

Report................	3 jours.
Passage au ruisseau de Larga; on arrive à midi à Sla.............................	1
	4

La rivière Beht, dont le véritable nom se trouve dans Bekri, et qui a été indiquée par Léon, Marmol et beaucoup d'autres, doit être considérable; car des marchands français, qui accompagnaient les religieux à leur dernier voyage de Meknês à Sla, s'y baignèrent au mois d'août, à l'époque où la plupart des rivières du Nord de l'Afrique, et même du Midi de l'Europe, sont réduites à un faible volume d'eau.

Le château de Finzara, nommé par Léon Fanzara, et placé par lui à 10 milles = 19 kilomètres de Sla, est appelé Tefensara par Marmol, qui répète la même indication de distance (traduite par 3 lieues, selon son habitude). C'était autrefois une ville; elle fut fondée par 'Abd-el-Moumen, agrandie par Abou-l-H'acen, et détruite dans ces guerres civiles si acharnées qui précédèrent d'un siècle environ le règne des chérifs. La grande tour signalée par les religieux n'existe probablement plus, car dans ces plaines unies, Ali-Bey et Caillié, qui ont dû passer près de là, n'auraient pu manquer de l'apercevoir. Le nom de ce château doit être Fenzara ou Fenzâra, ou bien, sous la forme berbère, Tefenzârt.

Dans le nom de la rivière de Tenfelfet, on reconnaît sûrement celui de Tefelfelt, village situé, d'après Léon, à 15 milles = 28 kilomètres à l'Est de Ma'môra et à 12 milles = 22 kilomètres de la mer, près duquel on voit, sur le grand chemin de Fês, une cabane inhabitée avec une chambre voûtée pour servir d'abri aux passants. Les descriptions de Léon se rapportent tellement à celles que les Pères de la Merci nous ont données de Dâr-es-Solt'âna, que c'est probablement le même lieu, quoique les distances de Léon soient beaucoup trop courtes. On peut remarquer, d'ailleurs, que la distance de Fenzara à Sla est aussi trop faible, et celle de 12 milles = 22 kilomètres, de Sla à Ma'môra, aussi très-inexacte dans le même sens, car la distance rectiligne qui sépare ces deux points est de 30 kilomètres.

Ali-Bey, qui a traversé cette rivière, l'appelle Filifle, nom qu'il faut sans doute rétablir en Ouad-el-Filfil, « la rivière du poivre, » et qui, sous une forme berbère, devient Tefelfelt.

Tefelfelt ou Tifelfelt est, d'après Léon et Marmol, un village, et la rivière qui passe auprès s'appelle Ouad-Sali, d'après ce dernier. Les Arabes des environs sont les Beni-Melek-Sefiân, dont on retrouve maintenant isolément les deux noms dans les environs de Meknês.

Ay-de-Lourma est évidemment un nom très-altéré; il semble commencer par *ait*, comme presque tous les noms de tribus berbères.

Les Pères de la Merci indiquent, à quelques kilomètres de Meknês, une source de Dâr-es-Solt'âna qui ne peut avoir rien de commun avec la maison du même nom située à moitié chemin environ de Meknês à Sla. Ce nom, et surtout celui de Dâr-Solt'ân, sont très-communs dans toute la Barbarie.

La forêt de Ma'môra a été vue par un grand nombre d'Européens. Elle peut avoir trente mille hectares[1] et contient une quantité de beaux arbres propres aux constructions navales. Elle renferme aussi des chênes verts à glands doux[2].

§ XIX.

Meknês est une ville peu ancienne; Marmol a pourtant cru y retrouver la ville romaine de Silda ou Gilda; mais nous verrons bientôt que cette supposition est tout à fait inadmissible. D'après M. Walsin-Estherazy, elle fut fondée, vers le milieu du x⁰ siècle, par une fraction des Znâta, les Meknêça[3], par le nom desquels elle est exclusivement connue aujourd'hui; son nom véritable était Tâgdert ou Tâguedart, d'après Edrîci. La tribu de Meknêça était originaire des environs de Têza et s'y trouve probablement encore; une de ses

---

[1] M. Drummond-Hay en fait à peu près la même évaluation; son traducteur indique 14 lieues carrées. Voyez *Le Maroc et ses tribus nomades*. Paris, 1844; pag. 110.

[2] *Souvenirs d'un voyage au Maroc*, pag. 104, et journal *l'Algérie*, n° du 22 janvier 1845.

Ces glands doux, que les Arabes appellent, en Algérie, *bellôt'-el-h'alâli*, se présentent dans quelques contrées de l'intérieur, par exemple entre Sa'ida et Tâgdemt.

[3] *De la domination turque dans l'ancienne régence d'Alger*, pag. 41. L'auteur a malheureusement répété, comme M. Grâberg de Hemsö, l'erreur de Marmol, qui a fait succéder Meknês à l'ancienne Silda.

fractions habitait au Nord de Tïaret, d'après Bekri; un village du nom de Meknês existe encore aujourd'hui près des monts Ouanseris, à 36 kilomètres au Nord de Tïaret [1].

Meknês occupe une position agréable, au milieu d'un pays de collines; elle est entourée d'une muraille assez forte et contournée à l'Est et au Nord par une rivière nommée Ouad-bou-Nâc'er; tel est, du moins, le nom que lui donnent un grand nombre de cartes; les cartes espagnoles l'appellent Bunazaro; Edrîci en parle sans la nommer; Léon et Marmol citent vaguement aux environs de Fês la rivière Bou-Nâc'er, sous les noms de Bunasr et Bu-Nacer. Mouette, sur sa carte et dans son texte, pages 443 et 445, la nomme Bouamaire, et Marmol Bucehel. Suivant une description donnée dans le journal *l'Illustration*, du 10 août 1844, Meknês est située sur un plateau qui sépare l'Ouad-Rdoum, nommée Ordom par Ali-Bey, de l'Ouad-bou-Fekroun. Le premier de ces noms signifie « la rivière des décombres, » le second, « rivière des tortues; » cette dernière est sans doute un des affluents de l'Ouad-Beht. M. Delaporte connaît les noms de ces rivières.

Du temps d'Edrîci, il y avait, à un quart de mille = 370 mètres de Meknês, deux petites villes, nom-

[1] On sait que M. Pellissier, l'un de nos collaborateurs, a démontré que Tïaret avait conservé intact le nom de la ville célèbre qu'on a appelée ordinairement Tâhart. Il y avait deux villes de Tïaret; Tâgdemt était l'occidentale : ce dernier fait avait été déjà démontré par M. d'Avezac. — *Exploration scientifique de l'Algérie*, t. VI, p. 400-402. — *Études de géographie critique*, par M. d'Avezac, pag. 152 et 153.

mées Beni-Ziâd et Beni-Tâoura, séparées l'une de l'autre par la même distance; de plus, deux faubourgs, K's'ar et Beni-'At'ouch, un douar des Beni-Bernous et, au Nord du château de Bou-Mouça, un marché où on se rendait le jeudi et nommé Souk'-el-K'dîma, « le vieux marché. » Du temps de Léon et de Marmol, il se tenait, à la porte de Meknês, un marché considérable le lundi. Je ne sais si tous les noms que je viens de citer d'après Edrîci se sont conservés jusqu'à nos jours.

La ville fut considérablement augmentée, au Sud et à l'Ouest, par Moula-Isma'ïl qui commença à faire bâtir, en 1674, les murs de la k'as'ba, située au Sud-Est de la ville; Mouette, qui y a travaillé comme esclave, l'appelle Ludeya, ce qui permet de rétablir son nom en celui de K'as'bat-el-Oudâia, « la citadelle de la garde blanche. » Les Pères de la Rédemption, qui sont allés de Tetouan à Meknês, en octobre 1724, l'appellent Geribic, nom dans lequel il me semble difficile de retrouver un mot arabe.

Moula-Isma'ïl fit aussi construire, au Sud-Ouest de la ville, le palais impérial qui sert encore souvent de résidence aux sultans, et qui est lui-même une ville d'une étendue considérable, mais remplie de cours et de jardins.

Du temps de Moula-Isma'ïl, on voyait encore, au Nord-Ouest de Meknês, une ville de tentes et de cabanes occupées par les familles des noirs qui formaient sa garde.

Léon fait de Meknês une ville de six mille feux;

mais Marmol ne lui donne que huit mille habitants, et Diego de Torres, vers 1550, six mille [1]. La population de Meknês subit un accroissement considérable du temps de Moula-Ismaïl, mais, depuis, elle semble avoir beaucoup décliné; on en a fait les évaluations les plus exagérées. Jackson, en 1810, la portait à cent dix mille âmes, et M. Gråberg de Hemsö, en 1834, à la moitié de ce nombre, qu'elle est certainement bien loin d'atteindre. Selon M. Delaporte, elle est un peu plus considérable que Tetouan, ce qui lui donnerait peut-être quinze mille habitants : c'est cette évaluation qui mérite le plus de confiance [2].

Jackson place une petite ville de Zemure-Shelleh à 12 ou 14 kilomètres au Sud un peu Ouest de Meknês, sur la rive droite d'une rivière qui va se joindre, à l'Ouest de cette ville, à celle qui la baigne. On reconnaît, dans le nom de cette ville, celui de Chelleuh', nom d'une des familles berbères du Maroc; le premier est probablement Zemmour.

Nous avons déjà placé Djâma'-el-H'ammâm [3]. La fon-

---

[1] *Histoire des chérifs*, pag. 119.

[2] On peut consulter principalement, au sujet de la ville de Meknês, les ouvrages suivants :

Histoire des conquestes de Mouley-Archy, etc. par Mouette. Paris, 1683.
Relation de ce qui s'est passé dans les trois voyages, etc. Paris, 1724.
A Journey to Mequinez, etc. by John Windus. London, 1725.
Histoire des révolutions de l'empire de Maroc, par Braithwaite. Amsterdam, 1731.
Recherches historiques sur les Maures, par Chénier. Paris, 1787.
Journal *l'Illustration*, n° du 10 août 1844. Paris.

[3] Voir ci-dessus, pag. 240.

dation de cette ville était attribuée à 'Abd-el-Moumen. Cette date, empruntée à la tradition, inspire très-peu de confiance; car, dans les souvenirs des Arabes marocains, tout ce qui est ancien s'attribue exclusivement aux souverains dont le nom est populaire, Ioucef-ben-Tachfîn, 'Abd-el-Moumen, ou Iak'oub-el-Mans'our. Cette remarque peut s'appliquer à beaucoup d'autres villes.

Quoi qu'il en soit, cette ville, dont Léon écrit le nom *Gemiha-Elchmen*, et Marmol *Gemaa-el-Hamem*, fut détruite, comme tant d'autres, dans les guerres de Sa'ïd, c'est-à-dire vers 1420. Les environs étaient occupés par les Arabes Beni-Melek-Sefiân (Ibni-Melic-Sofian), et il se tenait, tous les dimanches, à une demi-lieue ou 3 kilomètres de la ville, un marché que Marmol appelle *hat-de-tarna*. Le premier mot est *el-hâd*, nom commun de tous les marchés qui se tiennent ce jour de la semaine; le second doit être un nom de tribu, peut-être celle de Beni-Tâoura, qu'Edrîci place à la porte de Meknês, ainsi qu'on vient de le voir.

§ XX.

Ali-Bey a employé 16 heures pour parcourir la distance de Meknês à Fês, en y comptant probablement une heure et demie de repos, puisqu'il dit qu'il parcourait alors une lieue à l'heure, et qu'il a traduit cette distance par 53 kilomètres en ligne droite; il nous apprend qu'il a traversé la rivière de Meknês 7 heures après avoir quitté cette ville, ce qui ne semble guère possible, et ne s'accorde d'ailleurs nullement avec sa carte. Il y a là, sans doute, quelque erreur ; car Caillié a parcouru la même route en 10 heures ; ce qui porte la distance rectiligne à 40 kilomètres environ, en ayant égard aux 34 heures $\frac{1}{2}$ qu'il a employées pour se rendre de Meknês à Sla, et aux sinuosités de sa route. On connaît, du reste, un grand nombre d'évaluations de la même distance ; en voici quelques-unes :

DISTANCE DE MEKNÊS À FÈS.

Suivant Edrici.............................	40 milles. = 59 kil.
Léon et Marmol.............	36 67
Diego de Torres.............	10 lieues.
Mouette..................	12
les Pères de la Merci...........	13
Braithwaite................	12
Chénier..................	9 heures.
Ali-Bey..................	14 $\frac{1}{2}$?
Caillié [1]..................	10

Les Pères de la Merci comptant 28 lieues de Sla à Meknês, nous aurons 52 kilomètres pour la distance en ligne droite de cette dernière ville à Fès ; mais on doit remarquer qu'ils n'avaient pas parcouru cette dernière route. Chénier compte 30 lieues d'une heure de Fès à Sla, ce qui donne 48 kilomètres de Fès à Meknês. En joignant aux données qui précèdent celle qui résulte de la carte de Jackson, nous aurons le tableau

[1] Diego de Torres, pag. 118. — Mouette, pag. 36 et 442. — Pères de la Merci, p. 69. — Braithwaite, p. 207, 208. — Chénier, tom. III, pag. 70.

suivant des évaluations de distance en ligne droite de Fês à Meknês :

Suivant les Pères de la Merci	52 kil.
Chénier	48
Jackson	30
Ali-Bey	53
Caillié	40

D'après ces indications et les raisons que j'ai données plus haut, je suis porté à croire qu'Ali-Bey a placé Meknês un peu trop loin de Fês.

Edrîci indique ainsi qu'il suit la route de Fês à Meknês, sans donner les distances des points intermédiaires :

Fês,
Mr'îla,
Ouad-Snât,
Fh'as'-en-Nekhla,
Meknêça.

Fh'as'-en-Nekhla, « la plaine ou le canton du palmier, » et l'Ouad-Snât, ne sont mentionnés, que je sache, dans aucun autre ouvrage ; leur position est donc assez douteuse ; mais Mr'îla est citée par Bekri sur une des routes de Sebta (Ceuta) à Fês, et dans le voisinage du Zâler' ; elle se trouve aussi, sous les noms de Maghilla et Maguila, dans Léon et Marmol. Ce village occupe l'emplacement d'une ruine romaine, au pied du Zerhoun, du côté de Fês. Nous verrons bientôt que le Zerhoun est le pâté de montagnes compris entre Fês, Meknês et l'Ouad-Sbou. La position du village de Mr'îla, qui a sans doute disparu, peut donc se déterminer approximativement. Mr'îla est le nom d'une tribu berbère; il se retrouve fréquemment dans l'empire de Maroc et même dans toute la Barbarie.

Léon place à moitié chemin de Fês à Meknês une petite ville de Banibasil, que Marmol nomme Beni-Becîl; il ajoute qu'elle est sur un ruisseau nommé Hued-Nija, qui prend sa source près de là, à Ain-Zore. Il y a près de là, selon le second de ces auteurs, des collines qui vont jusqu'à Meknês, et où sont les prises d'eau qui alimentent les fontaines de cette ville.

Ailleurs, il place une tribu de Beni-Mecîl dans la plaine d'Eceis, et Edrîci cite les Beni-Becîl dans les environs de Fês, ce qui fixe l'orthographe de ce nom.

Je ne connais aucun autre renseignement qui fasse mention d'Ain-Zore, probablement 'Aïn-Zour; mais le Père Dominique Busnot, racontant l'évasion d'un esclave chrétien, dit qu'entre Meknês et Fês il traversa à la nage la rivière Negea : c'est évidemment l'Ouad-Nija de Marmol[1].

Selon Marmol, le bourg de Beni-Becîl avait été bâti par les S'enhâdja et détruit, plus tard, dans les guerres de Sa'îd; mais en 1514 Moula-Nâc'er, frère de Moh'ammed-Ouât'es, souverain de Fês, le repeupla d'habitants qu'il avait forcés d'abandonner la province de Dekkâla, pour les empêcher de se soumettre aux Portugais; cette population n'y resta vraisemblablement

---

[1] *Histoire du règne de Mouley-Ismael*, par le P. Dominique Busnot. Rouen, 1714; pag. 248.

que peu d'années, et aujourd'hui ce bourg a entièrement disparu.

Sur la route de Fês à Meknês, et au pied du Zerhoun, était un village muré, que les éditions françaises de Léon appellent La Vergoigne, et Marmol Gemaa, c'est-à-dire Djâma' « la mosquée. » Sa position est assez incertaine, et maintenant il a disparu comme tant d'autres.

§ XXI.

La montagne de Zerhoun, connue de M. Delaporte, commence, d'après Léon, à 10 milles = 18 kilomètres de Fês, et s'étend 30 milles = 55 kilomètres à l'Ouest, sur 10 milles = 18 kilomètres de largeur; elle a Fês à l'Est et Meknês à l'Ouest, et se termine, du côté du Sud, à la plaine d'Eceis. Cet auteur la nomme Zarhon, et Marmol Zarhon ou Zarahanun. Diego de Torres dit que Zorohon est une riche montagne, qui s'étend entre Fês et Meknês. Mouette, qui fait terminer la plaine d'Asciz (Eceis), comme Léon, au Serhon, place cette montagne à 3 lieues de Meknês, distance aussi donnée par les Pères de la Merci. Chénier place la montagne de Zaaron en vue de Meknês[1]. Beaucoup d'autres auteurs parlent de la même montagne; mais plusieurs, tels qu'Ali-Bey, l'ont vue et signalée sans en savoir le nom.

Comme position, cette montagne est bien déter-

---

[1] Diego de Torres, pag. 119. — Mouette, pag. 426, 442. — Pères de la Merci, pag. 69. — Chénier, tom. III, pag. 71.

minée : elle renferme beaucoup d'oliviers et d'arbres fruitiers, et, selon plusieurs auteurs, des mines de sel gemme.

Gualili, suivant Léon, ou Tiulit, suivant Marmol, est une ruine romaine considérable, située sur le haut des montagnes de Zerhoun ; elle est entourée d'une muraille de pierres de taille énormes, et son circuit est de 6 milles = 11 kilomètres. Elle fut restaurée par Idrîs-ben-'Abd-Allah, père du fondateur de Fês, qui l'avait choisie pour sa résidence, et qui y fut enterré vers la fin du vɪɪɪ^e siècle de notre ère.

Le Palais de Pharao, ou Cazar Faraon, est, d'après les mêmes auteurs, une ruine romaine située à 8 m. = 15 kilomètres de la précédente.

Le premier de ces points, qui a eu autrefois une grande célébrité, est nommé Oualili par les auteurs arabes, ce qui correspond exactement à Gualili dans l'orthographe de Léon. Tiulit, de Marmol, semble être *Tioualîlt,* forme berbère du même mot. Ce lieu, qui n'a plus conservé que le nom du grand personnage dont il renferme le tombeau, est maintenant, comme du temps de Léon et de Marmol, un lieu de pèlerinage ; le village n'a que peu d'importance, mais il est connu et visité de presque toutes les populations de l'empire de Maroc. Son nom actuel est Zâouïet-Moula-Idrîs.

Le second point, dont le nom exact est K's'ar-Fer'aoun[1], a été visité, en 1721, par John Windus, qui

---

[1] Cela signifie « le château de Pharaon. » Je ferai remarquer pour-

en a donné une description détaillée, ainsi qu'un dessin représentant les inscriptions latines et les principaux monuments romains qu'il renferme. Ce point est situé, selon lui, à 140 milles anglais = 224 kilomètres au Sud de Tetouan, et à 16 milles = 25 kilomètres et demi au Nord-Est de Meknês. Windus, après avoir passé à Sidi-K'âcem, dans son voyage de Tetouan à Meknês, campa, à quelque distance de là, sur le territoire de Moula-Idrîs, alla visiter les ruines de K's'ar-Fer'aoun dont le village de Moula-Idrîs n'est éloigné que d'une lieue.

Les données de Windus, et la condition d'être presque sur la route de Sidi-K'âcem à Meknês, déterminent assez bien la position de K's'ar-Fer'aoun; mais pour placer Moula-Idrîs, qui n'en est qu'à une lieue, il faut recourir à d'autres renseignements[1].

Braithwaite, page 7, place le tombeau de Muley-Idriss

---

tant que ce nom se présente assez souvent, en Barbarie, avec une tout autre signification. *Bs'ol Fer'aoun* « l'oignon de Pharaon, » ou, par abréviation, *fer'aoun*, désigne la scille maritime; et plusieurs localités ne doivent leur nom qu'au voisinage de cette plante, dont la haute tige, ornée d'une belle fleur blanche, couvre, au mois de septembre, certaines contrées du Nord de l'Afrique.

[1] D'après un ouvrage que M. d'Avezac a eu l'obligeance de me communiquer, et qui porte pour titre, *Erinnerungen aus Marokko*, Wien, 1838, les ruines de K's'ar-Fer'aoun sont à quelques kilomètres, à peine, de Sidi-K'âcem; car de là l'auteur, le baron d'Augustin, voyait les dispositions de départ qu'on faisait dans le camp. Une vue montre aussi qu'on aperçoit très-bien, de K's'ar-Fer'aoun, la petite ville de Moula-Idrîs, située sur un rocher, au pied du Zerhoun, et à peu près au Nord-Est de cette ruine.

à une journée de Meknês, et Chénier, t. III, p. 71, dans les montagnes de Zaaron, qui sont à l'Ouest de Fês et à la vue de Meknês. Jackson, page 14, place le sanctuaire de Muley-Dris-Zerone au pied de l'Atlas et à l'Est de Meknês. Plus loin, p. 21, il parle des ruines de Pharoah ou Ukser-Farawan, situées près de Moula-Idrîs. Il parle souvent de ce dernier point, qu'il a placé sur sa carte à 30 kilomètres environ au Nord-Est de Meknês. C'est sans doute relativement à cette ville qu'il a placé Moula-Idrîs; mais comme la position de Meknês est très-fausse sur sa carte, il en résulte de même une position très-fausse pour ce village.

M. Washington, en corrigeant les positions de Meknês et de Fês, a placé Muley-Dris, relativement à ces deux villes, à peu près comme Jackson. Il a indiqué aussi près de là, à l'Ouest, Kassar-Farawan, mais il a accompagné ces deux positions du signe du doute. Ce sont ces deux positions que M. Washington a indiquées comme douteuses, ainsi qu'il devait le faire, que M. Gråberg de Hemsö a adoptées, et c'est pour cela que le Zerhoun (Ssarhun) est placé sur sa carte à 75 kilom. au Nord de Fês.

M. Gråberg de Hemsö, qui place Zauiat-Mula-Driss à 60 kilomètres en ligne droite au Nord de Fês sur sa carte, dit, dans son texte, page 46, que ce lieu est éloigné de 28 milles = 52 kilomètres au Nord, ce qui résulte peut-être de renseignements pris par lui-même, car, quoique la direction soit fausse, la distance doit être assez exacte.

Léon, t. I, page 325, dit qu'Idrîs, père du fondateur de Fês, « faisait sa résidence en la montagne de Zerhoun, prochaine de Fês environ 130 milles. » Il y a là une grave erreur; il faut sans doute lire 30 milles et appliquer cette distance au point où résidait Idrîs, car, à l'article de la montagne de Zerhoun, Léon dit qu'elle commence à 10 milles de Fês et qu'elle s'étend sur une longueur de 30 milles. Ce qui m'engage à regarder cette correction comme très-probable, c'est que 30 milles = 55 à 56 kilomètres est en effet, à très-peu près, la distance de Fês à Moula-Idrîs.

Jackson donne au village de Moula-Idrîs douze mille habitants, et M. Gråberg neuf mille. Ces chiffres paraissent dix fois trop forts, selon l'habitude des deux auteurs.

Tout ce qui précède laisse absolument incertaine l'orientation de Moula-Idrîs relativement à K'sar-Fer'aoun, et ce renseignement, si facile à obtenir à Meknês et même à Tanger, nous sommes obligés de le demander à la géographie ancienne. Quoique cette étude sorte de mon plan, je ne puis me dispenser de donner ici quelques détails sur la route romaine unique, ou au moins principale, qui traversait le pays, il y a douze ou quinze siècles.

Il est tout à fait certain que Tingis occupait la place actuelle de T'andja ou Tanger. Les débris romains qu'on y retrouve, et la situation même relativement au mouillage, ne laissent point de doute sur cette identité. Quelques personnes ont cru qu'il fallait rechercher Tingis dans les quelques pierres romaines de T'andja-Bâlîa,

« le vieux Tanger, » situé à 3700 mètres à l'Est de la ville actuelle; mais cette opinion n'a en sa faveur que la ressemblance des noms.

Il est certain aussi qu'Ac'île a succédé à Zilis ou Zilia, éloignée de Tingis de 24 milles romains, vers le Sud; cette distance se décomposait, en 18 milles de Tingis à Ad Mercuri, et 6 milles de là à Zilis, ce qui place Ad Mercuri à l'embouchure de l'Ouad-R'erîfa, fréquentée, il y a encore un siècle ou deux, comme port de commerce, et désignée, par Mouette, sous le nom de Taguedarte, par les cartes espagnoles, sous celui de Tagadart, et par Charrant, sous celui de Tahadar[1]. Bekri place au même point un bourg de Tâhedârt; enfin, M. Delaporte connaît ce nom berbère, qu'il faut écrire *Tâheddârt*.

On a reconnu, depuis assez longtemps, que Volubilis, capitale de la Mauritanie Tingitane à la fin de la domination romaine, n'était autre chose, comme nom et comme position, que Oualili. Pline, qui la place à 35 milles de Banasa, ville maritime située non loin de l'embouchure du Subur, c'est-à-dire de l'Ouad-Sbou, mais dont la position me semble pourtant assez douteuse, dit qu'elle est à peu près à égale distance des deux mers. Ce dernier renseignement mérite beaucoup plus de confiance que le premier, parce qu'il s'accorde avec la position de Oualili, et parce qu'une phrase résiste beaucoup mieux qu'un chiffre aux erreurs de copiste. Il semble donc incontestable que le chiffre xxxv

---

[1] *Relation anonyme*, à la fin du Voyage de Roland Fréjus. Paris, 1682.

a été altéré par l'omission d'une L, ce qui donnerait pour la distance de Volubilis à chacune des deux mers, 85 milles.

L'itinéraire d'Antonin indique ainsi la route de Tingis à Tacolosida :

Tingis.	
Ad Mercuri	18 milles.
Ad Novar	12
Oppidum novum	32
Tremula	12
Vopisciana	19
Gilda	24
Aquæ Dasicæ	12
Volubilis	16
Tacolosida	03

La distance de 1 lieue, de Moula-Idrîs à K's'ar-Fer'aoun, donnée par Windus, est tellement conforme à celle de 3 milles romains, qui sépare Volubilis de Tacolosida, qu'il me semble difficile de douter de l'identité de cette dernière avec K's'ar-Fer'aoun : c'est donc au Nord de ce point qu'il faut placer Oualîli ou Zâouïet-Moula-Idrîs.

L'itinéraire compte 127 milles = 188 kilomètres de Ad Mercuri à Volubilis, et cette distance est en ligne droite d'environ 154 kilomètres, ce qui s'accorde convenablement.

Les ruines romaines sont si peu communes dans l'intérieur du pays, qu'il doit être facile de retrouver les stations de la route. Ad Novar coïncide parfaitement avec El-Outed, sorte d'obélisque grossier, qu'on voit encore tout près d'une ruine romaine; les descriptions de Davidson ne laissent aucun doute sur la nature de ces ruines. A la vérité, les ruines romaines sont moins rares dans cette contrée que dans toute autre partie du Maroc. Oppidum novum coïncide peut-être avec la ville d'El-K's'ar, pourtant la distance de celle-ci à El-Outed est un peu forte pour s'accorder avec les 32 milles. Tremula tomberait, sans doute, près de l'Ouad-Foouâra ou Foouârat. Vopisciana serait Ouezzân dont le nom paraît même dériver du nom romain; plus exactement, les deux noms dérivent sans doute d'un autre que nous ne connaissons pas. Gilda ou Silda tomberait vers 'Aïn-Garouâch. Aquæ Dasicæ paraît être Mergo, ruine romaine d'après Léon, ainsi que nous le verrons plus tard. Il serait bien intéressant de retrouver ces eaux thermales, qui fourniraient un point de repère important et qui confirmeraient la concordance de Oualîli et de Volubilis.

Tacolosida devait être une ville belle et importante, si l'on en juge par les monuments que Windus y a dessinés, en 1721; on y voyait encore la muraille de la ville, qui avait 2 milles anglais = 3200 mètres de circuit.

Marmol place auprès de K's'ar-Fer'aoun un marché du mercredi, nommé Arba-del-Haibar, et, dans la pente de la colline voisine, une ruine romaine nommée Dâr-el-H'amra « la maison rouge. » Ces deux points restent assez douteux; le dernier, et Mr'îla dont j'ai déjà parlé, étaient sans doute des villages romains de peu d'importance.

§ XXII.

Pendant le vıııe siècle, les Arabes, maîtres de Tunis, de toute l'Algérie et des villes maritimes de l'empire de Maroc, semblent n'avoir songé qu'à envahir l'Europe et à consolider leur puissance en Espagne ; mais, à cette époque, un descendant d'Ali et de Fat'ma, Idrîs-ben-'Abd-Allah quitta l'Arabie, passa dans le Mor'reb, et s'établit dans la capitale du pays, à Oualîli, où il demeura jusqu'à sa mort, et où il fut inhumé, comme on l'a vu tout à l'heure. Son caractère de sainteté généralement reconnu, et aussi sans doute ce besoin qu'éprouvent les hommes de se rapprocher de toute autorité qui promet de faire cesser l'anarchie, lui attirèrent la faveur des peuples. Son fils, qui hérita de son influence et de ses vertus, fut réellement le premier souverain musulman de l'empire de Maroc : c'est lui qui fonda Fês en 793 de J. C.[1]

On ne connaît point l'origine de ce nom. Les Arabes, vrais romanciers en fait d'étymologies, l'expliquent de plusieurs manières. Selon les uns, le nom de *Fês* ou *Fâs*, qui signifie en arabe une « pioche, » a été donné à la ville, parce qu'on en trouva une en creusant les fondations ; selon d'autres, Fês vient de *Fed'd'a* « argent. » Cette dernière étymologie n'a pas la moindre probabilité.

---

[1] Ou 177 de l'hégire. Léon donne la date 185, et c'est sans doute là ce qui a induit en erreur Marmol, qui fait correspondre 793 de J. C. à 185 de l'hégire. 793 de J. C. est la date le plus généralement adoptée. Léon, t. Ier, pag. 323. — Marmol, t. Ier, p. 209, et t. II, p. 157.

Presque tous les peuples européens écrivent le nom de cette ville *Fez,* d'après les Espagnols. Son véritable nom peut s'écrire presque indifféremment *Fês* ou *Fâs;* le premier de ces noms, qui a l'avantage de ne pas changer l'ancienne prononciation, a déjà été écrit de cette manière par plusieurs auteurs.

Idrîs-ben-Idrîs ne bâtit qu'une ville sur le bord droit de la rivière; mais son petit-fils en bâtit une autre sur la rive gauche, et c'est lui sans doute qui y bâtit en même temps la fameuse mosquée de K'arouïïn, la plus belle de l'empire de Maroc : la première de ces deux villes s'appela Blîda, la seconde 'Aïn-Alou[1].

Cent quatre-vingts ans après la fondation de Fês, une terrible rivalité s'éleva entre les deux villes de la rive droite et de la rive gauche, et ce malheureux état de choses ne cessa qu'après un siècle, lorsque Ioucef-ben-Tachfîn, à la tête des Berbères Lamtouna, s'en empara vers 1086[2].

Vers 1220 ou 1230, Iak'oub-ben-'Abd-Allah, le second des Beni-Merîn, fit bâtir sur la rivière, à 1,000 ou 1,500 mètres à l'Ouest-Sud-Ouest de l'ancienne ville, une autre ville tout à fait séparée, qu'il nomma Mdînet-el-Beid'a « la ville blanche; » mais on ne lui a conservé que le nom de Fês-el-Djedîd, l'ancienne ville prenant, par opposition, le nom de Fês-el-Bâli[3].

---

[1] Ce nom, donné par Marmol, paraît être 'Aïn-H'alou, ou, plus exactement, 'Aïn-H'aloua « la fontaine douce. »

[2] Marmol, tom. Ier, pag. 290.

[3] *Bâli* veut dire, proprement, « décrépit, usé. » Les Arabes em-

Fês, depuis cette époque, n'éprouva plus d'agrandissement notable; mais on construisit des faubourgs. Marmol en cite plusieurs, tous situés au Sud-Ouest, en remontant la rivière ; ce sont : Merz; le quartier de Merstan, c'est-à-dire des lépreux; El-Kifân, c'est-à-dire les collines, avec de nombreuses caves dans les rochers; plus loin est le marché du jeudi, Souk'-el-Khmîs, et, près de là, une zaouïa, ou ermitage. Viennent ensuite la carrière de l'Afrigan et le faubourg d'El-K'as'rîn, c'est-à-dire les deux châteaux. Près de là sont des prairies où l'on blanchit le linge. Ces faubourgs sont sans doute peu importants et assez éloignés, car Mouette dit positivement que Fês n'a pas de faubourgs; ils ont même peut-être complétement disparu.

Marmol nomme encore, t. I, p. 469, une plaine de Buger, à deux portées de canon de Fês, sur la rivière, et probablement au Sud-Ouest, d'après son récit. Néanmoins ce nom paraît être le même que 'Ak'bet-el-Beguer « la montée des bœufs, » placée par Bekri sur la rive droite de l'Ouad-Sbou.

Près du nouveau Fês, Moula-'Abd-Allah fit bâtir, vers 1750, un palais qu'Ali-Bey nomme Bouschelou, M. Grâberg, d'après lui, Buscelu, M. de Caraman, Bouzoulou, mais dont M. Delaporte connaît le nom, Bou-Djeloud, c'est-à-dire les tanneries[1]. Chénier appelle ce palais

ploient ordinairement, dans ce cas, le mot *el-k'dîm*, qui correspond exactement au mot français *vieux*.

[1] Mot à mot : « père des peaux ou des cuirs. » *Djeloud* est le pluriel de *djild*.

d'Arbiba; c'est peut-être Dâr-Beid'a « la maison blanche, » ce qui est presque le nom générique de tous les palais nouveaux.

La carte de Mouette indique, à l'Ouest-Sud-Ouest de Fês, un jardin nommé Mensara. Comme dans le petit vocabulaire qu'il donne, il rend « chrétien » par *menserany*, il est probable qu'il faut rétablir le nom de ce lieu en celui de Djenân-en-Ns'âra « le jardin des chrétiens. »

Les juifs ont leur quartier séparé dans le nouveau Fês. Entre cette ville et l'ancienne sont de nombreux jardins et une enceinte carrée où sont toujours campés, d'après M. de Caraman, des soldats et des détachements de diverses tribus.

Près du vieux Fês il y a deux forts, l'un au Nord, l'autre au Sud-Est. Ces forts et l'enceinte de murailles qui enveloppe la ville n'empêchent pas qu'elle soit la place du monde la plus facile à prendre. Ce fait est même tellement saillant, que les habitants de Fês, obligés de se rendre à discrétion à la moindre attaque sérieuse, prétendent que c'est un privilége qu'ils ont reçu de leur fondateur[1].

Au milieu du vieux Fês passe une rivière appelée Ouad-el-K'ant'ra « la rivière du pont, » qui prend sa source à 3 lieues de là, à 'Aïn-el-Khmîs[2]. En entrant dans la

---

[1] Chénier, tom. III, pag. 68. Ce privilége est sans doute une allégorie; on peut dire, en effet, que si la ville est incapable de la moindre résistance, c'est à son fondateur qu'il faut s'en prendre.

[2] Voir ci-dessus, pag. 241.

ville, elle se divise en deux bras qui se rejoignent, en sortant, près du pont des teinturiers, K'ant'ra-Sebâr'în, et vont ensuite ensemble se jeter dans l'Ouad-Sbou. C'est sans doute cette rivière qui, à sa source, est appelée par Edrîci, Ouad-S'enhâdja. Il y a une autre rivière nommée Ouad-Fês, qui prend sa source à Râs-el-ma, source considérable, et toujours également abondante, qui sort d'un vallon un peu au Sud du chemin de Fês à Meknês[1]. C'est pour cela qu'on appelle souvent la rivière même de Fês Râs-el-ma, ce qui, comme j'ai eu déjà l'occasion de le dire plusieurs fois, signifie seulement « la tête de l'eau, » et sert de nom générique aux prises d'eau et aux sources des rivières.

Cette rivière passe d'abord au nouveau Fês; il y avait près de sa source, du temps de Marmol, un petit château et une garnison. C'est elle qui s'appelait Ouad-el-Djouhor, « la rivière des perles ou des pierres précieuses. » M. Gråberg de Hemsö nomme les rivières de Fês Vad-el-Gieuhari et Vad-Mafrusîn.

Il y a, en outre, dans Fês, des fontaines qui viennent toutes d'une même source située près de Dâr-Debbar' (Dar du Bag), que nous avons déjà trouvé sur le chemin de Fês à Tafilêlt[2].

A 4 lieues et $\frac{1}{2}$ de Fês, il y a une source nommée Agobel (Ar'bal?) qui, après un cours de 1 lieue et $\frac{1}{2}$, se perd dans un lac que Marmol nomme Timeduin. Les habitants disent que cette eau se rend, par infil-

---

[1] Chénier, tom. III, pag. 69.
[2] Voir ci dessus, pag. 94 et 100.

tration, jusque dans Fês. Timedouïn n'est pas un nom, car en berbère cela signifie « des étangs. »

La population de Fês est assez généralement évaluée à quatre-vingt mille habitants. Pour arriver à l'évaluation la plus probable, je rappellerai qu'on accordait généralement à Alger quatre-vingt mille habitants avant la conquête, et cette ville n'a jamais pu en contenir plus de trente à trente-cinq mille. La même remarque s'applique à Constantine, qu'on évaluait à quarante mille âmes, tandis qu'elle n'en avait que quinze à vingt mille au plus. Cette tendance à l'exagération est si générale que dans l'Inde, par exemple, lorsque le gouvernement anglais a fait faire le recensement de certaines villes, on a été tout étonné de n'y trouver que la moitié de la population qu'on s'accordait à leur donner; et pourtant tout le monde visitait ces villes avec la plus entière liberté.

Je regarde donc comme très-probable que la population de Fês ne dépasse point trente ou quarante mille habitants[1].

§ XXIII.

Léon et Marmol citent quelques localités voisines de Fês; on ne les trouve mentionnées que dans leurs ouvrages.

---

[1] On connaît un grand nombre d'ouvrages qui donnent la description de Fês. On peut citer surtout les auteurs suivants : Léon, Marmol, Mouette, Braithwaite, Chénier, Ali-Bey, Caillié et M. de Caraman (dans le Spectateur militaire du 15 août 1844).

Beni-Guariten est un canton composé de montagnes et de vallées fertiles, à 18 milles selon Léon, 7 lieues suivant Marmol, (33 à 39 kil.) à l'Est de Fês. Son nom est celui d'une tribu qui l'habite conjointement avec les Arabes Oulâd-Mota, les Oulâd-Ahacha et quelques Berbères.

Macarmeda, petite ville ruinée, à 20 milles = 37 kilomètres à l'Est de Fês, sur une rivière et en plaine, avait été bâtie par les S'enhâdja. Elle est occupée, dit Marmol, par les Arabes Mahamides, probablement Mh'âmîd.

Hubbed, à 16 milles = 30 kilomètres à l'Est de Fês, d'après Léon; ou, d'après Marmol, Habar, à 2 lieues = 11 kilomètres de Fês, dans la même direction, est une ville ruinée située sur la pente d'une montagne, d'où l'on découvre Fês et tout le pays d'alentour. Elle devait sa fondation à un marabout, qui était premier fak'i de la grande mosquée de Fês ; mais elle fut détruite dans les guerres de Sa'ïd, vers 1420.

A 15 milles à l'Est de Fês, d'après Léon, ou 4 lieues et $\frac{1}{2}$ d'après Marmol, (25 à 28 kilomètres) on voit les ruines d'une petite ville nommée Zaouïa, c'est-à-dire l'ermitage, qui fût bâtie par Ben-Ioucef, l'un des premiers souverains de la race des Beni-Merîn.

En même temps que Zaouïa, Marmol cite vaguement Lamt'a (Lampta), située, dit-il, dans la même province et à la même hauteur.

Chaulan ou Halua, à 8 milles = 15 kilomètres au Sud de Fês, au bord de l'Ouad-Sbou, est un château qui fût bâti par un prince des Znâta. Abou-l-H'acen, de la famille des Beni-Merîn (dans la première moitié du xɪᴠᵉ siècle), construisit non loin de là un beau palais, près d'une source thermale où les habitants de Fês se rendaient au printemps.

Le nom de ce lieu, qu'il serait bien facile de retrouver, est incertain ; celui de Léon correpond à Khaoulân, nom d'une tribu arabe placée par Bekri près d'Ac'ila et du Djebel-H'abîb ; et celui de Marmol, 'Aïn-H'aloua sans doute, signifierait « la fontaine douce. » Il est difficile de deviner pourquoi M. Gråberg de Hemsö en a fait deux positions, sous les noms de Sciaulan et Haluan, sur l'Ouad-Sbou, l'une au Sud-Est, et l'autre au Nord-Ouest de Fês.

Marmol, tom. I, pag. 475, 476, parle d'un village de Zefere qui, d'après son récit, doit être à peu de distance au Nord-Est de Fês. Il parle en même temps de Dâr-Debbar' (Dar du Bag), dont il a déjà été fait mention, pag. 274.

Mouette cite à la fin de son ouvrage une petite ville nommée Azerot dans les montagnes de Meluya, en deçà du fleuve ; c'est évidemment la même ville que Azero, située non loin de Fês, au pied des montagnes, dont il est question dans l'ouvrage ayant pour titre : *Relation de ce qui s'est passé dans le royaume de Maroc,* de 1727 à 1737. Paris, 1742; p. 274.

Chénier, tom. III, pag. 154, parle vaguement d'une montagne d'Askrou aux environs de Fês. Je ne connais aucun autre renseignement qui se rapporte à cette montagne, à moins que ce nom ne soit Asfrou, où l'on reconnaîtrait sans peine S'oforo, ville dont Chénier ne parle pas et qu'il paraît n'avoir pas connue.

Nous retrouverons plus tard quelques points voisins de Fês dans des itinéraires de Sebta à cette ville, donnés par Bekri.

§ XXIV.

Léon et Marmol appellent province d'Asgar la contrée comprise entre le Zerhoun, El-K's'ar, El-'Araich, la mer et le Bouragrag. Ce nom n'est évidemment autre chose que le mot berbère Azr'âr, qui signifie « plaine, » et qui correspond au mot arabe Bh'îra, diminutif de Bh'ar « mer. » C'est sans doute pour cela que Marmol dit que ce mot signifie « mer fuyante, » et que la tradition rapporte qu'autrefois la mer s'avançait dans l'intérieur du pays jusqu'aux environs de Tâza. Cette explication a pourtant quelque intérêt; car elle semble indiquer que la tradition aurait perpétué le souvenir de quelque catastrophe, à la suite de laquelle la mer aurait abandonné le rivage et même les plaines basses de cette partie de l'empire.

Les mêmes auteurs appellent province de Habat, la région ou partie montagneuse comprise entre les plaines d'Azr'âr, le Ouerr'a, les montagnes du Rîf, le détroit de Gibraltar et l'Océan.

Le nom d'Azr'âr ne paraît plus usité; mais le nom de la province la plus septentrionale paraît subsister encore, quoique M. Delaporte ne le connaisse pas; car nous trouvons à la fin de l'ouvrage de M. Drummond-

Hay, page 331, une citation des Berbères du Rîf et de Hasbat. Tel doit être en effet le nom de ce district; car Moréri, dans son grand dictionnaire historique, imprimé à Paris en 1698, place Ac'îla dans la province de Hasbata.

Ces régions sont ce qu'on appelle ordinairement El-R'arb « l'Occident. »

On a, du reste, généralement appelé provinces certains territoires désignés sous un même nom, ou ceux de quelques tribus de diverse importance, sans savoir s'ils formaient ou non dans l'empire de véritables provinces ou 'ammâla; c'est comme si l'on disait que l'Algérie, avant nous, était divisée en provinces de H'arakta, H'anêncha, Medjâna, Zouâoua, Mtîdja, D'ahra, etc. faisant ainsi un mélange informe de noms de contrées avec ceux de quelques grandes tribus. Je reviendrai plus tard sur les divisions politiques de l'empire.

Léon et Marmol placent, dans leur province de Habat, plusieurs villes qui ne sont connues, pour la plupart, d'aucun autre auteur.

Ezaggen ou Ezagen était une ville ancienne, placée par Léon à 72 milles = 133 kilomètres de Fês, et à 2 milles = 3,700 mètres du Ouerr'a, et, par Marmol, à 23 lieues = 128 kilomètres de Fês, et à 3 lieues = 17 kilomètres de la rivière d'Erguile : c'est ainsi que cet auteur désigne une partie de la rivière Ouerr'a; ailleurs, il nomme cette ville Esegen et Esagen[1]. Elle était sur la pente d'une montagne, et l'intervalle qui la

---

[1] Marmol, tom. Ier, pag. 467, et tom. II, pag. 246.

séparait du Ouerr'a était une plaine fertile. Il s'y tenait un important marché le mardi. On était obligé, au commencement du XVIe siècle, d'y entretenir une garnison de cavalerie pour défendre le pays contre les r'azïa des Portugais, qui s'avançaient jusqu'à 8 ou 9 myriamètres dans l'intérieur du pays.

Narangia ou Frixa était une ville ancienne, bâtie sur une colline que borde l'Ouad-Loukkos, à 10 milles = 18 à 19 kilomètres d'Ezaggen. Elle fut complétement saccagée par les garnisons portugaises de Tanger et d'Ac'îla, en 895 de l'hégire, d'après Léon, et en 1481 de J. C., d'après Marmol, qui assimile ces deux dates. Je ne sais quelle est la véritable ; mais 895 de l'hégire correspond à 1490 de J. C., et ce serait 886 qui correspondrait à 1481.

La position des deux places qui précèdent est un peu incertaine. La distance d'Ezaggen à Fês est sans doute trop longue ; peut-être Ezaggen n'est-il autre que Ouezzân, ville dont ne parlent ni Léon ni Marmol, et qui ne paraît cependant pas moderne. Mais ce qui tendrait à jeter le plus de doute sur cette opinion, c'est que Marmol, qui copie toujours si exactement Léon, a ajouté ici quelques détails qui font voir qu'il a obtenu des renseignements sur cette ville, ou qu'il l'a vue lui-même. Le marché du mardi, qui se tient peut-être encore dans la même localité, aiderait à la faire retrouver.

Léon place au bord de l'Ouad-Ouerr'a une ville ruinée nommée Bani-Teude, à 45 milles de Fês ; Marmol nomme le même lieu Beni-Teudi et le place au bord de l'Erguîle, à 18 lieues = 100 kilomètres au Nord de Fês. Elle était à 15 milles = 28 kilomètres des montagnes de R'amra.

Ce point ne peut être placé qu'avec le secours de ceux qui suivent; mais Edrîci nous a transmis aussi quelques renseignements sur cette ville. D'après cet auteur, il y a deux jours de Fês à Beni-Tâouda, qui n'est qu'à 3 milles = 4,444 mètres des montagnes de R'mâra (ou R'amra). Entre cette ville et Fês s'étend une plaine arrosée par le Sbou, qu'on traverse sur cette route à 20 milles = 36 kilomètres de Fês. La plaine est habitée par les Lamt'a, dont le territoire s'étend depuis Beni-Tâouda jusqu'à 'Akêcha, à 1 jour de cette ville et à 2 jours de Fês.

Mergo ou Amergue est sur la cime d'une montagne, à 10 milles = 18 à 19 kilomètres de Beni-Tâouda. Des inscriptions latines montrent qu'elle a été bâtie par les Romains. De là on aperçoit le Sbou au Sud et le Ouerr'a au Nord, éloignés chacun de la ville de 5 milles ou 9 kilomètres.

Tansor ou Tenzert est sur une colline à 10 milles = 18 à 19 kilomètres de Mergo, et à moitié chemin de Fês au Djebel-R'amra. Tenzert est un mot berbère qui signifie « narine » et aussi « fierté. »

Mergo, Beni-Tâouda, Tenzert et 'Akêcha se déterminent passablement, par les conditions qui précèdent, dans l'ordre où je viens de les citer.

Agla ou Aguila, ville ruinée sur le Ouerr'a, ou Erguile, près de laquelle se tient le samedi un marché important, est vaguement indiquée : son marché servirait probablement aujourd'hui à la faire retrouver.

Homar ou Homara est une ville fondée par 'Ali-ben-Moh'ammed, petit-fils du fondateur de Fês, dans le IXe siècle de J. C. entre El-K's'ar et Ac'îla, à 14 milles = 26 kilomètres de la première, et à 16 milles = 30 kilomètres de la seconde, sur une rivière nommée Ouad-er-Rih'ân (Vet-Rayhan). Elle fut abandonnée par ses habitants, en 1471, quand les Portugais s'emparèrent d'Ac'îla; mais aussitôt que cette dernière fut évacuée, Homar fut repeuplée par les Berbères.

L'indication de Léon, confirmée par Marmol, détermine à peu près la place de cette ville, qui n'est sans doute aujourd'hui qu'un misérable village, ou qui a même tout à fait disparu. Nous trouvons, dans l'itinéraire de M. de Caraman [1], une rivière nommée Wad-el-Hhomar, entre Ac'îla et El-K's'ar, et au Sud d'une plaine nommée Fh'as'-er-Rih'ân, ou le canton des myrtes.

Edrîci place une ville de Bâba-K'elâm à 18 milles = 33 kilomètres de Bas'ra, dans des montagnes boisées dont l'accès n'est possible que d'un côté, et, aux environs, un autre lieu nommé Fout, sur le sommet d'une montagne.

Pline parle d'une colonie romaine de Babba, surnommée Julia-Campestris, à 40 milles = 59 kilomètres de Lixus, point très-voisin d'El-'Araich. Ptolémée place aussi Baba dans cette région.

---

[1] *Spectateur militaire* du 15 août 1844.

Comme ces diverses indications se rapportent convenablement à un même point, nous avons le moyen de le déterminer : il tombe près du Loukkos; il a sans doute disparu aujourd'hui.

§ XXV.

On trouve, dans Bekri et Edrîci, quelques renseignements sur la contrée comprise entre El-'Araich et Fês.

Au Sud de Bas'ra, sur l'Ouad-Sbou, est, d'après Edrîci, le bourg de Mâsna, près duquel est El-H'adjâr, ville fondée, sur le sommet d'une montagne escarpée, par les ancêtres de l'illustre géographe[1]. Nous ne connaissons rien de précis sur la position de cette ville, à moins qu'elle ne désigne le même point que Oualîli ou Zâouïet-Moula-Idrîs. Le nom El-H'adjâr « les pierres, » rappellerait alors les pierres de taille romaines dont elle est entourée.

Bas'ra, selon Bekri, était une ville moderne (vers 1067) et de la même époque qu'Ac'îla. Léon nous apprend, en effet, que Bas'ra a été fondée par Môh'ammed, fils d'Idrîs fondateur de Fês, et, par conséquent, vers le milieu du IXe siècle. Il la place à 20 milles = 37 kilomètres au Sud d'El-K's'ar et à 80 milles = 148 kilomètres de Fês : ces distances sont beaucoup trop fortes. Le nom de Bas'ra lui fut donné, d'après

[1]. Les Idrîci; ce nom est le même que celui du géographe, qui s'écrit *Edrîci*, mais que les Arabes prononcent *Idrîci* ou *Drîci*.

Léon, en souvenir de Bas'ra, ville d'Arabie [1]. Cette ville, d'après Bekri, s'appelait Bas'rat-el-Debbân ou Bas'rat-el-Ktân, « Bas'ra des mouches ou Bas'ra du lin, » et aussi El-H'amra, « la rouge. » C'est ainsi qu'on la distinguait d'un bourg de Bas'ra-ben-Hor, voisin de Tetouan.

Bekri indique ainsi la route de Bas'ra à Fês : de Bas'ra on va d'abord à l'Ouad-Ouerr'a, puis, après 1 jour, à Mâsna, situé sur une grande rivière, puis à la ville de Chrâl, du canton de Mr'îla, et enfin à Fês.

On retrouve ici Mâsna, indiqué par Edrîci sur l'Ouad-Sbou. Dans sa traduction de Bekri, M. Quatremère indique en note que le même point est nommé Mâça ou Mêça par Ben-H'aouk'âl.

Bekri indique un autre chemin de Bas'ra à Fês :

Bas'ra.	
Ouad-Rdât, rivière près de laquelle est, sur une montagne, une ruine nommée *Kert*.	1 jour.
Bourg de Djenâoua? appelé aussi *Djebel-Achehâb*, ou la montagne blanche.	1
Village sur l'Ouad-Sbou.	1
Fês.	1
	4

Bekri indique, de Sebta à Fês, une route qui passe par Afîch, point que nous retrouverons plus tard près

---

[1] Tel est, en effet, le nom de la ville qu'on nomme vulgairement *Bassora*. Tout le monde, en Algérie, connaît les villes de Bas'ra et de Bar'dâd.

d'El-'Araich, sur l'Ouad-Loukkos. Depuis ce point, la route est donnée ainsi qu'il suit :

Afich, près d'El-'Araich;

Rahdjoul, appartenant aux Rahôna;

Mh'adjen ou Djebel-Achehâb, bourg habité par les Beni-Mgâreb, qui sont Mas'mouda; il est du canton de Menbâra; il renferme plusieurs sources, et la rivière qui le baigne est aussi considérable que celle de Cordoue [1]. A 6 milles au Sud est la ville d'Aç'âda.

Medjéz-el-Khechba, sur l'Ouad-Ouerr'a;

Puis beaucoup de bourgs, dont le plus considérable est Narzâouet-Beni-H'eucein;

Mr'îla;

Rocher 'Ak'bet-el-Afârek';

Puis on laisse à gauche le fort de Zâler';

Château de Ouart'ît'a;

Plaine de Mah'li;

Bourg de Sdrouâr' ou Sdroua';

Puis le chemin se partage pour aller aux deux villes de Fès.

La plupart des points cités dans ces différents itinéraires ont disparu aujourd'hui.

Le bourg de Mâsna serait près de l'Ouad-Sbou, et probablement au-dessous ou à l'Ouest de Mechra'-el-R'enem. On pourrait aussi placer approximativement la ville de Chrâl.

Le canton de M'rîla est déjà connu [2]; Bekri donne ce nom à une plaine qui s'étend au Nord de Fès, et qui va jusqu'au Sbou, du côté de l'Est, puisqu'il dit

---

[1] Le Guadalquivir, alors nommé Ouad-el-Kebir « la grande rivière. »

[2] Voir ci-dessus, pag. 260.

que la rivière de Fês se décharge dans l'Ouad-Sbou, dans le canton de Mr'îla.

Il est probable que la ruine nommée *Kert* ou *Kourt* se retrouve près de l'Ouad-Kourt et du marché El-H'âd-Tekourt, indiqués non loin de l'Ouad-Rdât, par M. de Caraman.

Djenâoua et Mh'âdjen sont deux noms très-incertains qui désignent une même localité, autrement nommée Djebel-Achehâb ou la montagne blanche. La rivière considérable qui passe auprès ne paraît pouvoir être autre chose que le Ouerr'a, quoique celui-ci soit cité après. Ce lieu serait donc voisin de 'Aïn-Garouâch. Le gué du Ouerr'a, nommé Medjez-el-Khechba, est très-probablement celui que traverse encore à présent la route de Tanger à Fês.

Les autres points n'offrent que peu d'intérêt.

§ XXVI.

Léon et Marmol citent les huit montagnes suivantes dans la province de Habat :

La montagne de Rahôna, voisine d'Ezaggen, a 30 milles de longueur sur 12 de largeur (55 kilomètres sur 22).

Beni-Fensecare ou Beni-Zeguer a 25 milles = 46 kilomètres de l'Est à l'Ouest, sur 8 milles = 15 kilomètres du Nord au Sud.

Beni-'Arous (Haros ou Aroz), voisine d'El-K's'ar, a 20 milles = 37 kilomètres de longueur sur 8 = 15 kilomètres de largeur. Cette montagne, nommée ainsi de ses habitants, qui sont une fraction des R'amra (ou R'mâra), renfermait un village du nom de Beni-Maras, qui payait contribution aux Portugais quand ils occupaient Ac'îla[1].

Beni-Chebib, Chebit ou Telit est une montagne à 25 milles = 46 kilomètres au Sud de Tanger, qui renfermait sept bourgs. Les habitants, dont la montagne porte le nom, sont des Berbères R'amra.

Beni-Chessen ou Beni-Hascen est une montagne fort élevée dont les habitants sont indépendants.

Angera ou Amegara, montagne de 10 milles sur 3 (18 kilomètres sur 6), est à 8 milles = 15 kilomètres au Sud de K's'ar-es'-S'er'îr.

Quadres, Guadres, Vateras ou Huat-Idris est une haute montagne située, d'après Léon, entre Ceuta et Tetouan, et d'après Marmol, entre Ceuta et Tanger.

Beni-Guedarfeth, Beni-Guedfetoh ou Beni-Hued-Fileh, petite montagne près de Tetouan, renferme beaucoup de bois. Les habitants fournissent un contingent au gouverneur de Tetouan quand il entreprend une expédition.

La montagne de Rahôna porte le nom d'une tribu berbère issue des R'amra, comme la plupart de celles de cette contrée; nous avons déjà vu que Bekri la cite à peu près au même endroit[2].

Le nom suivant demeure très-incertain.

[1] Marmol, tom. II, pag. 223.
[2] Voir ci-dessus, pag. 285.

Beni-'Arous est aussi une tribu nommée par Bekri[1].

Dans la montagne de Beni-Chebib de Léon, on reconnaît sans peine la montagne nommée Djebel-H'abîb, haute de 914 mètres[2], d'après M. Arlett, qui la place à 33 kilomètres au Sud de Tanger; la distance donnée par Léon est donc seulement un peu trop longue.

M. Washington, qui avait déjà indiqué approximativement, en 1830, la position de cette montagne, à laquelle il attribuait une hauteur d'environ 2500 pieds anglais = 762 mètres, indique à tort que cela signifie « la montagne bien-aimée, » explication qui depuis a été plusieurs fois répétée. Bekri connaît cette montagne et nous apprend son véritable nom : Djebel-H'abîb-ben-Ioucef-Fah'ri. Elle fut sans doute nommée ainsi parce qu'elle donna asile à l'un des fils de Ioucef-el-Fah'ri, dernier soutien des khalifes d'Orient en Espagne, et qui fut décapité par ordre d'Abd-er-Rah'mân, vers l'an 140 de l'hégire, ou 757 de J. C.

D'après Marmol, les habitants de cette montagne s'appellent Beni-Telit.

Beni-Chessen ou Beni-Hascen est facile à rétablir en Beni-H'acen. C'est une haute montagne qu'on voit de Tanger : elle en est éloignée de 25 kilomètres au Sud, d'après M. Arlett, qui lui donne 670 mètres[3].

---

[1] *Arous*, en arabe, signifie « un marié. »

[2] M. Arlett avait donné, dans sa carte au $\frac{1}{3000000}$, une hauteur de 3174 pieds = 967 mètres, et, dans sa notice, 3170 pieds = 966 mètres. (Voir la note suivante.)

[3] La carte publiée, en 1840, par l'Amirauté anglaise, porte le

M. Drummond-Hay[1] parle de cette montagne, que connaît aussi M. Delaporte.

Andjera, écrit par Léon Angera, changé par Marmol en Amegara, est le nom d'une tribu berbère voisine de Tanger, dont il a été fait mention plusieurs fois dans les journaux au sujet de nos démêlés et de ceux de l'Espagne avec le Maroc. M. Delaporte connaît cette tribu, que nomment aussi plusieurs auteurs[2].

Quadres ou Guadres de Léon, changé par Marmol en Huat-Idris, est facile à rétablir en Ouadrâs, tribu berbère connue de M. Delaporte, et qui a été mentionnée plusieurs fois avec la précédente, dont le territoire est limitrophe du sien.

Guedarfeth, transformé d'une façon assez singulière par Marmol, paraît être la tribu berbère de Beni-Gorfot', qu'on rencontre aux environs d'El-Outed[3].

Le Journal *l'Algérie*, dans son numéro du 6 août 1844, et dans un article intitulé, *Garnison de Tanger*, fournit l'évaluation suivante des contingents que les

---

chiffre 2200 pieds, ou 670 mètres. Cette montagne y est désignée sous le nom de Raven, qui ne paraît provenir que d'une fâcheuse erreur de gravure, puisque M. Arlett, dans la carte au $\frac{1}{3000000}$ et dans la notice qu'il a donnée dans le Bulletin de la Société de géographie de Londres de 1836, désigne cette montagne par son véritable nom. Seulement il donne pour sa hauteur 2167 pieds = 661 mètres sur sa carte, et 2270 pieds = 692 mètres dans son texte.

[1] *Le Maroc et ses tribus nomades*, pag. 222, 243, 244.

[2] Voyez, par exemple, *le Maroc et ses tribus nomades*, par M. Drummond-Hay, pag. 10.

[3] Voir ci-dessus, pag. 15 et 21.

principales tribus des environs peuvent fournir aux garnisons de Tanger, Tetouan et El-'Araich :

Ouadrâs (Ouad-Rass)..................	4,000 fantassins.
Beni-Ms'ouâr......................	4,000
Andjera.........................	8,000
Beni-Ider........................	4,000
Djebel-H'abîb....................	8,000
El-Khelat.......................	6,000
	34,000 fantassins.
El-Ghoubier.....................	3,000 cavaliers.

Tous ces nombres sont évidemment exagérés.

M. Delaporte connaît la tribu des Beni-Ms'ouâr. M. Drummond-Hay parle, p. 235, d'un district montagneux de Bemin-Souar, nom dans lequel on reconnaît sûrement, malgré les fautes typographiques, celui de la même tribu.

El-Khelat désigne sans doute la grande tribu de Kholout', voisine d'El-K's'ar et d'El-'Araich, qui est indiquée dans plusieurs ouvrages anciens et dans l'itinéraire de M. de Caraman. M. Delaporte ni moi ne connaissons la tribu d'El-Ghoubier. La tribu de Beni-Ider, dont le nom se retrouve entre Constantine et Djîdjel, est mentionnée dans un ouvrage qui fournit quelques renseignements sur les environs de Tanger, et dont je vais donner un extrait.

Lancelot-Addison indique, ainsi qu'il suit, la liste des tribus soumises à 'Ali-R'eilân en 1666[1] :

---

[1] Lancelot-Addison, *West-Barbary, or Narration of the revolution of*

	Fantassins.	Cavaliers.	Fantassins et cavaliers.
Andjera (Angera)............	500	500	"
Ouadrâs (Wadros), les plus rapprochés de Tanger........	400	400	"
Beni-Ider (Benider), à 10 lieues de Tanger environ.........	500	1,000	"
Minkèl......................	"	"	500
Beni-H'acen (Hamniharshen), presque tous fantassins......	"	"	1,000
Beni-Ms'ouâr (Hamnizouer)...	"	"	"
El-Kharoub? (Alkarobe)......	750	750	"
Beni-Ombras................	"	"	1,000
Beni-'Arous (Beni-Haros)......	"	"	1,200
Beni-Ioucef (Beni-Joseph), grande tribu qui occupe un pays montagneux, fortifié par la nature.................	"	"	3,000
Sumatta	"	"	500

Fez and Marocco. Oxford, 1671. Pag. 40-43. (Biblioth. de M. Ternaux-Compans.)

Un grand nombre d'ouvrages de la fin du XVIIe siècle parlent de ce chef célèbre sous le nom de Gayland. Mouette l'appelle 'Abd-el-K'âder-R'eilân (Abdelcader Gayland).

Lorsque Moula-er-Rechîd se fut emparé de Fès, au mois de mai 1665, un grand nombre de chefs organisèrent une résistance sérieuse dans diverses parties de l'empire. L'un des principaux, R'eilân, était parvenu à soumettre la presqu'île voisine du détroit de Gibraltar; mais il fut battu, dès 1666, par Moula-er-Rechîd, et bloqué dans Ac'îla. Il parvint à s'embarquer et à s'enfuir à Alger. En 1673, profitant de la mort de ce souverain, il débarqua à Tetouan; mais le nouveau sultan Moula-Isma'îl marcha rapidement contre lui, et le joignit, dans les premiers jours de juillet, aux environs d'El-K's'ar. C'est dans le combat sanglant qui s'ensuivit que R'eilân perdit la vie. (Mouette, pag. 38-39, 140-146.)

	Fantassins.	Cavaliers.	Fantassins et cavaliers.
Beni-Gorfot' (Beni-Worfut), quelques fantassins seulement.	//	600	//
Ac'îla et Sla (Arzilla et Saïli)..	//	//	//
'Ali-Cherif (Halixerif)........	1,200	//	//
Kitân.....................	//	//	200
Beni-Madàr................	//	//	200
Beni-Zaid	//	//	500
Alcouff, petite tribu entre K's'ar es'-S'er'îr et Ceuta..........	//	//	200
(Plus, quatre tribus arabes vivant sous la tente. Ce sont les Kholout' (Delholot), Châouïa (Shawia) Beni-Guedâr et Sefiân (Saphian)	//	//	//

§ XXVII.

Ali-Bey, M. Washington et M. de Caraman ont indiqué, sans les nommer, plusieurs villages aux environs de Tanger, près de la route qui conduit à El-K's'ar et à Fês. D'après M. Drummond-Hay, Souâni[1] est le premier village qu'on rencontre à $1\frac{1}{2}$ mille = 2,400 mètres de Tanger. Curtis, dans son voyage de Tanger à Fês, en 1801, parle, au départ et à l'arrivée, du village de Souâni (Swanee), qu'il place à 3 milles = 4,800 mètres de la ville[2]. La position n'en est donc pas bien déterminée, puisque les deux évaluations diffèrent du simple au double. Ce village, d'après M. Hay, se compose de

---

[1] *Souâni* est le pluriel de *sânia*, qui désigne une noria.
[2] *A Journal of travels in Barbary in 1801*, by James Curtis. London, 1803.

soixante à soixante et dix huttes en briques séchées au soleil, à toiture de chaume ou de roseaux.

Le même auteur cite, près de Tanger, le village de Mesnâna, nom que M. Delaporte rétablit en Metnâna, ce qui désigne un nerprun[1]; Bendiban, à 4 milles = 6400 mètres de la ville, sur la route de Fês; Mahoga, village à peu de distance au Sud de Tanger, sur le chemin de Zâouïet-Moula-'Abd-es-Selâm, chapelle fameuse par la sépulture d'un marabout de ce nom, qui sert de refuge à tous ceux qui ont à craindre des poursuites. Le premier de ces noms présente évidemment une faute typographique; car il se retrouve dans la plaine de Mghoga, placée, par M. Gråberg de Hemsö, tout près de Tanger, au Sud-Est, et dans celui de Mr'our'a, indiqué par M. Delaporte, qui connaît aussi la zaouïa d'Abd-es-Selâm-ben-Mchîch, du territoire des Ouadrâs. D'après le récit de M. Hay, cette zaouïa appartient à la montagne de Beni-H'acen, et paraît être à 25 ou 30 kilomètres au Sud-Est de Tanger. Au-dessus du tombeau du marabout est un rocher nommé par le même auteur Sakht-el-Oualaden « la malédiction de la mère, » nom qu'il faut sans doute rétablir en Sakht-el-Ouâlda. Les habitants de Tanger forment des processions nombreuses qui se rendent en 3 jours à la zaouïa[2].

M. Drummond-Hay cite vaguement plusieurs loca-

---

[1] Le nom de cet arbre s'écrit avec le *t* à trois points, ou *th* anglais.
[2] *Le Maroc et ses tribus nomades*, par M. Drummond-Hay, pag. 10, 18, 52, 121, 222, 243, 244.

lités voisines de Tanger[1]. Les collines de Bh'arein, c'est-à-dire des deux mers, sont tout près de Tanger, sur la route de Fês et d'El-K's'ar. Les collines de Schrioua, la plaine de Djerf-el-'Ak'âb (Sharf-el-Akaab), « l'escarpement des aigles, » le village et le bois de Boumar ou Bouamar, le bois de Bel-'Aïachi (Bilayashie), la rivière de Bousefa ou Bousegha, les marais de Boubana, sont aussi dans le voisinage de cette ville. M. Charles Didier cite un village de Zeitoun, voisin de Tanger, que M. Gråberg place entre cette ville et le cap Spartel[2].

Davidson appelle Ouad-Boubara le ruisseau situé à l'Ouest de Tanger, et qu'on désigne ordinairement sous le nom de rivière des Juifs.

§ XXVIII.

La pointe Nord-Ouest de l'Afrique forme un des caps les plus remarquables du monde; aussi en est-il question dans les auteurs les plus anciens, qui le désignent sous les noms de Cotes et d'Ampelusia. Le nom le plus généralement connu maintenant, Espartel ou Spartel, vient du nom arabe Achbertîl ou Chbertîl, qui paraît oublié aujourd'hui; ce cap est désigné dans le pays, selon M. Delaporte, sous le nom de Râs-Achakkâr. M. Drummond-Hay, pages 51 et 69, l'appelle Ras-Ashacar, et M. Gråberg Tarf-es-Sciaccar, sur sa

---

[1] *Le Maroc*, etc. pag. 13, 14, 19, 51, 62, 123, 137, 273.
[2] Charles Didier, *Promenade au Maroc*, pag. 281. — Gråberg de Hemsö, pag. 113.

carte et dans son texte, pag. 17 [1]. Ce cap, formé par une colline de 312 mètres de hauteur au-dessus de la mer, présente, selon M. Hay (pag. 69), des colonnes basaltiques. Mais selon M. Arlett, qui en a déterminé la hauteur et en a donné une vue dans sa carte, il se compose de grès, ce qui est bien plus probable. Il offre de vastes cavernes déjà signalées par les plus anciens auteurs grecs et latins, et on en tire maintenant, comme autrefois, une grande quantité de meules à moudre le grain.

§ XXIX.

T'andja, que nous appelons Tanger [2], est une ville fort ancienne; fondée sans doute par les Berbères, anciens habitants du pays, elle a été convoitée par tous les peuples conquérants, à cause de sa position avantageuse. Les Phéniciens, les Romains, les Goths la possédèrent successivement. Dans les premières années du VIIIe siècle, elle tomba au pouvoir des Arabes, qui la conservèrent plus de sept siècles. En 1437 et en 1463, les Portugais, déjà maîtres de Ceuta, essayèrent vainement de s'en emparer, mais le 28 août 1471, après avoir emporté Ac'îla, ils entrèrent, sans coup

---

[1] Le mot *t'arf*, qui a, en arabe, des significations assez variées, s'applique souvent aux caps. Il se retrouve sur la côte d'Espagne, et le nom de Trafalgar, malgré différentes étymologies qu'on en a déjà proposées, me paraît être incontestablement T'arf-el-R'âr, « le cap de la caverne, » que les Espagnols, dans le mode de transcription qu'ils ont toujours employé, auraient écrit régulièrement Tarf-al-Gar.

[2] Voir ci-dessus, pag. 11 et 266.

férir, à Tanger, que ses habitants avaient abandonné.

Tanger resta deux siècles au pouvoir du Portugal. En 1662, la princesse Catherine apporta cette ville en dot au roi d'Angleterre Henri II. Mais après vingt-deux ans d'occupation [1], l'Angleterre, effrayée des dépenses que lui occasionnait cette place, rebutée par les attaques répétées des Marocains, avec lesquels elle s'interdisait par là tout commerce, et des difficultés qu'elle trouvait à nourrir la garnison, se décida à l'abandonner, en ruinant le môle et les fortifications [2]. Cette puissance avait eu le temps de reconnaître toute l'importance de cette place, aussi s'empara-t-elle, en 1704, de Gibraltar qui avait tous les avantages et aucun des inconvénients qu'offrait Tanger.

Depuis 1684, Tanger est resté au pouvoir des Marocains, sans qu'il s'y soit passé d'événements dignes d'intérêt, jusqu'au 6 août 1844, où il fut bombardé

[1] L'abandon de Tanger est bien positivement de 1684, quoiqu'on trouve 1685 dans l'histoire de Tanger de Fernando de Menesez, dernier gouverneur portugais de cette ville (page 280).

[2] Pendant ces vingt-deux années d'occupation, il a paru en Angleterre un assez grand nombre d'ouvrages spécialement relatifs à la ville de Tanger, ainsi qu'on peut le reconnaître en jetant les yeux sur la liste des ouvrages relatifs au Maroc, à la fin de mon travail, ou dans la Bibliothèque asiatique et africaine. L'auteur de ce catalogue si utile, M. Ternaux-Compans, possède un petit atlas de six gravures, dessinées et exécutées, en 1670, par W. Hollar, dont cinq représentent Tanger vu extérieurement de différents côtés; la sixième en donne une vue intérieure. La Bibliothèque royale renferme un assez grand nombre de vues anciennes de Tanger. J'en possède moi-même deux, dont l'une représente la ville du temps des Portugais, l'autre du temps des Anglais, avec le môle qu'ils y avaient construit.

avec tant de vigueur par son altesse royale l'amiral prince de Joinville.

La ville de Tanger, bâtie dans la pente orientale d'une colline qui termine à l'Ouest une baie peu abritée des vents, occupe une position assez pittoresque, qui a de l'analogie avec celle d'Alger. Elle a une forme presque carrée, et ses remparts sont une muraille flanquée de tours assez rapprochées; la partie de ces fortifications qui regarde la mer a beaucoup souffert du bombardement; mais depuis, on a travaillé avec une grande activité à les réparer, et bientôt ces cicatrices auront complétement disparu.

Ali-Bey, en 1803, dit qu'on évaluait la population de Tanger à dix mille habitants; mais Jackson, dont les nombres sont d'ordinaire si exagérés, ne la porte qu'à six mille. M. Washington l'évalue à sept ou huit mille; M. Gråberg de Hemsö, à neuf mille cinq cents; dans une description de Tanger, donnée par le journal *l'Algérie*, du 6 août 1844, on trouve ce nombre porté à six mille; M. Delaporte l'estime à cinq ou six mille; M. Arlett, à quatre mille.

Vu l'exagération habituelle des évaluations, il est donc très-probable que Tanger renferme de quatre à six mille habitants. La superficie de la ville est d'environ vingt-huit hectares [1].

---

[1] Des descriptions assez détaillées de Tanger ont été données par Ali-Bey, M. Washington, M. Gråberg de Hemsö, M. Charles Didier et le journal *l'Algérie* du 6 août 1844. Il en existe beaucoup d'autres. Plusieurs journaux et recueils périodiques ont donné, en 1844, des

Les missionnaires espagnols, au nombre de trois, ont conservé à Tanger une chapelle consacrée au culte catholique; c'est maintenant, je crois, le seul point de l'empire où cette religion soit représentée.

§ XXX.

La côte entre Tanger et Ceuta offre une dizaine de caps et plusieurs baies, dont nous ne connaissons que les noms espagnols; le premier de ces caps est le Râs-el-Menar, qu'on appelle ordinairement Pointe Malabata ou Malabatta. Toute la côte est bordée de montagnes qui n'ont que quelques centaines de mètres de hauteur; vue de Tarifa, elle fait l'effet d'une île; on a une idée fort exacte de cet aspect par le dessin qu'en a donné M. Leplay, dans sa description géologique du midi de l'Espagne.

La Isla-del-Peregil, ou île du persil, dont nous ne connaissons point le véritable nom, peut avoir vingt-cinq hectares de superficie. D'après M. de Caraman, elle a été occupée quelque temps par les Anglais, pendant la guerre de l'Indépendance : on dit qu'elle renferme une source d'eau douce [1].

Nous ne connaissons pas de route directe de Tan-

détails sur cette ville. On en connaît aussi un assez grand nombre de vues, parmi lesquelles on doit remarquer celle qui se trouve sur le plan de la baie de Tanger, par M. le Saulnier de Vauhello. (Voir, à la fin de ce travail, la liste des ouvrages et des dessins relatifs au Maroc.)

[1] *Spectateur militaire* du 15 août 1844.

ger à Ceuta, le long de la mer. Il est probable, néanmoins, qu'il en existe une qui relie ces deux villes au seul point que nous connaissions dans cet intervalle; ce point est K's'ar-es'-S'er'îr « le petit château, » appelé souvent, par abréviation, El-K's'ar, ou par les Espagnols Alcazar, et situé à égale distance de l'une et de l'autre. On en a attribué généralement la fondation à Iak'oub-el-Mans'our, qui l'aurait bâtie vers 1190 ou 1192; mais ce prince l'aurait tout au plus rebâtie ou agrandie, puisqu'il en est question dans Bekri, qui écrivait en 1067, et dans Edrîci, qui termina son ouvrage en 1154. Cet auteur l'appelle, comme Bekri, K's'ar-Mas'mouda « le château des Mas'mouda [1], » et dit qu'il est bâti sur le Râs-el-Medjân, à 12 milles = 18 kilomètres de Tarifa, ce qui est tout à fait exact, mais il le place à 20 milles = 36 kilomètres de Tanger, et 12 milles = 18 kilomètres de Ceuta, ce qui ferait croire que ces indications se rapportent à un autre point, si Marmol n'indiquait à la fois les deux noms, Alcaçar-Ceguer ou Caçar-Mazmoda.

Cette ville eut quelque importance pendant le règne de Iak'oub-el-Mans'our [2], parce que c'est de là que ce prince faisait passer ses troupes en Espagne. Le choix qu'il avait fait de ce point avait été déterminé par la faible distance qui le sépare de la côte d'Europe.

En 1458, les Portugais arrivèrent avec une flotte en vue de cette place, débarquèrent et la prirent quel-

[1] Une des cinq fractions primitives du peuple berbère.
[2] Jacob le Victorieux; les Espagnols l'appelaient Almanzor.

ques jours après; mais ils n'en tirèrent jamais aucun avantage, et finirent par l'abandonner, après quatre-vingt-deux ans d'occupation, en 1540, sous le règne de Jean III [1].

Aujourd'hui K's'ar-es'-S'er'îr est un petit village superposé aux ruines de l'ancienne forteresse.

§ XXXI.

Sebta ou Ceuta est une ville très-ancienne; il paraît certain qu'elle doit son nom à quelques montagnes voisines que les Romains désignèrent sous le nom de *Septem Fratres;* plus tard on appela la ville Septum et Septa; le dernier de ces noms se trouve dans la carte d'Andrea Bianco, dessinée en 1436, et dans celle de Benincasa, de 1467; mais dans la carte de Juan de la Cosa, de l'an 1500, et dans celles qui sont plus modernes, on trouve Ceuta, nom adopté par les Européens. Je n'ai pas besoin d'insister sur la liaison intime des noms successifs de cette ville : Septa, Sebta, Cevta, Ceuta.

Dans les premières années du VIIIe siècle, Ceuta, qui était occupée par les Goths, passa au pouvoir des Arabes, qui en firent le point de départ de leurs expéditions en Espagne.

Le 21 août 1415, les Portugais s'en emparèrent le jour même de leur débarquement; c'est la première place qu'ils occupèrent en Afrique. En 1578, après la

---

[1] Grand Dictionnaire historique de Moréri. Paris, 1698. — Je dois cette indication à l'obligeance de M. Ferdinand Denis.

mort du roi don Sébastien, Ceuta passa, comme la métropole et ses colonies, au pouvoir de l'Espagne; mais en 1640, lorsque le Portugal recouvra son indépendance, elle resta aux Espagnols, qui l'ont toujours conservée depuis. Aujourd'hui c'est un de leurs *presidios* qui ne leur est d'aucune utilité, et qui est au contraire pour eux une source de dépenses et d'embarras.

Ceuta contient, d'après Miñano, neuf mille deux cent vingt-sept habitants (1826)[1]; d'après M. Balbi, huit mille (1833); et enfin six mille cinq cents d'après le *Cuadro politico, estadistico, y geografico*, Madrid, 1839, fait d'après le recensement officiel de la même année.

Ceuta est située à 28 kilomètres au Sud de Gibraltar, sur une presqu'île qui se détache du continent à l'Est, et tourne ensuite au Nord; la ville occupe la langue de terre rapprochée du continent; la citadelle occupe le Monte-del-Acho, appelé autrefois, d'après Edrîci, Djebel-el-Mîna, nom qui s'est conservé dans celui d'Almina, donné aujourd'hui à un faubourg situé entre la ville et la citadelle, et à une pointe qui l'avoisine du côté du Sud-Est[2].

A 2 milles = 3 kilomètres de Ceuta, selon Edrîci, est le Djebel-Mouça. Je crois que ce nom s'est conservé jusqu'à nos jours, et qu'il s'applique aux montagnes les plus élevées du détroit, qui avoisinent Ceuta

---

[1] *Diccionario geografico-estadistico de España y Portugal*, por el doctor don Sebastian de Miñano. Madrid, 1826; tom. I, pag. 143-144.

[2] Dix-huit vues et plans de Ceuta, manuscrits ou gravés, se trouvent à la Bibliothèque royale, au Dépôt des cartes et plans.

à l'Ouest et qu'on désigne quelquefois par leur nom berbère Idrâr-n-Za't'out' « la montagne des singes. » Ce nom, indiqué par Jackson, sous la forme Gebel-d'Zatute, et par M. Grâberg de Hemsö sous celle de Gebel-Zatut ou Gebel-Tsatut, est connu de M. Delaporte.

Le détroit de Gibraltar, nommé par les Romains *Fretum Gaditanum* ou détroit de Cadiz, s'appelait, du temps d'Edrîci, Bâb-ez-Zek'êk'; la mer, au Sud de Ceuta, s'appelait Bh'ar-Beçoul. Maintenant, dans l'empire de Maroc comme à Alger, on appelle ce passage Foum-el-Bor'âz « la bouche du détroit; » le second de ces mots appartient à la langue turque.

§ XXXII.

Ali-Bey a tracé sur sa carte la route de Tanger à Tetouan, sans y figurer un seul point intermédiaire. M. Charles Didier, qui a parcouru cette route en douze heures[1], place à moitié de la route, dans un site ombragé et très-riant, une belle fontaine nommée 'Aïn-Idjeda; M. Drummond-Hay parle aussi d'une fontaine appelée 'Aïn-Idjida, sur la route de Tanger à Tetouan[2]; d'après ces deux auteurs, les indigènes signalent près de là les restes d'un camp retranché des Romains.

De Tanger à 'Aïn-Idjeda on est dans une plaine accidentée; la fontaine, placée au bord d'un ruisseau, est dans un lieu qui s'inonde pendant les grandes pluies.

---

[1] *Promenade au Maroc*, par Charles Didier. Paris, 1844.
[2] *Idem*, p. 107 et 259. — *Le Maroc et ses tribus nomades*, p. 110.

En quittant la fontaine, on traverse encore des landes désertes, puis des montagnes couvertes de liéges et de chênes verts, au delà desquelles on rencontre un ruisseau nommé Bonsfika. Bientôt après on aperçoit Tetouan. Le nom du ruisseau doit être Bousfih'a, d'après M. Delaporte.

'Aïn-Idjeda, facile à placer lorsqu'on connaît le tracé de la route, n'est point signalée par M. de Caraman, qui l'a parcourue en 10 heures à dos de mule, et qui indique à travers la montagne une route plus courte, mais par laquelle on est le même temps en chemin.

M. Didier dit que pour aller de Tanger à Ceuta il faut coucher, le premier jour, à 'Aïn-Idjeda. Cet allongement de la route tient à la nécessité d'éviter les montagnes d'Andjera; car, en ligne droite, Ceuta et Tetouan, éloignées l'une de l'autre de 27 kilomètres, ne sont qu'à 45 kilomètres de Tanger.

§ XXXIII.

La ville de Tetouan s'appelle, d'après Bekri et Edrîci, Tit'âouân, nom que j'ai entendu prononcer de même par les Maures d'Alger, qui la connaissent tous, une partie de leurs compatriotes étant allés s'y établir depuis qu'Alger nous appartient; mais on connaît aussi en Algérie le nom berbère Tet't'âouin ou Tet't'âouen, par lequel on désigne cette ville dans la localité et dans tout le Maroc.

Tetouan est située à 6 kilomètres de la mer, au pied

méridional d'une colline sur laquelle elle s'élève légèrement. Tout près de là, au Sud, passe une rivière qui se jette, à l'Est, dans la mer, par une embouchure assez large, à 2 ou 3 kilomètres de laquelle est le bâtiment de la douane, appelé Martîl ou Martin, et, plus près de la mer, une tour de garde. La rivière est désignée ordinairement par le même nom que la douane. La ville est entourée d'une muraille et défendue par un petit château situé au Nord sur le haut de la colline. Marmol appelle ce château Castel d'Adives, et la rivière de Tetouan, rivière de Cus.

L'histoire de cette ville fort ancienne est très-peu connue; il paraît, d'après Marmol, qu'elle fut saccagée complétement par les Castillans dans les premières années du xve siècle, et resta déserte quatre-vingt-dix ans, jusqu'à l'expulsion des Arabes d'Espagne. C'est à cette époque qu'elle est devenue à peu près ce qu'elle est aujourd'hui. En 1564, Philippe II, voulant détruire ce port, qui servait de refuge à de nombreux corsaires, combla l'entrée de la rivière au moyen de navires chargés de pierre; mais cette opération, qui réussit, n'eut qu'un effet de courte durée. Le chérif de Maroc, Moula-'Abd-Allah, s'en empara sans peine à la suite de dissensions qui éclatèrent parmi les habitants en 1567.

Depuis on ne sait guère ce qui s'est passé à Tetouan[1].

---

[1] Quoique Tetouan soit accessible aux Européens, on n'en connaît que peu de descriptions. Windus, dans son *Journey to Mekinez*, Londres, 1725, en donne une bonne vue prise du côté du Sud. M. Charles Didier et M. Gräberg de Hemsö ont donné des descrip-

Cette ville a eu pourtant, à différentes époques peu éloignées de nous, des consuls européens; mais, depuis que tous les consulats sont régulièrement établis à Tanger, les puissances de l'Europe n'y sont plus représentées que par des agents consulaires pris parmi les israélites indigènes. L'Angleterre seule y maintient un vice-consul de sa nation.

Tetouan peut contenir douze mille habitants, d'après M. Delaporte; on lui en a donné généralement beaucoup plus; mais ce genre d'erreur est, on le sait, tout à fait habituel.

§ XXXIV.

Bekri donne beaucoup de détails sur la contrée comprise entre K's'ar-el-Kebir et le détroit de Gibraltar; il indique, ainsi qu'il suit, les différents points de la côte, depuis Tanger jusqu'à Ceuta :

T'andja.

El-Iem, dont le port s'appelle Bâb-el-Iem, à 30 milles de Tanger par terre, ou $\frac{1}{2}$ journée de navigation par mer, et à $\frac{1}{3}$ de journée de navigation de T'arifa.

Rivière.

El-Met'bakha? rocher dans la mer.

Mersa-Mouça, ou port de Mouça, à l'embouchure d'une rivière; abri sûr.

Touza, village, île et port.

tions de cette ville. M. le baron Taylor, dans son *Voyage pittoresque en Espagne, en Portugal et sur les côtes d'Afrique,* donne une vue intérieure de Tetouan dans la 15ᵉ livraison, et une vue de la ville, prise de l'embouchure de la rivière, dans la 18ᵉ. Deux vues des environs de Tetouan se trouvent aussi dans un recueil intitulé : *A general Collection,* etc. London, 1814; tom. XV.

Port de Beliounech, à 5 milles de Touza; près de là, à l'Ouest, coule une rivière.

K's'ar-Mas'mouda.

Ma-el-H'îa « l'eau de la vie. »

Port de Debîl? vis-à-vis est le bourg de Haouâra.

H'adjâr-es-Soudân « le rocher des nègres, » rocher vertical.

Sebta.

Cet itinéraire est très-imparfait, et les quelques indications qu'il contient n'ont que peu de valeur; deux des noms, El-Met'bakha et Debîl, sont très-incertains. Le point le plus voisin de Tanger en est éloigné de 30 milles, distance évidemment beaucoup trop longue.

Dans le nom de Beliounech, on reconnaît celui de la Sierra Bullones, que Tofiño place vis-à-vis de la Isla del Peregil, ou île du persil; la ressemblance des deux noms devient même plus grande encore si l'on fait attention que Beliounech doit se lire sans doute Bou-l-Iounes, « père de Jonas. »

Mersa-Mouça dépend probablement du Djebel-Mouça, voisin de Ceuta. Ce port, ainsi que Bou-l-Iounes, est cependant cité par Bekri avant K's'ar-Mas'mouda; ainsi la position de K's'ar-Mas'mouda, donnée par Bekri, ne s'accorde ni avec celle du même lieu donnée par Edrîci, ni avec celle bien connue de K's'ar-es'-S'e'-rîr. L'identité des deux points paraît cependant certaine [1]. Mersa-Mouça est bien à l'Est de K's'ar-es'-S'er'îr; car ces deux points sont nettement indiqués sur les cartes d'Andrea Bianco et de Benincasa, faites en 1436

---

[1] Voir ci-dessus, pag. 299.

et 1467[1]. Sur la première, on lit dans le détroit de Gibraltar : Cao Spart, Tarer, Nicar, Marxamusa, Septa; et dans la seconde : C. Spartello, Tanger, Casser, Marsamusa, Septa. Quoique les noms de la première soient très-défigurés, la concordance avec ceux de la seconde ne peut être soumise au moindre doute; les cartes manuscrites sont pleines de fautes semblables. D'après ces cartes, et surtout d'après celles de Sanson[2], qui mentionnent les mêmes points sous les formes Cazaira Ezaghira et Margamusa, on reconnaît que le dernier n'était qu'à quelques kilomètres à l'Est du premier.

Bekri indique entre Ceuta et Tetouan les lieux suivants :

Sebta.

Ouad-el-Mnâouel.

Ouad-Nefza, qui prend sa source dans le Djebel-bou-Djamîl. Au bord de cette rivière est El-K's'ar; il y a aussi des ruines antiques.

Ouad-Asmîr, qui vient du Djebel-ez-Zerk'a et coule à l'Est.

Cap avancé, au Sud de Sebta.

Taourd'a, bourg avec champs et pâturages.

Tit'âouân.

L'Ouad-Nefza et le château situé sur ses bords se retrouvent dans le Rio Castillejo des cartes espagnoles et dans le Castillejo ou petit château qui lui donne son nom. Nous ignorons le nom de ce château, sans doute ruiné aujourd'hui.

Le cap avancé au Midi de Ceuta, et dont le nom

[1] Atlas du vicomte de Santarem.
[2] Jointes à l'Afrique de Marmol.

était très-incertain dans le manuscrit, est évidemment le cap Negro des Espagnols.

Bekri cite ailleurs une autre rivière, Ouad-Aounât, qui est la plus rapprochée de Ceuta au Midi; elle n'en est qu'à 2 milles = 3 kilomètres. Il appelle la rivière de Tetouan Ouad-Râcen ou Ouad-Mh'aksa; les habitants de Tetouan, d'après Edrîci, sont des Mh'aksa.

On trouve dans Bekri beaucoup de détails auxquels je ne m'arrêterai pas, parce qu'il faudrait une carte d'une assez grande échelle pour les représenter.

§ XXXV.

Nous ne savons rien sur les routes de Tetouan à Ac'îla et à El-'Araich. Nous avons déjà vu deux itinéraires qui conduisent de cette ville à K's'ar-el-Kebir [1].

M. Berbrugger indique, d'après les pèlerins d'Ouzîoua, 3 journées de Tetouan à Fês par Achechchaoun et K'aïd-Ah'med-R'eddaouch. Dans le premier de ces deux noms on reconnaît celui de la montagne de Chechchouân, connu de M. Delaporte, et dont nous parlerons bientôt.

Braithwaite a indiqué l'itinéraire qu'il parcourut en novembre 1727, de Tetouan à Fês et Meknês [2]: ce voyage fut entrepris dans des circonstances politiques très-difficiles, et on reconnaît, au récit de l'auteur, que

---

[1] Voir ci-dessus, pag. 20 et 21.

[2] *Histoire des révolutions de l'empire de Maroc*, par Braithwaite. Amsterdam, 1731; pag. 159 et suivantes.

sa route a dû incliner à l'Est à travers les montagnes : aussi dit-il lui-même que cette route, qu'il a faite en 11 jours, peut être parcourue en 3, parce que le chemin le plus direct n'est que de 130 milles[1] = 209 kilomètres. Cette évaluation est assez approchée de la vérité, car la distance en ligne droite est d'environ 175 kilomètres.

Braithwaite n'indique pas la longueur de toutes ses journées; il a fallu les évaluer. J'ai remplacé chaque lieue par 5 kilomètres. L'itinéraire peut alors se résumer ainsi :

Tetouan.		
Mosquée..		30 kilom.
Ruisseau et pâturages............	12 milles. =	19
Village de Daracuba..............	13	21
Ben-Sabori, petit village avec un puits.	21	33
Harach, petite ville sur le haut d'une montagne.		30
Ouad-Sbou (Saboic)...................		105
Vers le milieu de cette distance, on passe près d'une grande ruine que les indigènes nomment l'ancien Fès, et qui a, selon eux, plus de douze cents ans d'antiquité (en 1727).		
On traverse la rivière à 2 lieues du bivac, et on arrive à Fès par un chemin très-sinueux.		25
		263

§ XXXVI.

Braithwaite se rendit en un jour et une nuit du nouveau Fès à Meknês, dont il évalue la distance à

[1] Braithwaite, pag. 188.

12 lieues[1]. De Meknès à Tanger, il ne donne presque pas de détails; il signale pourtant Sidi-K'âcem, qu'il ne fit qu'apercevoir; c'est, selon lui, une petite ville.

Arrivé à El-K's'ar, Braithwaite se rendit à El-'Araich par la rive gauche du Loukkos en traversant des forêts de chênes qui offraient des arbres propres aux constructions navales, et qu'on utilisait en effet sur le chantier de cette dernière ville.

Entre Ac'îla et Tanger, la caravane traverse d'abord, après 3 milles = 5 kilomètres, une rivière guéable, quoique très-forte; puis on arrive à une autre grande rivière qu'il faut passer dans un bac. On reconnaît facilement ici l'Ouad-el-'Aiâcha et l'Ouad-R'erîfa, cours inférieur du Mharhar, du Kholdj et de quelques autres rivières. Près de l'embouchure de cette rivière et sur la rive gauche, il y avait alors une grande maison abandonnée, construite (vers 1700) par un homme qui avait été ambassadeur de la cour de Maroc auprès de Charles II, roi d'Angleterre.

Braithwaite dit que la première de ces rivières s'appelle rivière d'Ac'îla, ce qui n'est qu'une vague indication.

Bekri, qui donne assez de détails sur cette contrée, indique trois rivières au lieu de deux, et place d'abord la rivière d'Ac'îla tout près de la ville, au Nord. Voici les lieux qu'il signale entre cette ville et Tanger : « D'Ac'îla à T'andja, dit-il, on traverse d'abord à gué la rivière qui porte le nom de la première de ces villes; on ren-

[1] Braithwaite, pag. 207, 208.

contre ensuite une mosquée, puis une rivière qu'on passe à gué près d'un bourg, avec des sources, situé à un demi-mille = 800 mètres de la mer, et appartenant aux Louâta. Puis, par une plage de sable, on arrive à une grande rivière qu'on passe en bateau près de Tâheddârt; puis une saline et un étang d'eau douce de 200 coudées de circuit, à un demi-mille = 800 mètres de la mer. Le côté du Midi est bordé de rochers élevés. On passe ensuite vis-à-vis de la ville de Bast'a, et puis près d'une falaise d'où l'on monte à un bourg appartenant aux S'enhâdja, et où l'on taille des meules de moulin. Enfin on arrive à la montagne de Chbertîl, qui avance dans la mer, et, après 4 milles, à Tanger, en passant par El-K'la'a. »

Les deux rivières, que Bekri place immédiatement après celle d'Ac'îla, sont faciles à reconnaître pour l'Ouad-el-'Aiâcha et l'Ouad-R'erîfa; malheureusement le nom de la première est très-incertain dans le manuscrit, et l'auteur ne donne pas celui de la seconde.

Tâheddârt est écrit ainsi d'après M. Delaporte, qui connaît ce nom berbère; car l'auteur arabe écrit Tâhedârt. C'est le même lieu où Braithwaite place une maison isolée, et où était autrefois le port romain Ad Mercuri, situé à 6 milles = 9 kilomètres au Nord de Zilis; c'est aussi cette embouchure que beaucoup de cartes anciennes appellent Tagadart, et que Charrant, sous le nom de port de Tahadar, place à 6 lieues au Sud du cap Spartel[1]; mais cet auteur se trompe en

---

[1] Voir ci-dessus, pag. 12, 13, 267.

disant que c'est l'embouchure de la rivière d'El-K's'ar (Alcassar), ville située à 12 lieues dans l'intérieur des terres.

§ XXXVII.

La ville de K's'ar-el-Kebir, « le grand château, » ou, par abrévation, El-K's'ar, nommée ordinairement Alcassar ou Alcazar, a été bâtie par Iak'oub-el-Mans'our, suivant Léon l'Africain, qui raconte qu'un soir ce prince, s'étant égaré à la chasse, fut accueilli par un pêcheur d'anguilles, à la sollicitation duquel il fit bâtir, plus tard, une ville entourée d'un mur. Cette histoire a été répétée par beaucoup d'auteurs, et d'abord par Marmol, qui ajoute que la ville nouvelle fut appelée K's'ar-'Abd-el-Kerîm, du nom de ce pêcheur.

Cette ville doit tout au plus son agrandissement à Iak'oub-el-Mans'our, car Bekri et Edrîci, qui vivaient avant lui, en font mention, le premier sous le nom de K's'ar-Danhâdja, le second sous celui de K's'ar-'Abd-el-Kerîm, habité, dit-il, par les Danhâdja.

On ne connaît donc pas l'origine de K's'ar-el-Kebir. Cette ville n'a jamais joué un rôle très-important dans les guerres civiles, ni dans les entreprises des Européens. En 1503, Jean de Menesez partit d'Ac'îla à la tête de quatre cents cavaliers portugais, et tenta sur cette ville un coup de main qui n'eut aucun résultat. C'est sous les murs d'El-K's'ar qu'était campé 'Abd-el-Melek en 1578, lorsque le roi don Sébastien quitta Ac'îla pour marcher contre lui. C'est aussi près d'El-

K's'ar, et sans doute au Sud-Est, que se livra le combat où R'eilân perdit la vie en 1673[1].

Cette ville est bâtie dans des prairies environnées de collines; elle est sujette à s'inonder pendant les pluies; aussi la fièvre y fait-elle des ravages. D'après Ali-Bey et M. de Caraman, elle est plus grande que Tanger. M. Washington a évalué sa population à huit mille habitants, à peu près comme Tanger; M. Gråberg de Hemsö, qui donne à cette dernière neuf mille cinq cents habitants, n'en donne à El-K's'ar que cinq mille, nombre qui paraît encore deux fois trop fort, d'après les dessins qui représentent cette ville, et les détails que je dois à M. Delaporte[2].

§ XXXVIII.

La ville d'El-'Araich n'est point une ville ancienne, mais tout près de là était celle que les Romains nommaient Lix ou Lixus, à cause de la rivière voisine, le Loukkos, qui, à cette époque, portait déjà le même nom qu'aujourd'hui. Les ruines de la ville existent encore : elles occupent un mamelon situé sur la rive droite

---

[1] Voir ci-dessus, pag. 291.

[2] Léon, Marmol, Windus, Braithwaite, Chénier, Ali-Bey, MM. de Caraman, Washington, Gråberg de Hemsö, ne donnent que des descriptions très-courtes de la ville d'El-K's'ar; je n'en connais pas de plus complète. Windus en a donné un assez bon dessin; le journal l'*Illustration*, du 15 août 1844, en a publié une vue, d'après M. Eugène de Lacroix; M. Delaporte, dans un de ses voyages à Fès, en a pris aussi une vue.

du Loukkos, à 4 kilomètres environ, à l'Est ou au Nord-Est d'El-'Araich; M. Drummond-Hay les a visitées, il y a quelques années[1], et sa description ne laisse guère de doute sur leur origine : il les nomme Shemmies, ce qui, dans notre orthographe, deviendrait Chemmîs. On y reconnaît sans peine Techmes ou Techoumes, ville placée, par Bekri et Edrici, au bord de l'Ouad-Sferded, Sferd, ou Sek'erd, cours inférieur du Loukkos, et déjà bien déchue de leur temps.

Le nom de la rivière, écrit d'une manière douteuse, paraît n'être autre chose que Acif-Reddâd, nom berbère qu'on rencontre plusieurs fois dans les contrées où domine ce peuple.

Ces deux auteurs ne citent point El-'Araich, et, comme ils donnent beaucoup de détails sur toute cette contrée, il est certain qu'elle n'existait point de leur temps, ou bien qu'il n'existait, à cette place, qu'un village sans importance.

Ces deux villes ont cependant subsisté en même temps, car la carte catalane indique au Nord de Larax, Tussimussi, nom dans lequel on reconnaît Techmes; le même point est indiqué sur presque toutes les cartes anciennes; celles de Sanson portent Taximuxa sous la forme latine, et presque toutes les cartes espagnoles, même modernes, portent Taximux; seulement les corrections apportées à la côte n'ont pu s'appliquer à un point qui avait disparu pour les navigateurs, et toutes

---

[1] *Le Maroc et ses tribus nomades*, par M. Drummond-Hay, pag. 230-232.

les cartes modernes l'indiquent aussi inexactement que les anciennes.

Il est probable que, quoique les Romains désignassent la ville par le nom de la rivière qui la baignait, les indigènes l'appelaient Techemmes; tel est le nom berbère qui me semble le plus probable; les Arabes ont pu en faire Chemmîs. Cette ville paraît avoir décliné successivement depuis la conquête arabe, mais comme elle devait sa prospérité à sa position avantageuse, elle a été remplacée par une autre ville, El-'Araich-mta'-Beni-'Arous, ou, comme Marmol l'écrit, El-Arays de Beni-Aroz; ce nom signifie « les treilles des Beni-'Arous; » c'est donc à cette tribu berbère qu'elle doit son nom, et peut-être même sa fondation, qui tombe, d'après ce que nous avons vu, entre la date du livre d'Edrîci et celle de la carte catalane, c'est-à-dire vers 1200 ou 1300.

La ville actuelle d'El-'Araich est bâtie sur une colline au bord gauche, c'est-à-dire au Sud de l'Ouad-Loukkos, qui y forme une île de sept ou huit cents mètres de longueur du Sud-Ouest au Nord-Est, sur trois ou quatre cents de largeur, et se rend dans la mer par une embouchure étroite et difficile; le mouillage est au Nord-Ouest de l'île.

Lorsque les Portugais s'emparèrent d'Ac'îla en 1471, la ville d'El-'Araich, jusqu'alors peuplée et florissante, fut abandonnée par la plupart de ses habitants.

En 1477, les Portugais remontèrent le fleuve, débarquèrent dans l'île pour y construire une forteresse à la place où s'élevait une ville, abandonnée en même temps qu'El-'Araich; mais ils furent obligés de renoncer à cette entreprise.

Vers 1491, Moula-Nâc'er, frère du roi de Fês, fortifia El-'Araich, et la repeupla, ce qui n'empêcha pas qu'au mois de juillet 1504 une entreprise très-hardie des Portugais sur le port de cette ville eut un plein succès.

Après la mort de Moula-Ah'med, qui eut lieu le 14 août 1603[1], ses quatre enfants devinrent autant de prétendants au trône; l'aîné, Moula-Cheikh, pour obtenir du roi d'Espagne, Philippe III, quelques secours en argent, lui livra la ville d'El-'Araich le 21 novembre 1610[2].

Cette ville resta soixante et-dix-neuf ans au pouvoir des Espagnols, qui n'en tirèrent aucun profit; elle finit par être tellement négligée de la métropole, dont elle n'est éloignée que de 100 kilomètres, qu'en 1689 Moula-Isma'il s'en empara après un siége qui ne dura pas moins de cinq mois.

Depuis cette époque, El-'Araich est demeurée au pouvoir des Marocains, mais elle a été plusieurs fois en butte aux attaques des puissances européennes. Au mois de juin 1765, une escadre française tenta un hardi coup de main sur l'entrée de la rivière; mais cette entreprise eut le plus triste résultat[3].

---

[1] *A true historical Discourse of Muley-Hamets rising, etc.* London, 1609. (Bibliothèque de M. Ternaux-Compans.)

[2] Chénier, tom. II, pag. 391.

[3] R. Thomassy, *Relations de la France avec le Maroc*, pag. 147.

La ville actuelle, résidence du pacha du R'arb, contient, d'après M. Gråberg de Hemsö, quatre mille habitants, et, d'après M. Hay, trois mille; mais, d'après M. Arlett, elle n'en contient que deux mille, dont deux cent cinquante juifs; il y a de plus cinq cents hommes de garnison. Elle a été fréquentée de tous temps par les navires européens; mais, en 1780, le sultan Moh'ammed, qui voulait concentrer tout le commerce à S'oueira, retira tous les établissements commerciaux d'El-'Araich. Aujourd'hui le commerce y a repris quelque activité. Selon M. John Drummond-Hay, consul général d'Angleterre [1], El-'Araich exporte principalement du liége, de la laine, des peaux, des écorces, des fèves, des haricots et des grains, et reçoit en échange du fer, du drap, des cotonnades, des mousselines, du sucre et du thé. Ce liége vient du bois de Sah'el, situé à quelque distance au Nord-Est de la ville [2].

C'est près d'El-'Araich, à 1 myriamètre environ au

---

[1] *Le Maroc et ses tribus nomades*, p. 167, 186.

[2] Pour la description d'El-'Araich, on peut consulter principalement M. Drummond-Hay, pag. 181-215.

Deux vues d'El-'Araich, prises en mer et à peu près semblables, sont données dans les cartes de Borda et de M. Arlett.

Pidou de Saint-Olon, dans son État présent de l'empire de Maroc (Paris, 1694), a donné un plan d'El-'Araich qui n'est qu'une réduction d'un plan beaucoup plus grand qui existe encore au Dépôt de la marine, et qui donne avec détail l'état de la ville telle qu'elle était à la fin de l'occupation espagnole. Ils portent l'un et l'autre la date 1688.

Le Dépôt de la marine possède encore plusieurs autres plans de l'entrée de la rivière et de la ville : ces dessins manuscrits sont de dates récentes.

Sud-Est, que se livra le lundi, 4 août 1578, la fameuse bataille si improprement nommée d'Alcassar, où périrent à la fois le roi don Sébastien de Portugal, le prétendant Moh'ammed, dont il appuyait les droits, et le souverain 'Abd-el-Melek. Quelques historiens, et Chénier, entre autres, appellent Tamista la plaine où se livra la bataille. Des auteurs du temps disent qu'on lui donna dans le pays le nom d'Oudriaga, ou champ du bouclier. Cette plaine est nue et un peu accidentée ; c'est une presqu'île comprise entre l'Ouad-el-Mkhâzen et le Loukkos [1].

M. Drummond-Hay, dans son voyage de Tanger à El-'Araich [2], suit d'abord la route d'El-K's'ar jusqu'aux environs du défilé de R'arbîa, puis il incline à l'Ouest, traverse la rivière des Moulins [3], passe bientôt après au village de Ammar, situé dans la plaine, au débouché de la vallée ; il traverse ensuite le bois de Sah'el où abonde le chêne-liége, et n'en sort qu'une heure avant El-'Araich. Ce dernier intervalle n'offre qu'un terrain sablonneux et stérile.

Au retour [4], M. Hay rejoint la route d'El-K's'ar à

---

[1] On a déjà plusieurs fois indiqué, d'une façon inexacte, ce fameux champ de bataille ; mais les documents nombreux et précis qui m'ont été communiqués par M. Ferdinand Denis et par M. Ternaux-Compans m'ont permis de déterminer, avec beaucoup d'approximation, ce lieu célèbre.

[2] Pag. 71-76, 142, 181.

[3] Ouad-et'-T'aouâh'în, d'après M. Delaporte. Un moulin s'appelle t'ah'ouna.

[4] *Le Maroc et ses tribus nomades*, pag. 230, 235.

Tanger, au marché de Riçâna; il indique à-peu près ainsi qu'il suit la route d'El-'Araich à ce point:

El-'Araich.	
Shemmies.	1 h. de cheval.
Passage aux villages de Sadir et Lokarisy; puis au ruisseau de Bousaffie, sur la limite du bois de Sah'el.	1
Passage près d'un marais; on sort du bois près du village de Leblet.	1
Riçâna.	1
	4

M. Hay dit que Bousaffie signifie « père de la pureté; » ce serait donc Ouad-Bou-S'fâoua qu'il faudrait écrire.

Le bois de Sah'el paraît avoir une étendue assez considérable. Son nom est dû à sa proximité de la mer, car Sah'el veut dire « le littoral. »

§ XXXIX.

Ac'îla, l'antique Zilis ou Zilia, qu'on nomme ordinairement Arzilla ou Arzille, a été citée par tous les auteurs grecs et latins qui ont parlé de cette côte. Bekri dit qu'elle s'appelle Azila ou Ac'îla. Le dernier de ces noms seul a prévalu d'après M. Delaporte. Cette ville, située sur une plage nue, en face d'un mauvais mouillage, a été bâtie sans doute par les indigènes, puis possédée par les Carthaginois, les Romains et les Goths. Elle fut enlevée à ces derniers par les Arabes, l'an 94 de l'hégire ou 713 de J. C., c'est-à-dire deux ans après la prise de Ceuta, d'après Léon et Marmol. Cette date ne paraît pas très-certaine. Deux cents ans plus tard, en 936, d'après les mêmes auteurs, elle fut saccagée par les Anglais et resta vingt ans déserte, jusqu'à ce que 'Abd-er-Rah'mân-ben-'Ali, calife de Cordoue, la rebâtit et la fortifia.

Ac'îla fut emportée d'assaut, le 24 août 1471, par les Portugais, qui eurent bien des combats et plusieurs siéges fort sérieux à soutenir pour la conserver. Ils parvinrent néanmoins à soumettre la contrée environnante jusqu'à plusieurs myriamètres.

Elle fut abandonnée, à ce qu'il paraît, en même temps qu'Azemmour, en 1545 ; d'après Moréri [1], Ac'îla, de la province de Hasbata (Habat de Léon, Hasbat de M. Drummond-Hay), fut remise au roi don Sébastien par Moula-Moh'ammed, peu de temps avant la bataille d'El-K's'ar ; mais elle fut abandonnée peu après la mort de ce souverain.

Depuis cette époque, Ac'îla n'a joué qu'un rôle très-secondaire dans les événements politiques ; elle n'a fait que déchoir, et aujourd'hui ce n'est plus qu'un bourg de six cents habitants, d'après M. Arlett.

Marmol cite un village de Beni-Maras, situé sur le territoire de Beni-'Arous, entre El-K's'ar et Ac'îla, qui fut soumis aux Portugais, quand ils occupaient cette dernière ville [2].

---

[1] *Grand dictionnaire historique.* Il donne lui-même cette indication d'après le Monde, de Davity.

[2] Marmol, tom. II, pag. 223, 246, Voir ci-dessus, p. 287.

Centellas, décrivant la marche de l'armée portugaise, quelques jours avant la bataille d'El-K's'ar., la fait camper, le premier jour, à une lieue d'Ac'îla, près d'une rivière d'eau douce; le second, près du bourg d'Almenara, situé à 1 lieue plus loin et à 5 d'El-K's'ar; les lieues seraient donc ici de 8 kilomètres, en ligne droite; la rivière est connue de position; le bourg d'Almenara pourrait aussi se placer assez bien, d'après cette indication [1].

§ XL.

On désigne maintenant, comme du temps de Léon l'Africain, sous le nom de Rif, la contrée montagneuse comprise entre Tetouan et Mlîla; mais cette dénomination, chez les Berbères, ne s'applique pas seulement à cette contrée, car rîf veut dire « le littoral; » il est absolument synonyme du mot arabe sah'el [2], et il est presque identique, par le son et la signification, aux mots français « rive, rivage, » et au mot latin *ripa*.

Toute la côte, depuis Ceuta jusqu'à la Mlouïa, nous est presque inconnue; sa géographie ancienne est aussi on ne peut plus incertaine. Edrîci donne un itinéraire maritime qui n'inspire aucune confiance; d'autres indications se trouvent dans les anciennes cartes. Léon et

---

[1] J. Centellas, *Voyages et conquêtes des rois de Portugal, etc.* Paris, 1578. (Bibliothèque de M. Ternaux-Compans.)

[2] Les Arabes font du mot *rîf* l'adjectif *rîfi*, « homme du Rîf, » analogue à celui de *souah'li*, « homme du Sah'el. » Certaines cartes ont indiqué à tort, sur plusieurs points de la côte algérienne, des Souah'-lîa, comme si ce nom désignait une certaine tribu.

Marmol fournissent aussi des indications tout à fait différentes des précédentes, et enfin les cartes modernes offrent un mélange de noms puisés à ces diverses sources et de ceux connus des marins espagnols.

Réduit à employer ces matériaux incohérents et imparfaits, je les citerai pour en conclure approximativement la position de quelques-uns des points principaux.

Voici l'itinéraire maritime de Ceuta à Rachgoun, d'après Edrîci :

Sebta (Ceuta).		
Anzelân.................................		15 milles.
Fort de Ieter'sâs..................	½ journée.	00
K's'ar-Tazka...........................		13
H'es'n-Mestâça.....................	½	00
H'es'n-Kerkâl.........................		15
Bâdes...................................	½	00
Bouzkour?.............................		20
Mzemma...............................		20

Mzemma est près d'une rivière, et à 12 milles du cap Ba'lân qui avance beaucoup dans la mer.

Kert'a....................................	20
Mlîla, par mer 12^m, par terre..............	20
Mlouïa..................................	20
Taferknît................................	40
Tabekhrîa, d'après un manuscrit 40 milles, d'après un autre............................	08
Henein (One) par mer...................	11
Port de Ouerdânia.....................	06
Ile ou presqu'île de K'achk'âr............	08
Archkoul (Rachgoun)....................	?

Je n'examinerai immédiatement que la partie de cet itinéraire qui appartient au territoire marocain.

Anzelân doit être le cap Negro ou un point voisin.

Ieter'sâs paraît être le même point que Bekri nomme Tik'içâs, et qu'il place à quelque distance, vers le Sud-Est de Tetouan.

Tazka est peut-être Targa, que nous retrouverons bientôt.

Mestâça est une forteresse qui porte le nom des Berbères qui l'habitent, car Bekri cite dans cette contrée les Mecht'âça.

Bâdes est écrit Bâdîch, par Bekri.

Bouzkour, à moitié chemin de Bâdes à El-Mzemma, se retrouve sans doute dans le Râs-Bosankah et la Cala-Bosiku, placés à peu près de même sur la carte de la marine de 1843.

Mzemma ou El-Mzemma est écrit Mzema, par Edrîci; les noms donnés par les autres auteurs rectifient ce nom d'une manière certaine.

Il me semble très-probable que le cap Ba'lân est celui que les Espagnols nomment Tres-Forcas, quoique Edrîci ne le mette qu'à 12 milles = 18 kilomètres d'El-Mzemma; mais comme l'auteur ne nomme point d'autre cap, qu'il me semble difficile de croire qu'il ait omis un point aussi saillant que le cap Tres-Forcas, et qu'il représente le Râs-Ba'lân lui-même comme très-saillant, la concordance des deux caps me semble mieux établie par ces indications qu'elle ne pourrait l'être par une distance, qui a tant de chances pour être inexacte.

Nous retrouverons tout à l'heure Kert'a, dans Bekri.

Léon et Marmol sont les seuls auteurs qui donnent quelques détails sur les tribus et les montagnes du Rîf; ils indiquent aussi quelques points sur la côte. C'est à eux que j'emprunte les notions qui vont suivre.

Terga ou Targa était une petite ville à 80 milles = 148 kilomètres du détroit, d'après Léon, et à 7 lieues = 39 kilomètres à l'Est de Tetouan, suivant Marmol, indications qui ne s'accordent guère. C'est sans doute le même point qu'Edrîci place sous le nom de Tazka à 28 milles et $\frac{1}{2}$ journée de navigation, ou environ 80 kilomètres de Ceuta. Le nom de Targa se retrouve très-souvent en Barbarie : il signifie, en berbère, un ruisseau.

Cette ville fut saccagée en 1481, en même temps qu'une autre nommée Canise, par Ferdinand de Menesez, gouverneur de Ceuta; et une seconde fois, en 1533, par Alvare de Baçan; mais, vers 1560, le cherif 'Abd-Allah la fit relever et fortifier; elle était alors défendue par une k'as'ba qui occupait la position la plus élevée de la ville, du côté du Midi.

Ces deux villes ont sans doute disparu aujourd'hui; Chénier dit qu'il n'en reste pas même de trace, mais son autorité en géographie n'a que peu de valeur.

Bâdîs ou Bâdes est le nom de la ville que les Espagnols ont nommée Velez de Gomera. Devant cette ville est un îlot sur lequel don Pedro de Navarre bâtit, en 1508, une forteresse au moyen de laquelle on était complétement maître de la ville; cet îlot fortifié, qui reçut des Espagnols le nom de Peñon de Velez, fut attaqué quelques années après par Moula-el-Mans'our, qui gouvernait Bâdîs. Ce chef la canonna de deux hauteurs voisines, nommées Cantil et Baba; mais les Espagnols le forcèrent bientôt à abandonner son entreprise.

Moula-Moh'ammed, cousin et successeur de Moula-el-Mans'our, s'empara de cette place par trahison, le 10 décembre 1522.

Quelque temps après, les Espagnols firent une tentative infructueuse pour reprendre le Peñon.

Cette place tomba au pouvoir des Turcs en 1554, et leur fut soumise dix ans. Les Espagnols essayèrent encore vainement de s'en emparer en 1563; mais le 6 septembre 1564, ils se rendirent maîtres de la ville et de l'île.

Aujourd'hui l'Espagne conserve sur ce rocher une garnison à laquelle elle est obligée d'envoyer de l'eau douce pendant une partie de l'année. Elle n'en retire absolument aucun profit. La ville de Bâdîs paraît tout à fait abandonnée, après avoir joué un rôle assez important au milieu du XVIe siècle.

Ielles est un petit port à 6 milles = 10 kilomètres à l'Est de Bâdîs.

Tagaza était un bourg de six cents habitants, la plupart pêcheurs, à 2 milles = 3200 mètres de la mer. Sa position demeure très-incertaine; j'ai adopté celle qu'on trouve dans un assez grand nombre de cartes, quoiqu'elle me paraisse fort douteuse, et que, d'après l'ordre des descriptions de Léon et de Marmol, elle tombe entre Ielles et Mzemma.

Mzemma ou El-Mzemma était une ville bâtie sur une colline, au bord de la mer, par les anciens habitants du pays. Saccagée en 922 par le calife de K'aïrouân, elle demeura déserte pendant quinze années. Repeuplée alors, elle fut détruite une seconde fois par 'Abd-er-Rah'mân III, calife de Cordoue. Depuis cette époque, elle paraît ne s'être jamais relevée complétement; elle avait pourtant quelque importance, comme port de commerce, du temps de Louis XIV.

L'îlot situé devant cette ville fut livré aux Espagnols par 'Abd-Allah, souverain de Maroc, qui régnait de 1557 à 1573, pour empêcher les Turcs d'Alger de s'y établir [1]. Le nom de la ville voisine, un peu altéré, est devenu celui du préside espagnol; il s'appelle à présent Alhucemas, et contient quelques centaines d'habitants [2].

Les Beni-Garir ou Beni-Oriegan occupent une montagne voisine de Targa, qui a 10 milles de longueur sur 4 de largeur (18 kilomètres sur 7).

Beni-Mans'our, à l'Est de la précédente, est une montagne qui s'étend le long de la côte, dans une dis-

---

[1] Je dois ce renseignement à M. Ferdinand Denis, qui a eu l'extrême obligeance de faire pour moi quelques recherches à ce sujet; il est extrait d'un Mémoire de Moura, inséré dans les Mémoires de l'Académie de Lisbonne, t. X, année 1827, pag. 102.
Malgré de longues recherches, je n'ai pu découvrir aucun autre document sur l'occupation d'Alhucemas par les Espagnols.

[2] On trouve une assez bonne description d'Alhucemas dans le Dictionnaire géographique de Miñano. Madrid, 1826.

tance de 15 milles = 28 kilomètres; elle a 5 milles = 9 kilomètres de largeur. Elle est très-arrosée et boisée.

Bucchuia ou Botoye est à l'Est de la précédente; elle a 14 milles sur 8 (26 kilomètres sur 15). C'était le pays de Sidi-Bou-'Aza, dont la k'oubba est à la porte de Bâdîs.

Bekri parle de la rade de Bk'ouia ou Bouk'ouia, et Edrîci place dans la même région les Beni-Bt'ouia. Ces noms correspondent respectivement à ceux de Léon et de Marmol; mais le dernier est probablement le seul exact; car Roland Fréjus parle des Botoye, mentionnés encore par plusieurs autres ouvrages; enfin un assez grand nombre de cartes, et entre autres celle gravée, en 1843, au Dépôt de la marine, placent sur cette côte un port de Botoye.

Beni-Chelid ou Quilib est une montagne sur le chemin de Fès à Bâdîs. Les montagnes précédentes longent la mer jusqu'aux environs d'El-Mzemma; la dernière se placera, un peu plus au Sud, sous le méridien de Bâdîs.

Une seconde montagne de Beni-Mans'our, qui a 3 lieues de l'Ouest à l'Est, sur un peu plus de 1 lieue du Nord au Sud (17 kilomètres sur 6), est au Sud de celle de Bt'ouia.

Beni-Ioucef, à l'Est de la précédente, est une montagne de 12 milles sur 8 (22 kilomètres sur 15).

Beni-Zarouâl, montagne fertile, couverte d'oliviers et de vignes, payait contribution aux seigneurs de

Chechchouân. Ce nom, que Léon écrit Beni-Zarvol et Marmol Beni-Zarval, est facile à rétablir. Une fraction de cette tribu berbère se trouve en Algérie, près de l'embouchure du Chélif. Nous retrouverons tout à l'heure la montagne de Chechchouân.

Le nom des Beni-Razin, de Léon, est évidemment Beni-Râcen, de Bekri. Marmol a changé ce nom en Beni-Hascin ou Beni-Rasin. Cette montagne est voisine de Targa.

Chechchouân est une montagne d'une grande fertilité, dont les habitants sont des Berbères R'amra. Il s'y trouve une petite ville. Elle a eu quelque célébrité dans l'histoire marocaine.

Le nom que j'ai adopté est celui que connaissent les Arabes et qui m'a été donné par M. Delaporte. Il paraît que les Berbères le prononcent un peu différemment, car les pèlerins d'Ouzioua ont indiqué à M. Berbrugger la montagne d'Achechchaoun sur le chemin de Tetouan à Fês.

Mouette place cette montagne sur sa carte du royaume de Fês. Léon écrit son nom Seuseon et Seusaren; Marmol, Chechuan ou Sesavon.

Beni-Gebara est une haute montagne sur le chemin de Tetouan à Chechchouân. Dans ce chemin, on traverse plus de quarante fois, dit Marmol, un ruisseau qu'on appelle Halef-Ugus, c'est-à-dire « passe en jurant. » Cette explication nous permet de rétablir le nom de ce ruisseau en celui de H'alef-ou-djouz, c'est-à-dire « jure et passe. »

Beni-Irsou (Beni-Ierso), tribu berbère connue de M. Delaporte, occupe une montagne arrosée et couverte de vergers.

Tezarin ou Beni-Tiziran, montagne voisine de la précédente, l'est aussi de celle de Chechchouân, puisqu'elle payait l'impôt aux seigneurs qui y régnaient, il y a trois siècles. Elle renferme de grandes ruines que Léon l'Africain a regardées comme romaines.

La montagne de Beni-Buseibet est une des plus hautes de ces contrées; elle renferme beaucoup de noyers.

Beni-Oualîd (Beni-Gualid) est une haute montagne, ainsi nommée de ses habitants qui y possèdent une soixantaine de villages.

Mernîça (Merniza, Beni-Usa ou Bervira), Hagustan ou Hagustun, Beni-Iedir ou Iedi, Lucai ou Alcai sont de hautes montagnes dont les pentes sont couvertes d'arbres à fruits, dont les habitants vont vendre le produit jusque dans Fês. Léon ajoute que la montagne de Lucai n'est qu'à 35 milles = 65 kilomètres de Fês. Cette évaluation est sans doute trop faible, car Léon semble s'être trompé sur la distance de Fês à la Méditerranée. Il dit que Bâdîs n'est qu'à 30 milles = 56 kilomètres de Fês, tandis que la distance rectiligne est de 137 kilomètres.

Beni-Guazeval est un groupe de trois montagnes de 30 milles de longueur sur 5 de largeur (56 kil. sur 9); elles ne sont séparées de Lucai et de Iedir que par des ruisseaux; elles contiennent environ cent vingt villages et hameaux. Léon rapporte qu'il a vu lui-même, dans ces montagnes, une ouverture qui vomit du feu. Il y a donc là quelque bouche volcanique. Aucun renseignement plus moderne n'est venu, que je sache, confirmer un fait si intéressant.

Beni-Guejaghel de Léon et Beni-Vriéguil, ou Beni-Gueriagel de Marmol, sont faciles à rétablir en Beni-Oueriâr'el, nom de tribu cité par Bekri et Edrîci, et connu de M. Delaporte. Léon, tom. I, pag. 18, cite les Baniguerjaghel comme des Berbères S'enhâdja. Cette montagne confine avec les précédentes, et près d'elle commencent des plaines qui s'étendent jusqu'à Fês et qu'arrose la rivière Ouerr'a.

D'après Bekri, la rivière de Nekour et celle nommée Nahar-'Aïch, qui viennent se jeter dans la mer près de Nekour, prennent leur source, la première dans le Djebel-Kouîn, du pays de Kertâna, la seconde, dans le pays des Beni-Oueriâr'el. Elles ont un peu plus d'une journée de longueur. La montagne de Kouîn donne aussi naissance à la rivière Ouerr'a, l'une des principales du Mor'reb.

Ces indications déterminent passablement les montagnes voisines, Kouîn et Beni-Oueriâr'el. Une fois placée, cette dernière nous aide à placer les précédentes; mais il reste assez de vague dans la position de plusieurs d'entre elles.

M. Gråberg de Hemsö a placé un mont Viriaghal à 40 kilomètres au Sud de Tetouan. On ne peut confondre cette montagne avec celle du même nom, voisine des sources du Ouerr'a; mais il paraît, d'après M. Delaporte, qu'il y a, en effet, une fraction des Beni-Oueriâr'el dans le voisinage de Tetouan.

Beni-Ah'med est une montagne difficile, de 18 milles de longueur de l'Est à l'Ouest, sur 7 de largeur (33 kil. sur 13). Près de là est celle de Beni-Ieginefen ou Beni-Zanten, de 10 milles = 18 kilomètres de longueur, et séparée de la précédente seulement par un ruisseau.

Beni-Mesgalda ou Mesgilda est une montagne voisine de la précédente et du Ouerr'a. A son pied s'étendent des plaines occupées par des tribus arabes, toujours en guerre avec les Berbères de cette montagne.

Beni-Guamud n'est séparé du territoire de Fês que par la rivière et n'est qu'à 10 milles = 18 à 19 kilomètres de cette ville. Ce canton, qui contient vingt-cinq villages, est très-fertile; on y fabrique du savon.

On voit, par tout ce qui précède, combien nous sommes pauvres en renseignements sur le Rif. Nous ne connaissons que les noms plus ou moins défigurés d'un certain nombre de tribus, mais nous ignorons entièrement le nom et la position de tous ses villages. Nous ne connaissons pas la hauteur d'une seule de ses montagnes. Il est probable, d'après l'aspect qu'elles présentent en mer, qu'elles sont analogues à celles du T'râra en Algérie, c'est-à-dire que la plupart ont 600 mètres, et que les plus hautes atteignent 1000 à 1200 mètres.

Je citerai encore ici, malgré toute l'incertitude de sa position, la montagne ou le canton de Fazeze où le Ouerr'a prend sa source, d'après Mouette, page 434.

Ben-Khaldoun cite aussi vaguement le canton de Fâzâz ou Fâzêz, au voisinage de Fês[1].

§ XLI.

Garet, selon Léon et Marmol, est le nom de la contrée comprise de l'Ouest à l'Est, entre les rivières Nekour et Mlouïa, et, du Nord au Sud, entre le bord de la mer et la rivière de Melulo, près de Debdou; nous verrons tout à l'heure que Roland Fréjus a traversé cette contrée, que connaît M. Delaporte; son vrai nom est R'âret; elle paraît un peu moins grande que l'ont faite Léon et Marmol, la contrée comprise entre Mlîla et la Mlouïa portant le nom d'Ak'la'ia. M. Drummond-Hay cite vaguement, dans le voisinage du Rîf, la région d'Akkalaya[2], la même évidemment que celle de Guelaia, que les nouvelles d'Afrique ont citée plusieurs fois comme servant de refuge à 'Abd-el-K'âder. Mouette semble appliquer le nom d'Alcalaya ou Alcaladia à la province de R'âret tout entière; car il ne cite pas cette dernière; cette substitution est évidente sur la carte de Braithwaite, qui a reproduit en grande partie celle de Mouette[3].

La province de R'âret se compose, d'après Marmol, de montagnes occupées par les Berbères Bt'ouia, et de

---

[1] Ben-Khaldoun. *Histoire de l'Afrique sous la dynastie des Aghlabites*, par Noël Desvergers. Paris, 1841.

[2] *Le Maroc et ses tribus nomades*, pag. 43.

[3] Mouette, *Histoire des conquestes de Mouley-Archy*, pag. 417. — Braithwaite, *Histoire des révolutions de l'empire de Maroc*.

plaines plus méridionales habitées par d'autres Berbères, nommés Batalises, qui sont des Znâta. Pendant l'été, beaucoup de tribus arabes mènent leurs troupeaux le long de la Mlouïa. C'est une contrée généralement assez dépourvue d'eau.

Mlîla, appelée par les Espagnols Melilla, est une ville fort ancienne, bâtie près d'un cap appelé, du temps des Romains, Rusadir, et dont le nom n'a pas changé, à ce qu'il paraît, puisque M. Grâberg de Hemsö l'appelle Râs-ed-Dîr, et la carte du Dépôt de la marine, de 1843, Ras-ud-Deir[1]. La valeur de ces renseignements est difficile à apprécier. Les Espagnols l'ont nommé autrefois cap d'Entrefolcos, et maintenant ils l'appellent cap Tres-Forcas.

Mlîla fut prise, d'après Marmol, en 1496, par le duc de Medina-Sidonia, et depuis elle a toujours appartenu à l'Espagne ; mais elle a été quelquefois attaquée avec acharnement. En 1563, les Berbères des environs, fanatisés par un marabout, firent sur cette ville, à un mois d'intervalle, deux tentatives qui ont la plus grande analogie avec celle que les Ouled-Brâhim firent sur le camp français de Sidi-Bel-'Abbês, le 30 janvier 1845. Mlîla fut assiégée, en 1774, sans déclaration de guerre à l'Espagne, par le sultan Moh'ammed, qui fut bientôt obligé de renoncer à une entreprise trop au-dessus de la force de ses sujets.

---

[1] Grâberg de Hemsö, pag. 22 et 43. — *Carte de la partie de la Méditerranée comprise entre Gibraltar et la Sardaigne*, Dépôt de la marine. Paris, 1843.

Aujourd'hui le préside espagnol de Mlîla renferme deux mille deux cent quarante-quatre habitants d'après Miñano [1], et mille seulement d'après M. Balbi.

A l'Est de Mlîla se trouve une grande lagune qui communique avec la mer, à l'Est, par un canal qui est à 5 lieues = 28 kilomètres de Mlîla, d'après Marmol, et à 17 kilomètres au Sud-Est, d'après la carte de cette côte, gravée à Madrid en 1833 [2]. D'après Marmol, ce lac s'approche jusqu'à une demi-lieue = 3 kilomètres de la ville, tandis qu'il en est à 8 kilomètres, d'après la carte que je viens de citer. Si les indications de Marmol n'ont pas une grande précision, celles de cette carte n'inspirent pas non plus une grande confiance, ainsi que je l'ai déjà fait remarquer, pages 4 et 5.

A 4 lieues de Mlîla, il y a des salines au bord du lac, et à une grande demi-lieue de ces mêmes bords est une place nommée Zangaran, où le chérif 'Abd-Allah avait mis une garnison, pour protéger les pasteurs et leurs troupeaux contre les coups de main des Espagnols.

Marmol cite, aux environs de Mlîla, les Berbères Beni-Botoye, de Calaa-Guizinaque, Beni-Zeneten, Beni-Ulid, Beni-Mansor; les premiers sont les Beni-Bt'ouia, déjà cités parmi les tribus du Rîf; les Beni-Zeneten sont sans doute les mêmes que les Beni-Zanten, cités aussi parmi les mêmes tribus; nous reconnaissons de même

---

[1] *Diccionario geografico-estadistico*, etc. Madrid, 1826; t. V, p. 467.
[2] *Carta esferica de la costa de España*, Direccion hidrografica. Madrid, 1833.

les Beni-Oualîd et les Beni-Mans'our. Je parlerai plus tard, pag. 350, de Calaa-Guizinaque.

Chasasa ou Caçaça est une ville située à 7 lieues = 39 kilomètres de Mlîla par mer, et à 2 lieues = 11 kilomètres seulement par terre, sur un cap qui porte son nom. Marmol, en donnant ces indications, ajoute qu'elle est à une petite lieue de la mer et à un jet de pierre de la rivière de Mulucan.

La position de cette ville est incertaine; la plupart des cartes anciennes la mettent au Sud-Est de Mlîla, près du lac; mais les indications de Marmol ne semblent pouvoir s'appliquer qu'à un point situé à l'Ouest de cette ville, de l'autre côté du cap Tres-Forcas; d'ailleurs la carte espagnole précédemment citée place une crique nommée Cala-Cassaza à 23 kilomètres à l'Ouest de Mlîla, ce qui, selon toute vraisemblance, détermine approximativement l'emplacement de cette ancienne ville.

Quelque position qu'on adopte, il est évident que Marmol s'est singulièrement trompé en la plaçant tout près de la Mlouïa, car c'est sous le nom de Mulucan qu'il désigne cette rivière.

Le nom même de cette ville n'est pas bien certain; c'est un nom de tribu berbère, la même évidemment que Bekri place dans cette contrée, sous le nom de R'sâça; le nom de K'sâça paraît plus probable.

K'sâça fut prise, immédiatement après Mlîla, par le duc de Medina-Sidonia, à qui elle fut enlevée par trahison, en 1534. Peu de temps après, elle fut complétement rasée et on ne conserva que le château, qui a sans doute disparu à son tour.

Tezzout est évidemment le nom d'un lieu que Léon, sous celui de Tezzota, et Marmol, sous celui de Tezote, placent à 15 milles = 28 kilomètres de K'sâça; ce dernier ajoute qu'elle est à 3 lieues = 17 kilomètres de Mlîla et à la même distance, au plus, du grand lac. Ces données placent Tezzout vers le Sud de Mlîla.

Cette place, fondée par les Beni-Merîn, avant leur avénement au trône de Fês, pour leur servir de place de guerre et de capitale, fut abandonnée par eux, à cette dernière époque, aux Batalises, fraction comme eux des Znâta. Cette ville, à laquelle on n'arrivait que par un sentier sinueux, et qui n'avait d'autre eau que celle de ses citernes, fut détruite par Ioucef, troisième roi de la race des Beni-Merîn. Repeuplée, peu de temps après la prise de Mlîla par les Espagnols, elle devint une place de guerre que le chérif 'Abd-Allah destina à surveiller les Espagnols et les Turcs.

Meggeo est un bourg bâti sur une haute montagne, à 18 milles = 33 kilomètres à l'Ouest de K'sâça, et dont la mer n'est éloignée qu'à 6 milles = 11 kilomètres, au Nord; il y a dans les environs des mines de fer importantes.

Léon appelle Echebdevon, et Marmol Mequebhuan, les montagnes qui s'étendent depuis K'sâça jusqu'à la Mlouïa, et depuis la mer jusqu'aux plaines de R'âret. Leur place est donc bien déterminée; elles forment, entre Mlîla et la rivière Mlouïa, un cap dont le nom est le même évidemment, mais qui est écrit assez diversement sur les différentes cartes. Une carte du Dépôt de la marine, gravée en 1793, l'appelle Quilbadana; celle de Donnet, exécutée en 1823, qui donne avec l'Espagne les côtes septentrionales du Maroc, porte Quobrada; celle de la Direction hydrographique de Madrid, de 1833, porte Quiviana, et elle désigne de même les montagnes voisines. Toutes ces dénominations se rapportent à une même tribu berbère, celle de K'ebdâna ou Guebdâna, citée dans les notes de M. Delaporte comme l'une des tribus du Rif les plus rapprochées de notre frontière.

Selon Marmol, cette montagne forme, du côté de la Mlouïa, une espèce de cap que les chrétiens nommaient la montagne des Adargues ou des Boucliers, et de l'autre côté, vers la mer, elle touche à la montagne de Carmun, où se trouve une ville ruinée, nommée Mechucha; la partie haute de cette ville avait pourtant été relevée par les Berbères, et on l'appelait la nouvelle Mechucha.

J'avais placé la montagne de Carmun entre celle de Guebdâna et la mer; mais depuis j'ai trouvé, sur la carte de la Direction hydrographique de Madrid, une montagne nommée Monte-Caramu, la plus voisine au Sud de Mlîla, qui paraît être la montagne dont parle Marmol.

Beni-Sa'ïd est une montagne qui confine avec le Rif et la ville de K'sâça, et qui porte le nom de ses principaux habitants; mais outre les Beni-Sa'ïd, il y a aussi des Beni-Mans'our et des Beni-Oulîd (ou Oualîd), qui sont de la famille des R'amra.

On y fabrique beaucoup de fer, et elle fournit à Fês une grande quantité d'instruments aratoires. Il y a dans ces montagnes une forteresse nommée Calaa, c'est-à-dire K'la'a, probablement la même que celle de Calaa-Guizinaque[1]. Nous parlerons de cette place forte, page 350.

La montagne d'Azgangan s'étend depuis K'sàça jusqu'au désert de R'âret, au Sud; elle est habitée par les Beni-Mans'our.

Beni-Teuzin ou Quizina est une montagne au Sud de la précédente; elle s'étend sur une longueur de 4 lieues = 22 kilomètres entre R'âret et l'Ouad-Nekour. Nous retrouverons tout à l'heure cette montagne dans les informations de Roland Fréjus, qui l'appelle Beni-Touzin.

Guardan, au Nord de la précédente, s'étend sur une longueur de 4 lieues = 22 kilomètres au bord de la mer, et sur une longueur de 3 lieues = 17 kilomètres le long de l'Ouad-Nekour : la place de cette montagne est donc bien déterminée. Il s'y tient un marché considérable le samedi. Le nom de cette montagne est probablement le même que celui du canton de Kertâna, d'où Bekri fait sortir l'Ouad-Nekour.

---

[1] Voir ci-dessus, pag. 334.

§ XLII.

Roland Fréjus, qui se rendit d'El-Mzemma à Tâza, auprès de Moula-er-Rechîd, au mois d'avril 1666, a laissé une relation de son voyage, de laquelle on peut extraire le résumé suivant de ses itinéraires :

VOYAGE D'EL-MZEMMA À TÂZA.

El-Mzemma (Albouzeme).
Nekour (Nocor), bourg dans une vaste plaine, au pied d'une montagne.................... 3 heures.
Beni-bou-Iak'oub, bourg dont on aperçoit de loin la mosquée........................... 3
    Vers la moitié du chemin, on passe à deux sources peu éloignées l'une de l'autre.
Marche à travers des alternances de plaines et de montagnes boisées; on traverse pendant deux heures la montagne de Teziaza; on couche à Tafarsît (Tafarsy), village près duquel est Hamouda, de l'autre côté d'un ruisseau....... 7
Marche en plaine........................ 2
On tourne à droite vers le Sud, toujours dans la plaine, qui se prolonge à l'Est vers les îles Zafarines................................. 3
Entrée dans le désert de R'âret (Garret); passage à 'Aïn-Skhouna, située à une assez grande hauteur; arrivée à Souaquin................ 6
Prairie de Boûsouab...................... 6
Tiserac, large coteau avec des douars au sommet; on a traversé, pour y arriver, des coteaux et des plaines vertes...................... 6

A reporter............ 36

Report............ 36 heures.

On traverse des collines, puis on tourne à droite, au Sud; on aperçoit une immense plaine; on voit Tâza 3 heures avant d'y arriver; Tâza. 6 à 7

42 à 43

RETOUR DE TÂZA À LA MER.

Tâza.	
Zaouïa (Zouvia)............................	6 heures.
Ouad-Msoun (Mçon)........................	6
Souaquin.................................	6
'Aïn-Skhouna.............................	6
Tafarsît.................................	
Mont Teziaza.............................	
Beni-bou-Iak'oub.........................	
Nekour..................................	
Bt'ouia (Boutoye), lieu très-voisin du port de Bou-'Azoun (Buazon), voisin lui-même d'El-Mzemma................................	

Aucun des lieux cités par Roland Fréjus, à l'exception des points extrêmes, ne se trouve mentionné, que je sache, dans un autre ouvrage. Le fort de Bou-'Azoun est indiqué, dans la carte de la Direction hydrographique de Madrid, sous le nom de Cala-Buazor, à 25 kilomètres à l'Est du Peñon d'Alhucemas. 'Aïn-Skhouna « la source chaude » est écrite, par l'auteur, Scrouna, Sacrouna et Facrouna; la rectification me semble évidente. L'Ouad-Msoun est citée, par Edrîci, aux environs de Tabrîda, et il n'est pas difficile de retrouver ce nom sous la forme plurielle berbère, Temeçouîn, nom d'une ancienne place murée visitée par Ali-Bey, qui se trouve aussi désignée par le nom de K'as'bat-el-Msoun dans les notes de M. Delaporte.

A Souaquin, Roland Fréjus vit des gens de Beni-bou-Iak'oub qui venaient de faire une r'azïa sur les Beni-Touzîn. On reconnaît dans ce nom les Beni-Teusin ou Teuzin de Léon. L'auteur vit aussi à Tiserac les cheikh d'Uladgro; ce dernier mot est évidemment un nom de tribu, probablement Oulad-Grou. M. Delaporte connaît les Beni-bou-Iak'oub, les Beni-Touzîn et les Tafarsît.

Roland Fréjus décrit Tâza et les environs avec quelque détail. Plusieurs renseignements modernes, d'accord avec les siens et ceux d'Ali-Bey, représentent cette petite ville comme occupant une position des plus agréables, dans une contrée fort arrosée, fertile et assez bien cultivée. Elle est assise sur un rocher, au Sud-Ouest duquel s'élèvent de hautes montagnes; ce sont celles que Léon et Marmol ont appelées Djebel-Medr'ara [1].

Roland Fréjus, comme Léon, Marmol et d'autres auteurs, appelle le pays de R'âret un désert. On est vraiment tenté de prendre une pareille dénomination pour une plaisanterie, quand on voit l'auteur lui-même décrire la contrée comme remplie de sources, de ruisseaux, de plaines verdoyantes, de bois et d'habitants.

Roland Fréjus ne cite point la province de H'aïaïna, située près de Tâza, au Nord-Ouest, d'après Ali-Bey et M. Delaporte. Ali-Bey écrit Hiaina; c'est le nom

[1] Voir ci-dessus, pag. 236.

sous lequel elle est déjà mentionnée dans un ouvrage ayant pour titre : *A Letter from a gentleman of the lord ambassador Howard's retinue, etc.* London, 1670. (Bibliothèque de M. Ternaux-Compans.)

§ XLIII.

Léon appelle Chaus la contrée comprise, de l'Est à l'Ouest, entre l'Ouad-Za et la province de Têmsna, et du Nord au Sud, entre le pays de R'âret et le désert. Marmol appelle la même contrée Cuzt, et ajoute que cela signifie beaucoup. Elle est désignée sous les noms de Chaus ou Coucoes dans un ouvrage de la bibliothèque de M. Ternaux-Compans, intitulé : *A true historical Discourse of Muley Hamets rising, etc.* London, 1609, chap. XIV. Je ne sais quel est le véritable nom de cette province, qui n'est plus désignée aujourd'hui de la même manière; il est probable que son nom se retrouvera appliqué à un canton d'une étendue beaucoup moindre : peut-être aussi est-il entièrement oublié. En tout cas, une portion de cette ancienne province, celle qui s'étend de Tâza à la frontière algérienne, porte, suivant M. Delaporte, le nom de H'allâf, grande tribu à plusieurs fractions, dont les journaux ont parlé plusieurs fois depuis la bataille d'Isli.

Outre Tâza et Debdou, que nous connaissons déjà, Léon et Marmol citent, dans la province de Chaus, trois villes peu éloignées de la frontière algérienne.

Teurert est une ville bâtie sur une montagne, au bord de l'Ouad-Za; elle a au Nord le pays de R'âret (Garet), au Sud celui d'Adduhra ou Aduhare, au Levant celui d'Angâd, et à l'Ouest celui de Tefrata, qui va jusqu'à Tâza.

La rivière dont il est ici question, et qui paraît le seul affluent de quelque importance sur la rive droite de la Mlouïa, porte un nom qu'on a écrit de bien des manières. Bekri écrit S'â; Edrîci, S'âa'; Léon, Zha et Za; Marmol, Za et Esaha[1]; Ali-Bey, Enza; enfin les feuilles périodiques ont cité aussi cette rivière sous le nom de Zha. Za doit être le nom exact, car il se trouve dans les notes de M. Delaporte et dans les informations récentes de M. le colonel Daumas[2].

Teurert est facile à rétablir en Taourîrt, mot berbère qui veut dire «colline,» mais qui désigne aussi les villages murés qui couronnent des hauteurs. Plusieurs géographes ont déjà fait coïncider cette ville avec la grande place ruinée, située sur le bord gauche de la Mlouïa, près de laquelle Ali-Bey a passé en 1805. Ce rapprochement me semble extrêmement probable, à cause du petit nombre de villes qu'a renfermé de tout temps cette contrée peu fertile, et de l'importance de la ruine signalée par Ali-Bey.

Hadagia est située dans la presqu'île formée par la réunion de la Mlouïa et du Mululo (Mloulou?). Cette

[1] Léon, tom. I, pag. 539, 540, 581; tom. II, pag. 268. — Marmol, tom. II, pag. 295, 296.

[2] Voir les deux cartes annexées au Sahara algérien. Paris, 1845.

dernière rivière est, selon Léon et Marmol, un affluent de gauche de la Mlouïa, qui prend sa source entre Tâza et Debdou, mais plus près de la dernière, et qui limite au Sud le pays de R'âret ; c'est donc probablement la rivière indiquée par Ali-Bey dans cette position.

Il est possible que Hadagia, qui a toujours été placé, d'après Léon, et écrit sur certaines cartes Hadaha, et sur d'autres, par exemple sur celles de Chénier, Haddaja, soit le même point qu'El-'Aoudj ou El-'Aoudja « le coude, » situé sur la rive gauche de la Mlouïa, à 25 lieues de notre frontière, et où, d'après le Moniteur algérien, 'Abd-el-K'âder a séjourné assez longtemps, après la bataille d'Isli.

Le même journal, dans son numéro du 20 janvier 1845, rapportait qu'Abd-el-K'âder était toujours à Sebra, point qui paraît être dans le Rîf, entre Mlîla et la Mlouïa.

Garsis est un château antique, situé sur un rocher, près de la Mlouïa, à 15 milles = 28 kilomètres de Taourîrt, et qui fut bâti par les Beni-Merîn, pour leur servir de forteresse et de magasin ; plus tard elle fut ruinée par Bou-Henoun, cinquième roi de cette race.

Marmol suppose que ce point est le Galafa de Ptolémée, ce qui est très-douteux ; mais on y reconnaît sûrement le Guersîf des auteurs arabes, qui l'écrivent de différentes manières [1].

Bekri et Edrîci fournissent quelques itinéraires qui

[1] Cette opinion est aussi celle de M. d'Avezac, *Études de géographie critique*, pag. 171.

peuvent servir à déterminer ce point en même temps que quelques autres de ces contrées.

§ XLIV.

Bekri indique, sans détails, la route d'Ouchda à Fês; il ne cite, dans l'intervalle, que quatre stations : S'â, Telbrîda, Meknêça et 'Aïn-et'-T'îr. Le premier de ces noms est celui de l'Ouad-Za dont j'ai parlé tout à l'heure; le second est écrit ailleurs Tâbrîda par le même auteur. Meknêça est le même point que Tâza, ainsi que l'a démontré M. d'Avezac[1]. La station 'Aïn-et'-T'îr est peut-être voisine de celle d'El-K'aour, qu'on a indiquée à M. Carette entre Tâza et Fês, et qui se trouve dans les notes de M. Delaporte sous la forme Khmîs-el-Gaour.

Edrîci indique une autre route de Fês à Tlemsên :

Fês.	
Ouad-Sbou, rivière qui vient du Djebel-K'la'a....................	6 milles.
Tmâla ou Tmâlta, sur l'Ouad-Enbâouz..	1 jour.
Kernât'a, ruine................	1
Bâb-Znâta, rivière voisine de l'Enbâouz.. 10	
Fort de Kermat'a, au bord de l'Enbâouz......	1
Mrâouez, par le pied de la montagne........	1
Rivière de Msoun, en passant par Tâbrîda, place forte sur la Mlouïa................	1
S'âa', ruine sur une grande rivière, au pied d'une colline........................	1
Djerâoua, à 6 milles de la mer............	1

[1] *Études de géographie critique*, pag. 170.

Berk'âna..	1 jour.
El-'Aloŭn..	1
Tlemsên...	1

Il est extrêmement probable que cette rivière Enbâouz est la même que celle de Ienaoul; le nom de la première et celui de la seconde, écrit Aïnâoul, ne diffèrent en effet que très-peu dans l'écriture arabe. La route indiquée par Edrîci est donc un peu plus méridionale que celle qui passe par Tâza.

Il est aussi très-probable que la place de Tâbrida, dont le nom est écrit ici Tâberenda, par une faute de ponctuation, est la k'as'ba ruinée, placée par Ali-Bey sur la rive droite de la Mlouïa, et S'âa', c'est-à-dire Za, celle de Tâourîrt.

Quant à la rivière de Msoun, nous la connaissons déjà, et il est difficile de s'y méprendre, quoique la phrase d'Edrîci fasse croire qu'on s'arrête au bord de cette rivière après avoir passé à Tâbrida.

K'as'bat-Tâbrîda signifie sans doute la citadelle du passage, et dérive du mot berbère abrîd, qui signifie « chemin. » Cette signification est très-naturelle. Cette ville, comme celle de Tâourîrt, ne devait son importance, et même sa fondation, qu'à la route, autrefois si fréquentée, qui conduisait de Fés à Tlemsên. Aussitôt que le mouvement commercial qui unissait ces deux villes a été paralysé, ces deux places importantes ont été ruinées.

On trouve dans Bekri l'itinéraire suivant de Fés à Tlemsên :

Fès; on sort de la ville par la porte Bâb-el-Ftouh' « la porte des victoires. »

Merdj-el-Hechâm et Ouad-Sbou.......	4 milles.
'Ak'bet-el-Beguer « la montée des bœufs. »	
Kendak'-el-Foul « le fossé des fèves. »	
K'ermât', habité par les Medr'ara..........	1 ou 2 jours.
Oualîli.	
Fedj-Bâou, sur le territoire des Meknêça.	
Ouad-Ouârîken? rivière salée.	
Ouad-S'â.	
Djerâoua, ville en plaine, avec sources salées et puits d'eau douce, à 6 milles de la mer. Son port est Taferk'nît. A 4 milles au Sud est la montagne de Mamaloua.	
Berk'âna.	
Tlemsên, à 1 jour de Berkâna...........	6 à 8
	7 à 10

Bekri donne aussi les itinéraires suivants :

ROUTE D'OUCHDA À MLÎLA.

Ouchda (Oudjda).	
S'â.	?
Guersîf (Aguersîf), bourg sur la Mloufa.......	1 jour.
K'loua'-Djâra, place imprenable, au sommet d'une montagne.	
Mlîla.............................	?

ROUTE D'EL-MZEMMA À DJERÂOUA.

El-Mzemma.	
Nekour...........................	5 milles.
Ies'latîn ou Ies'lîten, sur la rivière de Temsâmen.	1 jour.
Rivière de Kert'..........................	1
K'loua'-Djâra.........................	1

Ouad-Mloura.................................. 1 jour.
Djeraoua..................................... 1

DE NEKOUR À MLÎLA.

Nekour.
Temsâmen, sur l'Ouad-el-Beguer............... 20 milles.
Kert', à l'Est................................ 15
T'arf-Herek.................................. 15
Mlîla, à l'Est................................ 2 jours de navigation.

Aux itinéraires qui précèdent on peut ajouter le suivant, donné par Bekri, qui joint Ar'mât à Fês par une ligne un peu sinueuse :

Ar'mât.
Abouâb-'Abd-el-Khalek'-ben-Sabi.
Fh'as'-Berâr.
Ouad-Ouansîfen.
Temlekou.
Beni-Ouâret.
Zouâr'a.
Daï.
Ouad-Derna.
Mr'îla.
Ourfoul.
Souk'-Fikour.
Ouelhâç'a.
K'ernâta.
Ouerzîr'a.
Ar'îr'i.
Sebta ou Sîta.
Fês.

La distance de tous ces points est d'une journée de marche, ce qui fait 17 journées d'Ar'mât à Fês.

L'Ouad-Ouansîfen est nécessairement l'Omm-er-rbî'a, puisque Bekri dit ailleurs que la Derna s'y décharge.

Mr'îla est un nom de tribu berbère très-fréquent.

Ouelhâç'a est aussi le nom d'une tribu berbère dont une fraction se trouve près de l'embouchure de la Tafna ; ce mot a été, comme à l'ordinaire, défiguré de plusieurs manières.

Malgré la différence dans les deux noms, il m'a semblé que K'ernâta de Bekri et Kernât'a d'Edrîci désignent le même point.

La ville de Djerâoua, l'un des points les plus importants que citent ces itinéraires, étant voisine de Taferk'nît, il faut déterminer ce dernier port. Nous en aurons le moyen par les renseignements suivants, empruntés aussi à Bekri :

La rivière de Nedrôma s'appelle Mâcin, et à son embouchure est un port du même nom ; à 10 milles de là est Ternâni, qui est à 8 milles de Nedrôma, et près du château de Têouant ; à 10 milles de Ternâni est Tâbekhrît, qui est le port d'Ouchda, éloignée de 40 milles. A 3 milles à l'Est de Tâbekhrît est Mes'dâk, sur le bord de la mer.

Ces derniers renseignements déterminent assez bien les différents points maritimes qui y sont mentionnés. Le port de Mâcin est aujourd'hui Djâma'-R'zâouât. Têouant, indiqué d'abord sous ce nom sur les cartes du Dépôt de la guerre, s'y trouve maintenant sous celui de Tientz.

La ville de Djerâoua, située à 6 milles = 9 kilom. de la mer, à 1 jour à l'Est de la Mlouïa, est très-probablement située à la frontière actuelle de l'Algérie, au bord de la rivière 'Adjeroud, qui descend de Mnâ-c'eb-Kîs « l'origine de l'Ouad-K'îs. » Edrîci nomme cette ville Djerâouet-ben-K'îs, et Bekri Djerâouet-el-H'acen-ben-Abi-el-'Aïch. Il faut sans doute lire K'îch ou K'îs, au lieu de 'Aïch; car, dans l'écriture arabe, ces mots peuvent être difficiles à distinguer l'un de l'autre.

Il serait bien intéressant de rechercher les vestiges de cette ville, qui existent sans doute encore, quoiqu'elle soit ruinée depuis fort longtemps, puisque Léon et Marmol ne la citent même pas. Il en est de même des autres villes maritimes voisines.

La montagne de Mamaloua, située à 4 milles = 6 kilomètres au Sud de Djerâoua, doit être celle des Beni-Ieznâcen, haute de 1390 mètres, et indiquée, par MM. Berard et Tessan, sous le nom de Yebala : cette montagne remarquable se voit très-bien des hauteurs voisines de Tlemsên.

K'loua'-Djâra, probablement K'la'a-Djâra, est sans doute cette K'la'a ou forteresse qui donne encore aujourd'hui à la contrée environnante le nom d'Ak'la'ia ; c'est aussi probablement le Calaa-Guizinaque que Marmol cite aux environs de Mlîla[1].

Les notes de M. Delaporte mentionnent une rivière de Kert' ou Kart' et une tribu de Temsâmen, aux environs de Mlîla. Le dernier de ces noms est écrit Temsâ-

[1] Voir ci-dessus, pag. 332, 334, 338.

mân et Temâmsân dans Bekri. La carte de Dapper indique, dans la même contrée, un point maritime nommé Tamicaman[1].

Bekri, indiquant deux jours de Djerâoua à Tlemsên, place la station intermédiaire à Berk'âna. Ce nom était écrit sans points dans le manuscrit, et de manière à se lire Bertâna; mais M. Quatremère a rectifié facilement cette écriture imparfaite, d'après Edrîci et Ben-H'aouk'âl. Edrîci indique 3 jours de Djerâoua à Tlemsên, et il met la première station à Berk'âna et la seconde à El-'Alouîn. Mais le même auteur, indiquant la route de Tlemsên à Tenès, la fait passer par El-'Alouîn; ce qui montre que ce point est à une petite distance au Nord de Tlemsên.

Berk'âna est sans doute une ruine, à présent oubliée, aux environs de Lella-Mar'nîa.

Léon et Marmol placent une ville d'Izli ou Zezil entre Tlemsên et ce qu'ils nomment le désert d'Angâd; ce dernier la croit de fondation romaine; elle était située près d'une belle fontaine dont on utilisait l'eau pour arroser les terres. Cette description paraît convenir tout à fait aux ruines voisines d'Aïn-Mouilah', dont le nom signifie « la fontaine un peu salée. »

Tâbekhrît est placée par Léon, sous le nom de Tebecrit, à 12 milles = 22 kilomètres de Nedrôma, ce qui confirme les indications de Bekri; c'est un ancien village romain, d'après Léon et Marmol : c'est donc,

---

[1] Description de l'Afrique, traduite du flamand d'O. Dapper. Amsterdam, 1686.

selon toute probabilité, un des points mentionnés dans l'itinéraire d'Antonin. Je ne sache pas qu'on ait encore retrouvé ces ruines, qui ne doivent être qu'à 8 kilomètres environ à l'Ouest de Djâma'-R'zâouât.

On retrouvera sans doute les ruines de Henein, qui figure dans les histoires espagnoles sous la forme *One.* Marmol, en lui donnant ce nom, dit que les Arabes l'appellent Deyrat-Uneyn ; Léon l'appelle Hunain. Le nom de Marmol se rétablit facilement en Dzîret-Henein, ce qui ferait croire que cette bourgade était bâtie sur une presqu'île, comme Djâma'-R'zâouât.

On a quelquefois confondu ce point avec H'enneit, situé plus à l'Est, et aussi au bord de la mer.

§ XLV.

La carte espagnole de la Direction hydrographique de Madrid, que j'ai déjà citée pages 4, 5, 334, 335, 337, 340, représente la Mlouïa, sous le nom de Milonia, comme une rivière qui vient des environs de Mlîla, et qui est formée par la réunion de deux autres, nommées Rio-Darbonchab et Rio-Manuelillas ; sur sa rive gauche on remarque deux villes ou villages nommés Bogariba et Cherraa. A peu de distance de la rive droite, et à 22 kilomètres au Sud un peu Ouest de l'embouchure, est un autre lieu nommé Arregeda. La première anse qu'on rencontre à l'Est de l'embouchure y est nommée Enseñada de Arregeda, et le cap suivant, Milonia ; ce nom, qui doit son origine à celui de la Mlouïa défiguré par une faute typographique, se retrouve pourtant sur toutes les cartes de l'Algérie.

Les trois villes ou villages que je viens de citer nous sont complétement inconnus; nous ignorons de même l'origine des renseignements qui ont servi à les placer; ils ont sans doute été recueillis à Mlîla.

§ XLVI.

Peu d'années avant ses expéditions contre Fês et Maroc, Moula-er-Rechîd, premier chérif de la seconde race, reçut l'hospitalité à Quiviane, ville voisine du Rîf, suivant Mouette, et située dans le Rîf même, d'après Chénier[1], mais bien plus méridionale, d'après les cartes de Mouette et de Braithwaite ; pour la placer, d'après ce dernier, il vaut mieux lui assigner la même position relativement à Tâza, à Tlemsên, à la Mlouïa et à l'embouchure de cette rivière, que de conserver les mêmes longitudes et latitudes. Nous avons vu déjà, pag. 337, que la carte de la Direction hydrographique de Madrid appelle Quiviana les montagnes de Guebdâna comprises entre la Mlouïa et Mlîla, les mêmes que Léon appelle Echebdevon, et Marmol Mequebhuan. L'identité des noms ferait chercher la ville de Quiviane dans cette contrée, mais alors Mouette et Braithwaite se seraient singulièrement trompés sur la

---

[1] Mouette, pag. 8 et 25. — Chénier, tom. III, pag. 344.

position de cette ville. Celle qu'on pourrait lui assigner aujourd'hui serait donc très-douteuse ; son nom lui-même est, en tout cas, très-défiguré.

Braithwaite place à 48 kilomètres au Nord-Nord-Est de Quiviane un château nommé Dar-Michael, le même que Mouette appelle Dar-Michal, et qui est nommé Darbinmeshaal par un Anglais de la suite de l'ambassadeur lord Howard[1]. Ces noms paraissent devoir se rétablir en Dâr-Michâl ou Dâr-ben-Michâl. En adoptant la position que Braithwaite assigne à Quiviane, cet autre point tomberait vers Dâr-Cheikh-Châoui d'Ali-Bey ; mais si on place Quiviane dans les montagnes de la rive gauche de la Mlouïa, on est fort embarrassé pour placer Dâr-Michl.

§ XLVII.

Nous avons vu, page 343, que Léon place au Sud de Tâourîrt le désert d'Adduhra que Marmol appelle Aduhare ; je crois avoir retrouvé une indication de la même contrée dans un ouvrage qui m'a été communiqué par M. Ternaux-Compans, et dont le titre est : *The Adventures of M. T. S. an english merchant, etc.* London, 1670. C'est le récit d'un marchand anglais qui, pris par les corsaires, a parcouru l'intérieur de l'Algérie, et est resté trois ans esclave à Tlemsên, qu'il nomme Climsan. Il fit quelques voyages avec son maître, et il raconte, pag. 153 et suivantes, qu'il alla visiter ainsi « l'ancienne et fameuse ville de Bedtua, aussi grande, mais moins belle que

[1] Ouvrage déjà cité, pag. 342.

Climsan; » il la place dans la province d'Angâd, et il employa huit jours à faire ce voyage; à moitié chemin, il traversa une vallée sablonneuse, où le sable était rempli de points brillants, et dans laquelle il y avait un grand lac; le jour suivant, c'est-à-dire le cinquième jour, il passa dans une grande plaine de sable de 10 lieues de longueur sur 4 de largeur, qu'on appelle Scidduahr; enfin, le huitième jour, il arriva dans la vallée de Bedtua; le pays environnant produit beaucoup de fruits; il est composé de sables et de montagnes. Il y avait alors, vers 1650, un prince nommé Moyses-Zim-Kush, qui avait sous sa domination trois grandes tribus et une contrée fort étendue qui faisait partie du royaume de Fês et de Maroc, mais qui s'en était déclarée indépendante depuis la mort du dernier souverain[1].

La plaine déserte de Scidduahr semble être la même que le désert d'Adduhra ou Aduhare; comme il y a 5 journées environ de Tlemsên jusque-là, 3 autres journées dans la même direction détermineront la position de Bedtua, qui vient, par cette construction, coïncider avec Debdou. Ces rapprochements, entre les noms de notre voyageur et ceux de Léon et Marmol, sont appuyés par différentes considérations; d'abord la grande différence des noms ne suffirait pas pour les faire reje-

[1] Probablement le sultan Oualîd. Il y eut en effet, sous le règne de son frère et successeur, Ah'med-Cheikh, une désorganisation générale de l'empire, à la suite de laquelle les chérifs de la seconde race arrivèrent au pouvoir. Moula-er-Rechîd, le premier souverain de cette famille, s'empara de Fês au mois de mai 1665, et de Maroc en 1667.

ter, car les noms connus qu'il cite sont tellement dénaturés qu'on a quelquefois de la peine à les reconnaître. Ensuite, où trouvera-t-on une grande, ancienne et fameuse ville de l'empire de Maroc à 8 jours de Tlemsên?

Malheureusement ces derniers détails n'ajoutent rien à ce que nous savons sur la contrée, encore si peu connue, qui avoisine les frontières de l'Algérie et du Maroc dans leur partie moyenne.

DEUXIÈME PARTIE.

Nous avons terminé l'examen des différents matériaux qui ont servi à dresser la carte de l'empire de Maroc; les conditions du tracé ont déterminé l'ordre dans lequel ils devaient être passés en revue, ordre très-peu propre à donner une idée générale de ce pays, et dans lequel tout ce qui est relatif à la population n'a pu être traité qu'en passant. Il resterait maintenant à donner une description géographique proprement dite de l'empire de Maroc et un inventaire des tribus qui l'habitent. Ce complément, naturellement divisé en deux chapitres, sera malheureusement très-incomplet, dans l'état actuel de nos connaissances. Le premier chapitre comprendra la description géographique résumée de l'empire de Maroc, le second traitera de la population.

CHAPITRE PREMIER.

§ Ier.

L'empire de Maroc est compris entre 28° et 36° de latitude Nord et entre 3° et 14° de longitude Ouest de

Paris. Borné à l'Ouest par l'Océan, au Nord par la Méditerranée, au Nord-Est par l'Algérie, au Sud-Est et au Sud par le désert, il comprend une superficie d'environ 5,775 myriamètres carrés, un peu plus grande, par conséquent, que celle de la France, qui équivaut à 5,300 myriamètres carrés. Une route européenne qui longerait ses frontières de terre et de mer présenterait le développement suivant :

Océan.............................. 1265 kilomètres.
Détroit............................. 60
Méditerranée....................... 425
Frontières de terre................. 250

En France, une route dans les mêmes conditions, offrirait le développement suivant :

Océan.............................. 1825 kilomètres.
Méditerranée....................... 555
Frontières de terre................. 140

Cette superficie et ces limites ne sont pas si nettement déterminées qu'elles ne donnent lieu à quelques observations. L'empire renferme aussi plusieurs contrées qui n'en font partie que de nom, et ses limites ont d'ailleurs varié avec la puissance et l'énergie de ses princes.

On sait que du temps des Romains la partie septentrionale du Maroc portait le nom de *Mauritanie Tingitane;* elle ne s'étendait, au Sud, que jusqu'aux environs de Sla et de Fès. La partie méridionale formait un royaume indépendant, à peu près inconnu des Romains. Divisé encore longtemps en deux royaumes, cet empire ne forma plus qu'un tout unique sous les deux dominations berbères, pour se diviser de nouveau en royaumes de Fês et de Maroc sous les dynasties arabes qui recueillirent leur héritage. Enfin, depuis le commencement du XVIe siècle, ces deux royaumes ont été définitivement réunis, ou n'ont du moins été divisés que momentanément par la guerre civile.

Aujourd'hui l'empire de Maroc ne porte réellement aucun nom parmi les indigènes; en Algérie on l'appelle El-R'arb « l'Occident, » ou bien Beled-Moula-'Abd-er-Rah'mân « le pays du sultan 'Abd-er-Rah'mân[1]. »

§ II.

Antique frontière de la Mauritanie Tingitane à l'Est, la Mlouïa inférieure a joui longtemps du même privilège; à différentes époques, cependant, le royaume de Tlemsên et même l'Algérie tout entière ont dépendu du Maroc; mais les révolutions politiques ont toujours ramené la frontière dans le voisinage de cette rivière. Ces limites, reconnues par les Turcs à la fin de leur

---

[1] L'Algérie elle-même n'a pas de nom; on l'appelle Beled-Dzaïr « le pays d'Alger. » Voici du reste les noms des autres pays arabes qui longent la Méditerranée :

Beled-Châm	la Syrie.
Beled-Mas'r	l'Égypte.
Beled-Bark'a	Bark'a.
Beled-T'râbeles	Tripoli.
Beled-Tounes	Tunis.

domination, sont devenues les nôtres en 1830; cette situation vient d'être régularisée par la ratification du traité du 18 mars 1845[1].

Dans le reste de leur étendue, les frontières marocaines sont moins bien déterminées.

Depuis une époque éloignée, mais que nous ne connaissons point, les sultans de Maroc ont eu des prétentions à la domination de tout le S'ah'ra occidental, c'est-à-dire de toute la partie du désert située à l'Ouest des Touâreg. Le récit fait par Marmol de l'expédition du chérif Moh'ammed, qui poussa jusqu'à Ouadân, il y a plus de trois siècles, et celui de Brisson racontant son entrevue avec le sultan de Maroc, à la fin du siècle dernier, ne laissent aucun doute à cet égard. L'autorité de ces princes sur l'oasis de Touât paraît avoir été réelle; car Diego de Torres dit que les chérifs entretenaient dix mille hommes de cavalerie dans les provinces de Dra'a, Tafilêlt et Tegorârin (Dara, Tafilet et Taguriri), et Mouette compte Touet comme une des provinces de l'empire. Le cheikh H'âdj-Kâcem, dans l'itinéraire qu'il a dicté à M. Delaporte, il y a une quarantaine d'années, dit qu'Agabli et Taoudeni dépendent de l'empire de Maroc[2].

Quoi qu'il en soit, le sultan de Maroc n'a aujourd'hui

[1] Voir le Traité à la fin de cet ouvrage.
[2] *Marmol*, tom. III, p. 6 et 7. — *Diego de Torres*, dernière page. — *Mouette*, pag. 459. — *Histoire du naufrage et de la captivité de M. de Brisson.* — *Recherches sur l'intérieur de l'Afrique septentrionale*, par M. Walckenaer, *Itinéraire du cheikh H'âdj-K'âcem*, pag. 423 et 425.

aucune autorité, et même, vraisemblablement, aucune prétention sur l'oasis de Touât, évidemment destinée à former un jour une dépendance de l'Algérie.

Le cours entier du Guîr paraît, au contraire, devoir être compris dans les limites de l'empire. Léon l'Africain nous apprend que le cours inférieur de ce fleuve est occupé par une population que le besoin force à venir louer ses bras à Fês, où elle exerce les fonctions les plus basses; elle rappelle donc les Mzâbi de l'Algérie et nos Auvergnats. Or, la première condition pour se rendre indépendant d'un pays est de pouvoir se passer de lui; et si à présent toute cette contrée ne paye pas l'impôt au sultan, elle le payerait à un gouvernement plus fort, la nécessité l'empêchant de rompre ses relations avec les villes du Tell.

Entre la sebkha du Guîr et El-'Arîb, nous n'avons point de renseignements, non-seulement sur la limite, mais sur le pays lui-même.

La limite, au midi d'El-'Arîb, est un des points les mieux établis par le récit de Caillié; là, comme en Algérie, existe une population de pasteurs qui se répand en hiver et au printemps jusqu'à 150 kilomètres au Sud de cette ville.

Depuis El-'Arîb jusqu'à la mer, la limite s'écarte peu de l'Ouad-Dra'a; mais tout le pays compris entre cette rivière et les plaines de Maroc est absolument indépendant du sultan, et, au Midi de l'Atlas, les seuls districts qui payent l'impôt sont : celui de Tafilêlt, limité à la vallée du Zîz, celui de l'Ouad-Dra'a jusqu'au lac Ed-Deba'ia, et celui de Sous, compris entre l'Ouad-Mêça, la mer et le pied des montagnes.

Au Midi de Sous, j'ai réuni sous le nom d'état de Sidi-Hechâm, le pays gouverné actuellement par 'Ali-ou-Hechâm, et celui d'Ouad-Noun, gouverné par le cheikh Beirouk. La limite de ces deux états est, selon M. Bouet, la rivière Albueda, qui se jette dans la mer un peu au Nord de la petite ville de Noun.

Le vaste pays montagneux compris entre Sous et l'Ouad-Dra'a paraît n'avoir jamais été soumis aux Arabes. Les seules époques auxquelles il a fait partie de l'empire sont celles des deux dynasties berbères. Plus tard, lorsque des princes arabes arrivèrent au pouvoir, leurs efforts pour soumettre cette contrée furent complétement inutiles; la première race de chérifs s'occupa peu de cette contrée; dans la seconde, Moula-Ah'med, neveu de Moula-Isma'il, essaya, dans l'hiver de 1678 à 1679, de la réduire par la force; mais son entreprise eut les plus tristes résultats. Depuis ce temps, il ne paraît pas qu'aucun prince ait été plus heureux.

Cette contrée est celle que Léon et Marmol appellent Guezoula : elle est nommée Gouzoula dans la lettre que Pierre Treillaut écrivait, en 1597, au connétable de Montmorency. Ce nom est celui d'une fraction du peuple berbère dont parlent les géographes arabes sous les formes Guezoula, Guedâla, Djedâla, Djezoula, etc.; le premier de ces noms paraît être le véritable, et il n'est autre, sans doute, que celui de Gétules, comme on l'a soupçonné depuis longtemps. Nous ne savons si cette contrée porte encore aujourd'hui le même nom.

Au reste, les contrées dont je viens de parler ne sont pas les seules insoumises. Le principal massif indépendant est ainsi délimité : Ouad-Mêça, Fedj-Aït-Mouça, Tâdla, Tâza, Debdou, Ouad-Mlouïa, le pied des montagnes jusqu'aux environs d'El-'Arîb ; le tout formant une superficie de 3,000 à 4,600 myriamètres carrés. La superficie du pays qui paye l'impôt, en y comprenant le Rîf et plusieurs tribus comme les Châouïa, qui ne cèdent guère qu'aux r'azïa, est d'environ 2500 myriamètres carrés.

Quoi qu'il en soit, nous appellerons empire de Maroc ce composé si hétérogène politiquement, mais si bien défini, au contraire, sous le rapport naturel. En effet, si ses limites sont difficiles à indiquer en détail, considérées en grand, elles deviennent très-nettes ; rien de plus naturel même que sa séparation d'avec l'Algérie ; la sécheresse et la stérilité des plaines, auxquelles succèdent immédiatement de hautes et âpres montagnes, n'ont laissé à ces deux empires que deux communications : l'une par le Tell, l'autre par le S'ah'ra, communications plutôt analogues à celles de deux pays différents et éloignés, qu'à celles, si multipliées et si intimes, qui existent, par exemple, entre l'Algérie et l'état de Tunis.

§ III.

Le caractère le plus saillant de cette partie du globe est la chaîne considérable qui la traverse par le centre, du Sud-Ouest au Nord-Est ; cette chaîne, composée de plusieurs autres, paraît avoir pour point culminant le Miltsin, situé à 50 kilomètres au Sud-Sud-Est de Maroc, et élevé de 3,475 mètres au-dessus de la mer, à peu près comme les Pyrénées. Cette chaîne contient les points les plus élevés, à beaucoup près, de tout le Nord de l'Afrique, et on ne trouve des montagnes de hauteur équivalente, sur le continent africain, que vers le 10° degré de latitude Nord, à 300 myriamètres au Sud, ou 500 myriamètres au Sud-Est.

Cette chaîne composée, d'une épaisseur considérable, est comprise entre d'immenses plaines accidentées, au delà desquelles reviennent quelques massifs détachés, dont les principaux sont, au Nord, le Rîf, et au Sud, les montagnes voisines du Guîr inférieur; ces dernières et celles qui paraissent exister dans le désert entre Touât et El-'Arîb sont sans doute peu considérables.

Les montagnes du Rîf, vues de la mer, semblent analogues à celles du T'râra, près de Djâma'-R'zâouât, et à celles des environs de Tenès, c'est-à-dire qu'elles ne dépasseraient pas 1,000 à 1,200 mètres; près de Tetouan, d'après M. Berthelot, elles atteignent une plus grande hauteur; mais on n'en connaît point encore de mesure; le point culminant qui termine le Rîf au Nord-Ouest, le Djebel-H'abîb, a 967 mètres de hauteur au-dessus de la mer.

Le détroit de Gibraltar est bordé de montagnes, dont les plus hautes, voisines de Ceuta, ne paraissent pas dépasser 800 mètres.

Si on continue à longer la côte marocaine en marchant au Sud, on n'aperçoit bientôt plus de montagnes au bord de la mer, mais seulement des falaises et des collines peu détachées. Le même aspect se continue jusqu'à la Tensift, après laquelle reviennent quelques montagnes. Un peu plus loin, au cap Ir'îr, vulgairement cap d'Aguer, on aperçoit les derniers sommets de l'Atlas, et ce sont là les points les plus élevés qu'on rencontre jusqu'à la côte de Guinée.

Après le cap Ir'îr, la côte est généralement bordée de falaises de grès derrière lesquelles on aperçoit des montagnes de quelques centaines de mètres; tout près d'Isgueder, elles atteignent 1,190 mètres.

Les côtes de Maroc sont très-peu accidentées; aussi n'offrent-elles que de fort mauvais ports; Tanger et S'oueira sont les principaux; les autres sont des mouillages en pleine côte ou des embouchures de rivières.

§ IV.

Nous ne connaissons que peu de hauteurs au-dessus de la mer dans l'intérieur du pays; on y remarque celle de Maroc, qui atteint 422 mètres. Les plaines voisines des chaînes de montagnes doivent être fort élevées; par exemple, la vallée du Dra'a supérieur doit être à 1,000 mètres au moins au-dessus de la mer; je ferai pourtant remarquer qu'on ne peut hasarder aucune hypothèse raisonnable sur les hauteurs des rivières en différents points de leur cours; on ne peut fixer que des limites ; la hauteur des plaines qui avoisinent les montagnes n'est point en rapport avec la hauteur des sommets ; de S't'îf, par exemple, situé en plaine, à 1,100 mètres au-dessus de la mer, on ne voit, à une assez grande distance, que des pics de 1,800 à 1,900 mètres, et Chamouni n'est pas plus élevé au-dessus de la mer, quoiqu'il soit immédiatement au pied du Mont-Blanc, haut de 4,811 mètres.

En général, la division du pays en deux versants est beaucoup plus nette qu'en Algérie ; la pente y est plus uniforme ; aussi n'y rencontre-t-on point ces immenses sebkha si communes en Algérie ; on n'en connaît que quelques petites au Nord et à l'Ouest de Fês, au Nord de Meknês, près de la plaine de Foouârat, et enfin une autre, la plus considérable sans doute, un peu à l'Est d'Asfi ; elle fournit beaucoup de sel aux indigènes, qui n'ont que la peine de le ramasser. Dans les versants Sud-Est, elles deviennent plus communes ; nous n'y connaissons pourtant, et encore très-imparfaitement, que celles du Zîz et du Guîr.

Nous ne connaissons que deux lacs d'eau douce, Ed-Deba'ia, traversé par l'Ouad-Drã'a, et qui paraît grand trois fois comme le lac de Genève, et celui du Djebel-el-Akhd'er, que Léon l'Africain compare au lac de Bolsena, ce qui lui donnerait environ 12,000 hectares.

La hauteur des montagnes et l'uniformité de la pente générale font que l'empire de Maroc présente les rivières les plus considérables du Nord de l'Afrique ; ces rivières se divisent en deux classes : celles du Nord et celles du Sud; les premières moins longues, mais roulant un volume d'eau considérable; les secondes beaucoup plus étendues, mais presque à sec une partie de l'année. Parmi les premières, on distingue les rivières Mlouïa, Loukkos, Ouerr'a, Sbou, Bouragrag, Omm-er-rbî'a et Tensift; parmi les secondes : le Guîr, le Zîz et l'Ouad-Dra'a. Cette dernière présente un cours plus long d'un sixième que le Rhin. L'Omm-er-rbî'a, la plus longue parmi les rivières du Nord, équivaut, sous ce rapport, au Chélif, à la Seine et à la Garonne, c'est aussi celle qui paraît rouler le plus grand volume d'eau : ce volume ne paraît pourtant pas dépasser, en moyenne, celui de la Marne.

§ V.

Un autre fait saillant, aussi en rapport avec les principaux accidents du sol, est la division du pays en Tell ou pays cultivable, et en S'ah'ra, qui ne produit pas de céréales. Malheureusement cette importante limite ne peut se déterminer avec certitude quant à présent. Voici son tracé le plus probable : elle passe à 40 ou 50 kilomètres au Sud d'Ouchda, se dirige à l'Ouest sur la Mlouïa; de là vers le point où le Zîz sort du Kheneg; ensuite elle va rejoindre la Dra'a près de sa source, longe le pied des montagnes qui l'avoisinent à l'Ouest, passe au Sud du lac Ed-Deba'ia, un peu au Sud de Ta't't'a et d'Ak'k'a, au Nord de Tamanart, puis un peu au Sud d'Ofrân, et va rejoindre le bord de la mer, un peu au Nord d'Ouad-Noun.

Ainsi délimité, le Tell forme une bande dont la limite orientale est à peu près parallèle à la côte de l'Océan; sa longueur est d'environ 75 myriamètres, sa largeur 30 à 40, sa superficie 3,225 myriamètres carrés. Le Tell marocain présente donc une superficie double de celle du Tell algérien, tandis que le S'ah'ra, dans les deux pays, offre la même surface.

§ VI.

Le règne minéral est particulièrement riche en cuivre dans l'empire de Maroc. Un grand nombre d'auteurs anciens ou modernes parlent de ces mines, toutes situées dans le pays montagneux compris entre Agâder, Maroc, Tâdla, Tamk'rout et Ak'k'a. La production la plus active a lieu aux environs de Tedsi et d'Ofrân; les objets confectionnés se vendent surtout sur le marché de Taroudant. M. Delaporte m'a montré un mortier et son pilon envoyés de cette localité : ce métal est un cuivre antimonial qui provient sans doute de minerais semblables à ceux de l'Algérie.

Höst signale de belles améthystes; j'en possède moi-même un échantillon que M. Delaporte a eu la bonté de me donner; il vient de l'Atlas, au voisinage de Maroc.

On dit qu'il se trouve de la terre à foulon près de Fès; les Arabes appellent ce minéral *t'efel*.

Je ne crois pas qu'on ait encore signalé du sel gemme ou du gypse dans l'empire de Maroc. Ces deux substances sont, comme on le sait, très-abondantes en Algérie, du moins la dernière.

Le pays ne paraît pas très-riche en autres minéraux. Léon et Marmol indiquent quelques mines de fer dans le Rif, près de la Mlouïa. L'école des mines de Paris possède quelques échantillons de minerai de plomb qui ont été donnés comme provenant de la province de Têmsna. Il est probable que ce dernier genre de minerai doit exister dans l'empire de Maroc comme en Algérie, où il n'est pas rare.

§ VII.

Les productions du sol, dans l'empire de Maroc, sont à peu près les mêmes qu'en Algérie ; le blé et l'orge sont presque les seules plantes que cultivent les habitants des plaines. Autour des villes, on cultive quelques légumes et des arbres fruitiers.

Dans le Sud-Ouest de l'empire, à partir des environs de S'oueira, croît un petit arbre particulier à cette contrée, l'élæodendron argan, ainsi nommé de son nom arabe *argân*. Cet arbuste produit un fruit qui ressemble à l'olive, dont le noyau brun, lisse et très-dur, de la forme d'un œuf et de 15 à 25 millimètres de longueur, renferme une amande plate de couleur blanche et d'une saveur très-désagréable ; on en extrait une huile généralement employée dans ce pays, et qui est, dit-on, assez bonne. Les environs de S'oueira en produisent en abondance, et j'en donne la description d'après des échantillons de cette localité, que je dois à l'obligeance de M. Delaporte.

On dit qu'autrefois on faisait du sucre dans tout l'Ouest du Maroc, et que la canne à sucre (k's'ab-es-souker) y réussit parfaitement.

Dans les forêts voisines de Tanger, El-'Araich et Mehedîa, on trouve parmi un grand nombre d'essences; le chêne vert à glands amers, le chêne vert à glands doux et le chêne liége dont l'écorce est l'objet d'un petit commerce d'exportation.

Dans les montagnes, croissent de grands arbres parmi lesquels se trouvent sans doute, comme en Algérie, le s'nouber ou pin d'Alep, le thuya articulé, les genévriers oxycedrus et phénicien, le bot'ma ou pistachier de l'Atlas, etc. On y remarquera surtout le cèdre du Liban, appelé par Marmol alarzé, et par Höst erz [1], c'est-à-dire el-arza. On sait que ce magnifique arbre a été retrouvé, depuis quelques années, en Algérie, mais seulement au sommet de montagnes qui dépassent 1,300 à 1,400 mètres de hauteur au-dessus de la mer.

Dans la région méridionale, nous ne connaissons que le *phenix dactylifera,* appelé palmier ou palmier-dattier en français, et nekhla en arabe; et le *camerops humilis,* palmier nain en français, douma en arabe. Nous ne savons rien sur les autres plantes qui croissent dans le S'ah'ra marocain. On y trouve sans doute presque

---

[1] Marmol, tom. II, pag. 159. — Höst; *Nachrichten von Marokos und Fes,* pag. 287 et suivantes. L'auteur donne quelques détails sur l'histoire naturelle de l'empire de Maroc.

tous les mêmes végétaux que dans la contrée correspondante en Algérie[1].

§ VIII.

Les animaux paraissent être les mêmes qu'en Algérie; nous n'avons sur tout le règne animal, et principalement sur les petites espèces, que des notions vagues ou complétement nulles.

§ IX.

Le climat de l'empire de Maroc a beaucoup d'analogie avec celui de l'Algérie. Quoique nous ne possédions d'observations régulières que celles d'Ali-Bey et de Davidson, la loi de distribution des températures à la surface du globe permet de définir assez exactement le climat de ce pays dans ses différentes parties.

Les températures moyennes de l'année varient dans cette contrée, comme dans toutes les autres, par deux causes principales : variation de latitude, variation de hauteur au-dessus de la mer. La première produit une diminution d'environ 0°,4 du thermomètre par degré de latitude; la seconde, 1° par 180 mètres de hauteur, quand on s'élève dans les montagnes; mais, quand le pays tout entier s'élève au-dessus de la mer, ainsi que

---

[1] Il existe un livre qui traite spécialement de la botanique de l'empire de Maroc; c'est un ouvrage danois de Schousboe, traduit en allemand sous le titre : *Schousboe's Betrachtungen über das Gewächsreich*. Copenhague, 1802.

cela a lieu en Algérie et dans le Maroc, l'abaissement de la température a lieu moins rapidement.

Les températures moyennes de l'été et de l'hiver varient non-seulement avec les deux causes précédemment énoncées, mais encore avec la distance à la mer, qui n'affecte pas la moyenne annuelle; la différence des températures de ces deux saisons augmente rapidement avec cette distance, et quand à cela se joint une grande élévation au-dessus de la mer, on a des hivers rigoureux à de faibles latitudes : c'est ce qui se produit dans l'intérieur du Maroc. On voit encore, dans un grand nombre de livres, cette rigueur de l'hiver attribuée seulement à la hauteur, hypothèse tout à fait gratuite, qui a contribué à répandre l'idée fausse que l'intérieur de l'Afrique était un plateau très-élevé.

Les témoignages ne manquent pas pour confirmer ces prévisions de la science. Mouette, par exemple, raconte comment le prince Moula-Ah'med, en expédition dans les montagnes qui séparent Sous de Dra'a, dans l'hiver de 1678 à 1679, faillit périr dans les neiges avec toutes ses troupes; Léon l'Africain raconte aussi comment il échappa, par hasard, à la mort, une caravane dont il devait faire partie ayant péri en entier au passage de l'Atlas, entre Fês et Tafilêlt. M. Delaporte a entendu raconter dans le pays des faits semblables, toujours très-connus des indigènes.

La température moyenne de l'année doit être, à Tanger, d'environ 18°, comme à Oran. Maroc, situé à 422 mètres au-dessus de la mer, doit avoir la même température; Fês, avec une hauteur probable de 400 à 500 mètres, peut avoir une moyenne de 16 à 17°. A la frontière méridionale, cette moyenne doit être de 21° environ, au niveau de la mer.

Au sommet du Miltsin, haut de 3,475 mètres, et par conséquent un peu inférieur à la limite des neiges perpétuelles à cette latitude, la température moyenne doit être d'environ 0°, comme, dans les Alpes, au sommet d'une montagne de 2,300 mètres, ou, comme au Cap-Nord d'Europe, au niveau de la mer.

§ X.

Il est impossible, quant à présent, de donner une description régulière de l'empire de Maroc sous le rapport politique et administratif. On voit encore, dans tous les livres, ce pays divisé en deux royaumes, ceux de Fês et de Maroc, dont chacun comprend sept provinces. Cette division est celle donnée par Léon l'Africain, il y a plus de trois siècles, mais il n'existe plus rien de semblable à présent.

M. Washington, en 1830, divisait ainsi l'empire de Maroc :

ROYAUME DE FÊS.

El-R'arb.
Er-Rîf.
Beni-H'acen.
Têmsna.
Châouïa.
Fês.
Tâdla.

ROYAUME DE MAROC.

Dekkâla.
Chrâgna.
'Abda.
Chiâdma.
H'ah'a.
Rh'amna.
Maroc.

PROVINCES MÉRIDIONALES.

Sous.
Dra'a.

PROVINCE ORIENTALE.

Tafilêlt.

Cette division ne représente rien; d'abord elle est incomplète, et puis les différentes divisions ne sont pas du même ordre; le Rif, par exemple, se divise en plusieurs contrées, comme celle d'Akla'ia, qui méritent aussi bien le nom de provinces que les territoires de Rh'amna et de Chrâgna. Il n'est pas question des provinces de H'aiaina et de Hallâf, et il semble que M. Washington ait voulu s'en tenir au nombre de sept provinces, admis avec tant de persistance depuis trois siècles par tous les géographes.

Cette division n'a pas plus de valeur que celle qu'on pourrait faire de l'Algérie en provinces de l'Edough, du Serdêza, des H'anencha, des H'arakta, etc. ainsi que je l'ai déjà fait remarquer, page 279.

L'empire de Maroc n'est point divisé comme les états de l'Europe; la véritable division de tous les états musulmans est la division en tribus; mais malheureusement nos connaissances à ce sujet sont très-incomplètes. Une autre division, qui se rapproche davantage de celle des états européens, est la division en kaïdats; le pays soumis est en effet divisé en un certain nombre de 'ammâla, ou territoires régis par des k'aïd chargés d'y percevoir les contributions; car c'est à peu près à cela que se réduit tout gouvernement mahométan. Comme dans le premier cas, nous sommes arrêtés ici par l'insuffisance de nos connaissances.

§ XI.

Sous le rapport naturel, le Maroc se partage, au contraire, en plusieurs contrées, nettement tranchées, qui correspondent aussi aux principales divisions politiques. En voici le tableau :

AU NORD DE L'ATLAS.

Rîf ou région montagneuse qui longe la Méditerranée, de la Mlouïa jusqu'à Tanger, y compris le pays de H'asbat, à l'Ouest, et ceux de R'âret et d'Akla'ia, à l'Est.

Zone intermédiaire de plaines et de collines, qui s'étendent depuis le cours moyen de la Mlouïa jusqu'à Tanger d'un côté, et S'oueira de l'autre.

AU CENTRE.

Chaîne atlantique, depuis la frontière algérienne jusqu'au cap Ir'îr.

AU SUD DE L'ATLAS.

Sous.
Sidi-Hechâm.
Ouad-Noun.
Guezoula.
Dra'a.
Tafilêlt.
Portion du S'ah'ra comprise au Sud-Est de l'Atlas.

Le Rîf, sur une longueur de 330 kilomètres et une largeur moyenne de 50, offre une série non interrompue de montagnes que nous ne connaissons qu'en bloc. Elles sont la continuation des montagnes de l'Algérie, et paraissent tout à fait analogues à la zone montagneuse comprise entre Cherchêl et Tenès, qui porte aussi, chez les Berbères, ce nom de Rîf. Ainsi que je l'ai déjà dit p. 321, ce mot est tout à fait synonyme du mot arabe Sah'el.

Cette contrée est exclusivement peuplée de Berbères, qui ne sont guère soumis que de nom.

Nous connaissons vaguement, près de l'extrémité orientale de cette région, une place forte nommée K'la'a, ce qui ne doit être qu'une moitié de nom, k'la'a signifiant une forteresse. Près de Tanger, existe un village célèbre par la tombe vénérée d'un saint personnage, et qui s'appelle du nom de ce marabout, Zâouïet-Moula-'Abd-es-Selâm-ben-Mchîch : c'est un asile inviolable, près duquel se réfugient les hommes accusés d'un méfait quelconque.

Le reste du Rîf doit être rempli de villages; nous

n'y connaissons ni le détail ni le nom des cours d'eau, pas un seul nom de montagne, mais nous savons quelques noms de tribus donnés par Léon, il y a trois siècles ; depuis cette époque, on n'a eu aucun renseignement sur cette contrée.

Les grandes plaines qui forment la seconde zone sont ce que nous connaissons le mieux ; elles renferment les principales villes marocaines : Ouchda, Temeçouin, Tâza, Ouezzân, K's'ar-el-Kebir, Meknês, Fês, Bulawan, Maroc, et les villes du littoral de l'Océan. Elles renferment peu de villages ; presque toute la population, assez clair-semée, est arabe, vit sous la tente, et cultive du blé et de l'orge. Cette malheureuse population est sans cesse exposée aux exactions des k'aïds, aux exigences des troupes régulières, au pillage de la part de ses voisins, ou même aux r'azïa de la part du sultan. Aussi cette contrée présente-t-elle un aspect des plus misérables, malgré sa fertilité naturelle.

Comme je viens de le dire, la plupart des habitants sont arabes ; il y a pourtant aussi un mélange de Berbères. Parmi ces tribus mixtes, on remarque les Châouïa, qui paraissent comprendre un assez grand nombre de tribus, parmi lesquelles les plus indomptables sont les Za'ïr et les Beni-Mt'îr ; ils sont sans doute, ainsi que le pense M. Delaporte, une fraction des Châouïa de l'Aourês. On trouve même aux environs de Fês et de Meknês des Chelleuh' non mélangés, tels que les Aït-Immour dans le Zerhoun, et les Zemmour, un peu au Sud de Meknês.

La zone montagneuse du centre, ou la grande chaîne de l'Atlas, est peuplée exclusivement de Berbères et de juifs, et la plupart de ses habitants ignorent même la langue arabe. La population ne couche point sous la tente; elle est répartie dans un grand nombre de villages, et paraît assez considérable.

Le pays de Sous, dont le chef-lieu et la principale ville est Taroudant, résidence d'un k'âïd, qui y gouverne pour le sultan de Maroc, possède un certain nombre de grands villages, parmi lesquels on remarque Tedsi, Tihout, Igli, Ouled-Bourris, Assa ou Méça, Aglou, Agâder, l'ancienne Santa-Cruz des Portugais. Le district de Stouka, qui termine le pays de Sous au Sud-Ouest, et le dernier pays soumis à l'empereur, renferme, suivant Davidson, une vingtaine de villages, dont quelques-uns assez importants.

L'état de Sidi-Hechâm, actuellement reconnu, au moins de fait, par le gouvernement marocain, subsiste régulièrement, dit-on, depuis 1810. A cette époque, un marabout nommé Sidi-Hechâm, père d'Ali-ou-Hechâm, qui gouverne aujourd'hui cet état, se déclara indépendant; mais il y a réellement fort longtemps que ce pays s'est soustrait, pour la première fois, à l'autorité du sultan. On y rencontre un assez grand nombre de bourgades, dont quelques-unes seulement nous sont connues de nom : telles sont Ilir' et Tellent, éloignées seulement de 1,500 mètres, et qui servent de résidence au chef de l'état; Tillin, au pied des montagnes, Ouezzân-Sous, Tellent-Aït-Djerrâr.

Un autre état qui n'est pas sans importance est celui d'Ouad-Noun, gouverné par le cheikh Beirouk, le même qui y protégeait le voyageur anglais Davidson il y a dix ans. Il a sous sa dépendance, d'après ce voyageur, environ quarante villages et vingt-cinq mille habitants [1]. Son plus grand désir serait d'établir des relations avec les états de l'Europe, et c'est sur ses instances que le gouvernement français a fait explorer la côte de Noun il y a quelques années. Malheureusement cette côte n'offre point de ports; elle a, un peu au Sud du cap Noun, un mouillage qui n'est bon qu'en été; néanmoins on dit que le commerce de Marseille se propose de profiter des dispositions favorables des habitants d'Ouad-Noun et de leur chef, et d'y envoyer des bâtiments.

Ouad-Noun, bourgade de six cents à huit cents habitants, est le point d'arrivée des caravanes qui tous les ans, au printemps, reviennent de Timbektou. Pour écouler leurs produits, les négociants sont obligés de passer sur le territoire d'Ali-ou-Hechâm d'abord, et puis sur celui de Maroc; ils se rendent à S'oueira en payant des taxes assez lourdes, et augmentent encore leur route de deux fois la distance de Noun à S'oueira, c'est-à-dire de 850 à 900 kilomètres.

Il faut espérer que de si bonnes dispositions ne seront pas perdues pour notre commerce et pour les progrès des recherches géographiques dans l'intérieur de l'Afrique.

La navigation de Marseille ou de Toulon au mouillage

[1] Davidson, pag. 97.

du cap Noun est de 230 myriamètres, dont 135 jusqu'à Tanger, et 95 de là au mouillage. La distance de Bordeaux au même point est de 250 myriamètres.

La contrée montagneuse de Guezoula nous est presque entièrement inconnue; on sait seulement que c'est un pays de montagnes renfermant des vallées et des plaines fertiles, et où abondent l'eau et les forêts; il suffit à la subsistance de ses habitants.

Ce pays est particulièrement intéressant; c'est le plus méridional des pays cultivés de la Barbarie, et il diffère essentiellement de tous les autres pays situés, comme lui, entre 29 et 31° de latitude. On conçoit, en effet, combien doit différer du S'ah'ra un pays qui présente à son extrémité méridionale un lac d'eau douce aussi grand que le lac Ed-Deba'ia, qui renferme des poissons, et sur lequel les habitants naviguent.

Par sa position et par la variété dans les hauteurs et les expositions, ce pays, d'une superficie de 550 à 600 myriamètres carrés, doit pouvoir réunir presque toutes les cultures. Le gouvernement paraît y être républicain, comme dans toutes les contrées purement berbères. C'est la partie de l'empire de Maroc qui a le mieux résisté aux souverains de l'autre versant de l'Atlas. Nous n'avons pas la moindre notion sur son histoire ancienne ou moderne.

L'Ouad-Dra'a n'est qu'une vallée assez étroite, mais de 35 myriamètres de longueur, en ligne droite, du Nord au Sud, et couverte de villes et de villages dans toute son étendue; elle est divisée administrativement en six districts. Tamk'rout en est la capitale; Tenzoulin et Guitâoua paraissent en être deux des villes les plus importantes; leur population et celle de la capitale ne dépassent pas quelques milliers d'habitants.

La rivière de Dra'a, qui donne son nom à cette province, se jette, à son extrémité méridionale, dans le grand lac Ed-Deba'ia, puis continue sa course, presqu'à sec une partie de l'année, et va se jeter dans la mer un peu au Sud-Ouest d'Ouad-Noun.

La province de Tafilêlt ne comprend que la vallée du Zîz, qui descend de l'Atlas, et, se dirigeant au Sud, va se perdre dans les sables du S'ah'ra; à 20 myriamètres environ de sa source. Comme le Dra'a, elle se divise en plusieurs districts : ce sont El-Kheneg « l'étranglement, le défilé, » qui n'a que peu de longueur; Medr'ara, le Reteb et le Tafilêlt proprement dit.

La ville de Tafilêlt, qui a donné son nom à cette contrée il y a trois cent cinquante ans environ, a succédé à la célèbre Sedjelmâça, qui devait être située à quelques kilomètres à l'Est, ainsi que je l'ai dit p. 132. Aujourd'hui la ville de Tafilêlt elle-même n'est plus qu'une ruine, et le chef-lieu de la contrée est à présent Gour'lân, d'après Caillié. Il y a dans ce canton un grand nombre de villes et de villages situés à une faible distance les uns des autres. Nous n'en connaissons encore que quelques-uns.

Tafilêlt renferme de magnifiques plantations de palmiers; le sol, partout horizontal, s'y compose d'un sable léger et assez fertile; on s'y procure de l'eau partout au moyen de puits peu profonds. Les habitants, presque tous arabes, paraissent actifs et laborieux ; parmi eux se trouve un grand nombre de chérifs, c'est-à-dire descendants du prophète. Ils sont soumis au sultan de Maroc.

Tafilêlt est le point de départ et d'arrivée, le caravansérail des caravanes qui font le commerce avec l'Afrique centrale. Ses quatre grandes voies de communication sont au Sud celle de Touât et celle de Timbektou par El-'Arîb, que Caillié nous a fait connaître ; au Nord, celles de Fés et de Maroc. Il n'a que peu de relations avec l'Algérie ; elles ont lieu par Figuîg et les deux villes de Chellâla.

Tout le pays qui avoisine Tafilêlt au Nord-Est, au Sud-Est et au Sud, est une portion du S'ah'ra qui renferme des villes et des oasis : ce qu'il offre de plus remarquable, c'est le cours du Guîr, parsemé de villages et de plantations de dattiers dans toute son étendue.

Dans la partie Nord de cette région, est le territoire de Figuîg, pays berbère, depuis longtemps indépendant. La ville de Gnadsa, au contraire, paye contribution. Une autre oasis nommée Guerzâz, qui semble située au Nord de Figuîg, est le point le plus éloigné qui paye l'impôt au sultan de Maroc.

Tebelbelt est un petit territoire qui renferme plusieurs villages, et dont la principale richesse consiste dans ses plantations de palmiers.

Entre l'oasis de Touât et El-'Arîb, le pays nous est

inconnu, ou à peu près; une route de caravane le traverse pourtant. Toute cette contrée attend, pour être mieux connue, les investigations nouvelles que notre position en Afrique ne pourra manquer d'amener bientôt.

CHAPITRE II.

§ Ier.

La population de l'empire de Maroc se compose, comme celle de l'Algérie, de plusieurs races distinctes, mais dans des proportions différentes ; tous les états barbaresques contiennent d'ailleurs les mêmes habitants, et ce qu'on dit de l'un s'applique à tous les autres. L'Algérie renferme aussi quelques Turcs et quelques Korour'li, fils de Turcs et de femmes du pays; mais ces débris de l'ancienne domination, qui ne se trouvent point dans l'empire de Maroc, disparaîtront promptement en se fondant avec les habitants des villes.

L'histoire des races du Nord de l'Afrique, qui a donné lieu à tant de théories, peut maintenant, grâce à notre contact avec les indigènes, se réduire à des termes très-simples.

Tout le monde connaît les divisions dans lesquelles se partagent les populations de la Barbarie : les Berbères, les Arabes, les Maures, les Juifs et les Nègres. Tous ces noms sont parfaitement connus; on connaît même, jusqu'à un certain point, le type de ces diverses races, leurs langues, leurs mœurs, leur architecture, leurs costumes, mais il n'en est pas de même de leur origine : on a fait jusqu'ici la plus singulière confusion de noms, et cette confusion a passé des mots aux choses; pour la faire cesser, il suffit de suivre pas à pas l'histoire du Nord de l'Afrique, depuis ce qu'on appelle les temps les plus reculés.

Le fait historique le plus ancien dont nous ayons une connaissance certaine est l'invasion ou, pour mieux dire, les invasions successives des Phéniciens dans le Nord de l'Afrique. Leur installation définitive eut lieu vers le temps de la fondation de Carthage, c'est-à-dire 820 ans environ avant Jésus-Christ. Ils s'emparèrent de toutes les positions avantageuses de la côte, même de celles situées sur l'Océan; mais on ne sait guère quelles furent leurs relations avec les peuples qui habitaient l'intérieur.

Lorsque les Romains, un siècle et demi avant Jésus-Christ, recueillirent la succession des Phéniciens ou Carthaginois, ils se trouvèrent, comme eux, en face d'un peuple indigène auquel ils donnèrent le nom de Maures, dénomination qui paraît être d'origine grecque. Une partie de ces peuples reçut le nom de *Numides*, qui n'est autre chose que *nomades*.

Quelques siècles plus tard, les Romains, trop faibles pour résister à une invasion vigoureuse, furent chassés par les Vandales, qui possédèrent le Nord de l'Afrique pendant un siècle; mais, après ce temps, les Romains se relevèrent et expulsèrent complétement les Vandales, de sorte qu'il ne se trouva plus, comme auparavant, que deux peuples dans le Nord de l'Afrique, les Romains, et les Maures ou indigènes.

Vers le milieu du VII° siècle de Jésus-Christ, et peu d'années après la mort de Moh'ammed, les Romains, au déclin de leur puissance, eurent à soutenir le choc des armées arabes qui arrivaient d'Orient; mais, trop faibles pour résister, ils leur opposèrent les Maures ou indigènes, qui furent bientôt obligés de continuer seuls la lutte. Les historiens arabes qui racontent ces guerres nous parlent des Roumi « Romains » et des Brâber « Berbères, » qui se soumirent promptement, mais qui, après la retraite de leurs anciens maîtres, se révoltèrent long-temps encore contre les nouveaux conquérants.

Ainsi aucun doute n'est permis; les Berbères des Arabes sont bien les Maures des Romains; bien plus, il est évident que les Romains connaissaient aussi cet autre nom, car le mot de Berbères est le même que celui de Barbares, par lequel ils les désignaient aussi; il est vrai qu'ils l'appliquaient à tous les peuples étrangers.

Dans les premières années du VIII° siècle de Jésus-Christ, et à la fin du Ier siècle de l'hégire, les Arabes conquérants passèrent en Espagne, et, comme ils venaient de la Mauritanie, les habitants leur donnèrent le nom de Maures, quoiqu'ils n'eussent rien de commun avec eux. Un autre nom les attendait en France, celui de Sarrasins, mot bizarre qu'on a cherché à expliquer de diverses manières : il vaut bien mieux avouer qu'on en ignore absolument l'origine.

Depuis ce temps, les Espagnols ont toujours donné le nom de Maures non-seulement aux Arabes d'Espagne, mais à tous les Arabes; ils ont toujours confondu ces deux expressions, et ce sont eux qui ont donné le nom de Maures aux Arabes du Maroc, et même à ceux des environs du Sénégal.

Après huit cents ans de domination, les Arabes, expulsés d'Espagne, se réfugièrent en Barbarie; au lieu de trouver hospitalité et protection de la part de leurs frères, ils furent en grande partie pillés et massacrés; les débris de cette émigration cherchèrent des refuges tout le long de la côte, et c'est à eux qu'on doit l'agrandissement et presque la fondation de la plupart des villes du littoral. Là, considérés comme étrangers et ennemis par les indigènes, qu'ils détestaient, ils n'eurent de relations qu'avec les Turcs et les renégats de toutes les nations; presque aucune alliance n'eut lieu, à aucune époque, entre les habitants des villes et les Arabes; ils eurent encore moins de relations avec les Berbères. Voilà l'origine des habitants auxquels on donne maintenant le nom de Maures.

On a discuté de bien des manières sur la parenté des Maures des Romains avec ceux de l'Espagne, et de ceux-ci avec les Maures du Maroc et du Sénégal et les Maures des villes de la côte, sans remarquer que l'identité de nom provenait d'erreurs grossières et des habitudes de confusion de l'ignorance, qui donne des noms à tort et à travers. On avait cependant des guides sûrs. Les indigènes ne connaissent pas le nom de Maures, ni rien qui y corresponde. Ben-er-Rek'ik' et Léon l'Africain ont posé les divisions de la population d'une manière qui prouve des connaissances approfondies sur ce sujet. On a préféré négliger ces sources imposantes, claires et nettes, pour se jeter dans toutes sortes de théories. Pour accorder ces théories, qui n'avaient point de faits historiques pour base et qui ne reposaient que sur des mots, on a rencontré des difficultés insolubles. C'est ainsi que Chénier, par exemple, pour éluder la difficulté, a créé le mot absurde *Arabes-Maures*, par lequel il désigne les Arabes d'Espagne.

Les discussions sur la parenté de ces trois peuples, désignés par le même nom, rappellent absolument celles qu'on ferait pour démontrer la parenté des Indiens de l'Amérique avec ceux de l'Asie.

Le nom de Maures, appliqué encore si souvent aux tribus qui campent sous la tente, comme à celles de la rive droite du Sénégal, est donc complétement à rejeter, toutes ces populations étant arabes, et n'ayant point besoin d'un autre nom.

Nous conserverons le nom de Maures pour la plupart des habitants des villes, faciles à reconnaître pour des yeux exercés à examiner les populations du Nord de l'Afrique, et qui ne se donnent aucun nom particulier, quoiqu'ils ne se confondent point avec les Arabes. Ces derniers, avec lesquels ils ne sont jamais en bonne intelligence, ont un certain mépris pour eux, et les appellent de différents noms en rapport avec cette manière de voir.

Nous avons vu tout à l'heure que les Arabes d'Espagne, joints aux Turcs et à des aventuriers de tous les pays du Midi de l'Europe, avaient fondé les villes modernes de la côte de la Méditerranée. De ce fait bien connu, on a conclu généralement que les habitants actuels sont les descendants des anciens conquérants de l'Espagne. Dans ce cas encore, suivons l'histoire; Alger nous servira d'exemple. Mille cavaliers andalous se réfugièrent dans cette ville vers l'an 1500, firent alliance avec Baba-'Aroudj et sa flotte d'aventuriers, et bâtirent la ville moderne d'Alger. Telle est l'origine des Algériens; mais voyons ce qui peut rester de ce type arabe primitif.

En Europe, les naissances, dans les villes, sont loin de pouvoir suffire à entretenir la population; et si la population agricole ne les alimentait pas, on les verrait en quelques siècles se réduire à rien. Il en est heureusement ainsi, car les villes produisent une population qui va en s'énervant et s'affaiblissant, et c'est de cette manière qu'elle est sans cesse renouvelée, et que les mauvais effets de l'agglomération n'ont que peu d'influence sur la race. Tout cela se passe insensiblement et naturellement dans des pays comme ceux de l'Europe, où la nation est homogène; mais, dans un pays comme le Nord de l'Afrique, où les villes et la campagne se composent de populations ennemies, le renouvellement de celle des villes se faisait différemment ; il avait lieu presque exclusivement par les renégats et les nombreux esclaves pris en mer, qui finissaient, pour la plupart, par embrasser la religion musulmane : aussi ne devons-nous pas nous étonner si cette population a presque uniquement le type européen.

On voit que si l'on voulait trouver dans cette population les descendants des Arabes d'Espagne, il faudrait d'abord partager les préjugés de ce peuple, qui compte les femmes pour rien. Il est des descendants du prophète, bien authentiquement reconnus, comme les chérifs souverains de Maroc, qui ont eu pour mère une Anglaise, pour grand'-mère une Espagnole, pour bisaïeule une négresse, et qui n'ont conservé presque aucune trace de la race arabe, de laquelle leur famille est issue.

La plupart des souches même sont tout à fait éteintes ; il en reste cependant quelques-unes, et l'on rencontre encore à Tanger, à Tetouan, à Alger, à Bône, des familles qui conservent des titres datés de R'ranâd'a (Grenade).

Ce mode de recrutement par les esclaves et les renégats est actuellement éteint dans toute la Barbarie ; et comme la bonne intelligence n'est nullement rétablie entre les Arabes, les Berbères et les Maures, ces derniers sont destinés à disparaître complétement. Les villes marocaines de la côte sont réduites, pour la plupart, à quelques pêcheurs, quelques juifs, une garnison et quelques négociants qui vivent du commerce avec l'Europe. En Algérie, il est en outre bien d'autres causes d'extinction, et cette malheureuse population, quoi que nous fassions, disparaîtra encore plus rapidement.

On a souvent recherché, dans le Nord de l'Afrique, les restes des différents peuples dont les migrations sont consignées dans l'histoire : ceux des peuples de la Syrie chassés par Josué; ceux des Phéniciens, des Vandales, puis enfin des Romains, dont la domination avait été si étendue. Tous ces peuples n'ont point laissé de trace appréciable, et cela se comprend facilement. Tous, et surtout les Romains, ayant une constitution sociale, des usages, des goûts absolument différents de ceux des indigènes, aucune fusion ne s'est opérée, et c'est ce qui est toujours arrivé en pareil cas; c'est ce qui se voit de nos jours en Amérique, où aucune fusion n'a lieu entre les Européens et les Peaux rouges.

Il en résulte qu'à chaque invasion nouvelle le peuple conquérant a expulsé ses prédécesseurs en prenant leur lieu et place, et non point les indigènes, dont la condition demeurait à peu près la même; et s'il restait quelques débris de la population expulsée, c'était dans les villes, et non point dans la campagne, parmi ces indigènes, auxquels elle n'était point alliée.

Il peut donc exister, chez les Maures, des traces imperceptibles de toutes ces anciennes populations; mais on conçoit, d'après ce que j'ai dit tout à l'heure, qu'il serait tout à fait inutile d'en rechercher les différents types.

§ II.

Telles étaient les seules difficultés qu'on rencontrait dans l'histoire des races du Nord de l'Afrique. Les Maures des Romains sont bien les Berbères; les Maures d'Espagne sont des Arabes purs; et s'ils ont emmené avec eux, à la conquête de l'Espagne, des auxiliaires berbères, ce fait ne tend en rien à leur faire donner le nom de Maures. Cette rectification si évidente a, du reste, été adoptée par plusieurs savants. Les Maures du Sénégal et ceux du Maroc ne sont de même que des Arabes. Les Maures actuels descendent en partie des différents peuples conquérants, mais surtout des renégats et des esclaves chrétiens; aussi ont-ils le type tout à fait européen; beaucoup de mulâtres se remarquent pourtant parmi eux, les alliances avec les négresses étant très-communes.

Véritables indigènes du Nord de l'Afrique, les Berbères ont, jusqu'à l'invasion arabe, occupé exclusivement tout le pays compris entre la Méditerranée, l'Océan Atlantique, la rive droite du Sénégal, le cours moyen du Dhioliba et la route de Bornou à Morzouk; ils s'étendaient et s'étendent même encore au Nord-Est jusqu'aux confins de l'Égypte.

Nous ne rechercherons point l'origine des Berbères; nous les regarderons comme occupant le même pays depuis un temps indéfini. On a voulu, depuis des siècles, donner la généalogie de ce peuple, le faire descendre des armées d'Hercule, des Mèdes, des Perses, puis des peuples de la Syrie chassés par le successeur de Moïse. Resterait à démontrer que le Nord de l'Afrique était inhabité alors, ce qui n'a aucune probabilité. De semblables théories ont pu se soutenir tant qu'on a cru que les temps mythologiques remontaient aux premières périodes du monde; mais, comme l'apparition de l'homme à la surface du globe a eu lieu depuis des milliers de siècles, on voit que ces temps sont comparativement tout à fait modernes, et que nous ne pouvons nullement soupçonner ce qui s'est passé auparavant [1].

Nous laisserons donc de côté ces diverses théories, dont le mérite le moins contestable est d'être ridicules, nous bornant à enregistrer les migrations qui ont eu lieu, à tant d'époques diverses, vers ce pays, qui a toujours attiré l'attention des peuples poussés hors de leur patrie, soit par la force, soit par leur propre ambition.

Ainsi que je l'ai déjà dit, ces diverses invasions paraissent avoir eu peu d'influence sur la nation primitive : la résistance instinctive du peuple berbère à tout ce qui est nouveau, à tout ce qui est étranger, suffirait presque pour le prouver. Le peu de fusion de ce peuple avec les Romains après un séjour si prolongé et une domination si étendue est prouvé par l'absence presque complète de mots latins dans la langue berbère [2]. Si les

[1] M. Élie de Beaumont vient de trouver que le globe terrestre est recouvert d'une croûte solide depuis quatre-vingt-dix-huit millions d'années.

[2] On en remarque pourtant quelques-uns, tels que *djens* « nation, » *rif* « rivage, ». *tamntcht* « vallée. » Ce dernier vient d'*amnis* « rivière. » C'est ainsi qu'en arabe *ouad* désigne une vallée et un cours d'eau.

Berbères ont éprouvé quelque mélange, ce ne peut être que de la part des peuples qui s'en rapprochaient par les habitudes, tels que ceux de l'Asie occidentale. Ce mélange n'aura sans doute pas atteint les populations du Maroc, plus éloignées et retranchées dans des montagnes presque impénétrables.

Les Berbères des montagnes du Nord se rapprochent beaucoup plus du type français que les Arabes; ils sont presque aussi blancs que nos paysans du Midi de la France; dans les contrées méridionales, la couleur devient plus foncée; et si de ce fait on a voulu conclure à une différence de race, on a fait une supposition tout à fait gratuite. Quand un peuple habite un pays depuis une longue série de siècles, sa couleur varie avec la latitude; cela se remarque dans tous les pays du monde.

Les Berbères formaient primitivement cinq souches: S'enhâdja, Mas'mouda, Haouâra, Znâta et R'mâra ou R'amra; mais chacune de ces souches, qui paraissent avoir été inconnues aux Romains, avait un grand nombre de subdivisions. Les Romains nous ont transmis quelques-uns des noms de ces fractions, et, dans plusieurs, on a cru retrouver des dénominations encore usitées : par exemple, les Gétules seraient les Guedâla ou Guezoula; les Mazices seraient les Amazir'. Ces rapprochements n'ont rien d'invraisemblable.

Bekri et Edrîci nous ont laissé un grand nombre de noms de tribus berbères.

Actuellement les Berbères sont divisés en plusieurs grandes fractions qui ne correspondent point aux cinq souches primitives. Dans le Maroc, ce sont les Chelleuh' et les Amazir'; en Algérie, les K'baïl, et dans l'Aourês, les Châouïa, dont une branche existe dans la province marocaine de Têmsna. Cette dernière fraction est un mélange de Berbères et d'Arabes; et, comme les Européens n'ont guère eu de relations avec eux, toute leur histoire se réduit encore aux conclusions qu'on peut tirer de leur langage et de leurs habitudes. Nul doute que leur fréquentation n'éclaircisse un point d'histoire intéressant.

Le nom de Berber, pluriel Brâber, est-il un nom d'origine berbère? Cela reste encore incertain. M. Delaporte pense qu'il n'appartient point à cette langue, quoique les Berbères le connaissent. Suivant le même savant, Amazir' ne signifie point libre ni noble, comme Léon et Venture l'ont prétendu ; il désigne, comme Chelleuh', une des fractions de ce peuple.

Les deux grandes divisions des Berbères du Maroc parlent des dialectes peu différents entre eux. C'est dans l'Atlas qu'existe la véritable langue berbère; en Algérie, elle est mêlée d'une grande quantité de mots arabes.

Le mot K'baïli, pluriel K'baïl, vient, a-t-on dit, de K'bîla « tribu, » ou bien de K'ebla « le Sud, » ou de K'obel « devant, avant; » et alors K'baïl signifierait les anciens habitants; ou encore de K'abala « gabelle, taille, impôt, » pour désigner les tribus soumises à l'impôt. De toutes ces étymologies, la première me semble la plus probable. Néanmoins, K'bîla est un mot arabe, et K'baïl est le nom que ces anciens indigènes se donnent eux-mêmes en Algérie.

Les Touâreg sont aussi des Berbères; leur nom, au singulier Târgui, paraît être l'adjectif dérivatif du nom de Târga, que Léon donne à leur pays. Les langues qu'on parle dans l'oasis de Touât, dans le Fezzân et à Sîoua sont, comme celle des Touâreg, des variétés du berbère.

Les Arabes venus, vers 650, dans le Nord de l'Afrique, sont tous originaires de l'Asie. Une seconde invasion eut lieu vers l'an 1000, à cette époque si remplie de guerres, pendant laquelle le khlîfa K'aïm transporta le siège de son gouvernement de K'aïrouân au Caire, et qui se termina par la soumission complète du Mor'reb à la puissance de Ioucef-ben-Tachfîn.

On ne sait point avec certitude quelles sont les tribus qui appartiennent à la première invasion, et celles qui appartiennent à la seconde. La tradition, chez les Arabes d'Algérie, a conservé le souvenir de ces deux invasions; mais, comme c'est un titre de noblesse d'avoir fait partie de la première, la plupart des tribus revendiquent cet honneur sans y avoir droit[1]. Les Arabes conquérants appartenaient à différentes contrées de l'Arabie, et étaient divisés en Ismaélites, Amalékites, Kouchites, etc. Ces divisions sont à rechercher dans la population arabe de la Barbarie; malheureusement il est à craindre qu'on ne puisse plus parvenir aujourd'hui à débrouiller ce chaos.

[1] Voir, à ce sujet, l'ouvrage de M. Walsin-Esterhazy : *De la domination turque dans l'ancienne régence d'Alger*, pag. 309 et suiv.

Tout le monde connaît l'histoire des juifs et leur origine ; ils sont généralement très-blancs, et ont conservé ce type particulier qu'on reconnaît chez tous les juifs du globe. En général, on n'en trouve que dans les villes ; mais, dans l'empire de Maroc, cette population, qui ressemble aux autres dans les villes, présente un état tout différent dans les pays purement berbères. On trouve dans l'Atlas un grand nombre de villages entièrement juifs ; ils paraissent vivre en assez bonne intelligence avec les habitants, et être soumis à beaucoup moins d'humiliations que chez les Arabes.

Les nègres, et surtout les mulâtres, sont assez nombreux dans l'empire de Maroc ; mais on en a singulièrement exagéré le nombre. Sous le règne des chérifs de la seconde race, et surtout sous Moula-Isma'îl, on forma des gardes noires dont les restes subsistent encore aujourd'hui. Ils sont connus sous le nom qu'ils se sont choisi, en adoptant pour patron Sidi-Bokhâri, commentateur célèbre du K'oran, natif, comme son nom l'indique, de la ville de Bokhâra en Asie, et dont le livre est presque aussi vénéré que le K'oran lui-même. Cette troupe s'appelle 'Abîd-Bokhâri « les esclaves de Sidi-Bokhâri. »

§ III.

On n'a aucune donnée précise qui permette de fixer le chiffre de la population du Maroc ; le seul moyen qu'on puisse employer consiste à comparer ce pays à l'Algérie, et le résultat de cette comparaison est que la population du premier de ces états peut être double de celle du second. Malheureusement la population de l'Algérie n'est pas encore bien connue; les évaluations varient de deux millions cinq cent mille à quatre millions; ce qui porterait la population du Maroc à cinq ou huit millions. Telles sont, je pense, les limites qu'on peut assigner à ce nombre.

Plusieurs auteurs ont donné avec assurance des chiffres précis pour les différentes races; ces nombres sont évidemment des évaluations jetées presque au hasard. Jackson, qui donne à l'empire une population totale de près de quinze millions d'habitants, en place trois cent quatre-vingt mille dans le district de Stouka, quatre-vingt-sept mille dans celui de Msigguîna, et quatre-vingt mille dans celui de Haouâra; total cinq cent quarante-sept mille habitants, répartis sur une surface de 400,000 hectares au plus, autour de l'embouchure de l'Ouad-Sous. Cette contrée serait donc aussi peuplée que les parties les plus populeuses de l'Europe; mais il est bien plus probable que ce nombre est au moins trente fois trop fort. Le même auteur donne dix mille habitants à des bourgs tels que Ilir' et Ofrân. Ces exemples suffisent pour montrer le peu de fond à faire sur ces chiffres.

Les nombres donnés par M. Grâberg de Hemsö n'inspirent pas plus de confiance, nous y voyons la même exagération; le village de Tedsi, près de Taroudant, a quatorze mille habitants, le village de Moula-Idrîs neuf mille. Ces évaluations sont évidemment dix fois trop fortes.

Toutes ces statistiques comptent plus d'Arabes que de Berbères; tandis que le contraire est bien plus probable. Le nombre des nègres est au moins dix fois trop fort; celui des juifs semble aussi très-exagéré.

§ IV.

Une dernière question reste à traiter : celle des migrations des tribus sahariennes. Ici, comme en bien d'autres cas, nous sommes loin de posséder une quantité suffisante de renseignements; la question restera donc à l'état d'ébauche.

Ces migrations n'étant point un simple usage, une habitude résultant d'une organisation politique, mais ayant leur cause dans les plus impérieuses nécessités de la vie, et le pays de Maroc présentant la même division que l'Algérie en Tell et en S'ah'ra, on est sûr d'avance d'y retrouver les mêmes phénomènes, un itinéraire toujours le même pour la même tribu, et dans le Tell des marchés de grains aussi voisins que possible du S'ah'ra, et constamment fréquentés par les mêmes populations.

C'est, en effet, ce que Léon et Marmol nous indiquent pour un certain nombre de tribus. Ces auteurs nous apprennent que les bords de la Mlouïa sont le territoire d'été de beaucoup de tribus, dont quelques-unes s'étendent très-loin au Sud pendant l'hiver : telles sont celle des Kharrâdji, qui campe, dans cette saison, aux environs de Figuîg et de la sebkha du Guîr, et qui, en été, campe près du pays de R'âret; celle des Oulâd-H'amroun, dont une partie s'étend, en hiver, jusqu'au désert d'Iguidi ; les Oulâd-Selim, qui campent, en été, près de l'Ouad-Dra'a, et font, dit Marmol, le métier de guides et de conducteurs de chameaux à travers le désert; les Zorr'ân, qui suivent la même profession; les Mnâbha ou Mnâba', les Helâl, les Beni-'Amer ou Emîr, qui ont leurs campements d'été et leurs magasins près de Medr'ara et du Reteb. Enfin ces tribus du S'ah'ra vont acheter des grains, les unes à Tâza, les autres à Tegeget ou Tegegilt, sur l'Omm-er-rbi'a supérieur.

Il doit y avoir d'autres marchés pour les tribus du Sud-Est. Quant à celles du Sud, nous ne savons où sont leurs marchés; il doit s'en trouver dans le pays de Guezoula. Plusieurs tribus berbères campent, en été, le long du Dra'a, entre El-'Arîb et Ouad-Noun, et, en hiver, se répandent à des distances considérables au Sud. Ainsi les Oulâd-Deleim, les Err'ebet, les Tadjakânt, qui font le métier de conducteurs de caravanes, s'étendent jusqu'aux oasis méridionales de Ouadân, Tîchet, etc. et jusqu'auprès de Timbektou. C'est un cheikh des Oulâd-Deleim qui conduit la caravane de Ouad-Noun à Timbektou.

Près de la mer, les Mejjât, les Zekârna, les Tekna et quelques autres tribus qui paraissent berbères, ressemblent aux Touâreg du centre du désert; ce sont des tribus pillardes que nous ne connaissons guère que de nom; leurs migrations nous sont encore inconnues.

Caillié nous apprend que les tribus qui campent autour d'El-'Arîb se répandent, en hiver, jusqu'à 150 ou 200 kilomètres vers le Sud, à travers le désert; c'est absolument ce que font les habitants des confins méridionaux de l'Algérie.

En général, dans l'empire de Maroc ou près de ses frontières, les tribus paraissent suivre des itinéraires annuels beaucoup plus longs que ceux des tribus algériennes.

Malheureusement tout ce cadre d'études intéressantes n'est que vaguement indiqué; et on peut dire, en général, que tout ce qui est relatif aux populations de l'empire de Maroc est très-imparfaitement connu. Un voyage à Ouad-Noun suffirait pour faire connaître toutes ces tribus, qui fréquentent la frontière méridionale de l'empire. Il est probable qu'on obtiendrait même des renseignements à ce sujet dans les villes maritimes du Maroc. Il est probable aussi qu'on pourrait recueillir à Tlemsên des renseignements sur les tribus qui viennent, en été, s'installer sur les bords de la Mlouïa. Espérons qu'un sujet d'études si étendu et si intéressant ne restera pas dans l'oubli.

FIN DE LA DESCRIPTION GÉOGRAPHIQUE DE L'EMPIRE DE MAROC.

APPENDICE.

APPENDICE.

§ I.

Depuis que cet ouvrage est terminé, j'ai eu connaissance de plusieurs documents nouveaux, qui nécessiteraient des additions ou des changements dans la carte de l'empire du Maroc.

Je dois à la gracieuse obligeance de M. d'Avezac la communication de la traduction allemande de l'ouvrage de Höst que je n'avais pu me procurer, et celle d'une carte manuscrite de M. Hodgson, qui indique différents itinéraires importants. Une notice de M. d'Avezac sur cette carte, insérée dans le Bulletin de la Société de géographie de Paris d'octobre 1840, m'avait échappé jusqu'à ce jour. Enfin l'ouvrage si important de M. le colonel Daumas, *le Sahara algérien*, qui vient de paraître, modifie les positions de presque tous les points de l'Algérie méridionale, et, surtout de l'oasis de Touât.

Malgré une erreur fâcheuse sur la position d'Ins'âlah', placée sur la carte à 400 kilomètres environ au Nord-Ouest de la position déterminée par le major Laing, et des différences considérables avec les informations de M. Carette, on peut combiner les différents renseignements de manière à obtenir des positions beaucoup plus probables; c'est ainsi que Metlîli paraît se placer vers 32° 15' de latitude et 40' de longitude Est de Paris; Ouâregla, vers 30° 50' de latitude, et 2° 40' de longitude Est; El-Golea', vers 30° 30' de latitude et 10' de longitude Est. Bou-Semr'oun et Figuîg doivent aussi être reportés plus au Nord, en même temps que Tafilêlt.

L'oasis de Touât subit des changements considérables; Timimoun se place vers 29° 20' de latitude et 1° 40' de longitude Ouest, en rétablissant Ins'âlah' à 27° 11' 30" de latitude et 29' de longitude Ouest.

M. Daumas nous fait connaître un assez grand nombre de villages dans l'oasis de Touât; plusieurs sont déjà indiqués par M. Hodgson : Inr'er, sous la forme évidemment fautive 'Ain-Ghir; Timmi, sous la forme, au contraire plus probable, Tehimmi; Bouda, mais dans une position très-différente de celle donnée par M. Daumas. La carte de M. Hodgson place cette ville à 27° de latitude et 1° 45' de longitude Ouest de Paris. On y remarque aussi Tezair à 75 kilomètres à l'Ouest d'Ins'âlah', et Mukabelin à 42 kilomètres au Sud de Tehimmi, qui ne se trouvent point sur la carte de M. Daumas.

Selon M. Hodgson, il y a 18 journées de Tafilêlt à Ins'âlah'; les stations, sur la carte, sont espacées à peu près ainsi qu'il suit :

Tafilêlt.		
O. Guîr (Ghir)	2	jours.
Beni-'Abbês (B. Abbess)	1	
Mezer	1	
Temoudi (Temoodee)	1	$\frac{1}{4}$
Zâouïet-el-Kebîra (Zowiah-el-Kiberah)	1	$\frac{1}{4}$
Kersas [1]	1	$\frac{1}{4}$
Ouled-Drâfa (O. Drafa)	1	$\frac{1}{4}$
K'as'ba (Kasbah)	1	$\frac{1}{4}$
El-Ma'alem (El-Mâalem)	1	$\frac{1}{4}$
Cherouin (Sherwin)	1	$\frac{1}{4}$
Ins'âlah' (Ain-Saleh)	4	$\frac{1}{2}$
	17	$\frac{1}{4}$

Cette route, qui atteint la rivière Guîr à deux jours de Tafilêlt, et la suit jusqu'au village d'El-K'as'ba, est distincte, à cause

---

[1] Le Bulletin de la Société de géographie porte par erreur *Kersan*; sur la carte manuscrite on lit *Kersas*.

de cela, de celle de l'imâm El-'Aïachi; ce voyageur, avant d'arriver au village d'El-K'as'bat ou El-K'as'ba, indique qu'il laisse à gauche le canton El-R'âfa ou Er-Râfa situé le long du Guîr, dans lequel il est aisé de reconnaître Ouled-Drâfa de M. Hodgson. Kersas est indiqué, par M. Daumas, sous la forme Moula-Kerzas, dans une position analogue, mais beaucoup trop rapprochée de Cherouîn. Moula-Karzas est, selon M. Carette (tom. II, pag. 101), le nom du chérif qui gouverne actuellement l'oasis de Touât.

La distance de 4 jours ½ de Cherouîn à Ins'âlah' est beaucoup trop courte; on ne peut l'expliquer qu'en admettant que l'informateur a voulu désigner, comme point d'arrivée, non la ville d'Ins'âlah', mais le territoire de cette ville; ce cas se présente souvent.

Par suite des modifications introduites dans la forme de l'oasis de Touât, le cours entier du Guîr se trouve reporté un peu plus au Nord.

M. Hodgson indique 16 journées de Metlili à Ins'âlah', mais cette route ne lui a pas été indiquée d'une manière précise quant aux distances, puisque sa carte porte dix stations également espacées, et dont voici la liste:

Metlili.
Bîr-Ga'a (Byr-Ghâa).
Bîr-Dherara.
Bîr-Mughar.
Bîr-Mechkerden (Byr-Mushgerden).
Bîr-Meksa.
Bîr-Chârab (Byr-Shareb).
Djelguem (Djildjin).
'Aïn-Souf.
Fougâra (Fighar).
Ins'âlah' (Aïn-Saleh).

Cette route directe de Metlili à Ins'âlah' est indiquée par M. Daumas, qui ne mentionne pourtant point les puits Dherara,

Mughar, Chârêb, ni la station 'Aïn-Souf; sur la carte, on trouve le puits de Meksa en double emploi sur deux routes différentes; celle de Metlîli à Ins'âlah', et celle d'El-Golea' à la même ville. Ces deux routes doivent se confondre, ou à peu près, à partir du puits de Meksa situé à 9 lieues au Sud d'El-Golea'.

Dans cette région, la plupart des noms sont des mots berbères arrangés à la prononciation arabe : Bir-Meksa doit être Ten-Ameksa « le puits des bouviers. » Dans Moul-el-Gandouz, on reconnaît le mot agandouz, qui signifie « un veau; » le puits de Iekna s'appelle probablement Amân-Ikna, « l'eau du ciel, » ou de quelque autre nom de forme analogue.

§ II.

Georg Höst a publié à Copenhague un livre sur le Maroc, qui a été traduit aussitôt en allemand, sous le titre : *Nachrichten von Marokos und Fes, etc.* Kopenhagen, 1781. On y trouve une quantité de bons renseignements sur le pays; l'auteur l'ayant parcouru lui-même en différents sens, a donné, pag. 91 à 99, ses itinéraires en heures de marche à cheval; il y indique la plupart des noms de lieux à la fois sous son orthographe, qui est très-singulière, et en caractères arabes; malheureusement ces derniers sont souvent écrits d'une manière tout à fait fautive; mais, comme ils me sont connus, pour la plupart, au moins de signification, j'ai pu rétablir leur orthographe; j'ai, du reste, placé entre parenthèses, comme d'habitude, les noms les plus importants, tels que les a donnés l'auteur; les éléments principaux de cette orthographe sont : *ch,* pour *kh; rg* pour *r'; sghi* pour *dj*.

APPENDICE.

ROUTE DE RBÂT' À MAROC.

Rbât'.
Guet'âra, lieu voisin de la mer et où l'on trouve de bonne eau	1	heure ½
Ouad-Iek'k'em (Ichem), ruisseau	2	½
Zeirât, ruisseau	2	½
Bou-Znîk'a (Bu Snéga), ruisseau	1	
Mans'ouria, petite place ruinée	2	½
Ouad-en-Nfifekh (Enfifek)	0	¾
K'ant'ra, ruisseau sur lequel il y avait autrefois un pont	1	
'Ain-Sba « la fontaine des lions, » bonne eau	1	¼
Bou-Souker, mauvaise eau	2	
Sidi-Moh'ammed-R'iât, tombeau d'un marabout	3	
Ziérni, bonne eau près d'un rocher	1	
Sidi-'Abd-en-Nebi, tombeau d'un marabout	8	
Sidi-'Abd-el-Kerîm, *idem*	0	½
Embouchure de l'Omm-er-rbî'a, près d'Azemmour	1	½
Bou-H'âmou, puits	6	
Mok'ris, contrée couverte de douars nombreux	3	
Beni-Helâl, deux marabouts	1	
Sidi-Ben-Nour, marabout	3	
Sidi Rah'al (Erhal), *idem*	3	
Sidi-'Abd-Allah, *idem*	1	
R'erando (Garando), ruisseau	2	
Menzela, douar au pied des montagnes	6	
K'ant'ra, pont de la Tensift	4	
Maroc	1	
	59	

DE MAROC À S'OUEIRA.

Maroc.
H'arîli, ruisseau près duquel est un haras impérial	1	heure.
Beh'âdja, ruisseau et petite maison	1	½
A reporter	2	½

APPENDICE.

Report......	2 heures	$\frac{1}{2}$
Ouad-Nfîs (Enfiis), ruisseau................	1	
Dâr-Djedîda, tour ruinée.................	2	
Sidi-'Omâra, tombeau d'un marabout.........	0	$\frac{1}{2}$
Sour-el-'Abîd, place murée, résidence de quelques nègres.....................	6	$\frac{1}{2}$
Tîldet, montagne conique.................	0	$\frac{1}{4}$
Chouchâoua (Schisava), petite rivière tout près de là.		
Sidi-Bouzîd, marabout...................	1	
Sidi-Mokhtâr (Mokt'ar).................	3	$\frac{1}{4}$
Bonne eau...........................	2	
Dâr-'Amar, maison d'un k'âïd..............	2	
Tedenest (Todenst), village habité par une douzaine de familles juives.................	3	$\frac{3}{4}$
Sidi-'Abd-Allah-Ouadjemi, marabout, et de l'eau.	0	$\frac{1}{4}$
Dâr-K'aïd-Billah, maison pour un pacha.......	2	
Bonne eau...........................	2	
S'oueira.............................	3	
	32	

DE S'OUEIRA À AGÂDER.

S'oueira.		
Ouad-Ida-Ougort (Uad-Idaugert)...........	0 heure	$\frac{1}{2}$
Ida-ou-Meda, petite maison près d'un palmier....	1	$\frac{1}{4}$
Ida-ou-Belâl, maison berbère...............	1	
Tîdsi, caverne au bord du chemin............	1	
Motfia-Tîdsi, puits de bonne eau.............	1	
Bîr-Zmîma, puits, à partir duquel un chemin se dirige sur Maroc.....................	2	
Ida-Ouiguêl, maison berbère...............	3	$\frac{1}{2}$
'Azla, rivière salée.....................	0	$\frac{1}{2}$
Ouad-Guezoul (Iguzul), rivière dans une forêt....	1	$\frac{1}{2}$
Motfia-Ida-ou-Gouilloul (Idaugelul), puits......	2	
Dâr-Ait-Icim, grande maison berbère..........	1	
A reporter.......	15	$\frac{1}{4}$

Report......	15	heures $\frac{1}{4}$
Ouad-Tildi, rivière au milieu des montagnes....	5	
Bonne eau............................	1	$\frac{1}{2}$
Ouad-Beni-Tâmer (Tamer).............	1	
Ouagrot, hameau berbère...............	4	$\frac{1}{2}$
Tar'zout (Targazut), port fréquenté du temps de Moula-Isma'îl........................	2	
Ouad-Tamrak't (Tameragt)..............	1	
Agâder, ou Santa-Cruz.................	2	
	32	$\frac{1}{4}$

D'AGÂDER À MAROC.

Agâder.		
Bonne eau, auprès d'un grand arbre.........	4	heures.
Emsgrot, château que Moula-Isma'îl avait bâti pour ses nègres........................	4	
Acifek, asile pour les accusés, près duquel on trouve de l'eau........................	4	
Ida-Oultn, maison berbère...............	3	
Aït-Mouça ('Eit-Musi), village juif...........	5	
Timsgadâoui, maison berbère.............	3	$\frac{1}{2}$
'Aïn-el-Berda, source d'eau très-froide........	4	
Dâr-el-K'âd'i, maison...................	4	
Imîn-Tânout, *idem*.....................	2	
Ouad-el-K'îhira (Kêh'era)................	2	
Frouga, village berbère..................	7	
Motfia-Iah'ia-Obleiêt, puits...............	4	
Maroc................................	4	
	50	$\frac{1}{2}$

DE MAROC À ASFI.

Maroc.		
Ouad-Tensift (Tensif)....................	2	heures $\frac{1}{2}$
Femtagoria, puits......................	4	
A reporter........	6	$\frac{1}{2}$

Report........	6 heures	½
Ms'alla (Menzélla), lieu de prière............	2	
Bîr-Nah'al, puits...........................	1	
Tefelía¹................................	1	½
Râs-el-'Aîn, source de bonne eau..............	1	½
H'ak'er-ou-Zîma-el-Melh', puits près d'une sebkha.	4	½
Sidi-Ah'med-Tîci, tombeau d'un des marabouts les plus vénérés du pays...................	3	⅓
Asfi...................................	6	½
	27	

DE S'OUEIRA À ASFI.

S'oueira.		
Sidi-Bou-Zerrouk' (Bu-Zerogdul)..............	2 heures.	
Sidi-Akarmoud (Karmut)....................	4	
Sidi-'Otmân (Uasmen), k'oubba sur un sommet du Djebel-el-H'adîd......................	1	½
K's'ar-ben-H'amîd (Kesua-ben-Hamido)², château ruiné dans une belle contrée................	5	½
Tensift.................................	0	½
Asfi....................................	6	½
	20	

D'ASFI À AZEMMOUR.

Asfi.		
Lella-Mlouka, tombeau d'une sainte femme.....	2 heures	
T'ameroçoud? lieu très-pierreux..............	2	
Dânizîr, maison qui sert de résidence au k'aïd d'Abda................................	2	½
Sidi-Kouskouçou, tombeau d'un marabout......	0	½
Aïïr ('Aiêr), bourg ruiné, encore habité par quelques familles............................	3	½
A reporter........	10	½

¹ Peut-être T'*efelta*, la carrière de *t'efel*, ou terre à foulon.
² L'auteur a dénaturé plusieurs fois le mot *k's'ar* de la même manière.

APPENDICE.

Report........	10 heures	$\frac{1}{2}$
Oualidia, château ruiné...................	1	
Dâoud-el-H'arîr, k'oubba au bord de la mer.....	2	
Brahîm-ben-Helâl, *idem*.....................	2	
Aougar, ruine d'une ville sur une montagne....	5	
R'ît, ruisseau dans une contrée nommée Krâker-Ouled-'Aîça..........................	0	$\frac{1}{2}$
Sidi-'Ali-ben-Rabi........................	5	
Fâz-Ouled-Douîb, barraques pour l'armée qui bloquait Brîdja..........................	1	
Fâz-Tîkni, *idem*...........................	1	
Fâz-Kebîr, *idem*..........................	1	
Près de là on voit Brîdja ou Mazagan.		
Azemmour.............................	2	$\frac{1}{2}$
	31	$\frac{1}{2}$

DE SLA À MEKNÊS.

Sla.		
R'âba-Bellout' (Rgaba-Belut), c'est-à-dire la forêt de chênes............................	2 heures.	
K's'ar-Fenzâra (Kesua), une des casernes des nègres de Moula-Isma'îl..................	3	
'Aîn-Sindjâra...........................	1	
Ouad-Filfela (Flefla).....................	0	$\frac{1}{2}$
Moc'iad-Ait-Erma, réunion de douars.........	4	$\frac{1}{2}$
Ouad-Beht (Uad-Bêt').....................	2	
Dâr-Omm-Solt'ân, l'une des maisons construites dans cette contrée pour recevoir la mère de Moula-Isma'îl pendant ses voyages..........	4	
Meknês.................................	1	
	18	

Höst a tracé tous ces itinéraires sur la carte qui accompagne son ouvrage : il paraît en avoir relevé les principales sinuosités.

Dans la route de Maroc à S'oueira, on remarque Tedenest,

le même point que la ville de Tednest, détruite par les Portugais il y a trois siècles, et que j'avais placée beaucoup plus au Nord, d'après les indications vagues de Léon et de Marmol.

Ida-Ouiguêl, ou Ida-ou-Igâl, sur le chemin de S'oueira à Agâder, est évidemment Idevacal de Léon, nom qu'il applique à toute la partie occidentale de l'Atlas.

L'embouchure de l'Ouad-Guezoul est évidemment le port de Gazzola des cartes anciennes.

Ouad-el-K'îhira est rétabli d'après les notes de M. Delaporte. J'ai parlé de cette rivière, page 190.

La route de Maroc à Asfi est à peu près la même que celle du comte Breugnon, rapportée page 211. Il est impossible de douter que les deux stations Grilna-Rasselin et Azac-Ham-Zima du comte Breugnon soient autres que Râs-el-'Aïn et H'ak'er-ou-Zîma de Höst; pourtant, le premier, qui est allé à Maroc à petites journées, faisant sa première station à Azac-Ham-Zima, tandis que Höst place cette station à peu près au tiers du chemin d'Asfi à Maroc, il est difficile d'accorder les deux itinéraires.

Sur le chemin d'Asfi à Azemmour, le mot Fâz, qui commence trois noms de lieux, est écrit Fas par M. Washington. J'avais cru devoir le changer en Fh'as', « canton, plaine; » la version de Höst ajoute de l'incertitude à la forme véritable de ce mot.

On remarque plusieurs fois le mot Motfia, joint à d'autres; j'en ignore la signification.

Ainsi que je l'ai déjà dit, l'auteur emploie assez souvent pour K's'ar « château, » le mot Kesua, ou plutôt, d'après la transcription arabe qu'il en donne, K'eç'oua. Dans la plupart des cas, la véritable leçon est tout à fait évidente.

APPENDICE.

§ III.

J'ai fait récemment l'acquisition d'un ouvrage qui donne une description et des vues d'un grand nombre de villes d'Asie et d'Afrique; ce livre, in-folio, auquel il manque beaucoup de feuilles, doit avoir été imprimé vers 1660. Il donne les dates de l'occupation de plusieurs des villes de la côte par les Portugais. Il fixe au 7 juillet 1508 la prise d'Asfi (Tzaffin); au 2 septembre 1513, celle d'Azemmour (Azaamurum); au 29 août 1471, celle d'Ac'îla (Arzilla), tandis que Marmol, t. II, p. 230, dit que Tanger fut pris le 28 août, quatre jours après Ac'îla. Les sources manquent pour décider laquelle de ces deux dates est la véritable. (Voir ci-dessus pour Asfi, page 209; Azemmour, 212; Tanger, 295; Ac'îla, 320.)

TABLEAU

DES

LATITUDES ET LONGITUDES

DES POINTS DE L'EMPIRE DE MAROC

DÉTERMINÉS ASTRONOMIQUEMENT
OU PAR DES RELÈVEMENTS GÉODÉSIQUES.

NOMS DES LIEUX.	LATITUDE Nord.	LONGITUDE Ouest.	DÉCLINAISON MAGNÉTIQUE et année de l'observation.	AUTORITÉS.
\multicolumn{5}{c}{POINTS SITUÉS SUR LA MÉDITERRANÉE.}				
Mlila............	35° 20' 50"	5° 15' 02"	"	Derrotero, 2ᵉ édition [1].
Idem............	35 18 25	5 17 35	"	Connaissance des temps.
Cap Tres-Forcas......	35 28 30	5 18 53	"	Derrotero, 2ᵉ édition.
Idem............	35 27 55	5 17 25	"	Connaissance des temps.
Alhucemas.........	35 15 00	6 06 53	"	Derrotero, 2ᵉ édition.
Idem............	35 16 00	6 16 15	"	Conn. des t' (dans Brué).
Peñon-Velez........	35 11 45	6 33 55	"	Purdy.
Tetouan...........	35 37 00	"	17° 31'..1767	Höst [2].
Idem............	35 38 38	7 40 30	"	Carte de Tofiño.

[1] Les positions de Mlila, du cap Tres-Forcas, d'Alhucemas et de Ceuta sont données par la Connaissance des temps, d'après Tofiño. Je n'ai pu me procurer l'ouvrage original publié en 1787. Une seconde édition corrigée, dans laquelle on a adopté une combinaison des déterminations de Tofiño avec des observations plus modernes, a été publiée à Madrid, en 1832, sous le titre : *Derrotero de las costas de España*, etc.

[2] Höst donne les latitudes de Maroc, d'Asfi, de S'oueira et de Tetouan, et la déclinaison magnétique en ces deux derniers points, vers 1767, d'après un amiral espagnol don J. J. de Ullon. Je

NOMS DES LIEUX.	LATITUDE Nord.	LONGITUDE Ouest.	DÉCLINAISON MAGNÉTIQUE et année de l'observation.	AUTORITÉS.
POINTS SITUÉS SUR LE DÉTROIT DE GIBRALTAR.				
Ceuta, citadelle......	35° 53′ 46″	7° 37′ 57″	″	*Derrotero*, 2ᵉ édition.
Idem................	35 54 04	7 36 30	″	Connaissance des temps.
—— ville........	35 52 00	″	″	Höst.
Idem................	35 48 50	7 36 24	″	Connaissance des temps.
K's'ar-es'-S'er'tr......	35 51 10	7 52 40	″	Carte de Tofiño.
Tanger [1]...........	35 47 13	8 8 25	″	*Derrotero*, 2ᵉ édition.
Idem................	35 47 54	8 14 00	″	Ali-Bey.
Idem................	35 47 10	8 8 24	″	Arlett.
Idem................	35 46 30	8 18 40	″	Wurm (dans Malte-Brun).
Idem................	″	″	20° 30′..1835	Le Saulnier de Vauhello.
Cap Spartel........	35 45 00	8 17 12	″	*Requisite Tables.*
Idem................	35 48 40	8 14 25	″	Tofiño.
Idem................	35 47 00	8 15 6	″	Arlett.
POINTS SITUÉS SUR L'OCÉAN.				
Ao'fla...............	35° 30′ 8″	8° 18′ 27″	″	Carte de Tofiño.
Idem................	35 27 00	″	″	Borda.
Idem................	35 29 30	8 20 24	″	Washington.
El-'Araich...........	35 11 00	″	″	Borda.
Idem................	35 13 15	8 21 45	21° 39′..1805	Ali-Bey.
Idem................	35 12 50	8 29 24	″	Washington.
Idem, la pointe Nord de la ville...........	35 13 00	8 29 22	″	Arlett.
Vieille-Ma'mora......	34 51 00	″	″	Borda.
Idem................	34 52 30	8 45 24	″	Bôteler.
Mehedia.............	34 18 00	″	″	Borda.
Idem................	34 18 00	8 56 24	″	Washington.
Sla.................	34 2 45	9 5 54	″	Boteler.

ne cité point l'observation relative à Asfi, qui attribue à cette ville une latitude de 32° 30′, et qui, par conséquent, ne doit pas provenir d'une opération astronomique ; je passe aussi sous silence les autres latitudes rapportées par Höst, qui sont, presque toutes, fort inexactes.

[1] Borda évaluait, d'après son itinéraire, la latitude de Tanger à 35° 41′ ; il cite une observation d'un certain Harris, qui avait trouvé 35° 40′. Ces nombres sont à présent sans intérêt.

DES LATITUDES ET LONGITUDES.

NOMS DES LIEUX.	LATITUDE Nord.	LONGITUDE Ouest.	DÉCLINAISON MAGNÉTIQUE et année de l'observation.	AUTORITÉS.
Rbât' [1]............	34° 5' 00"	9° 3' 30"	17° 30'..1768	Borda.
Idem, K'as'ba......	34 4 27	8 57 30	"	Ali-Bey.
Idem................	34 2 30	9 6 24	"	Washington.
Mans'ouría.........	33 46 10	9 40 24	"	Idem.
Fd'âla, la pointe.....	33 47 00	9 30 45	"	Fleurieu.
Idem................	33 44 00	9 43 56	"	Arlett.
Idem, le village.....	33 44 00	9 44 24	"	Idem.
Dâr-Beid'a, près du village, au bord de la mer...............	33 37 40	9 50 00	20 43..1804	Ali-Bey.
Idem, village........	33 36 30	10 0 24	"	Washington.
Idem, pointe........	33 37 00	9 55 48	"	Arlett.
Azemmour..........	33 18 46	10 24 15	"	Ali-Bey.
Idem................	33 17 37	10 35 24	"	Washington.
Idem................	33 17 30	10 36 45	"	Carte d'Arlett.
El-Brîdja (Mazagan)..	33 14 00	10 41 24	"	Washington.
Idem................	33 16 00	10 51 40	"	Arlett.
Cap-Blanc..........	33 8 00	11 0 24	"	Carte de l'amirauté, citée par Washington.
Idem................	33 8 00	10 58 24	"	Arlett.
Idem................	"	"	20 00..1776	Borda.
Cap-Cantin.........	32 35 00	11 33 44	"	Boteler.
Idem................	32 33 00	11 31 00	"	Borda.
Idem................	32 32 27	11 43 4	"	Arlett.
Asfi................	32 20 00	"	"	Rochon, cité par Borda.
Idem................	32 18 00	"	"	Équipage de *l'Utile*, cité par Borda.
Idem................	"	10 47 45	"	Borda.
Idem................	"	10 49 15	"	Idem.
Idem................	"	11 1 45	"	Idem [2].
Idem................	32 18 15	11 32 24	"	Boteler.
Idem................	32 17 50	11 31 41	"	Carte d'Arlett.
Idem, pointe Nord....	32 22 00	11 30 00	"	Borda (dans Malte-Brun).

[1] Borda trouvait, par son itinéraire, que Rbât' était à 48' 28" à l'Ouest du cap Spartel, dont il évaluait la longitude à 8° 15' 7".

[2] Ces trois longitudes correspondent respectivement à trois observations d'éclipse d'un satellite de Jupiter, faites à Greenwich, Calais et Paris, en même temps qu'à Asfi.

TABLEAU

NOMS DES LIEUX.	LATITUDE Nord.	LONGITUDE Ouest.	DÉCLINAISON MAGNÉTIQUE et année de l'observation.	AUTORITÉS.
Asfi, pointe Sud.....	32° 12' 00"	11° 29' 00"	"	Borda (dans Malte-Brun).
S'oueira............	31 28 00	"	17° 6'..1767	Höst.
Idem...............	31 32 40	11 55 45	"	Ali-Bey.
Idem...............	31 30 30	12 4 24	"	Boteler.
Idem...............	31 30 29	12 8 2	19 30..1835	Arlett [1].
Idem, l'île........	31 27 00	11 50 00	"	Fleurieu et Borda.
Cap Tefetna........	31 4 00	12 7 54	"	Boteler.
Cap Ir'ir..........	30 38 00	12 12 00	"	Borda.
Idem...............	30 37 30	12 12 54	"	Arlett.
Agâder.............	30 26 35	11 56 20	"	Idem.
Cap voisin de Mêça [2]..	29 49 00	12 8 24	"	Idem.
Idem...............	"	"	17 30..1776	Borda.
Isgueder...........	29 18 00	12 36 00	"	Carte man. de M. Bouet.
Rio de Playa Blanca..	29 8 00	"	"	Arlett.
Idem...............	29 2 00	12 45 00	"	Carte man. de M. Bouet.
Cap Noun...........	28 40 20	13 35 00	"	Borda.
Idem...............	28 45 45	13 24 34	"	Arlett.
Idem...............	28 47 00	13 28 33	"	Carte man. de M. Bouet.
Emb^{re}. de l'O. Dra'a..	28 17 00	13 51 00	"	Borda.
Idem...............	28 19 00	13 52 45	"	Arlett [3].
Idem...............	28 21 00	13 47 30	20 26..1841	Carte man. de M. Bouet.
Porto Cansado......	28 8 00	14 25 00	"	Borda.
Idem...............	28 7 00	14 20 00	"	Arlett [4].
Porto Cansado de M. Arlett, probabl^{nt} l'ancienne Mar-Pequeña.	28 2 00	14 34 00	"	Arlett.
Cap de sable.......	27 57 50	15 15 24	20 15..1835	Idem [5].
Cap Bojador........	26 8 30	16 51 00	"	Carte de Borda.
Idem...............	26 6 57	16 50 34	"	Roussin.
Idem...............	26 7 10	16 49 29	"	Arlett.

[1] La carte du port de S'oueira, de M. Prouhet, indique 25° pour déclinaison magnétique en ce point, en 1840; il y a là évidemment erreur de chiffres.

[2] C'est le cap que M. Arlett a pris d'abord pour le cap Aglou, dont il écrit le nom *Aguluk* ou *Agulah*.

[3] Longitude d'après la carte.

[4] Longitude d'après la carte. M. Arlett a appliqué le nom de Porto Cansado au point suivant.

[5] M. Arlett indique la même déclinaison pour toute la côte Sud-Ouest du Maroc, depuis Agâder.

DES LATITUDES ET LONGITUDES.

NOMS DES LIEUX.	LATITUDE Nord.	LONGITUDE Ouest.	DÉCLINAISON MAGNÉTIQUE et année de l'observation.	AUTORITÉS.
POINTS SITUÉS DANS L'INTÉRIEUR.				
Ouchda	34° 40' 54"	4° 8' 00"	"	Ali-Bey.
Idem	34 37 30	4 15 24	"	Carte du Dépôt de la guerre, 1844.
Tâza	34 9 32	6 00 15	"	Ali-Bey.
Fès	34 6 3	7 18 30	"	Idem.
Meknès	33 58 30	7 50 15	"	Idem [1].
Ouezzân	34 42 29	7 55 00	"	Ali-Bey [2].
Tlâta-Riçâna	35 0 44	"	"	Idem [3].
K's'ar-el-Kebir	35 1 10	8 9 45	"	Idem [4].
Idem	34 57 10	8 12 24	"	Washington.
Maroc	31 37 30	"	"	Höst.
Idem	31 37 31	9 55 45	20° 38'..1804	Ali-Bey.
Idem, Jardins au S.-O. de la ville	31 37 20	9 56 24	20 30..1830	Washington.

[1] Par estime géodésique.
[2] Ali-Bey ne donne cette longitude qu'avec doute ; elle est plus probablement égale à 7° 58', ainsi que je l'ai fait voir page 10.
[3] Longitude, 23" de temps à l'Ouest de Tanger, ce qui donne 8° 14' 10" à l'Ouest du méridien de Paris, en adoptant la longitude de Tanger donnée par le *Deroterro*.
[4] Par estime géodésique.

Si l'on rapproche tous les nombres qui expriment ou exprimaient, il y a peu d'années, la déclinaison magnétique dans toute l'étendue de l'empire de Maroc, de ceux obtenus dans les pays voisins, on verra qu'elle varie très-peu dans toute cette contrée. Ainsi elle était à Oran, il y a douze ou quinze ans, de 20° 10' environ ; à Santa-Cruz de Ténériffe, elle était, en 1817, d'après M. Roussin, de 20° 38' ; elle ne s'écarte donc guère, dans tout cet intervalle, de 20° $\frac{1}{2}$.

TABLEAU
DES
PRINCIPALES DISTANCES
DANS L'EMPIRE DE MAROC.

ITINÉRAIRE MARITIME.

Les distances de cet itinéraire ne nous sont guère connues qu'en ligne droite ; j'ai préféré indiquer les distances telles qu'elles seraient, à peu près, pour une route européenne ; les distances réelles par les sentiers indigènes n'en diffèrent guère de plus d'un dixième.

Embouchure de l'Ouad-Dra'a.	
Agâder	375 kilom.
S'oueira	170
Asfi	118
Aïïr	55
Oualidia	5
El-Brîdja (Mazagan)	90
Azemmour	18
Dâr-Beid'a	82
F d'âla	23
Rbât' et Sla	85
Mehedia	31
Vieille-Ma'môra	74
A reporter	1126

TABLEAU

Report.......	1126 kilom.
El-'Araich.................................	55
Ac'îla.....................................	39
Tanger....................................	45
Ceuta.....................................	55
Tetouan...................................	32
Bâdes (Velez de Gomère)...................	140
Alhucemas.................................	58
Mlîla.....................................	95
O. 'Adjeroud (frontière algérienne).........	100
	1745

DISTANCES EN LIGNE DROITE.

Toutes ces distances, à l'exception de celles qui aboutissent à Sla, ont été obtenues par le calcul.

Oran.						
466	Tanger.					
434	204	Fès.				
488	205	55	Meknès.			
"	210	"	116	Sla.		
"	"	"	"	400	S'oueira.	
788	492	368	"	283	204	Maroc.

D'Alger à Tanger.......................	787 kilom.
D'Alger à Maroc........................	1124
De Toulon à Tanger.....................	1291
De Paris à Maroc.......................	2086

A cette dernière indication, il faut ajouter que Maroc est au

Sud 27° 9' Ouest de Paris, et Paris au Nord 20° 39' ⅓ Est de Maroc.

Bayonne, Madrid et Tanger sont presque exactement sur le grand cercle qui joindrait Paris et Maroc, et la distance de ces deux capitales peut se décomposer de la manière suivante :

Paris.
Bayonne	663 kilom.
Madrid	387
Tanger	545
Maroc	492
	2087

Avec des routes européennes, cette distance deviendrait à peu près 2500 kilomètres.

LISTE

DES OUVRAGES

RELATIFS A L'EMPIRE DE MAROC,

PAR ORDRE CHRONOLOGIQUE.

AUTEURS GRECS ET LATINS.

Périple de Hannon, Scylax, Polybe.—Strabon, Mela, Pline, Ptolémée. — Itinéraire d'Antonin.

AUTEURS ARABES.

1. Meça'oudi, qui écrivait vers	947
2. K'aïd-'Aïâd-ben-Mouça	956
3. Ben-er-Rek'eïk'	?
4. Ben-H'aouk'âl	970
5. Bou-'Obeïd-el-Bekri	1067
6. Edrîci	1154
7. Ibrahîm-ben-Seifcha	1202
8. Ben-el-Ouardi	1232
9. Bou-Moh'ammed-el-'Abderi, vers	1290

L'auteur, dans un ouvrage intitulé *Voyage d'El-'Abderi* (Rah'alet-el-'Abderi), décrit le pèlerinage qu'il fit, en 688 de l'hégire, de la province de H'ah'a à la Mecque. Des copies de son manuscrit existent à la bibliothèque de l'Escurial, n° 1733, et dans celle de Leyde.

10. Ben-'Abd-el-H'alîm	1326
11. Ben-Bat'out'a	1360
12. Ben-Khaldoun	1370
13. Bakoui	1413
14. Chehâb-ed-dîn-el-Mokri	1450

15. Ben-Aiâs 1516
16. Ben-'Abd-el-Kerîm............................. ?
17. Ben-Abi-D'era'a 'Abd-Allah-el-Marrâkchi............. ?
18. Bou-l-H'acen-'Ali-el-Fâci....................... ?
19. El-Is't'akhri[1] .... ?

    Cardonne indique la liste suivante de manuscrits de la Bibliothèque du Roi, qui lui ont servi à composer son ouvrage (1765); les numéros cités sont ceux que ces manuscrits portent au catalogue :

20. Chehabeddin Aboul Abbasi, pars XXIII historiæ universalis; n° 642.
21. Ahmed ben Abdoulvahabi, cognomine Novairi, Historia Ommiadarum qui in Hispaniâ regnârunt; n° 645.
22. —— Ejusdem Historia Africæ et Occidentis; n° 702.
23. Historia de Regibus Beni Zian, ex familiâ Edrissitarum; auctore Mohammed Abdoul Giali; n° 703.
24. Ahmed ben Mohammed el Mogrebi, Historia Hispaniæ, primæ partis volumen II; n° 705.
25. Ebn-el-Kautir. De redactis in Arabum potestatem Hispanis; n° 706.
26. Historia Lenazzeddini viziri ultimorum Granatæ Regum ex familiâ el Ahmar; n° 758.

    Historia universalis Chehabeddin Ahmed el Mokri el Fassi; n° 761.

    (Déjà cité sous le n° d'ordre 14.)

    Historiæ compendium; auctore Ebn Khaldoun; n° 769.

    (Déjà cité n° 12.)

27. Lunæ resplendentes Marocci; auctore Abdallah ebn Batuta; n° 825.
28. Historiæ Califarum ac Regum arabum in Hispaniâ, usque ad annum hegiræ 765; auctore ben Abdallah el Khateb el Musulmani el Kortoubi.
29. Historia universalis Aboul Djaferi Mohammed ben Harir el Tabari[2].

[1] Il existe des traductions ou des extraits de plusieurs des auteurs qui précèdent : ils seront indiqués suivant l'ordre de leurs dates.

[2] Il existe beaucoup d'autres manuscrits arabes. Pour compléter les listes qui précèdent, il faudrait consulter le catalogue des manuscrits orientaux de la bibliothèque de l'Escurial, par Casiri, et celui de la bibliothèque de Leyde.

RELATIFS AU MAROC.

AUTEURS EUROPÉENS,
DEPUIS LA DÉCOUVERTE DE L'IMPRIMERIE [1].

1. Passio gloriosi martyris beati fratris Andreæ de Spoleto, etc.; in-4°, *Tolosæ*, vers.................... 1532
2. Emmanuelis regis Lusitaniæ de victoriis in Africâ habitis, epistola ad Leonem X; in-8°, *Basileæ*............. 1541
3. Tesauro de virtudes, etc... Martyre de Fr. Andres de Espoleto à Fês; *Medina del Campo*................. 1543
   (Traduction de l'ouvrage n° 1.)
4. Historia en la qual se cuentan muchas guerras entre cristianos y infideles, con las guerras acontecidas in Berberia entre el Xarife y los Reyes de Marruecos, Fez y Velez. Por P. de Salazar; in-fol. *Medina del Campo*.... 1550
5. Ramuzio, raccolta de navigatione e viaggi. — Dans le premier volume se trouve la description de l'Afrique par Jean Léon; le discours de Ramuzio sur le voyage d'Aloys de Cadamosto; le voyage de Cadamosto. *Venise*...... 1550
6. Thomas Windham (cité par M. Gråberg de Hemsö); *Londres*.. 1552
7. Léon l'Africain. Historiale description de l'Afrique, premièrement en langue arabesque, depuis en toscane et à présent mise en françois, par J. Temporal; 2 vol. in-fol. *Lyon*...................................... 1556
   (Traduction d'un des ouvrages n° 5.)
8. La Conquista de Africa en Berveria, escrita en latin por Alfonso Calvete de Estrella; in-8°, *Salamanca*........ 1558
9. Newe Zeitung aus dem Königreich Fessa in Mauritanien, gehn Nürnberg geschrieben; in-4°................. 1558
10. La historia dell'empresa di Tripoli di Berberia, della presa del Pegnon de Velez de la Gomera in Africa; in-4°,... 1566
11. Tratado de vida e martyrio dos cinco martyres de Marruecos; *Coimbra*................................ 1568

[1] Presque tous les ouvrages qui suivent, jusqu'en 1700, sont indiqués dans la Bibliothèque asiatique et africaine de M. Ternaux-Compans. Paris, 1841.

12. Curionis, Marochensis regni in Mauritaniâ descriptio; in-8°, *Basileæ*.. 1568
13. Historia en la cual, etc. (Réimpression du n° 4.) *Medina del Campo*... 1570
14. Conquista de Africa donde se hallaran nuevamente recopiladas por Diego de Fuentes, muchas y muy notables hazañas de particulares cavalleros; in-12, *Amberes*.... 1570
15. Descripcion general de Africa, etc. por Luys del Marmol Carvajal; in-fol. t. I et II, *Grenade*.................. 1573
    T. III... 1599
16. P. de Salazar. (Réimpression des n°° 4 et 13); in-fol. *Medina del Campo*... 1576
17. Geronimo Ramos. Cronica do Infante Fernando que morreo em Fez; in-8°, *Lisboa*.................................. 1577
18. Cronica de la vida y admirables hechos de Muley Abdelmelech, etc. por Fr. Juan Bautista; in-4°............ 1577
19. J. Centellas. Voyages et conquestes des Rois de Portugal aux Indes d'orient, etc. (avec un récit de la bataille d'El-K'ṣ'ar); in-8°, *Paris*................................... 1578
20. Histoire véritable des dernières guerres advenues en Barbarie et du succès pitoyable du roi de Portugal dernier, don Sébastien, etc.; traduite de l'espagnol en françois par Nicolas Chesneau; in-8°, *Paris*.................. 1579
21. Freigii historia de bello africano, in quo Sebastianus Rex periit; *Norimbergæ*..................................... 1580
22. Afrikanischen Kriegsbeschreibung, sampt der Portugalesern schrecklicken Niderlag; in-8°, *Basel*........... 1581
23. Diego de Torres. Origen de los Xarifes; *Sevilla*......... 1586
24. Antoine Dassel (cité par M. Gr. de Hemsö)............. 1591
25. The battle of Alcazar, fought in Barbary, etc. by George Peel; in-4°, *London*.................................... 1594
26. Discours véritable de la bataille donnée près de Fez en Afrique, le 30 août 1595[1], entre Mulle Xeque, fils aîné du présent roi de Fez, d'une part, et Mulle Nazar, d'autre part; in-8°, *Paris*...................................... 1595

[1] Cette date est celle que donne le titre de l'ouvrage, mais c'est une erreur : cette bataille est du 3 août 1595.

27. Même ouvrage, in-8°, *Lyon*..................... 1596
28. Discours véritable de la seconde et dernière bataille donnée à Taguate, près de Fez, ville de Mauritanie en Afrique, le 12 mai 1596, entre Moulé Cheq, fils aîné de Moulé Hamed Cherif, à présent roi du dict païs, d'une part, et Moulé Nacer Cherif, d'autre part. Par Pierre Treillault; lettre datée de Rouen 11 janvier.................. 1597

> (Cette lettre manuscrite se trouve à la Bibl. royale dans les mémoires du règne du roi Henri IV, n° 9092, collection de lettres adressées au connétable de Montmorency, feuilles 94, 95, 96, 97.)

29. Hakluyt's Collection, 4 vol. in-fol. (reliés en deux à la Bibl. royale); *London*...................... 1599 et 1600

> (Dans le tome II, p. 64, ambassade d'Edmund Hogan près de Moula 'Abd-el-Melek en 1577.
> *Ibid.* p. 117, ambassade d'Henri Robert à Maroc.
> *Ibid.* p. 192, deux lettres écrites de Maroc, par Laurence Madoc, le 1ᵉʳ août 1594, sur Timbektou et Gago.)

30. Blount. History of the uniting of the Kingdom of Portugal to the crown of Castille, containing the last wars of the Portugals against the Moores of Africka; in-folio, *London*... 1600
31. Ragguaglio del cavalier Ciro Spontini dello fatto d'arme seguito nell' Africa tra Don Sebastiano, re de Portugallo, e Muley Auda Malucco, re di Marocco, di Fez, di Tafilet e di Suz; in-4°, *Bologna*...................... 1601
32. Adventure admirable qui contient un discours touchant les succès du Roi de Portugal Don Sebastien, etc........ 1601
33. Discourse concerning the success of the king of Portugal Don Sebastian, etc. traduit par Anthony Munday; in-4°, *London*...................................... 1601

> (Traduction de l'ouvrage précédent.)

34. Jornada y muerte del rey Don Sebastian, sacada de las obras de Franchis; in-4°, *Valladolid*.................... 1603
35. Escalon. Origen de los reyes Benemerines de Africa; in-4°, *Napoles*.. 1606

36. Jornada de Africa composta por Hieronimo de Mendoça; in-4°, *Lisboa*.................................... 1607
37. Agostinho de Gavi de Mendoça. Historia do famoso cerco que o Xarife pos a fortaleça de Mazagam, etc.; in-4°, *Lisboa*.. 1607
38. Cort end varachtlich verhael van de gedenkweerdige geschiednis in Barbareyen; in-4°.................... 1607
39. True historical Discourse of Muley Hamets rising to the three kingdoms of Morruecos, Fez and Suz, etc. (par Ro. C.); in-4°, *London*........................ 1609
40. Vasco Mousinho de Quevedo e Castello Branco. Alfonse Africano, poema heroico della prêza d'Arzilla o Tanger; in-8°, *Lisboa*.................................. 1611
41. Bericht welcher Gstalt hiebeuor drey Gebrüdere, Könige zu Fez und Morocco, Krieg gegen einander geführt, etc. in-8°, *Cölln*.................................... 1611
42. Juan Luys de Rojas. Relacion de los successos de Barbaria, salida de los Moriscos de España, y entrega de Larache; in-8°, *Lisboa*............................ 1613
43. Late news out of Barbary in a letter, etc.; in-4°, *London*.. 1613
44. Aldrete. Varias antiguedades de España, Africa, y otras provincias; in-4°, *Amsterdam*..................... 1614
45. Marcus de Guadalaxara y Xavier. Prodicion y destierro de los Moriscos de Castilla, con las dissensiones de los hermanos Xarifes y presa en Berberia de la fuerça y puerto de Alarache; in-4°, *Pamplona*.................... 1614
46. Discurso historial de la presa que del puerto de la Maamorra, hizo el armada real de España año 1614, por A. de Horozco; in-4°, *Madrid*......................... 1615
47. Relatione d'una famosa vittoria contra i piu nobili et valerosi xeques et aduari di Mori; in-4°, *Valenza*......... 1618
48. J. B. de Morales. Jornada de Africa del rey Don Sebastian; in-8°, *Sevilla*.................................. 1622
49. J. B. Grammaye. Africæ illustratæ libri X, etc. in-4°, *Tornaci*. 1622
50. Relacion del martyrio que dieron los Moros en Tetuan a Francisca Trigo, Morisca natural de Avila; in-fol. *Madrid*. 1623
51. Luys Coello de Barbuda. Impresas militares de Lusitanos; *Lisboa*.. 1623

52. Elmacinus. Historia saracenica sive res gestæ Muslemorum; in-fol. *Lugduni Batavorum*.................. 1625
93. Hakluytus posthumus or Purchas, his Pilgrim; 5 vol. in-fol. *London*. Les quatre premiers volumes.......... 1625
    Tom. V................................ 1626

    On trouve dans cet ouvrage:

    T. II, p. 1-851, une Traduction de Léon l'Africain;

    P. 851-873, *Collection of things most remarquable in the history of Barbary, written by Ro. C.* Cette collection reproduit l'ouvrage n° 39.

    P. 873, 874, *The dominions and forteresses which the king of Spaine hath upon the iles and main lands of Africa and of the great Turkes.*

    T. V, p. 619-790, *Description générale de l'Afrique*. Les pages 679-709 sont consacrées aux royaumes de Maroc et de Fès; on y remarque trois cartes: une carte générale de l'Afrique et une pour chacun de ces deux royaumes.

    Purchas cite plusieurs auteurs sur les ouvrages desquels je n'ai aucune indication; ce sont: Laur. Bayerlinck, 1603 (pour la généalogie des Chérifs); Janson Gallobelg, 1612; Maginus, Botero, Bodin, Pory, Ant. Possevin.

54. Origen y descendencia de los reyes Benemerines, señores de Africa; in-4°, *Napoles*...................... 1626

    (C'est probablement une réimpression du n° 35.)

55. Gonzalo Coutinho. Discurso da jornada a villa de Mazagam e seu governo nella; in-8°, *Lisboa*............ 1629
56. Sebastian de Mesa. Jornada de Africa por el rey Don Sebastian; in-4°, *Barcelona*...................... 1630
57. Noticia provinciarum Africæ; in-8°, *Parisiis*[1]........... 1630
58. Voyage d'Afrique, où sont contenues les navigations des Français en 1629 et 1630, sous la conduite de M. de Razilly; in-8°, *Paris*........................... 1631
59. Articles de paix passés entre le roi de France et l'empereur de Maroc par les sieurs de Rassilly et Duchalard, etc. in-8°, *Paris*................................ 1631
60. Bref et fidèle récit des inhumanités et barbares cruautés

---

[1] Je ne sais s'il est question de l'empire de Maroc dans cet ouvrage.

de Moley Abd-el-Melec, empereur de Maroc, dernier décédé, etc. in-8°, *Paris* 1631

61. Manuel Pereira Pitta. Poema africano. Successos de Don Fernando de Mascarenhas, general de Cepta, en el discurso de seis años que lo fue de Tanger; in-4°, *Cadiz*. 1633

62. Harrison. Tragical death of Muley Abdallah Meleck, last king of Barbaria; in-4°, *Delft*. 1633

63. Relation de l'origine et succès des Cherifs, écrite en espagnol par Diego de Torres et mise en français par M. Charles de Valois, duc d'Angoulême; in-4°, *Paris*.. 1636
(Traduction du n° 23.)

64. Articles de payx accordez entre les rois de France et de Marrocq, avec l'acceptation d'iceux par les gouverneurs et habitans de Salé; in-8°, *Paris* 1636

65. J. Dunton. True Journal of the Sally fleet, with the proceedings of the voyage; in-4°, *London*. 1637
(Avec un plan comprenant Sla, Rbât' et Chella.)

66. Auteur anglais anonyme (cité par M. Gr. de Hemsö).... 1637

67. Pierre Dan. Histoire de la Barbarie et de ses corsaires, divisée en six livres; in-4°, *Paris*. 1637

68. Traslado de una carta embiada a esta villa de Setubal de D. Joseph de Acunha, caballero del habito de Christo, a un amigo suyo, dandole cuenta de una gran batalla y feliz victoria que han tenido los cavalleros portugueses en Melilla, Ceuta, Mazagan, y Tanger, costa de Africa, a los 7 dias del mes de octubre deste presente año 1638; in-fol. 1638

69. Gonzalo Coutinho. Discurso da tornada a villa de Mazagan; in-8°, *Lisboa*. 1639
(Cet ouvrage paraît être le même que le n° 55.)

70. Davity. Le monde; *Paris*, vers 1640

71. Antonio Manoel de Vasconcelos. Africa conquistada pelos Portugueses; in-fol. *Lisboa*. 1641

72. J. de Baena Parada. Vida del rey Don Sebastian de Portugal, y jornada que hizo a las conquistas de Africa; in-4°, *Madrid*. 1642

RELATIFS AU MAROC.

73. News from Sally or a strange Delivery of four English captives from the slavery of the Turkes; in-4°, *London*. 1642
74. Relacion del viage espiritual y prodigioso que hizo a Marruecos el P. Juan de Prado; escrita por el P. Mathias de S. Francisco; in-4°, *Madrid*. 1643
75. Relacion del viage espiritual, etc.; in-4°, *Madrid*. 1644
    (Réimpression de l'ouvrage précédent.)
76. Histoire de la mission des pères capucins de la province de Toureine au royaume de Maroque, en Afrique, par le père François; in-8°, *Nyort*. 1644
77. Epitome del viage que hizo a Marruecos el P. Francisco de la Concepcion, por Fr. Ginez d'Ocaña; in-4°, *Sevilla*. 1646
78. Thomas Sweet (cité par M. Gr. de Hemsö). 1647
79. Vincent le Blanc. Voyage aux quatre parties du monde; in-4°, *Paris*. 1649
80. Histoire de Barbarie et de ses corsaires, etc. par le P. F. P. Dan; in-fol. *Paris*. 1649
    (Autre édition de l'ouvrage n° 67.)
81. Chaulmer. Tableau de l'Afrique; in-12, *Paris*. 1654
82. La miraculeuse rédemption des captifs faite à Salé, côte de Barbarie; in-8°, *Paris*. 1654
83. Vincent le Blanc; in-4°, *Troyes*. 1658
    (Réimpression de l'ouvrage n° 79.)
84. A Description of Tanger, with an account of Gayland, the usurper of Fez; in-4°, *London*. 1664
85. A brief Relation of the present state of Tangier; in-4°, *London*. 1664
86. Carlo Alfano. Vera relazione della felice e gloriosa vittoria ottenuta dall' armi cattoliche del re di Spagna Carlo II, sotto la piazza d'Alarache, in Africa; in-4°, *Roma*. 1666
87. The Life of Tafiletta, emperor of Barbary; in-4°, *London*. 1669
88. Account of the progress of the mole at Tangier; in-folio, *London*. 1669
89. J. Ogilby. Africa; in-fol. *London*. 1670
90. Relation of the ambassy of Thomas lord Howard to the Emperour of Marocco; in-4°, *London*. 1670

91. Letter giving a relation of lord Howard voyage to Fez, with an account of merchandizing and the people of Africa; in-4°, London.................................... 1670
92. Lord Arundel (cité par M. G. de Hemsö)............. 1670
93. Relation d'un voyage fait, en 1666, aux royaumes de Maroc et de Fez, pour l'établissement du commerce, etc. par Roland Fréjus; in-12, Paris........................ 1670
94. Dapper Beschreibung van Africa; in-fol. Amsterdam...... 1670
95. Adventures of F. S., an english merchant taken prisoner by the Argiers, and carried into the inland country of Africa; in-12, London............................ 1670
96. Vie du roi Almanzor, par Aly Abençufian; Elzevier; in-12, Amsterdam....................................... 1671
97. Auteur anglais anonyme (cité par M. G. de Hemsö)..... 1671
98. Addison. West-Barbary, or Narration of the revolution of Fez and Marocco; in-8°, Oxford.................... 1671
99. The Travels of R. D., an english merchant, into the inland parts of Africa; in-4°, London..................... 1672
100. Relacion del viagé espiritual, etc.; in-4°, Cadiz........ 1675

(Réimpression de l'ouvrage n°ˢ 74 et 75.)

101. Present State of Tangier and Algier................. 1676
102. Gallonge. Histoire d'un esclave qui a été quatre ans dans les prisons de Salé, en Afrique; in-12, Paris........ 1679
103. The present Danger of Tangier; in-fol. London........ 1679
104. The present State of Tangier, in a letter to his grace the lord chancellor of Ireland; London................. 1680
105. A Discourse touching Tangier, in a letter to a person of quality; in-12, London.......................... 1680
106. Letter from the king of Morocco to Charles I for the reducing of Sally, Argiers, etc. in-fol. London......... 1680
107. An exact Journal of the siege of Tangier; in-fol. London. 1680
108. Relation of the success of his majesty's forces at Tangier; in-fol. London.................................. 1680
109. Great and bloody News of Tangier; London........... 1680
110. Narrative of a great engagement between the garnison of Tangier and the Moors; London................... 1680

111. The Moors blasted, being a discourse concerning Tangier, especially when it was under the earl of Teviot; in-4°, London.................................... 1681

112. Addison. A Discourse concerning Tangier; in-4°, London. 1681
(Avec une vue gravée par Hollar.)

113. Africa Portuguesa, por D. Manoel de Faria e Sousa; in-fol. Lisboa................................. 1681

114. Lichtgow. Peregrination from Scotland to the most famous kingdoms of Europe, Asia and Affricke; in-8°, London [1]................................. 1682

115. Louis Dumay. Relation nouvelle et particulière du voyage des PP. de la Mercy aux royaumes de Fez et de Maroc pour la rédemption des captifs chrétiens, négociée en 1681 avec Moule Ismael, Roi de Fez et de Maroc; in-12, Paris............................... 1682

116. Relation des états du roi de Fez et de Maroc qui règne aujourd'hui; de la religion, du commerce, des mœurs et des coutumes du pays; par Roland Fréjus; Paris... 1682
(Réimpression de l'ouvrage n° 93.) On trouve de plus, à la suite de cette édition, la Relation d'un inconnu (Charant), qui a fait un séjour de vingt-cinq ans dans le pays, et une Lettre écrite en réponse à diverses questions.

117. Relation curieuse des états du roi de Fez et de Maroc qui règne aujourd'hui; avec une description des ports et places fortes des Espagnols, des Anglais, des Portugais et du roi de Maroc, aux côtes de Barbarie; in-12, Paris. 1682

118. A Letter from Tangier concerning the death of James Rowland and other occurrences since the ambassadors arrival there; in-fol. London.................... 1682

119. Voyage du baron de Saint-Amand, ambassadeur vers le roi de Maroc; in-12, Lyon...................... 1683

120. Histoire des conquestes de Mouley Archy, etc. avec une carte du pays, par Mouette; in-12°, Paris.......... 1683

121. Histoire de la captivité du sieur Mouette dans les royaumes de Fez et de Maroc; in-12, Paris................. 1683

[1] Je ne sais s'il est question du Maroc dans cet ouvrage.

LISTE DES OUVRAGES

122. Historie van Barbaryen, etc. P. Dan; in-fol. *Amsterdam*... 1684
   (Traduction de l'ouvrage n° 67.)

123. Addison. A Discourse concerning Tangier; in-4°, *London*.. 1685
   (Réimpression de l'ouvrage n° 112.)

124. Thomas Phelps. Account of his captivity at Machaness in Barbary, etc. in-4°, *London*.................... 1685

125. Description de l'Afrique, traduite du flamand d'O. Dapper; in-fol. *Amsterdam*......................... 1686
   (Traduction de l'ouvrage n° 94.)

126. Petis de la Croix. Relation universelle de l'Afrique ancienne et moderne; 4 vol. in-8°, *Lyon*............. 1688

127. C. Clemente. Tablas chronologicas de España, Africa, Indias occidentales y orientales, hasta el año 1642; *Valencia*................................... 1689

128. Seltsame Begebenheiten Thomas Skinners, eines englischen Kaufmannes, etc. in-4°, *Sultzbach*........... 1689
   (Cet ouvrage est probablement la traduction de celui porté au n° 95.)

129. F. Brooks. Barbarian cruelty; being a true history of the distressed condition of the christian captives under the tyranny of Muley Ismaël, emperor of Marocco; in-8°, *London*................................... 1693

130. Schauplatz barbarischer Slaverey, oder von Algier, Tripoli, Tunis, und Salé; in-8°, *Hamburg*........... 1694

131. Gerrit van Spaan. Afrikaansche Weg-wijzer; in-8°, *Rotterdam*................................... 1694

132. État présent de l'empire de Maroc, par Pidou de Saint-Olon; in-12, *Paris*........................ 1694
   (Avec gravures et un plan d'El-'Araich, d'après un plan beaucoup plus grand qui existe encore au Dépôt de la marine.)

133. Voyage de M. le baron de Saint-Amand, capitaine de vaisseau, ambassadeur du roi très-chrétien vers le roi de Maroc; in-8°, *Lyon*......................... 1696
   (Réimpression de l'ouvrage n° 119.)

134. Moreri. Grand dictionnaire historique; *Paris*............. 1698
135. Mission historial de Marruecos, por Fr. San Juan de el Puerto; in-4°, *Sevilla*...................... 1708
136. Relation de Maroc, par don Joseph Dias, ambassadeur près du roi de Maroc; traduite de l'espagnol (en anglais); in-4°, *Londres*.......................... 1710
137. An Account of South-West Barbary, by Simon Ockley; *London*.. 1713
138. Histoire du règne de Mouley-Ismaël, par le père Dominique Busnot; in-12, *Rouen*.................... 1714
139. Relation de ce qui s'est passé dans les trois voyages que les religieux de l'ordre de Nostre-Dame de la Mercy ont faits dans les états du roy de Maroc, pour la rédemption des captifs, en 1704-1708-1712; in-12, *Paris*... 1724
140. A Journey to Mequinez, by John Windus; in-8°, *London*. 1725
   (Avec plusieurs vues gravées.)
141. Reise nach Mequinetz durch John Windus; durch Weber übersetzt; in-4°, *Hanover*....................... 1726
   (Traduction de l'ouvrage précédent, avec reproduction des mêmes gravures.)
142. Relation des états de Fez et de Maroc, par un Anglais qui y a été longtemps esclave; publié par Simon Ockley; traduit en français; in-12, *Paris*.................. 1726
   (Traduction de l'ouvrage n° 137.)
143. Relation en forme de journal du voyage pour la rédemption des captifs aux royaumes de Maroc et d'Alger pendant les années 1723-1724-1725; par les PP. Jean de la Faye; etc. in-12, *Paris*.................... 1726
144. Claude Massac (cité par M. Gr. de Hemsö)........... 1727
145. History of the revolutions in the empire of Marocco, etc. by Braithwaite; in-8°, *London*.................. 1729
146. Histoire des révolutions de l'empire de Maroc, depuis la mort du dernier empereur, Muley Ismaël; traduit du journal anglais du cap. Braithwaite; in-12, *Amsterdam*. 1731
   (Traduction de l'ouvrage précédent, avec une carte du Maroc.)

147. Fernando de Menezes, conde de Ericeira. Historia de Tangere; *Lisboa*.................................... 1732
148. Histoire de l'empire des Chérifs en Afrique (par l'abbé Boulet); in-12, *Paris*........................... 1733
149. Several Voyages to Barbary, by captain Henri Boyde; in-8°, *London*................................. 1736
150. Relation de ce qui s'est passé dans le royaume de Maroc depuis l'année 1727 jusqu'en 1737 (par de Mairault); *Paris*... 1742
151. Histoire de Mouley Mahamet, fils de Mouley Ismaël, roi de Maroc; in-12, *Genève*.................. 1749
152. Seran de la Tour (cité par M. Gr. de Hemsö)......... 1749
    (Peut-être le même que le précédent.)
153. A complete History of the piratical states of Barbary, by a gentleman; in-8°, *London*................ 1750
154. Raun. Son voyage et sa captivité à Maroc; en vers danois; *Copenhague*.......................... 1754
155. Histoire des états barbaresques qui exercent la piraterie; traduit de l'anglais (par Boyer de Pébrandier); 2 vol. in-12, *Paris*....................................... 1757
    (Traduction de l'ouvrage n° 153.)
156. Histoire de l'Afrique et de l'Espagne sous la domination des Arabes, composée sur différents manuscrits de la Bibliothèque du Roi (par Cardonne); 3 vol. in-12, *Paris*. 1765
157. Hermann Müller (cité par M. Gr. de Hemsö)......... 1771
158. Thomas James (cité par M. Gr. de Hemsö).......... 1771
159. Schlötzer (cité par M. Gr. de Hemsö)............... 1775
160. Voyage fait par ordre du roi, en 1771 et 1772, par Verdun, Borda et Pingré. Tom. II; in-4°, *Paris*...... 1778
161. Efferitningen om Marokos och Fes, ved Georg Höst; in-4°, *Kiöbenhavn*.................................. 1779
    (Avec plusieurs vues et une carte du Maroc.)
162. Mémoire de Borda, sur son voyage de 1776, à la côte d'Afrique; vers... 1780
    (Ce mémoire, qui appartenait au Dépôt de la marine, est perdu à présent.)

163. Nachrichten von Marokos und Fes, im Lande selbst gesammelt in den Iahren 1760 bis 1768, von Georg Höst; aus dem dänischen übersetzt; in-4°, *Kopenhagen*........ 1781
(Traduction de l'ouvrage n° 161.)
164. Voyage dans les états barbaresques de Maroc, Alger, Tunis et Tripoli; ou lettre d'un des captifs rachetés par les chanoines de la Trinité; in-12, *Paris*........ 1785
165. Meç'aoudi (Massoudi). Les Prairies d'or et les Mines de pierres précieuses; Notice par de Guignes, dans les Notices et Extraits des manuscrits de la Bibliothèque du Roi; t. I, *Paris*........................ 1787
166. Derrotero de las costas de España en el Mediterraneo y su correspondiente de Africa. Escrito en los años de 1783 y 1784, por el brigadier de la real armada, don Vincente Tofiño de San Miguel; *Madrid*........ 1787
167. Recherches historiques sur les Maures, par Chénier; 3 v. in-8°, *Paris*............................ 1787
168. Alexander Jardine (cité par M. Gr. de Hemsö)....... 1788
169. Le Livre des perles, par Chehâb-ed-dîn-el-Mokri-el-Fâci. Notice par M. Silvestre de Sacy, dans le tome II des Notices et extraits des manuscrits de la Bibliothèque du Roi; in-4°, *Paris*........................ 1789
170. Perle des merveilles, par Zein ed-dîn 'Omar, surnommé Ben-el-Ouardi. Notice par de Guignes, dans le tome II des Notices et extraits des manuscrits de la Bibliothèque du Roi; *Paris*........................ 1789
171. Exposition de ce qu'il y a de plus remarquable sur la terre, par 'Ahd-er-Rechîd ben S'âlah', surnommé El-Bakoui. Notice par de Guignes, dans le tome II des Notices et Extraits des manuscrits de la Bibliothèque du Roi; *Paris*........................ 1789
172. Histoire du naufrage et de la captivité de M. de Brisson, avec la description des déserts d'Afrique depuis le Sénégal jusqu'à Maroc; in-8°, *Genève*............ 1789
173. Relations de plusieurs voyages à la côte d'Afrique, à Maroc, au Sénégal, etc. tirées des journaux de Saugnier; in-8°, *Paris*........................ 1789

174. Paulus. Memorabilien, t. I; in-8°, *Leipzig*............ 1791
   (Traduit en français dans les Recherches géographiques sur l'intérieur de l'Afrique septentrionale, par M. Walckenaer, pag. 457-464.)
175. Den Marokänsche Kaiser Mohammed ben Abdallah's historie, ved Georg Höst; in-8°, *Kiöbenhavn*..........: 1791
176. Proceedings of the association for promoting the discovery of the interior parts of Africa; in-8°, *London*........ 1791
   (Voir la 2° édition, 1810.)
177. A Tour from Gibraltar to Tangier, Sallee, Mogador, etc. by W. Lemprière; in-8°, *London*................. 1791
178. Voyage dans les déserts de Sahara, par Follie; in-8°, *Paris*... 1792
179. Voyage dans l'empire de Maroc, par J. Potocki; in-8°, *Varsovie*... 1792
180. Ben 'Abd-el-H'alîm. Geschichte der Mauritanischen Könige; traduit de l'arabe par Franz von Dombay; 2 vol. in-8°, *Agram*....................................... 1794
181. Abrégé de la vie de Muley Liezit, empereur de Maroc, écrite par un témoin oculaire; in-8°, *Rome (Londres)*.. 1794
182. Le même ouvrage; *Londres*........................... 1797
183. Bref om Marocco, ou Lettres sur Maroc, par Olof Agrell; *Stockholm*... 1797
184. Nouveau voyage à Maroc, par Olof Agrell; traduit du suédois en allemand, par Fr. Gottlob Canzler; in-8°, *Nürnberg*.. 1798
185. An historical and philosophical Sketch of the discoveries and settlement of the Europeans in northern and western Africa; in-8°, *Edinburgh*....................... 1799
186. Observations sur le règne végétal, recueillies pendant un voyage dans l'empire de Maroc, pendant les années 1791-1793; par Schousboe (en danois)............ 1800
187. Lemprière. Voyage dans l'empire de Maroc en 1789 et 1790; trad. par M. de Sainte-Suzanne; in-8°, *Paris*... 1801
   (Traduction de l'ouvrage n° 177.)
188. Geschichte der Scherifen, oder der könige des ietzt regie-

renden Hauses zu Marocco, von Franz von Dombay; in-8°, *Agram*.................................. 1801

189. K. A. Schousboe's Betrachtungen über das Gewächsreich, in Marokko, etc. von Marhussen; *Kopenhagen*....... 1802

(Traduction de l'ouvrage n° 186; avec planches.)

190. Description des monnaies d'or, d'argent et de cuivre ayant cours à Maroc, par Franz von Dombay (en allemand); *Vienne*.................................. 1803

191. A Journal of travels in Barbary in 1801, by James Curtis; with observations on the gum trade of Senegal[1]; in-12, *London*.................................. 1803

192. H. Haringmann, Beknoop dag journal, etc. ou Journal d'une résidence de deux mois dans l'empire de Maroc; in-8°, *La Haye*.................................. 1804

193. Ben Aïâs, traduit de l'arabe, par Langlès, dans le tome VIII des Notices et extraits des manuscrits de la Bibliothèque du Roi; *Paris*.......................... 1807

194. Travels through the empire of Marocco, by John Buffa; in-8°, *London*.................................. 1810

(Avec une carte du Maroc.)

195. Proceedings of the association for promoting the discovery of the interior parts of Africa; 2 vol. in-8°, *London*. 1810

(Deuxième édition du n° 176.)

196. Account of Marocco, by James Grey Jackson; in-4°, *London*.................................. 1811

(Avec une carte du Maroc.)

197. A general Collection of the best and most interesting voyages and travels, t. XV; in-4°, *London*.......... 1814

(On y trouve une réimpression du voyage de Windus, ci-dessus n° 140; plus deux vues des environs de Tetouan.)

---

[1] Cette seconde partie de l'ouvrage, relative à la traite de la gomme au Sénégal, est en entier extraite, ainsi que l'annonce l'auteur lui-même, d'un excellent ouvrage de Golbery, intitulé : *Fragment d'un voyage en Afrique*, etc. Paris, 1802.

198. Voyages d'Ali-Bey-el-Abbassi en Afrique et en Asie, pendant les années 1803-4-5-6-7, tome I; in-8°, *Paris*... 1814
(Avec un atlas de cartes, plans, vues, détails d'architecture, costumes, etc.)

199. Voyage pittoresque en Espagne, en Portugal et sur la côte d'Afrique, de Tanger à Tetouan, par le baron Taylor. Cet ouvrage, dans lequel on trouve plusieurs vues, a commencé à paraître par livraisons, à Paris, en.... 1815

200. Travels in Europa and Africa, by Keating; in-4°, *London*. 1816

201. A View of the present condition of the states of Barbary; by William Janson; in-12, *London*............... 1816

202. The Narrative of Robert Adams; in-4°, *London*........ 1816

203. Loss of the american brig *Commerce*, wrecked on western coast of Africa in 1815; by captain Riley; in-4°, *London*. 1817

204. Naufrage de Paddock, sur la côte d'Afrique, en 1800[1]. 1818

205. Nouveau voyage dans l'intérieur de l'Afrique, fait en 1810-11-12-13-14, ou relation de Robert Adams, traduit de l'anglais par Frasans; in-8°, *Paris*......... 1818
(Traduction de l'ouvrage n° 202.)

206. Précis de la littérature historique du Moghrib-ul-Acsa, par M. Gråberg de Hemsö; in-8°, *Lyon*........... 1820

207. Recherches géographiques sur l'intérieur de l'Afrique septentrionale, par Walckenaer; in-8°, *Paris*....... 1821
(Avec une carte de l'intérieur de l'Afrique.)

208. Naufrage du brick français *la Sophie*, perdu le 30 mai 1819, sur la côte occidentale d'Afrique, par Charles Cochelet; 2 vol. in-8°, *Paris*..................... 1821
(Avec une notice géographique et une carte du N. O. de l'Afrique par M. Lapie, et plusieurs vues lithographiées.)

209. Dissertatio de Ibn Haukalo geographo, nec non Iracae Persicae descriptio, par M. Uylenbroek; in-4°, *Lugdunum Batavorum* (Leyde)........................ 1822

210. Mathieu de Lesseps (cité par M. Gr. de Hemsö)...... 1824

[1] Je ne connais pas le titre exact de cet ouvrage, qui a été, je crois, publié à Londres.

211. Note sur les races berbères, et petit vocabulaire de leur langue dans les Nouvelles Annales des Voyages, tome XXVII; in-8°, *Paris*........................... 1825
212. Carlo Ottavio Castiglioni (cité par M. Gr. de Hemsö).... 1826
213. Jacques Peuchet, continuateur de Raynal (cité par M. Gr. de Hemsö)......................... 1826
214. D. Luyando. Mémoire sur la carte du détroit de Gibraltar (en espagnol); *Madrid*....................... 1826
215. Historia dos soberanos Mahometanos que reinarão na Mauritania, traduit de l'arabe de Ben-'Abd-el-H'alim, par le père Moura; *Lisbonne*.................... 1828
216. Beaucler's Journey to Marocco in 1826; *London*........ 1828
217. Journal d'un voyage à Tembectou et à Jenné, etc. par René Caillié; 3 vol. in-8°, avec atlas, *Paris*......... 1830
218. Léon l'Africain, traduction de Jean Temporal; imprimé aux frais du Gouvernement; 4 vol. in-8°, *Paris*...... 1830

(Réimpression de l'ouvrage n° 7.)

219. Revue critique des remarques et recherches géographiques annexées au voyage de Caillié à Tembectou. Mémoire lu à la Société asiatique, dans la séance du 3 octobre 1831, par M. d'Avezac....................... 1831

(Ce mémoire n'a pas été imprimé.)

220. Essai sur l'Espagne et le royaume de Maroc, par sir Arthur Copel Brooke; 2 vol. in-8°, *London*............... 1831

(M. Gr. de Hemsö, qui appelle cet auteur Cappell Brooke, indique la date de 1829.)

221. Notice d'un manuscrit arabe de la Bibliothèque du Roi (Géographie de Bou-'Obeid-el-Bekri), par M. Quatremère, dans le tome XII des Notices et extraits des manuscrits de la Bibliothèque du Roi; *Paris*........ 1831
222. Geographical notice of the empire of Marokko, by lieutenant Washington. Dans le journal de la Société de géographie de Londres, t. I...................... 1831
Seconde édition............................. 1833

(Avec une carte de l'empire de Maroc à l'échelle de $\frac{1}{1000000}$.)

223. Notice géographique sur l'empire de Maroc; traduction de la notice anglaise de M. Washington; dans le bulletin de la Société de géographie de Paris de mars... 1832

(Avec une carte à l'échelle de $\frac{1}{2500000}$ environ, réduite de la carte anglaise.)

224. Derrotero de las costas de España, etc. par don V. Tofiño; in-8, *Madrid*............................. 1832

(Deuxième édition de l'ouvrage n° 165, corrigée par la Direction hydrographique de Madrid.)

225. Specchio di Marocco del cavaliere conte J. Gråberg di Hemsö; in-8°, *Genova*...................... 1834

(Avec une carte du Maroc à l'échelle de $\frac{1}{3000000}$, gravée à Florence la même année.)

226. Géographie d'Edrici, traduction de M. A. Jaubert; 2 vol. in-4°; *Paris*............................. 1836

227. Études de géographie critique sur une partie de l'Afrique septentrionale; par M. d'Avezac; in-8°, *Paris*........ 1836

(Avec une carte à l'échelle de $\frac{18}{100000000}$.)

228. Vie du kalife Fatimite Moëz-lid-din-Allah, par M. Quatremère, dans le journal de la Société asiatique, 3ᵉ série, t. II; in-8°, *Paris*........................ 1836

229. Survey of some of the Canary Islands, and of part of the western coast of Africa in 1835; by W. Arlett. (Dans le journal de la Société de géographie de Londres, tome VI.)..................................... 1836

(Avec une carte des côtes à l'échelle de $\frac{1}{3000000}$. Trois grandes cartes ont été publiées plus tard par l'amirauté; voir ci-dessous, à la liste des cartes.)

230. Description de la côte d'Afrique, depuis le cap Spartel jusqu'au cap Bojador, par le lieutenant Arlett, de la marine royale d'Angleterre; dans le bulletin de la Société de géographie de Paris, de janvier.......... 1837

(Traduction de l'article précédent.)

231. Vocabulary of Names of places, etc. in Moghrib ul Acsa, or the Empire of Marocco; by the chevalier count

Gråberg of Hemsö. (Dans le journal de la Société de géographie de Londres, tome VII, pag. 243.)....... 1837

(Je cite cette nomenclature, malgré le peu d'attention qu'elle mérite; un grand nombre de noms géographiques, quoique donnés en caractères arabes, y sont tout à fait fautifs; beaucoup ne sont que des noms de Léon l'Africain, rétablis au hasard par l'auteur.)

232. Erinnerungen aus Marokko, gesammelt auf einer Reise im Iahre 1830, von Ferdinand Freiherrn von Augustin; in-8°, Wien (*Vienne*)...................... 1838

(Avec plusieurs vues et dessins lithographiés.)

233. Davidson's African Journal, 1835-6; in-4°, *London*..... 1839

(Avec vues lithographiées.)

234. Ambassade envoyée par le roi de Portugal au sultan de Maroc, en 1773; dans O Panorama, jornal litterario[1]; grand in-8°, *Lisbonne*............................. 1839

235. Liber climatum, auctore Scheicho abu Ishako el Faresi, vulgò, El Istachri; D' J. H. Möller; in-4°, *Gotha*..... 1839

236. Ben Bat'out'a, traduction portugaise par Moura, commencée à Lisbonne en.......................... 1840

237. Note sur quelques itinéraires de l'Afrique septentrionale par M. d'Avezac; dans le bulletin de la Société de géographie de Paris, d'octobre...................... 1840

238. Note sur les documents recueillis jusqu'à ce jour pour l'étude de la langue berbère, et sur divers manuscrits anciens en cette langue qu'il importe de rechercher; par M. d'Avezac; dans le bulletin de la Société de géographie de Paris, d'octobre................... 1840

(L'auteur y cite vingt-neuf ouvrages relatifs à la langue berbère.)

239. De la pêche sur la côte occidentale d'Afrique, par M. Berthelot, avec une carte par M. Mac-Carthy; in-8°, *Paris*. 1840

240. De la domination turque dans l'ancienne régence d'Alger, par M. Walsin-Esterhazy; in-8°, *Paris*............. 1840

---

[1] Je dois à l'obligeance de M. Ferdinand Denis la traduction de cet article; il décrit très-sommairement la route de S'oueira à Maroc, et celle de Maroc à Asfi.

LISTE DES OUVRAGES

241. The Negroland of the Arabs, by Cooley; in-8°, *London*. 1841
242. Ben Khaldoun, histoire de l'Afrique sous la dynastie des Aghlabites, par Noël des Vergers; in-8°, *Paris*...... 1841
243. Chronica do descobrimento e conquista de Guiné, escrita pelo chronista Gomez Eannes de Azurara; publié par le vicomte de Santarem; in-4°, *Paris*............ 1841

> (Ce livre reproduit un manuscrit de 1453, qui a été retrouvé à la Bibliothèque royale, par M. Ferdinand Denis, à la fin de 1838.)
>
> Zurara, ordinairement appelé Azurara, raconte les découvertes des Portugais sur la côte occidentale d'Afrique. On y trouve l'histoire de Joham Fernandez, qui se fit débarquer, en 1445, sur la côte du S'ah'ra, et séjourna sept mois chez les indigènes.

244. Géographie ancienne des états barbaresques, par Mannert; traduction française de MM. Marcus et Duesberg; in 8°, *Paris*.............................. 1842
245. Description de l'Afrique, par Ibn-Haucal; traduite de l'arabe par le baron de Slane; in-8°, *Paris*.......... 1842
246. Relations de la France avec l'empire de Maroc, par R. Thomassy; in-8°, *Paris*..................... 1842
247. Itinéraires, recueillis en 1788, par Venture Paradis; à la fin de son dictionnaire berbère publié par la Société de géographie de Paris; in-4°, *Paris*............. 1844
248. Notes of northern Africa, the Sahara and Soudan, by W. Hodgson; in-8°, *New-York*................... 1844
249. Promenade au Maroc, par Charles Didier; in-8°, *Paris*.. 1844
250. Guide de l'officier dans le Maroc, par don Seraphin Calderon (en espagnol); *Madrid*.................. 1844
251. Western Barbary, its wild tribes and savage animals; by John H. Drummond Hay; in-8°, *London*........... 1844
252. Le Maroc et ses tribus nomades, par M. John Drummond Hay, traduction de Mme L. Sw. Belloc; in-8°, *Paris*.... 1844

> (Traduction de l'ouvrage précédent.)

253. Deux articles sur le Maroc dans le journal *l'Illustration*, n°ˢ des 1 et 15 août; *Paris*..................... 1844
254. Notice sur Tanger, dans le journal *l'Algérie*, n° du 6 août 1844

255. Reconnaissance de la route de Tanger à Fês, par M. de Caraman, dans le Spectateur militaire du 15 août; Paris.. 1844
256. Commerce du Maroc, dans le journal *l'Algérie*, n°* des 12 et 16 août; Paris................................. 1844
257. Article sur le Maroc, par M. Durieu, dans la Revue des Deux-Mondes; octobre, Paris.................... 1844
258. Souvenir d'un voyage au Maroc, par M. Rey; in-8°. *Paris.* 1845

(Cet ouvrage avait été publié, par articles détachés, dans le journal *l'Algérie*, depuis le 12 septembre 1844 jusqu'au 26 avril 1845.)

On trouve encore plusieurs articles sur le Maroc dans différents journaux du 2° semestre de 1844.

OUVRAGES PRINCIPALEMENT RELATIFS AUX PRÉSIDES ESPAGNOLS.

Vie de l'infant don Henri de Portugal; traduite du portugais, par l'abbé de Cournand; in-12, *Lisbonne* et *Paris*......... 1781

Voici, d'après M. F. Denis, le titre de l'original dont l'auteur, le P. Francisco José Freire, s'est caché sous un pseudonyme :

Vida do Infante D. Henrique, por Candido Lusitano; in-4°, *Lisboa*... 1758

On trouve dans cet ouvrage beaucoup de détails sur la prise de Couta et de quelques autres villes maritimes. On y retrouve, pages 92-108, l'histoire de ce Joham Fernandez qui séjourna sept mois dans le S'ah'ra. (Voir ci-dessus, n° 243.)

Description de Ceuta, par Jordan (cité par Mentelle dans sa Géographie comparée. *Paris*, 1783), vers............... 1781

(Tofiño, ouvrage déjà cité sous les n°* 165 et 220.)

Diccionario geográfico-estadistico de España y Portugal, por el doctor don Sebastian de Miñano; in-8°, *Madrid*....... 1826
Cuadro politico y geográfico. (En un seul tableau.) *Madrid*... 1839

Article sur les présides espagnols dans le Tableau de la situation des établissements français en Algérie, en 1839; publié par le ministère de la guerre. *Paris*.................... 1840

> On trouve aussi des détails sur les présides espagnols, dans la plupart des traités ou dictionnaires de géographie un peu étendus, comme ceux de Malte-Brun, de M. Balbi, etc.

Ainsi que je l'ai dit, page 413, je possède un in-folio, très-incomplet, dans lequel on trouve des vues de plusieurs villes de la côte de Maroc; on y a fait, depuis sa mutilation, des intercalations de cartes et de gravures beaucoup plus modernes; les feuilles de l'ouvrage primitif, faciles à reconnaître, ont, au dos des gravures, un texte latin; plusieurs indices y font reconnaître un ouvrage flamand; on y trouve une vue de Batavia, qui porte, avec un titre flamand, la date 1652; une vue de Tanger représente cette ville du temps des Portugais, et par conséquent avant 1662; la date de l'ouvrage est donc 1652, ou environ. Dans la liste suivante, les vues qui appartiennent à ce livre porteront cette date, avec l'indication : *Ouvrage anonyme*.

CARTES, PLANS ET VUES

RELATIFS

A L'EMPIRE DE MAROC[1].

CARTES GÉNÉRALES[2].

Cartes manuscrites anciennes, depuis celle de l'atlas catalan...	1375
(Voir les fac-simile de ces cartes dans l'atlas du vicomte de Santarem, indiqué ci-dessous, 1842.)	
Ortelius. Cartes du Maroc, d'après Léon; dans l'atlas de.....	1570
Sanson...	1650
Mouette (120).......................................	1683
Delisle, carte de l'Afrique...........................	1707
Braithwaite (146)....................................	1731
Boyde (149), carte générale de la Barbarie............	1736
Danville, carte de l'Afrique..........................	1749
Thomas Lopez, carte de l'empire de Maroc............	?
Borda (160), cartes de la côte d'Afrique...............	1778
Höst (161, 163), carte du Maroc, avec les itinéraires de l'auteur.	1779
Borda, carte des îles Canaries, et d'une partie des côtes occidentales d'Afrique (162)............................	1780
Borda, carte particulière des îles Canaries, et des côtes voisines d'Afrique (162)......................................	1780
Chénier (167), carte de l'empire de Maroc.............	1787
Laborde, carte pour servir au voyage de Saugnier (173)....	1791
(Elle donne aussi la route de Brisson.)	

[1] Cette liste est beaucoup moins complète que celle des ouvrages des auteurs européens.

[2] Les chiffres entre parenthèses sont les numéros d'ordre des ouvrages déjà cités, auxquels ces cartes appartiennent.

Rennell, carte de l'Afrique dans les *Proceedings* (195)...... 1810
Jackson (196)... 1811
Ali-Bey (198).. 1814
Walckenaer (207), carte pour les recherches sur l'intérieur de
 l'Afrique septentrionale................................ 1820
Lapie, carte pour le voyage de Cochelet (208)............. 1821
Washington (222), carte de l'empire de Maroc, d'après les
 observations de l'auteur................................ 1831
Gråberg de Hemsö (225).................................... 1834
D'Avezac (227), Essai d'un nouveau canevas géodésique, etc.. 1836
Arlett (229), carte des côtes, à l'échelle de $\frac{1}{300000}$...... 1836
Arlett, carte de la côte de Maroc, depuis le cap Spartel jusqu'à
 Azemmour; échelle $\frac{1}{355000}$ environ................. 1840
—— depuis Azemmour jusqu'à Agâder; même échelle...... 1844
—— depuis Agâder jusqu'au cap Bojador; échelle moitié
 moindre... 1844
Atlas du vicomte de Santarem.............................. 1842

CARTES PARTIELLES.

Carte du détroit de Gibraltar, à l'échelle de $\frac{1}{200000}$ environ,
 publiée par le Dépôt de la marine. *Paris*............... 1761
Carte du détroit, à l'échelle de $\frac{1}{400000}$ environ; par Beaurin. *Paris*. 1762
 (Avec plan et vue de Gibraltar, vue de Cadix et de Ceuta.)
Cartes de Tofiño.. 1787
Carte de la division occidentale de la Méditerranée, par Smyth. 1285
Carta esferica del estrecho de Gibraltar; por don José Luyando.
 (Échelle 0^m,524 pour 1°.) *Madrid*.................... 1826
Carta esferica de la costa de España, etc. con la parte corres-
 pondiente de Africa. En la Direccion de hidrográfia. (Échelle
 $\frac{1}{450000}$ environ.) *Madrid*......................... 1831
Carta esferica de la costa de España, por don Jose de la Cruz.
 En la Direccion hidrográfica. (Échelle 0^m,256 pour 1°.)
 Madrid.. 1833
Carte de la partie occidentale de la Méditerranée, au Dépôt de
 la marine. *Paris*..................................... 1843

RELATIFS AU MAROC. 451

PLANS ET VUES [1].

ÎLES ZAFARINES, ÎLE D'ALBORAN, CAP DEL AGUA.

Plan manuscrit des îles Zafarines, à la Bibliothèque royale, sans date, mais évidemment tout à fait moderne.

Plan des îles Zafarines et du cap del Agua, à l'échelle de $\frac{1}{25000}$, et plan de l'île d'Alboran, à une échelle moitié moindre dans les cartes de la Méditerranée de Smyth.

Description nautique des côtes de l'Algérie, par MM. Bérard et Tessan, page 183, vue du cap del Agua, au S. 67° O, à 12 milles.

——— Vue des îles Zafarines au S. 17° E. à 6 milles. *Paris*... 1837

MLÎLA.

Plan de la ville de Mlîla. (La ville occupe un décimètre carré.)
Vers.................................... 1780 ou 1800

PEÑON DE VELEZ.

Vue de Velez de Gomère, peu après la prise par les Espagnols.
Quatre vues du Peñon.
Vue du Peñon, en regardant le Nord; dans la Cosmographie universelle d'André Thevet; in-fol. *Paris*............... 1575

(Cette vue se trouve tom. I, pag. 9, au milieu d'une description du Maroc, empruntée principalement à Léon l'Africain.)

Vue du Peñon en regardant le Nord; ouvrage anonyme...... 1652

(Cette vue et la précédente se retrouvent parmi les quatre de la Bibliothèque royale [2].)

---

[1] Tout ce qui appartient à la Bibliothèque royale se trouve, à la section des plans et dessins, dans un même carton, portant pour titre : *Afrique : Tripoli, Tunis, Fès et Maroc.*

[2] Voir ci-dessus, p. 448. Plusieurs des gravures de la Bibliothèque royale, que je cite comme se trouvant dans cet ouvrage, quoique de la même époque et entièrement identiques, doivent appartenir pourtant à d'autres éditions.

TETOUAN.

Vue de Tetouan, en regardant le Nord, dans Windus (140).. 1725
Copie de ce dessin dans Höst (161)............... 1779
Et la traduction allemande (163)................. 1781
Deux vues des environs de Tetouan (197)........... 1814
Vue de Tetouan, prise du mouillage, par le baron Taylor (199). 1815
Vue de Tetouan, d'après le baron Taylor, dans le journal *l'Illustration*, n° du 15 août (253)...................... 1844

CEUTA.

Douze vues de Ceuta.
Vue de la côte d'Afrique, près de Ceuta.
Cinq plans de Ceuta.

(Tous ces dessins se trouvent à la Bibliothèque royale.)

Vue de Ceuta, prise du côté du Nord; ouvrage anonyme..... 1652

(Cette vue, qui paraît représenter Ceuta à une époque fort ancienne, indique la porte par laquelle sont entrés les Portugais. Elle se trouve parmi les douze Vues de la Bibliothèque royale.)

Voir aussi ci-dessus la carte du détroit, par Beaurin.

DÉTROIT DE GIBRALTAR.

Vue de la côte d'Afrique, prise des hauteurs voisines de Tarifa, au Nord-Est, dans l'ouvrage intitulé: *Observations sur l'histoire naturelle et sur la richesse minérale de l'Espagne*, par M. F. Leplay, ingénieur des mines; in-8°, Paris........... 1834

(On trouve aussi dans cet ouvrage, pag. 77, quelques détails sur la constitution géologique des deux rives du détroit.)

TANGER.

Vue de Tanger du temps des Portugais; ouvrage anonyme... 1652
Vue de Tanger du temps des Anglais (intercalée dans l'ouvrage précédent), vers....................................... 1669
Atlas de six vues de Tanger, dont cinq prises tout autour de la ville, et une intérieure, donnant la k'as'ba; par W. Hollar. (Bibliothèque royale)................................. 1669
Atlas un peu plus petit, du même auteur. (Bibliothèque de M. Ternaux-Compans)................................. 1670

RELATIFS AU MAROC.

Vue de Tanger, par Hollar (112)........................	1681
Quatorze vues de Tanger, dont plusieurs d'une grande dimension; deux de ces vues reproduisent les deux premières gravures citées ci-dessus. Plusieurs représentent le môle tel qu'il était à la fin de l'occupation anglaise. (Bibliothèque royale).	1684
Vue de Tanger, prise en mer, en regardant l'Ouest, dans Höst (161)...................................	1779
Ali-Bey (198). Vue de la k'as'ba; cimetière des environs de Tanger; détails de la grande mosquée................	1814
Baron Taylor (119). Entrée de la baie de Tanger.........	1815
Cochelet (208). Deux vues de Tanger, prises du consulat de France, l'une en regardant la k'as'ba, l'autre en regardant l'entrée du détroit, vers l'Est.......................	1821
Gr. de Hemsö (225). Vue de Tanger..................	1834
(Copie de la deuxième vue de Cochelet.)	
Plan de la baie de Tanger, levée en 1835, par M. Le Saulnier de Vauhello; avec une vue de la ville, prise à 1600 mètres en mer, en regardant l'Ouest-Sud-Ouest. Dépôt de la marine. *Paris*..	1837
Vue de Tanger, prise du consulat de France, en regardant le Nord; dessinée par M. de Caraman, en 1825. *Spectateur militaire* (255)......................................	1844
Bombardement de Tanger par l'escadre française, sous les ordres de S. A. R. Mgr le prince de Joinville, le 6 août 1844, par M. Morel Fatio..................................	1845

T'ANDJA-BÂLÎA, VIEUX TANGER.

Vue des ruines de Tingis, par le baron Taylor (199.).......	1815
Vue du vieux Tanger, par le baron d'Augustin (232).......	1838

CAP SPARTEL.

Vue du cap Spartel, prise en mer, en regardant l'Est; sur la carte de M. Arlett..................................	1840

EL-K'S'AR OU K'S'AR-EL-KEBIR.

Vue prise en regardant le Sud, par Windus (140).........	1725
Boyde (149). Même vue, d'après Windus...............	1736

Baron d'Augustin (232). Vue d'El-K's'ar, en regardant le Sud . 1838
Vue d'El-K's'ar, d'après M. Eugène Delacroix[1], dans le journal
   l'Illustration, n° du 15 août (253) 1844

FÈS.

Plan du palais impérial de Fès et de ses jardins, par Windus
   (140) 1725
Vue d'une partie du nouveau Fès, prise du haut de la Tour
   de don Antonio Piloti, par M. de Caraman, en 1825. *Spec-*
   tateur militaire (255)................................. 1844

MEKNÈS.

Windus. Vue générale (140) 1725
————— Vue du palais impérial 1725
Boyde (149). Vue générale, d'après le dessin de Windus.... 1736
Höst (161). Vue générale; réduction de celle de Windus.... 1779
Baron d'Augustin (232). Vue générale 1838
————————— Plusieurs k'oubba, à la porte de la ville... 1838
Vue générale, d'après M. Delacroix, dans le journal *l'Illustra-*
   tion du 15 août (253)................................. 1844

K'S'AR-FER'AOUN.

Windus (140). Vue des ruines romaines de K's'ar-Fer'aoun;
   arc de triomphe et un autre monument................. 1725
————— Pierres avec inscriptions latines................ 1725
Boyde (149). Vue du même arc de triomphe, et d'un autre
   monument (autre que celui donné par Windus)......... 1736
Baron d'Augustin (232). Vue de l'arc de triomphe de K's'ar-
   Fer'aoun... 1838
————————— Vue d'autres monuments romains de la
   même localité.
————————— Inscriptions latines.
————————— Vue du bourg de Moula-Idrîs, prise de la
colline de K's'ar-Fer'aoun.

---

[1] M. Delacroix accompagnait le général c^{te} de la Ruë, à Meknès, en 1836.

MAROC.

Vue de Maroc, en regardant le Sud. *La Haye*............ 1646
   (Cette vue, qui a 2^m,5o de longueur, est accompagnée d'un texte au bas de la feuille. Bibliothèque royale.)
Vue de Maroc, dans Dapper............................ 1686
Deux autres vues de Maroc. (Bibliothèque royale.)
Höst (161). Vue de Maroc, en regardant le Sud.......... 1779
—— Maroc vu d'un autre côté.
—— Deux vues de détail.
—— Plan du jardin de Lerscha.
Ali Bey. (198). Vue de Maroc et de l'Atlas............... 1814
—— Plan de Maroc.
Washington (222, 223). Plan de Maroc................. 1831
Gr. de Hemsö (225). Vue de Maroc, en regardant le Sud.... 1834

AC'ÎLA.

Ac'îla vue de la mer; ouvrage anonyme................. 1652
Trois vues, dont l'une identique à la précédente. (Bibliothèque royale.)
Höst (161). Vue d'Ac'îla............................ 1779

EL-'ARAICH.

Deux vues d'El-'Araich. (Bibliothèque royale.)
Plan d'El-'Araich (manuscrit), à une grande échelle; au Dépôt de la marine....................................... 1688
Plan d'El-'Araich, dans Pidou de Saint-Olon (132).......... 1694
   (Réduction du précédent.)
Höst (161). Vue d'El-'Araich, prise en mer.............. 1779
Borda. El-'Araich, vue de la mer, sur la carte de.......... 1780
Arlett. El-'Araich, vue de la mer, sur la carte de.......... 1840
Plusieurs plans manuscrits modernes d'El-'Araich; au Dépôt de la marine.

MEHEDÎA OU MA'MÔRA.

Höst (161). Vue de Mehedîa, en regardant le Sud-Est...... 1779
Plusieurs plans de la ville et de l'entrée de la rivière; au Dépôt de la marine.

SLA ET RBÂT'.

J. Dunton (65). Plan de Sla et de Rbât', s'étendant jusqu'à
 Chella.. 1637
Vue de Sla et Rbât', prise devant l'entrée de la rivière; ouvrage
 anonyme.. 1652
Huit vues de Sla, prises en mer, dont une de grande dimen-
 sion et une identique à la vue précédente. (Bibliothèque
 royale.)
Höst (161). Sla et Rbât', vues de la mer................... 1779
Borda. Vue de Sla et Rbât', prise en mer; carte de......... 1780
Gr. de Hemsö (225). Vue de Rbât', prise dans la rivière, en
 regardant le Sud-Ouest.................................. 1834
Arlett. Sla et Rbât', vues de la mer; carte de............. 1840
Plusieurs plans et vues manuscrits, au Dépôt de la marine.

DÂR-BEID'A, ANCIENNE ANFA.

Vue d'Anfa ruinée; ouvrage anonyme......................... 1652
Vue d'Anfa ruinée. (Bibliothèque royale.)
 (La même que la précédente.)

AZEMMOUR.

Azemmour (Azaamurum), en regardant le Sud-Est; ouvrage
 anonyme.. 1652
Azemmour; reproduction assez moderne de la vue précédente.
 (Bibliothèque royale.)
Höst (161). Azemmour, vue de la rive droite de l'Omm-er-
 rbî'a, en regardant le Sud............................... 1779

EL-BRÎDJA, MAZAGAN.

Höst (161). Bombardement d'El-Brîdja....................... 1779

CAP BLANC ET CAP CANTIN.

Carte des îles Canaries et d'une partie des côtes occidentales
 d'Afrique, par Borda (162); vue du cap Blanc, à 17 kilomètres au Sud-Est. — Vue du cap Cantin, à 12 kilomètres
 au Sud-Sud-Est; on aperçoit dans le lointain le cap Nord
 d'Asfi... 1780

RELATIFS AU MAROC.

ASFI.

Asfi (Tzaffin), vue de la mer; ouvrage anonyme............ 1652
Quatre vues d'Asfi (Safia, Tzaffin), dont deux identiques à la précédente, et deux qui n'en sont que des réductions à une échelle moitié moindre. (Bibliothèque royale.)
Höst (161). Vue d'Asfi, prise en mer.................... 1779
Arlett. Asfi, vue de la mer; carte de.................... 1844

S'OUEIRA.

Höst (161). Plan de S'oueira, et de l'île................. 1779
—— Vue de S'oueira, prise de la plage, en regardant l'Ouest-Nord-Ouest.
Fanta'zïa en l'honneur d'Ali-Bey (198), sur la plage de S'oueira. 1814
Gr. de Hemsö (225). Vue de S'oueira, prise de la plage, en regardant le Nord-Ouest............................ 1834
Arlett. Vue de la ville et de l'île de S'oueira, prises de la pleine mer, sur la carte de................................ 1844
Bombardement de S'oueira (Mogador), le 15 août 1844, par M. Durand-Brager.................................. 1845
Épisode du bombardement de S'oueira; la division des bricks passe à la poupe du *Suffren*; par le même auteur........ 1845
Plusieurs plans manuscrits, au Dépôt de la marine.

CAP IR'ÎR, CAP D'AGUER.

Borda. Le Cap, vu en mer, en regardant le Sud-Est, dans la carte de... 1780

AGÂDER, SANTA-CRUZ.

Höst (161). Vue d'Agâder, prise en mer, en regardant le Nord. 1779
Arlett, vue d'Agâder, prise du même point; carte de........ 1844

TAROUDANT.

Cochelet (208). Vue du palais du Sultan, à Taroudant...... 1821

OUAD-NOUN.

Cochelet (208). Le bourg d'Ouad-Noun, vu du Sud-Ouest... 1821
Davidson (233). Ouad-Noun, vu de la terrasse du cheikh Beirouk... 1839

EMBOUCHURE DE L'OUAD-DRA'A.

Borda. Vue de l'embouchure de l'Ouad-Dra'a (rivière de Non) en regardant le Sud-Est, dans la carte de.............. 1780
Davidson (233). Vue de l'embouchure de l'Ouad-Dra'a, prise de la rive droite, en regardant vers la mer............. 1839

On trouve, de plus, dans Höst, Ali-Bey, Cochelet, le baron d'Augustin, etc. des dessins de costumes, ornements, armes, personnages, etc.

TRAITÉ

CONCLU

ENTRE LES PLÉNIPOTENTIAIRES DE L'EMPEREUR DES FRANÇAIS
ET DES POSSESSIONS DE L'EMPIRE D'ALGÉRIE,
ET DE L'EMPEREUR DE MAROC, DE SUZ,
DE FEZ ET DES POSSESSIONS DE L'EMPIRE D'OCCIDENT.

Les deux Empereurs, animés d'un égal désir de consolider la paix heureusement rétablie entre eux, et voulant, pour cela, régler d'une manière définitive, l'exécution de l'article 5 du traité du 10 septembre de l'an de grâce 1844 (24 cha'ban de l'an 1260 de l'hégire),

Ont nommé, pour leurs commissaires plénipotentiaires, à l'effet de procéder à la fixation exacte et définitive de la limite de souveraineté entre les deux pays, savoir :

L'Empereur des Français, le sieur Aristide-Isidore, comte DE LA RUË, maréchal de camp dans ses armées, commandeur de l'ordre impérial de la Légion d'honneur, commandeur de l'ordre d'Isabelle la Catholique, et chevalier de deuxième classe de l'ordre de Saint-Ferdinand d'Espagne ;

L'Empereur de Maroc, le SID AHMIDA-BEN-ALI-EL-SUDJÂAI, gouverneur d'une des provinces de l'empire ;

Lesquels, après s'être réciproquement communiqué leurs pleins pouvoirs, sont convenus des articles suivants, dans le but du mutuel avantage des deux pays et d'ajouter aux liens d'amitié qui les unissent :

ARTICLE 1ᵉʳ. Les deux plénipotentiaires sont convenus que les limites qui existaient autrefois entre le Maroc et la Turquie resteraient les mêmes entre l'Algérie et le Maroc.

Aucun des deux Empereurs ne dépassera la limite de l'autre : aucun d'eux n'élèvera à l'avenir de nouvelles constructions sur le tracé de la limite; elle ne sera pas désignée par des pierres. Elle restera, en un mot, telle qu'elle existait entre les deux pays avant la conquête de l'empire d'Algérie par les Français.

Art. 2. Les plénipotentiaires ont tracé la limite au moyen des lieux par lesquels elle passe et touchant lesquels ils sont tombés d'accord, en sorte que cette limite est devenue aussi claire et aussi évidente que le serait une ligne tracée.

Ce qui est à l'Est de cette ligne frontière appartient à l'empire d'Algérie.

Tout ce qui est à l'Ouest appartient à l'empire du Maroc.

Art. 3. La désignation du commencement de la limite et des lieux par lesquels elle passe est ainsi qu'il suit;

Cette ligne commence à l'embouchure de l'Oued (c'est-à-dire cours d'eau) Adjeroud dans la mer; elle remonte avec ce cours d'eau jusqu'au gué où il prend le nom de Kis; puis elle remonte encore le même cours d'eau jusqu'à la source qui est nommée Ras-el-Aïoun, et qui se trouve au pied des trois collines portant le nom de Menasseb-Kis, lesquelles, par leur situation à l'Est de l'Oued, appartiennent à l'Algérie.

De Ras-el-Aïoun, cette même ligne remonte sur la crête des montagnes avoisinantes jusqu'à ce qu'elle arrive à Drâ-el-Doum; puis elle descend dans la plaine nommée El-Aoudj. De là, elle se dirige à peu près en ligne droite sur Haouch-Sidi-Aïêd. Toutefois, le Haouch lui-même reste à 500 coudées (250 mètres) environ, du côté de l'Est, dans les limites algériennes. De Haouch-Sidi-Aïêd, elle va sur Djerf-el-Baroud, situé sur l'Oued-bou-Nâïm; de là, elle arrive à Kerkour-Sidi-Hamza; de Kerkour-Sidi-Hamza à Zoudj-el-Beghal; puis, longeant à gauche le pays des Ouled-Ali-ben-Talha, jusqu'à Sidi-Zahir, qui est sur le territoire algérien, elle remonte sur la grande route jusqu'à Aïn-Takbalet, qui se trouve entre l'Oued-bou-Erda et les deux oliviers nommés El-Toumiet, qui sont sur le territoire marocain.

De Aïn-Takbalet, elle monte avec l'Oued-Roubban jusqu'à Ras-Asfour; elle suit au delà le Kef, en laissant à l'Est le marabout de Sidi-Abd-Allah-ben-Mohammed-el-Hamlili; puis, après s'être dirigée vers l'Ouest, en suivant le col de El-Mechêmiche, elle va en ligne droite jusqu'au marabout de Sidi-Aïssa, qui est à la fin de la plaine de Missiouin. Ce marabout et ses dépendances sont sur le territoire algérien.

De là, elle court vers le Sud jusqu'à Koudiet-el-Debbagh, colline située sur la limite extrême du Tell (c'est-à-dire le pays cultivé). De là, elle prend la direction Sud jusqu'à Keneg-el-Hada, d'où elle marche sur Tenïet-el-Sassi, col dont la jouissance appartient aux deux empires.

Pour établir plus nettement la délimitation à partir de la mer jusqu'au commencement du désert, il ne faut point omettre de faire mention, et du terrain qui touche immédiatement à l'Est la ligne susdésignée, et du nom des tribus qui y sont établies.

A partir de la mer, les premiers territoires et tribus sont ceux des Beni-Mengouche-Tahta et des Aâttia. Ces deux tribus se composent de sujets marocains, qui sont venus habiter sur le territoire de l'Algérie, par suite de graves dissentiments soulevés entre eux et leurs frères du Maroc. Ils s'en séparèrent à la suite de ces discussions, et vinrent chercher un refuge sur la terre qu'ils occupent aujourd'hui, et dont ils n'ont pas cessé jusqu'à présent d'obtenir la jouissance du souverain de l'Algérie, moyennant une redevance annuelle.

Mais le commissaire plénipotentiaire de l'Empereur des Français, voulant donner au représentant de l'Empereur de Maroc une preuve de la générosité française et de sa disposition à resserrer l'amitié et entretenir les bonnes relations entre les deux états, a consenti au représentant marocain, à titre de don d'hospitalité, la remise de cette redevance annuelle (500 francs pour chacune des deux tribus); de sorte que les deux tribus susnommées n'auront rien à payer, à aucun titre que ce soit, au gouvernement d'Alger, tant que la paix et la bonne intelligence dureront entre les deux Empereurs des Français et du Maroc.

Après le territoire des Aâttïa vient celui des Messirda, des Achâche, des Ouled-Mellouk, des Beni-bou-Sâid, des Beni-Senous et des Ouled-el-Nahr. Ces six dernières tribus font partie de celles qui sont sous la domination de l'empire d'Alger.

Il est également nécessaire de mentionner le territoire qui touche immédiatement, à l'Ouest, la ligne susdésignée, et de nommer les tribus qui habitent sur ce territoire : à partir de la mer, le premier territoire et les premières tribus sont ceux des Ouled-Mansour-Rel-Trifa, ceux des Beni-Iznessen, des Mezaouir, des Ouled-Ahmed-ben-Brahim, des Ouled-el-Abbès, des Ouled-Ali-ben-Talha, des Ouled-Azouz, des Beni-bou-Hamdoun, des Beni-Hamlil et des Beni-Mathar-Rel-Ras-el-Aïn. Toutes ces tribus dépendent de l'empire du Maroc.

Art. 4. Dans le Sahra (désert), il n'y a pas de limite territoriale à établir entre les deux pays, puisque la terre ne se laboure pas et qu'elle sert de pacage aux Arabes des deux empires, qui viennent y camper pour y trouver les pâturages et les eaux qui leur sont nécessaires. Les deux souverains exerceront de la manière qu'ils l'entendront toute la plénitude de leurs droits sur leurs sujets respectifs dans le Sahra, et toutefois, si l'un des deux souverains avait à procéder contre ses sujets, au moment où ces derniers seraient mêlés avec ceux de l'autre état, il procédera comme il l'entendra sur les siens, mais il s'abstiendra envers les sujets de l'autre gouvernement.

Ceux des Arabes qui dépendent de l'empire du Maroc sont : les M'bèïa, les Beni-Guil, les Hamian-Djenba, les Eûmour-Sahra et les Ouled-Sidi-Cheikh-el-Gharaba.

Ceux des Arabes qui dépendent de l'Algérie sont : les Ouled-Sidi-el-Cheikh-el-Cheraga et tous les Hamian, excepté les Hamian-Djenba susnommés.

Art. 5. Cet article est relatif à la désignation des kessours (villages du désert) des deux empires. Les deux souverains suivront, à ce sujet, l'ancienne coutume établie par le temps, et accorderont, par considération l'un pour l'autre, égards et bienveillance aux habitants de ces kessours.

Les kessours qui appartiennent au Maroc sont ceux de Yiche et de Figuigue.

Les kessours qui appartiennent à l'Algérie sont : Aïn-Safra, Sfissifa, Assla, Tiout, Chellâla, El-Abiad et Bou-Semghoune.

Art. 6. Quant au pays qui est au Sud des kessours des deux gouvernements, comme il n'y pas d'eau, qu'il est inhabitable, et que c'est le désert proprement dit, la délimitation en serait supeflrue.

Art. 7. Tout individu qui se réfugiera d'un état dans l'autre ne sera pas rendu au gouvernement qu'il aura quitté par celui auprès duquel il se sera réfugié, tant qu'il voudra y rester.

S'il voulait, au contraire, retourner sur le territoire de son gouvernement, les autorités du lieu où il se sera réfugié ne pourront apporter la moindre entrave à son départ. S'il veut rester, il se conformera aux lois du pays, et il trouvera protection et garantie pour sa personne et ses biens. Par cette clause, les deux souverains ont voulu se donner une marque de leur mutuelle considération.

Il est bien entendu que le présent article ne concerne en rien les tribus; l'empire auquel elles appartiennent étant suffisamment établi dans les articles qui précèdent.

Il est notoire aussi que El-Hadj-Abd-el-Kâder et tous ses partisans ne jouiront pas du bénéfice de cette convention, attendu que ce serait porter atteinte à l'article 4 du traité du 10 septembre de l'an 1844, tandis que l'intention formelle des hautes parties contractantes est de continuer à donner force et vigueur à cette stipulation émanée de la volonté de leurs souverains, et dont l'accomplissement affermira l'amitié et assurera pour toujours la paix et les bons rapports entre les deux états.

Le présent traité, dressé en deux exemplaires, sera soumis à la ratification et au scel des deux Empereurs, pour être ensuite fidèlement exécuté.

L'échange des ratifications aura lieu à Tanger, sitôt que faire se pourra.

En foi de quoi, les commissaires plénipotentiaires susnommés ont apposé au bas de chacun des exemplaires leurs signatures et leurs cachets.

Fait sur le territoire français voisin des limites, le 18 mars 1845, (9 de rabiâ-el-ouel 1261 de l'hégire). Puisse Dieu améliorer cet état de choses dans le présent et dans le futur!

(L. S.) *Signé* : Le général comte DE LA RUË.
(L. S.) *Signé* : AHMIDA-BEN-ALI.

MANDONS et ORDONNONS qu'en conséquence les présentes lettres, revêtues du sceau de l'État, soient publiées partout où besoin sera, et insérées au Bulletin des Lois, afin qu'elles soient notoires à tous et à chacun.

Notre garde des sceaux, ministre et secrétaire d'état au département de la justice et des cultes, et notre ministre et secrétaire d'état au département des affaires étrangères, sont chargés, chacun en ce qui le concerne, de surveiller ladite publication.

Donné en notre palais d'Eu, le vingt-troisième jour du mois d'août de l'an 1845.

Signé LOUIS-PHILIPPE.

Par le Roi :
Le Ministre et Secrétaire d'état au département de l'intérieur, chargé de l'intérim du ministère des affaires étrangères,
Signé T. DUCHATEL.

Vu et scellé du grand sceau :
Le Garde des sceaux de France, Ministre et Secrétaire d'état au département de la justice et des cultes,
Signé N. MARTIN (du Nord)

ITINÉRAIRES ET RENSEIGNEMENTS

SUR LE PAYS DE SOUS

ET AUTRES PARTIES MÉRIDIONALES DU MAROC,

FOURNIS PAR H'ADJ-MOH'AMMED-BEN-EMBARAK-ES-SOUCI,
ET PAR H'ADJ-IBRÂHIM-BEN-'ABD-ALLAH, TOUS DEUX DE OUZÎOUA,
DANS LE CANTON DE SOUS-EL-KEBIR;

RECUEILLIS À ALGER, EN MARS 1843,

PAR M. ADRIEN BERBRUGGER,
MEMBRE DE LA COMMISSION SCIENTIFIQUE D'ALGÉRIE.

Vers le milieu de mars 1843, deux pèlerins, venant du Maroc, et se rendant à la Mecque, passèrent à Alger. C'étaient El-H'âdj-Moh'ammed-ben-Embarak-es-Souci et H'âdj-Ibrâhim-ben-'Abd-Allah, Berbères Chlouh'[1], peu familiarisés avec la langue arabe et n'ayant aucune instruction littéraire. Cependant, comme ils avaient déjà fait le pèlerinage de la Mecque par terre, et que leur pays se trouve dans la partie méridionale du Maroc, dans le Sous-el-Kebir, patrie probable du voyageur Moula-Ah'med, je m'empressai de mettre cette occasion à profit. Un léger service que j'eus occasion de rendre à ces Marocains, et surtout une rétribution allouée à la fin de chaque séance, les rendirent fort exacts à se présenter tous les matins. Je n'ai pas obtenu d'eux des renseignements aussi étendus et aussi précis que je l'aurais désiré; toutefois, en ce qui concerne leur pays natal, je crois qu'on peut ajouter quelque confiance à leurs rapports. Du

[1] Nom particulier des K'baïl du Maroc.

reste, il ne m'a pas été difficile de distinguer parmi les itinéraires qu'ils m'ont fournis quels étaient ceux sur lesquels on pouvait compter. Pour acquérir une conviction raisonnée à cet égard, je laissais écouler un intervalle de plusieurs jours après que nous avions dressé un de ces itinéraires; puis je réitérais les mêmes questions. Si j'obtenais des réponses identiques aux premières, sous le rapport des noms de localité et des distances, j'avais la certitude que l'itinéraire était exact; car ces hommes auraient nécessairement varié si leurs réponses n'eussent pas été l'expression de connaissances réelles. Les itinéraires sur lesquels ils ont hésité, parce que, m'ont-ils dit ensuite, ils ne les savaient que par ouï-dire, sont marqués d'un signe de doute (?). Je les rapporte néanmoins, la disette de documents géographiques sur ces contrées étant si grande qu'il faut tout recueillir, quitte à ne pas se faire illusion sur la valeur des matériaux.

H'âdj-Moh'ammed et H'âdj-Ibrâhîm appartiennent à une tribu k'baïl appelée les Aït-Haïmmi, qui est auprès d'Ouzîoua, une des villes de Sous-el-Kebir. Ils ont, à une demi-journée de leur territoire, la tribu des Aït-Zigadzen, qui sont leurs ennemis, et avec lesquels ils échangent fréquemment des coups de fusil. Ouzîoua occupe un emplacement plus grand qu'Alger parce que les maisons, bâties en pisé, sont isolées et entourées de jardins. On y trouve des oliviers, des orangers, des citronniers, des pommiers, des abricotiers, une espèce de poiriers, appelés bouguiba, des coignassiers, des figuiers, des vignes, des amandiers, etc. H'âdj-Moh'ammed dit qu'à une demi-journée au Nord de son pays, il y a les ruines d'une ville romaine dans un lieu appelé Guilis. On y voit les restes d'une porte, à ce qu'il assure.

Ouzîoua est à 6 journées Est de l'Océan Atlantique, à 12 journées Ouest de Tamegrout, à 2, Est de Taroudant, à 3, Sud de Maroc, dont il est séparé par l'Adrar-Endren [1], et à 4, Sud-Est de Fedj-Aït-Mouça, pays de Sidi-Hechâm [2].

[1] La montagne des montagnes, en chlouh'.
[2] Dans cette contrée coule le Acif Antement (en chlouh', la rivière de miel).

ET RENSEIGNEMENTS. 467

Ce point de départ établi, je vais donner les itinéraires des deux Marocains, en commençant par celui que suivent les pauvres pèlerins qui vont à la Mecque par terre, depuis que l'absence de sécurité ne permet plus de parcourir les routes indiquées par A'ïachi et Moula-Ah'med.

PREMIER ITINÉRAIRE.

D'OUZÎOUA À ALGER.

Ouzîoua.		
Tazioukt [1].............................	1 jour.	
Idoïogmat...............................	1	
Aït-Ok'ouis.............................	1	
Temanart...............................	1	
El-Menabha.............................	1	
Aït-Iah'ia..............................	1	
Taroudzant (Taroudant).................	2	
Agadîr-n-Ir'îr [2].......................	3	
Tac'ourt...............................	2	
Asfi-Azar'..............................	2	
Azmour.................................	1	
Dar-el-Bîd'a............................	1	
Fed'âla................................	1	
El-Mans'ouria..........................	2	
Er-Rabât'..............................	1	½
El-Ak's'er.............................	2	
T'andja (Tanger).......................	2	
Sebta (Ceuta)..........................	1	
Tat'aouin (Tetuan).....................	2	
Achechchaoun...........................	2	
El-K'aïd-Ah'med-R'oddaouch.............	1	
Meknês (Mequinez)......................	2	
A reporter........	33	½

[1] Une demi-heure avant d'arriver à cet endroit, on trouve Aoulouz.
[2] Forteresse de construction romaine. Agadir signifie « un rempart. »

ITINÉRAIRES

Report	33 jours ½
Fâs (Fês)	1
Tâza	1
Ouichda (Ouchda)	3
Tlemsên	2
Ma'askar (Maskara)	3
Miliâna	4
Blîda	2
Alger	2
	51 ½

On sera frappé des nombreux détours de cet itinéraire; mais il faut remarquer que les pauvres pèlerins qui le suivent ont pour but de recueillir des aumônes aussi abondantes que possible, ce qui fait qu'ils ne craignent pas de se détourner de la route directe pour aller visiter les grands centres de population, où les chances de ramasser de l'argent et des provisions sont plus grandes.

Les journées dont il est ici question sont de 32 kilomètres.

DEUXIÈME ITINÉRAIRE.

D'OUZÎOUA À TAMEGROUT.

PREMIÈRE ROUTE.

Ouzîoua.	
Tídnas	2 jours.
Ao'ak'ouï-Nibourk	2
Aguergouz	2
Aït-Sous	2
Ar'oulits	2
Tazoult	2
Tamegrout	0 ½
	12 ½

DEUXIÈME ROUTE, INCLINANT AU SUD.

Ouzíoua.
Tastift..	2	jours.
Tasgoun...	1	½
Isgouan..	2	
Tagadîrt...	1	
Tabia...	2	
Herguinat..	1	
Namir'at...	1	
Tamegrout...	0	½
	11	

Les maisons de Tamegrout[1] sont en terre séchée au soleil. Il y a dans cette ville une grande mosquée djâma'. Il s'y trouve des savants qui vont lire à Bh'îret-en-Na'ma, dans la zaouïa de Sid-Moh'ammed-ben-Nâc'er, et dans celle de Sid-'Abd-Allâh et de El-Hoçaïn-Sid-'Ali-Ious. Hors de la ville, on trouve la k'oubba de Sid-Bel-K'âcem-ech-Cheikh, où est un jardin appelé Iguerba-H'amed, lequel est plein de palmiers. Enfin dans les environs, on remarque la Zâouïet-el-Baraka et celle de Tinfou (à une journée et demie), où les négresses viennent se livrer à leurs jeux.

Les gens de Tamegrout achètent des esclaves qu'ils revendent dans un lieu appelé Souk'-es-Sebt.

A 2 journées de Tamegrout, au Sud-Ouest, sont les Beni-Zouli sur le territoire desquels il y a des ruines, qui passent dans le pays pour être romaines. La route va par Zâouïet-el-Baraka et Tinfou. Dans ce dernier endroit, il y a une tribu appelée les Aït-Tatta', qui ont un langage particulier; les Chlouh', leurs voisins, prétendent que c'est un idiome chrétien.

De Beni-Zouli, en allant à 1 journée dans l'Ouest, on arrive chez les Aït-el-H'âdj-'Ali, où il y a, dit-on, des ruines romaines.

---

[1] Ce nom se trouve écrit *Tamek'rout* ou *Tamegrout*. Dans le premier cas, on suit l'orthographe du mot, et dans l'autre la prononciation vulgaire.

On visite beaucoup, en cet endroit, le célèbre marabout H'âdj-'Ali. Le pays où vivent les Aït-el-H'âdj-'Ali se nomme Iternaten. On y trouve beaucoup de palmiers. Il est traversé par l'Ouad-Dara'a, qui a sa source au Nord de Tamegrout, et descend vers le Sud, en traversant le pays du Tinfou, des Beni-Zouli, des Aït-el-H'âdj-'Ali et Ecekoutana.

De Tamegrout à Tatta', H'âdj-Moh'ammed indique quatre stations, qui sont Aït-Iah'ia, dans la contrée appelée Ecekoutani; Aïn-el-Ah'mar, Agadîr-Nizouah'man, un peu à l'Ouest de Içakaten. Il y a là, dit notre guide, Taourîrt-Nizouah'man, ou la ville montagnarde (c'est le sens de Taourîrt-Nizouah'man). A une demi-heure de Tatta', on s'arrête au lieu appelé El-Khemîs-Endiïk, sorte de marché qui se tient le jeudi, comme le nom l'indique.

Tatta' est un pays de montagnes; on y remarque les Taourîrt (villes montagnardes) suivants en allant de Tatta' à Ouzîoua [1].

Tatta'.	
Souk'-mta'-Fok't (marché de Fok't)	2 jours.
Lachiakhen-Nouaran	1
Timezouin	1
Tiguezirt [2]	1
Talat-Aouzîou [3]	1
Talat-Ir'aouren	1
Talat-Enzour	2
Tazelin	0 ½
Bellouez	1
Tir'eurmin	1
Agafe	1
A reporter	12 ½

[1] Ceci n'est pas une route, bien entendu, mais l'énumération des villes qui se trouvent à droite et à gauche de la route, avec les distances de l'une à l'autre.

[2] Il y a là des ruines romaines.

[3] Talat veut dire « pays. »

ET RENSEIGNEMENTS. 471

	Report.......	12 jours ½	
Tiferouin...............................		1	
Tigaragra...............................		1	
Bilfsioueun............................		1	
Imkac'eun.............................		2	
Azmourkou.............................		1	
Abedz..................................		1	
Itsk'ouan...............................		1	
Amsegguert............................		1	
Itr'ecen................................		1	
Isli.....................................		1	
Aït-Ouar'arda.........................		1	
Ma't'it.................................		1	
Nikt....................................		1	
Azguerouz..............................		2	
Idzik'eul...............................		1	
Aït-Omor'ar...........................		0	½ h.
Ouzîoua................................		3	
		32 ½ et ½ h.	

ITINÉRAIRE DE OUZÎOUA À TAFILÊLT, PAR LE S'AH'RA.

Tagoulemt...............................	2 jours.	
Aguersaf.................................	1	
Tanfet'..................................	0	½
Tazegouart..............................	0	¼
Tak'emou...............................	0	½
Ar'balou [1].............................	2	
Iah'iah'i................................	2	
Ar'oulits [2].............................	0	½
Tinlaf...................................	2	
A reporter........	11	

[1] Ce mot veut dire «fontaine» en chlouh.
[2] Ici on laisse Tamegrout au Nord.

472   ITINÉRAIRES

Report.......	11 jours.	
Ba'kouch................	2	
Tlemkaïa................	2	
Tatskarech..............	1	
Tagant..................	0	$\frac{1}{2}$
Tafilêlt.................	0	$\frac{1}{2}$
	17	

J'ai demandé à ces deux Marocains, qui ont visité Tafilêlt, s'ils connaissaient l'emplacement de Sedjelmâça. Le nom même de cette ville leur était inconnu.

Ils m'ont signalé l'existence de ruines romaines aux environs d'Ouzîoua.

1° Dans le Sud, à Tamezat, où l'on arrive par

Tecebbanin (de Ouzîoua)................	1 jour.	
Eskouten.............................	1	
Sekin................................	1	
Tamezat.............................	0	1 h.
	3 j. et 1 h.	

Dans cette dernière localité, il y a une montagne où mes deux H'âdji disent qu'ils ont vu un ancien fort et beaucoup d'inscriptions, qui passent dans le pays pour remonter au temps des chrétiens.

2° Également dans le Sud d'Ouzîoua, de nombreuses ruines de monuments attribués aux Romains, à Tazelin, où l'on va par

Amdrir (d'Ouzîoua)....................	1 jour.	
Imîn-ou-acif.........................	1	
Aguènts.............................	1	
Tazelin..............................	0	$\frac{1}{2}$
	3	$\frac{1}{2}$

ET RENSEIGNEMENTS.   473

3° Également dans le Sud d'Ouzîoua, à Timezzouin, où l'on arrive par

Ourtsinit-El-H'âdj (d'Ouzîoua)...............	1 jour.
Tsimintsalats...............................	1
Timezzouin................................	0 ½
	2 ½

Les ruines sont nombreuses dans cette localité.

4° Dans l'Ouest d'Ouzîoua, à 'Aïn-el-H'amar. On y va par

Tir'ermin (d'Ouzîoua)......................	1 jour.
Ibkan.....................................	1
'Aïn-el-H'amar. (Ruines nombreuses.).........	0 1 h.
	2 j. et 1 h.

(?) 5° Enfin à 2 journées dans l'Ouest du Maroc, à Zâouïet-Cherrâdi, où l'on va par

Ar'balou (de Maroc)........................	1 jour.
Agadîr-mta'-S'aouts........................	1
Talamoum.................................	1
Zâouïet-Cherrâdi...........................	0 1 h.
	3 j. et 1 h.

FIN.

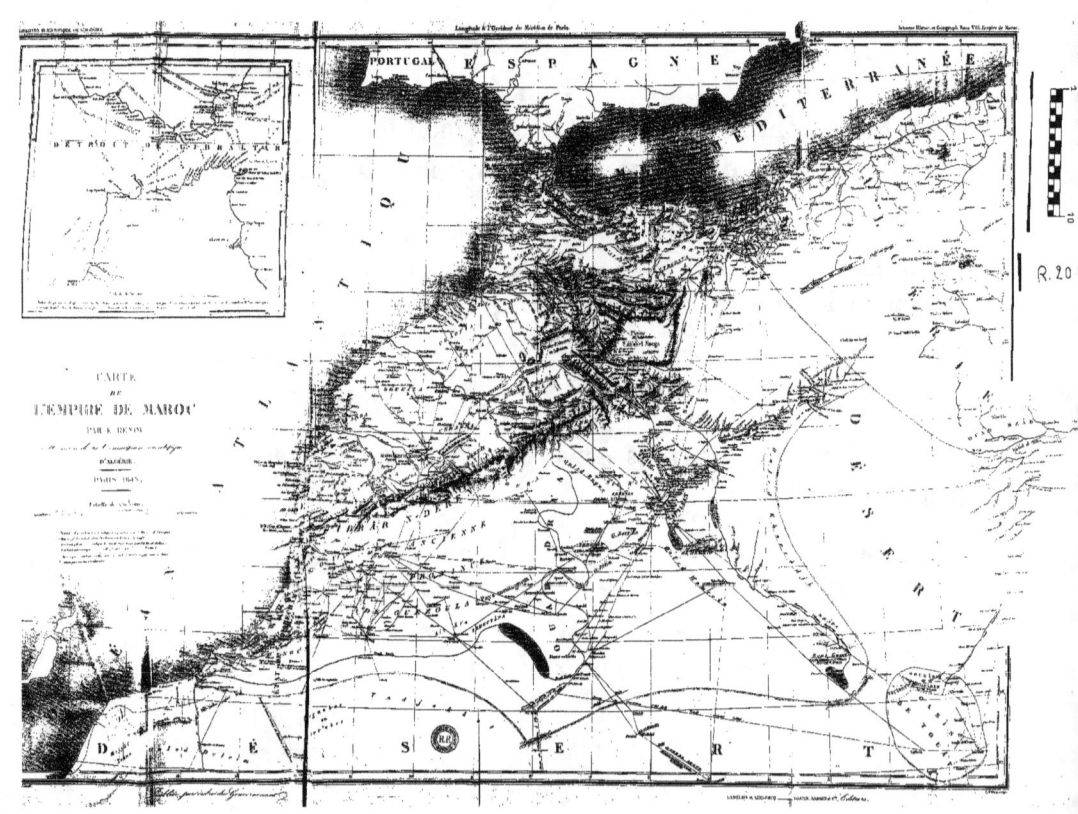

TABLE DES MATIÈRES.

	Pages.
Introduction	1

PREMIÈRE PARTIE.

GÉOGRAPHIE CRITIQUE.

CHAPITRE PREMIER.

EXAMEN DES MATÉRIAUX QUI SERVENT DE BASE À LA CARTE DE L'EMPIRE DE MAROC.

§ Ier. Nature de l'ouvrage. — Ordre suivi. — Système de projection adopté... 1
§ II. Tracé des côtes.. 2
§ III. Positions dans l'intérieur. — Itinéraires relevés par les Européens... 5
§ IV. Examen de chacun des points cités dans les itinéraires précédents. — Rectification des noms géographiques.............. 11

CHAPITRE II.

DÉTERMINATION DES POINTS SITUÉS AU SUD DE L'ATLAS.

§ Ier. Ordre à suivre.. 35
§ II. Agâder-n-Ir'ir... 36
§ III. Points voisins d'Agâder................................... 38
§ IV. Taroudant; ses distances à différents points connus; sa position. — Points voisins....................................... 40

		Pages.
§ V.	Routes d'Agâder à S'oueira par la montagne............	42
§ VI.	*Idem,* en suivant le bord de la mer.—Itinéraire de Davidson. — S'oueira et points voisins......................	44
§ VII.	Ouad-Noun; sa position. — Itinéraire de Cochelet, du lieu de son naufrage à Agâder. — Itinéraire de Davidson, d'Agâder à Ouad-Noun. — Examen de toute la contrée que traversent ces itinéraires........................	51
§ VIII.	Autres routes d'Ouad-Noun à Agâder et à Taroudant......	64
§ IX.	Cours inférieur de l'Ouad-Dra'a. — Itinéraire de Davidson d'Ouad-Noun à l'embouchure de cette rivière, et retour. —Informations du même voyageur sur les rivières du pays de Noun..	65
§ X.	Rivière Sâguîet-el-H'amra; renseignements qui s'y rapportent. —Itinéraire d'Agâder-Douma à Ilir' par Sâguîet-el-H'amra et Ouad-Noun. — Discussion sur le tracé du Saguîet-el-H'amra et du Dra'a inférieur......................	73
§ XI.	Renseignements de Davidson sur le pays de Noun........	79
§ XII.	Contrée au Sud-Ouest d'Ouad-Noun. — Agâder-Douma; Santa-Cruz de Mar-Menor ou de Mar-Pequeña.—Examen de toute cette côte jusqu'au cap Bojador, dans les cartes anciennes.	80
§ XIII.	Détermination de Tafilêlt. — Routes qui conduisent de cette ville à des points connus. — Remarque sur la position qu'on en déduit.............................	84
§ XIV.	Tâdla. — Routes qui l'unissent à différents points de l'empire. — Incertitude de cette position................	91
§ XV.	Routes de Fês à Tafilêlt. — Itinéraire de Caillié.—Itinéraire d'Ah'med-ben-H'acen-el-Mtoui. — Itinéraire du chérif Moh'ammed de Fîda. — Examen de tous les points mentionnés dans ces itinéraires. — Routes données par Bekri et Edrîci : de Fês et de Tlemsên à Sedjelmâça, de Sedjelmâça à Djerâoua et à Mîla, d'Ouchda à Sedjelmâça....	93
§ XVI.	Itinéraire du chérif Moh'ammed, d'Ouchda à Tafilêlt, par Gnâdsa...	111
§ XVII.	Figuîg. — Distances de cette ville à différents points connus. — Bou-Semr'oun. — Itinéraires de Chellâla du Sud à Figuîg, et de Tlemsên à la même ville. — Contrée située entre Bou-Sem'roun et Figuîg. — Résumé; distances d'El-Ar'ouât' à Tafilêlt.—Guerzâz. — Gnâdsa.............	114
§ XVIII.	Itinéraire incomplet de Tafilêlt à 'Aîn-Mâ'di, donné par M. Carette..	121

TABLE DES MATIÈRES.   477

Pages.

§ XIX. Source du Guîr; distance à Ta'alîâlîn; cours de cette rivière jusqu'au Djebel-'Antar, fourni par M. Delaporte. — Itinéraire de l'imâm El-'Aïachi de son pays natal à Sedjelmâça. 123

§ XX. Positions relatives de Sedjelmâça et de Tafilêlt. — Fondation de Sedjelmâça. — Moyens de retrouver l'emplacement de cette ancienne ville. — Origine de Tafilêlt............ 126

§ XXI. Cours du Guîr, d'après l'imâm El-'Aïachi. — Tegorârin ou Gourâra. — Désert compris entre cette oasis et l'empire de Maroc. — Itinéraire qui le traverse. — Oasis de Touât. 135

§ XXII. Itinéraire du chérif Moh'ammed, de Tafilêlt à Touât, par Tebelbelt. — Itinéraire de Caillié, d'El-'Arîb à Tafilêlt, et informations sur la contrée environnante. — Mimcina, Tebelbelt. — Renseignements recueillis par Cochelet. — Itinéraires de Taroudant et de Rbât' à Ak'k'a; de K'la'a à Tafilêlt, par Tâdla. — Autre route de Rbât' à Ak'k'a. — Informations du même auteur sur le pays de Sous. — Distance d'Ofrân à Ak'k'a, d'après Venture et M. Delaporte. — Distance de Taroudant à Ak'k'a, d'après M. Berbrugger. — Détermination des points mentionnés dans les renseignements qui précèdent. — Liaison de T'at't'a à Ouad-Noun et à Taroudant........................... 140

§ XXIII. Tammegrout.. 152
§ XXIV. El-'Arîb.. *Ibid.*
§ XXV. Contrée comprise entre El-'Arîb et Touât. — Routes de Tâmdelt à Aoudar'ast et d'Ouâdi-Dra'a au pays des Noirs, à travers cette contrée, d'après Bekri.................. 153

§ XXVI. Concordance probable de Mimcina de Caillié avec Zâouïet-Mimouna de Moula-Ah'med....................... 156

§ XXVII. Informations des pèlerins d'Ouzîoua, recueillies par M. Berbrugger. — Pays de Gzoula ou Guezzoula............. 157

§ XXVIII. Tournée sinueuse entre Stouka et Taroudant, d'après M. Delaporte. — Tar'âboust........................... 159

§ XXIX. Djebel-Dâdes. — Route de Sedjelmâça à Ar'mât, d'après Bekri. — Itinéraires donnés par M. Delaporte :
    De Maroc à..... Tafilêlt.
    De Tammegrout à Maroc.
    De Medr'ara à... Dâdes.
    D'Ak'k'a à...... Dâdes.
    De Taroudant à.. Ak'k'a.
Discussion de ces itinéraires...................... 160

TABLE DES MATIÈRES.

Pages.

§ XXX. Prétendu itinéraire de Tafilélt à Timbektou, donné par Venture.. 169

§ XXXI. Cours supérieur de l'Ouad-Dra'a, d'après M. Delaporte. — Lac Ed-Deba'ia. — Villes de l'Ouad-Dra'a, d'après Léon et Marmol. — Itinéraire de Tioumetîn à Sedjelmâça, donné par Bekri. — Contrée qui avoisine le lac Ed-Deba'ia. — Tribus entre El-'Arîb et Ouad-Noun. — Points vaguement indiqués.. 174

CHAPITRE III.

DÉTERMINATION DE LA CHAÎNE ATLANTIQUE ET DES POINTS SITUÉS AU NORD DE L'ATLAS.

§ Ier. Chaîne atlantique ou Deren des indigènes............... 182

§ II. Principales sommités de l'Atlas, d'après Léon et Marmol, et villes qui l'avoisinent....................................... 184

§ III. Itinéraire de Davidson, de Maroc à S'oueira. — Route de Maroc à Taroudant.. 188

§ IV. Route d'Ar'mât à Igli, d'après Bekri. — Deux villes d'Ar'mât. 192

§ V. Maroc. — Villages voisins.................................. 194

§ VI. Ruines de Gouz. — Route d'Ar'mât à ce port, d'après Bekri. 198

§ VII. Points situés entre Maroc et la mer....................... 202

§ VIII. Asfi.. 209

§ IX. Route d'Asfi à Maroc...................................... 210

§ X. Azemmour.. 212

§ XI. Mazagan ou El-Brîdja. — Points voisins, jusqu'au Djebel-el-Akhd'er. — Route de Maroc à Sla donnée par Edrîci. — Expédition des Portugais sur Maroc............................. 214

§ XII. Positions anciennes et modernes sur la côte entre Azemmour et Asfi. — Points compris entre cette côte et Maroc, sur la carte de M. G. de Hemsö...................................... 221

§ XIII. Province de Haskoura, d'après Léon et Marmol; montagnes, lieux habités, cours d'eau..................................... 224

§ XIV. Province de Tâdla, d'après les mêmes auteurs. — Bassin de l'Omm-er-rbî'a... 229

§ XV. Contrée située entre Tafilélt et Tâza, d'après les mêmes auteurs. — Debdou.. 233

§ XVI. Plaine d'Eseis et monts Guraigura........................ 239

TABLE DES MATIÈRES. 479

Pages.

§ XVII. Province de Têmsna, d'après Léon et Marmol. — Villes modernes : Dâr-Beid'a, Fd'âla, Rbât' et Sla, Ma'môra ou Mehedîa.. 242

§ XVIII. Route de Sla à Meknês, d'après les Pères de la Merci.... 250

§ XIX. Meknês. — Points voisins au Sud..................... 254

§ XX. Route de Meknês à Fês............................. 258

§ XXI. Mont Zerhoun. — Zâouïet-Moula-Idrîs et K's'ar-Fer'aoun ; identité de ces points avec Volubilis et Tacolosida. — Route romaine de Tingis à Volubilis.................. 262

§ XXII. Fês.. 270

§ XXIII. Contrée voisine de Fês, à l'Est ; positions anciennes...... 275

§ XXIV. Anciennes provinces d'Azr'âr et de Hasbat, d'après Léon et Marmol.. 278

§ XXV. Contrée comprise entre El-'Araich et Fês, d'après Bekri et Edrîci.. 283

§ XXVI. Montagnes de la province de Hasbat, d'après Léon et Marmol. — Principales tribus des environs de Tanger..... 286

§ XXVII. Villages voisins de Tanger.......................... 292

§ XXVIII. Cap Spartel..................................... 294

§ XXIX. Tanger... 295

§ XXX. Côte entre Tanger et Ceuta......................... 298

§ XXXI. Ceuta.. 300

§ XXXII. Route de Tanger à Tetouan et à Ceuta, par 'Aïn-Idjeda... 302

§ XXXIII. Tetouan.. 303

§ XXXIV. Côte entre Tanger et Tetouan, d'après Bekri.......... 305

§ XXXV. Routes de Tetouan à Fês, d'après M. Berbrugger et Braithwaite. 308

§ XXXVI. Route de Braithwaite, de Fês à Meknês, et de là à Ac'îla. — Bord de la mer entre Ac'îla et Tanger, d'après cet auteur. — Même côte, suivant Bekri.................. 309

§ XXXVII. K's'ar-el-Kebir................................. 312

§ XXXVIII. El-'Araich. — Ancienne ville de Lixus ; Techemmes. — Champ de bataille d'El-K's'ar (Alcassar). — Route de Tanger à El-'Araich, d'après M. John Drummond-Hay.. 313

§ XXXIX. Ac'îla. — Villages voisins........................ 319

§ XL. Rîf. — Côte du Rîf de Ceuta à Rachgoun, d'après Edrîci et d'après Léon et Marmol. — Présides espagnols de Peñon de Velez et d'Alhucemas. — Montagnes du Rîf, d'après Léon et Marmol. — Canton de Fâzâz......... 321

§ XLI. R'âret et Ak'la'ia. — Mlîla. — Villes ruinées dans les environs. — Montagnes voisines...................... 332

TABLE DES MATIÈRES.

Pages.

§ XLII. Itinéraire de Roland Fréjus, d'El-Mzemma (Alhucemas) à Tâza, et retour............................ 339
§ XLIII. Ancienne province de Chaus ou Cuzt............... 342
§ XLIV. Routes de Fês à Tlemsên, d'après Bekri et Edrîci. — Routes d'Ouchda à Mlîla; d'El-Mzemma à Djeraoua et de Nekour à Mlîla. — Tournée sinueuse entre Ar'mât et Fês par K'ernâta. — Renseignements fournis par Bekri, Léon et Marmol sur la côte du T'râra. — Route de Djeraoua à Tlemsên, d'après Bekri et Edrîci................. 345
§ XLV. Contrée comprise entre Mlîla et la Mlouîa, d'après une carte de la Direction hydrographique de Madrid...... 352
§ XLVI. Quiviane et Dâr-Michâl........................... 353
§ XLVII. Désert d'Adduhra ou Aduhare...................... 354

DEUXIÈME PARTIE.

DESCRIPTION ABRÉGÉE DE L'EMPIRE DE MAROC. — SA POPULATION.

CHAPITRE PREMIER.

DESCRIPTION GÉOGRAPHIQUE ABRÉGÉE.

§ Ier. Situation et étendue de l'empire de Maroc............. 357
§ II. Frontières. — Contrées insoumises dans l'intérieur de l'empire.. 395
§ III. Configuration générale du sol dans l'empire de Maroc. — Montagnes... 363
§ IV. Plaines, lacs, rivières............................ 365
§ V. Division de l'empire en Tell et en S'ah'ra............. 367
§ VI. Richesse minérale................................ 368
§ VII. Agriculture, productions du sol..................... 369
§ VIII. Règne animal.................................... 371
§ IX. Climat... 371
§ X. Divisions politiques et administratives................ 373
§ XI. Divisions naturelles. — Description sommaire de chacune de ces régions..................................... 375

TABLE DES MATIÈRES.

CHAPITRE II.

POPULATION.

		Pages.
§ Ier.	Différentes races; leur histoire sommaire. — Anciennes classifications. — Discussion	383
§ II.	Races qu'on peut distinguer actuellement	391
§ III.	Nombre d'habitants	396
§ IV.	Migrations des tribus sahariennes	398

APPENDICE.

§ Ier.	Carte manuscrite de M. Hodgson, et note sur cette carte par M. d'Avezac. — Carte de M. Daumas. — Route de Tafilèlt à Ins'âlah', d'après M. Hodgson. — Route de Metlili à Ins'âlah', d'après M. Daumas	403
§ II.	Itinéraires de Höst	406
§ III.	Sur l'occupation des villes maritimes par les Portugais	413

Tableau des latitudes et longitudes.......................... 415
Tableau des principales distances............................. 421
Liste des ouvrages relatifs à l'empire de Maroc................. 425

Traité de délimitation entre l'Algérie et le Maroc, du 18 mars 1845.. 459

Itinéraires et renseignements sur le pays de Sous et autres parties méridionales du Maroc, recueillis par M. Adrien Berbrugger........ 465

www.ingramcontent.com/pod-product-compliance
Lightning Source LLC
Chambersburg PA
CBHW071621230426
43669CB00012B/2019